高 校 思 想 政 治 工 作 研 究 文 库

教育部思想政治工作司 组编

思想政治教育的伦理精神研究

权麟春 ◎ 著

人 民 出 版 社

作者简介

权麟春,男,陕西省陇县人,法学博士,贵州师范大学马克思主义学院教授,硕士生导师。主持国家社科基金项目 1 项、省厅级课题 6 项,公开发表论文 60 多篇。著作《思想政治教育的伦理精神研究》于 2020 年 1 月入选教育部"高校思想政治工作研究文库",著作《新时代高校思想政治教育工作质量评价研究》于 2021 年 3 月公开出版。

内容简介

伦理精神是指一个民族在长期的伦理生活实践过程中积淀形成的伦理观念、伦理原则、伦理标准、伦理规范等,被本民族大多数成员所认同和追求的理性思维和实践力量。思想政治教育伦理精神是指在思想政治教育的过程中始终按照伦理精神的要求塑造人、培养人的理性思维和实践力量。思想政治教育伦理精神旨在促进人性的完善和人的价值的提升,最终的价值取向是人的自由而全面的发展。本书论述了思想政治教育伦理精神的内涵、特征、价值,梳理了中西方思想政治教育伦理精神的历史演进,分析了当前思想政治教育伦理精神存在的问题,研究了思想政治教育伦理精神的范畴——人道、善、实践理性、公正、自由,剖析了思想政治教育伦理精神的理论观照和实践路径。

本书论述较为系统深入,具有一定的反思性,有利于推动新时代思想政治教育工作科学化发展,促进思想政治教育学科的理论建设与提升,为思想政治教育理论研究者和实践工作者提供参考。

2018 年贵州师范大学博士科研启动项目

"思想政治教育的伦理精神研究"(项目编号:2018 社科博 19 号)

研究成果

前　言

伦理是一种社会生活、文化存在的一个内在要素，是调整人际关系的道德准则。精神是一个民族在长期的实践过程中所形成的内在理性思维和外在实践力量。伦理精神是指一个民族在长期的伦理生活实践过程中积淀形成的伦理观念、伦理原则、伦理标准、伦理规范等，被本民族大多数成员所认同和追求的理性思维和实践力量。它是一个社会、文化的内驱力和凝聚力，是产生民族认同、文化认同的基础。如果这个社会、文化的伦理精神的正当性被否定甚至被颠覆，意味着这个社会、文化发生了蜕变，生活于其中的人们的思想观念、思维方式、善恶标准随之发生改变，不可避免会陷入由本真状态走向异化的困境。

思想政治教育伦理精神是指在思想政治教育的过程中始终按照伦理精神的要求塑造人、培养人的理性思维和实践力量。思想政治教育伦理精神旨在促进人性的完善和人的价值的提升，最终的价值取向是人的自由而全面的发展。

对思想政治教育的目的、管理、过程、内容、方法、手段、环境、评价体系等方面进行伦理价值观的审视和伦理精神的追寻，挖掘其所蕴含的伦理精神，对其进行形而上的伦理探究和考虑，体现的是对思想政治教育的伦理观照。如果思想政治教育的理论与实践中都缺乏伦理精神的考虑和审视，如果思想政治教育漠视人的存在、人的情感、人的价值，思想政治教育就成了一种名副其实的手段。思想政治教育工作者如果忽视了甚至是忘记了思想政治教育的本体价值，即对人和人性的提升，塑造健全人格，培养良好公民，实现人的自由而全面发展，这样做的结果不仅会造成本末倒置，而且会使思想政治教育受到人们的排斥和反感，与思想政治教育的真正目的渐行渐远甚至南辕北辙。

思想政治教育不能失去伦理精神的审视和观照，否则，它的目的理性就会被遮蔽，导致主体的"缺场"和思想政治教育的简单化，思想政治教育注定与教育的初衷会背道而驰。思想政治教育如果被误认为是思想政治知识的教育，道德的培养窄化成了道德知识的死记硬背，没有看到思想政治教育不同于科学的掌握和技能的培养，就缺失了对人自身价值和生命意义的追求，有血有肉的个体会成为没有人性和灵魂的躯壳。关注人的生命、追求人的意义是思想政治教育题中应有之义，不能离开人活生生的内心世界进行"单向度"的教育。思想政治教育如果与生活世界隔离，只有空洞的说教，缺少生活的情趣；只有知识的传授，没有生活意义的追寻；教育方式单一，诉诸强制灌输，无形之中就消解了生活的丰富多彩性，必定影响思想政治教育的实际效果。

考察思想政治教育的伦理精神，在于探讨其内在的品格，科学而准确地把握思想政治教育在社会历史发展过程中一以贯之的精神基因。以人为本是思想政治教育伦理精神的核心。思想政治教育的伦理精神是对思想政治教育工具性价值和目的性价值的提升和超越，要求思想政治教育内容、方法等实现创新和转换。思想政治教育的伦理精神需以对伦理精神的认同为切入点和突破口，建立和谐的伦理关系。从"现实的个人"的人性及需要出发，"现实的个人"是思想政治教育的逻辑起点。习惯和品质来自于相应的现实生活实践，人的生存和发展离不开社会实践。思想政治教育伦理精神要体现以人为本，在蕴含以人为本的实践活动中实现思想政治教育的伦理精神。

全书共分为九个部分。导论部分提出了本书研究的主要问题，在考察思想政治教育历史发展的过程中，从其理论层面和实践层面审视和发掘思想政治教育的伦理精神，体现的是对思想政治教育的伦理观照。一方面，研究思想政治教育伦理精神的人比较少，需要系统地、深入地对其进行研究。另一方面，从思想政治教育真理性与价值性相统一、思想政治教育个体价值与社会价值相统一等理论维度考察，思想政治教育应该关注和回应社会中出现的新情况、新问题，对这些问题的思考与回答无不关涉思想政治教育的价值导向和伦理精神的观照。思想政治教育实践层面不能以工具理性取代价值理性，不能离开人的内心世界和现实生活进行教育，应促进生命的完善和人性的丰富。理论联系实际，从现实生活入手，追寻生活的意义，考察人在现实生活世界中的应有价值。成为什么样的人的问题是一个重大问题，在明理中践行，形成正确的世界观、人生观、价值观，使人真正成为与历史同向、与祖国同行、与人民同在的时代新人。

　　研究思想政治教育的伦理精神具有一定的理论意义，从理论上进行整体提升，促进思想政治教育学的理论化。研究思想政治教育的伦理精神具有一定的实践意义，扬弃了理论上的抽象性，具有更大的现实性，契合了思想政治教育学科理论性与实践性的有机统一，提高思想政治教育的实效性。只有从不同学科的视角来审视思想政治教育学科的发展，学科才能不断获得新的生长点，研究思想政治教育的伦理精神具有一定的学科意义，为思想政治教育学科增添新的内生点。

　　第一章对伦理精神、思想政治教育的伦理精神的内涵进行了探讨和界定。伦理精神具有内生的特征，一个民族的伦理精神不能移植，也不能复制，需要民族成员共同创造。思想政治教育伦理精神关照的是培养什么样的人的问题，通过思想政治教育培育人的精神世界，内生中华民族的伦理精神。

　　思想政治教育伦理精神是一种特殊的伦理精神，不同于其他伦理精神，主要体现为客观性、实践性、目的性、阶级性、民族性、时代性特征。思想政治教育的伦理精神与思想政治教育如影随形，是一种客观的存在。思想政治教育伦理精神注重"知行合一"，在实践活动中才能体现其本质，并随着社会实践的发展而不断发展。思想政治教育伦理精神的目的性即目标的指向性，具有一定的价值取向，在阶级社会表现为鲜明的阶级性或党性。思想政治教育伦理精神具有中华民族的特性，但时代特征在变，环境条件在变，思想政治教育伦理精神的时代性随之得以彰显。

思想政治教育伦理精神的价值主要体现为对社会、对个人的发展具有动力作用，体现为一种积极向上、追求至善、为人民服务、为中国共产党治国理政服务、为巩固和发展中国特色社会主义制度服务、为改革开放和社会主义现代化建设服务的价值追求。思想政治教育伦理精神的价值是为了更好地追求思想政治教育的"真""善""美"，使思想政治教育伦理精神最大限度地发挥精神动力价值、育人导向价值的作用，更好地满足人们的精神性需求，促进人的全面发展。

第二章梳理了中国思想政治教育伦理精神的历史演进，我国古代思想政治教育主要是儒家的道德教育，强调修身养性。在革命年代，思想政治教育发挥了重要作用，体现了革命人道主义的伦理精神，是马克思主义人道主义在革命战争年代的创造性运用。改革开放以来，现代思想政治教育伦理精神是对传统思想政治教育伦理精神的超越。考察了西方思想政治教育伦理精神的历史进程，古希腊时期，重视道德教育和教育实践，关注人的灵魂，使德性趋于完善。夸美纽斯的教育理论为近现代西方的教育理论体系奠定了基础，资产阶级为了维护和巩固其统治地位，利用思想政治教育大力宣扬个人主义。

马克思主义对现实的关切，对人类命运的关注，对自由、平等、民主等价值的追求，以实践的方式把握世界，是思想政治教育伦理精神的理论基础。理解人、尊重人，尊重人的尊严和人的价值，是思想政治教育伦理精神的基本要求。思想政治教育伦理精神以善与恶、正当与不正当、应该与不应该等价值判断来认识世界、完善世界，丰富人们的精神世界活动，提高人们的精神境界，促进人的自由而全面发展。毛泽东同志重视思想政治教育工作，强调掌握思想教育是团结全党进行伟大政治斗争的中心环节。习近平同志的一系列重要讲话，创新了新时代思想政治教育伦理精神。

第三章从理论层面审视思想政治教育伦理精神，主要从思想政治教育的内涵、本质、内容、功能等方面进行形而上的追问，有助于审视伦理精神是否蕴含其中，是否符合伦理精神的要求，这是对思想政治教育理论层面提升的关键所在。思想教育属于认知性教育，重点是解决主观与客观是否相符合。通过思想教育转变思想观念，培养人们不仅具有科学精神，而且具有人文精神，不断提高认识世界和改造世界的能力。政治教育是思想政治教育内容中最高层次的教育，政治教育伦理精神指导人们追求政治理想，最终实现社会正义和公共善。道德教育是人类对自身追问的一种方式，是一种规范性教育，是完善伦理精神的一种手段，通过社会公德、职业道德、家庭美德、个人品德教育，养成自律的道德行为。在法纪教育中体会法律和纪律的精神，挖掘法纪教育所蕴含的伦理精神，使"人"成为人，尊敬他人为人。心理教育在思想政治教育中处于基础地位，通过心理教育为开展其他内容的思想政治教育打好心理基础，为实现思想政治教育的伦理精神铺平"心理"道路。

思想政治教育内容是一个整体，要发挥有机统一体的整体功效，不仅要突出思想政治教育核心内容，而且要不断完善教育内容体系，优化教育内容结构，使思想政治教育伦理精神的作用得到发挥。思想政治教育伦理精神是设置教育内容的"主线"，这根主线必须贯穿其中，否则就会偏离方向。按照思想政治教育伦理精神设置的教育内容都要体现伦理精神的精髓，即提升人的思想、政治、道德、心理等素质，增强法律意识和纪律观念，共同指向"善"，使个体善和社会善有机融合，使人们得到全面发展。

第四章从思想政治教育实践的主体、实践的客体、实践的中介、实践的环境等维度审视思想政治教育的伦理精神，是为了更好地实现思想政治教育的社会目标和个体目标。社会生活实践中的人是活生生的、现实的、具体的人，不是简单地学习知识，而是让人们的知、情、意等方面得到发展和提升，最根本的目的是培养人、塑造人，使人成为人，成为全面发展的人。思想政治教育的实践客体具有能动性、自主性、创造性、广泛性等特征，把握思想政治教育的内在规律、人的成长规律以及思想品德形成规律，促进人性的完善和人的价值的提升。

思想政治理论课是开展思想政治教育的主渠道，课程是重要载体，开设的课程要蕴含思想政治教育伦理精神。方法是实践主体和实践客体联系的中介，理论教育法、实践教育法、批评与自我批评的方法是思想政治教育的基本方法，具体方法的运用要体现伦理精神。思想政治教育环境是影响人的思想政治品德形成、发展和思想政治教育活动开展的一切外部因素，包括自然环境、社会物质环境、人文精神环境。思想政治教育与人的精神需要内在的契合，环境建设是达至内在契合的桥梁。

第五章论述了思想政治教育的伦理精神范畴，它是思想政治教育伦理精神的主要体现，主要包括：人道、善、实践理性、公正、自由等。"关爱"是人道的核心，对人和人性的关注与尊重是人道的基本要求。人道的实现方式一是要爱一切人，善待一切人，把人当人看待。二是要以自然而然的方式尊重人的理性、尊严，承认人性的不完美，体现人的真实存在，从而尊重人的价值和表达对人的关爱。思想政治教育目标、内容、方法要体现人道思想，真正做到以人为本。

善就是指个体或群体的行为以及事件本身符合一定社会或阶级的道德原则、道德规范的要求，善和恶是对立的，既是一种道德评价，又是一种道德判断。人们的行为凡是有利于促进社会进步和发展，有利于大多数人的幸福的，就是善。思想政治教育的目标、内容、方法，必须符合"善"的标准和"善"的要求。

实践理性形式的维度主要体现为正当原则，即要符合一定的价值标准和道德规范；实质性的维度主要体现为向善原则，即实践过程要满足实践主体的需要，同时要体现善的价值和实现目的善；从实践过程中的手段、方式的维度来看，实践理性主要体现为有效原则，即实践过程和结果既要符合事实，又要符合存在的法则和社会规范，关乎实践过程以及结果的有效性。实践理性的正当原则、向善原则、有效原则三个维度共同指向人的自由，实践理性赋予人们的行动和实践过程以自由的品格。马克思主义认为，实践理性是在实践过程中表现出来的主体能力，体现了实践主体的能动性。思想政治教育必须合乎人的实践理性，运用人的实践智慧开展思想政治教育。

公正是思想政治教育伦理精神的主要范畴之一，是人类社会永恒追求的基本理念和基本行为准则。公正的本质含义是在处理国家与国家之间，国家内部人与人之间、人与社会之间、人与自然之间各种关系时，要做到均衡与合理，遵循不偏不倚、公平正义的原则，给予利益相关的国家或每一个社会成员以同等的条件和机会，从而最终实现享有基本权利和履行基本义务的有机统一。马克思主义认为，社会公正不能从抽象的人性、理性来确定公正的标准，要根据一定社会历史时期的经济基础和现实生活中人们的实际地位、权利义务等，揭示不同历史时期的公正观。思想政治教育目标、内容、方法、过程、评价体制机制、主体等因素都涉及公正的问题，思想政治教育要体现公正，其伦理精神才能得以实现。

自由是马克思主义理论的一个重要概念，其形成也经历了较长的历史过程，是在反思和批判的基础上进行的建构。获得自由的前提是消除人的异化，异化产生的原因在于市民社会的自私自利性。资本主义社会条件下，自由只是少数人的自由、资本的自由，只有推翻资本主义制度，消除异化，消灭剥削和压迫，建立共产主义社会，才能促进生产力的发展和社会的全面发展，而社会的全面发展为个体的自由而全面发展提供了一定的物质基础和现实性。自由是对必然的正确认识和对客观规律的准确把握，我国社会主义自由思想是以马克思主义自由观为指导，吸取了中华民族优秀传统文化中"自由"思想、西方关于自由思想的积极文明成果，与西方自由主义错误思潮是根本对立的。我国社会主义自由思想注重机会和过程的统一，不是形式上的自由，而是一种实质性的自由。思想政治教育的伦理精神要体现自由的价值理念和价值追求，自由是思想政治教育伦理精神的最高价值目标。

第六章对当前思想政治教育伦理精神存在问题进行了分析。从当前思想政治教育的现状来看，主流是好的，但在思想政治教育的理论层面和实践层面，如果没有按照伦理精神的要求开展工作，没有将伦理精神贯穿于思想政治教育的全过程，就会导致思想政治教育伦理精神的缺位。思想政治教育是在一定社会的时空中进行的，家庭伦理、职业伦理、公共伦理这三大主要场域伦理精神的缺位，一定程度上会影响到思想政治教育伦理精神的缺位。从存在论、认识论、价值论视域审视思想政治教育伦理精神，存在的主要问题是弱化了立德树人的根本任务。

思想政治教育伦理精神缺位消解伦理实体的认同，个体与共体割裂，没有对思想政治教育进行伦理精神的观照，在实际行动中缺失伦理精神的指导。思想政治教育伦理精神缺失的主要原因是伦理实体即共体与个体的割裂，共体的价值和个体的价值之间存在着内在的紧张，内在的善与外在的善之间存在着一定的鸿沟。思想政治教育如果过度的、机械的从个体出发，淡化和忽视共体的伦理实体建设，共体就会在个体的巨大漩涡中被吞噬，其结果是个体的人与共体的"伦"脱节，知与行脱节，势必会造成伦理精神缺位。

第七章论述了思想政治教育伦理精神的理论观照。"社会哲学范式"的特征是受教育者被淹没于理论知识之中，理论脱离实际，人成为抽象的人，不从具体的人的实际和需求出发开展思想政治教育。"人学范式"坚持思想政治教育的理性价值，关切和满足人的需求，培养人、塑造人、尊重人、理解人是思想政治教育的根本遵循，发挥人的主体能动性，促进人格的不断完善。"人学范式"片面地强调个人的需求，人是目的，不能把人当成一种手段。但忽视了现实人的社会政治性的存在和社会的发展需求，以个人为本位，社会成为个人发展需求的工具。

思想政治教育伦理精神是对以往思想政治教育理念的扬弃和超越，是思想政治教育范式转换的重要标志。它既是一种理念，又是实践活动的价值导向和行为准则，具有理论和实践两种品格，更能准确地体现民族的时代精神特质。思想政治教育伦理精神在理论层面和实践层面，具有一定的合理性。

思想政治教育伦理精神是思想政治教育范式转换最重要的内容，是理论层面的"原点"，具有本体论的价值。思想政治教育范式转换的灵魂是理念的转换，理念的转换要体现时代的特征和人的发展需求，按照科学性与价值性相统一、工具性价值与目的性价值相统一的原则，构建思想政治教育伦理精神要求下的新范式，把人置于活生生的现实生活世界和具有终极关怀的意义世界之中，从思想政治教育内容、方法等方面进行范式转换。

要深刻把握思想政治教育的伦理精神，不仅要从整体性上进行系统分析，而且要从思想政治教育的构成要素上剖析各要素蕴含的伦理精神。思想政治教育的主体和客体都是人，人的主体性就是人在认识世界和改造世界的过程中表现出来的能动性、自主性和创造性，思想政治教育客体的主体性对于进行思想政治教育具有重要的意义。青少年是思想政治教育的主要客体，教育和引导青少年健康成长尤为重要。思想政治教育不同的内容，要采取不同的教育方法。思想政治教育内容所建构的伦理精神必须体现在思想政治教育的方法上，具体方法的运用要体现伦理精神。思想政治教育环境建设和优化，有利于伦理精神的观照。思想政治教育目标的设计和实施，要体现以人为本的伦理精神。

第八章论述了思想政治教育伦理精神的实践路径。"现实的个人"是实现思想政治教育伦理精神的前提，马克思主义认为，现实的个人是自然存在物、社会存在物、精神存在物的有机统一体。思想政治教育的主体、客体、教育过程都离不开"人的在场"，离不开"现实的个人"的现实生活。思想政治教育必须建立在人性的基础之上，教育活动合乎人性以及人的需要，才会有真正的生命力，才会达到预期的教育效果。思想政治教育的伦理精神就是要丰富人性、发展人性、完善人性，与"现实的个人"需要不断提升的需求是内在契合的。

思想政治教育伦理精神要凸显人的发展规律与发展目的，思想政治教育的目的性就是其价值取向性，必须为实现一定社会的发展目标和促进人的发展而服务，反映社会发展和人的发展的本质要求。思想政治教育伦理精神要凸显人文关怀，使思想政治教育实践活动建立在相互尊重、平等交互的基础之上。"现实的个人"和人的生活是融为一体的，生活是人的存在方式，是滋养我们生命的"根"。在日常生活中实现思想政治教育伦理精神，体现了人对生活世界的伦理期盼和高度的道德自觉，习惯和品质来自于相应的现实生活。从人的生活世界中挖掘思想政治教育的伦理精神，揭示思想政治教育的本质，富有成效地开展思想政治教育工作。

思想政治教育要合乎人的实践理性，实践理性高于理论理性，具有直接现实性。在社会实践活动中实现思想政治教育伦理精神，实践活动在思想政治教育中起着基础性的作用，是人们的思想观念、政治观点、道德品质形成和发展的现实基础，能够有效地影响人们的思想和行为，对于促进人们的健康成长和全面发展具有十分重要的桥梁纽带作用。思想政治教育要坚持以人为本的理念，思想政治教育内容、方法等方面要体现以人为本，在"以人为本"的具体教育实践活动中实现思想政治教育伦理精神。坚持政治性和学理性相统一，坚持价值性和知识性相统一，坚持建设性和批判性相统一，坚持理论性和实践性相统一，坚持统一性和多样性相统一，坚持主导性和主体性相统一，坚持灌输性和启发性相统一，坚持显性教育和隐性教育相统一，推动思想政治理论课改革创新，不断增强思想政治理论课的思想性、理论性、亲和力、针对性，真正使思想政治教育的伦理精神得以实现。

目　录

| 导　论 |

　　思想政治教育是指一定的阶级、政党、社会群体用一定的思想观念、政治观点、道德规范，对其成员施加有目的、有计划、有组织的影响，使他们形成符合一定社会、一定阶级所需要的思想品德的社会实践活动。① 思想政治教育蕴含着一定的"精神"，它是思想政治教育的灵魂和核心，在任何时候任何地方都要发挥"指挥棒"的导向作用。其中有一种"精神"是思想政治教育的伦理精神，它的导向作用价值指向人的自由而全面发展，体现的是对这种特殊社会实践活动的伦理观照和伦理审视。

一、问题的提出

　　梁启超认为，"历史的目的在将过去的真事实予以新意义或新价值，以供现代人活动之资鉴"。② 考察"历史"的内涵，它包含三层意思：一是人类社会过去的发展过程（历史Ⅰ），即已经过去的"客观存在"；二是对过去的事的记载或者是对人类社会过去的发展过程的记载（历史Ⅱ）；三是人的历史认识，即人所认识的历史（历史Ⅲ）。但是，从历史Ⅰ→历史Ⅱ→历

　　①　张耀灿、郑永廷等：《现代思想政治教育学》，人民出版社 2001 年版，第 4—6 页。
　　②　梁启超：《中国历史研究法》，上海古籍出版社 1998 年版，第 148 页。

史Ⅲ的过程中，客观的历史因被附加诸多因素而受到干扰，进而影响现实实践。思想政治教育的历史也不例外，辩证地考察那些"历史"是否推动或阻断了新的"历史"的发展，既是历史也是理论，对于当今思想政治教育的实践活动具有镜鉴意义。在考察思想政治教育历史的过程中，从理论层面和实践层面审视和发掘思想政治教育的伦理精神，体现的是对思想政治教育的伦理观照。然而，在现实活动中，人为因素导致了思想政治教育伦理精神的缺位。

（一）思想政治教育理论层面更需伦理精神的观照

研究思想政治教育伦理精神的人比较少，需要系统地、深入地对其进行研究，才能更好地把握思想政治教育规律，更好地培育人，提高人的思想、政治、道德等素质。不论从思想政治教育的历史维度考察，还是从思想政治教育真理性与价值性相统一的本质属性来看，思想政治教育具体理论层面更需伦理精神的审视和观照。思想政治教育存在于特定的时空中，蕴含着鲜明的民族性和强烈的时代性，是一定价值观念的民族性体现和时代性表达。[①]思想政治教育具有个体价值和社会价值，是个体价值和社会价值的有机统一。个体价值主要体现在引导思想政治方向、激发精神动力、塑造个体人格、规范调控行为等方面，社会价值主要体现在经济价值、政治价值、文化价值、生态价值等方面。[②]因此，思想政治教育应该关注和回应社会中出现的新情况、新问题，对这些问题的思考与回答无不关涉思想政治教育的价值导向和伦理精神的观照。

思想政治教育的本质属性是真理性和价值性的统一。真理性即科学性，思想政治教育所输入的思想、理念、观点等符合真理性，即以正确的理论、科学的精神、科学的方法和方式来开展思想政治教育。只有体现了真理性，

---

① 熊建生：《思想政治教育内容结构论》，中国社会科学出版社 2012 年版，自序第 1 页。
② 张耀灿、郑永廷等：《现代思想政治教育学》，人民出版社 2001 年版，第 115 —119 页。

理论才能被群众所信服和掌握，才能发挥真理的作用。价值性是指革命性、党性、意识形态性等，思想政治教育的价值属性是一种培养人、塑造人的活动，在阶级社会里具有鲜明的阶级性和目的性，思想导向和价值取向体现在思想政治教育中。真理性和价值性即科学真理性与意识形态性，在两者的关系中，科学真理性揭示了思想政治教育的规律，意识形态性体现了思想政治教育目的；科学真理性是思想政治教育的根基，意识形态性体现了思想政治教育的价值；科学真理性是基础，意识形态性是本质。科学真理性和价值性统一于思想政治教育的社会实践活动中。①

（二）思想政治教育实践层面更需伦理精神的观照

思想政治教育对于达成社会的价值共识与和谐有序具有不可或缺的意义。然而，在市场化、信息化、经济全球化的大背景下，国际、国内环境形势日趋复杂，思想政治教育的实际效果与人们的期待相去甚远，主要原因之一在于伦理精神的缺位。思想政治教育应该以人作为出发点和落脚点，从思想政治教育的出发点来看，都要以现实的人、具体的人而展开进行思想政治教育；从思想政治教育的落脚点来看，思想政治教育的旨归是培养人、塑造人，形成先进的思想，树立正确的世界观、人生观、价值观，提高人的思想、政治、道德素质。思想政治教育的本质是促进人的潜能的发挥、价值的提升和人性的完善，关注的是人的本质、人的价值、人生意义、人生理想等人的本质性、终极性问题，核心价值是人文关怀价值。但是在思想政治教育的具体实践中，由于没有充分重视人的存在、人的情感、人的价值，如果人或被悬空或被缺席，思想政治教育就成了一种名副其实的手段。我们需要厘清思想政治教育的学科属性和功能，如果思想政治教育工作者忽视了甚至是忘记了思想政治教育的本体价值，即对人和人性的提升，塑造健全人格，培养良好公民，实现人的自由而全面发展。这样做的结果不仅本末倒置，而且

① 熊建生：《思想政治教育内容结构论》，中国社会科学出版社 2012 年版，"自序"第 2 页。

思想政治教育会受到人们的排斥和反感，与思想政治教育的真正目的渐行渐远甚至是南辕北辙。

阿多诺说："所有的异化都是一种遗忘。"① 如果对人遗忘，思想政治教育就走向了异化，生硬的管束和机械的灌输导致思想政治教育成为空洞无物的、僵化的教条和压抑了人性的教育。正如金生鈜所说："现代教育中教化的隐退和规训的在场，形成了教育对人的新的控制，这种控制导致人的新的奴隶化状态，这意味着教育对人的职能化与工具化，也意味着教育越来越成为一种异化人的实现外在目的的工具。现代教育失去了精神的培育性，越来越成为一种处置人、算计人的手段，它只是造就人的物性、扩张人作为物和工具的性能。"② 思想政治教育不能以工具理性取代价值理性，不能失去精神的关照和终极关怀，否则，它的目的理性势必会被遮蔽，导致主体的"缺场"和思想政治教育的简单化，思想政治教育注定是失败的，也是十分危险的。"一旦人从本体性的目的地位滑落，或者一旦脱离人的目的地位来把握人，那么，人必将沦为工具性的存在、手段性的存在。"③

人若沦为工具性的存在，思想政治教育的效果就会大打折扣。

受理性主义思潮的影响，片面夸大人的理性，忽视人的感情与实践的因素，学生成了知识的容器，教师的任务就是把理性化、抽象化、符号化的知识强行灌输进"容器"，学生的思想、情感、意志、感受、体验被理性的泛化所吞噬。思想政治教育被误认为是思想政治知识的教育，道德的培养窄化成了道德知识的死记硬背，没有看到思想政治教育不同于科学的掌握和技能的培养，缺失了对人自身价值和生命意义的追求，有血有肉的个体成为没有人性和灵魂的躯壳。人的存在首先是一个有生命的存在，关注人的生命、追求人的意义是思想政治教育题中应有之义，不能离开人活生生的内心世界进

---

① ［法］福柯：《规训与处罚》，刘北成译，生活·读书·新知三联书店 2003 年版，第231 页。

② 金生鈜：《规训与教化》，教育科学出版社 2004 年版，第 3 页。

③ 王啸：《教育人学：当代教育学的人学路向》，江苏教育出版社 2003 年版，第 243 页。

行"单向度"的教育。除了掌握知识和技能外，还需要情感的投入和坚强的意志，需要受教育者自主地建构、体验和实践，并逐步内化为自己持久的、自觉的行为。思想政治教育本应促进生命的完善和人性的丰富，不仅有知识的传授，更重要的是对知识的认同、内化、践行，结果却变成了压抑人性、漠视生命的"机器"，不利于学生的健康成长，背离了思想政治教育的本质，使得思想政治教育的成效大为"缩水"。

　　思想政治教育是人类社会发展到一定阶段的产物，面对的是生活世界中的人，生活是人的存在方式的最完整、最生动、最质朴的表达。人和人的生活是同一的。① "个人怎样表现自己的生命，他们自己就是怎样。"② "科学世界是我们进修理性的'营地'，我们建在异乡的家园；生活世界是我们故乡的家园，我们最根本意义上的'家'，我们生命的根。"③ 生活世界是我们的根，从根中汲取养分，从现实生活中进行思想政治教育，才能理论联系实际，从生活世界中观照我们用概念和逻辑推理所建立起来的抽象"理论世界"，真正使思想政治教育入脑、入心。但现实中，思想政治教育如果与生活世界隔离，只是空洞的说教，缺少生活的情趣；只是知识的传授，没有生活意义的追寻；教育方式单一，诉诸强制灌输，无形之中就消解了生活的丰富多彩性，就会影响思想政治教育的实际效果。思想政治教育的落脚点是在明理中践行，形成正确的世界观、人生观、价值观，最终成为什么样的人。至于成为什么样的人的问题是一个重大问题，必须把人置于人的生活世界中去考察，考察人在生活世界中的精神价值，从而审视思想政治教育由于遗忘了人的存在和遮蔽了人的现实生活，失去了思想政治教育的意义，影响了思想政治教育基本价值的实现。

---

① 洪波：《思想政治教育话语范式转换研究》，浙江大学出版社 2012 年版，第 23 页。
② 《马克思恩格斯选集》第 1 卷，人民出版社 2012 年版，第 147 页。
③ 项贤明：《泛教育论》，山西教育出版社 2002 年版，第 231 页。

二、思想政治教育伦理精神研究现状综述

人们对思想政治教育不断深入地研究，在理论层面和实践层面取得了一些富有创造性的研究成果。现将与思想政治教育伦理精神相关的著作和研究论文作一简要的概述和评析。这些论著对于研究伦理精神和思想政治教育的伦理精神具有重要的借鉴和启示作用，为揭示它们的内涵做了铺垫。

（一）关于"伦理精神"的研究现状

黑格尔在《精神现象学》第六章专门研究"精神"。"当理性之确信其自身即是一切实在这一确定性已上升为真理性，亦即理性已意识到它的自身即是它的世界、它的世界即是它的自身时，理性就成了精神。"① 精神是具体的理性，是理性的客观真理，民族精神、文化精神、时代精神等都属于这里所论述的"精神"。在黑格尔看来，精神世界分为伦理世界、教化世界、道德世界。伦理是真实的精神，由民族和家庭构成的精神世界是真实的存在。教化是自身异化了的精神，异化了的精神世界分为两个世界：一个是现实的世界或精神自己异化而成的世界，另一个世界是精神超越了第一个世界后建立起来的世界。教化世界是对伦理世界的否定，是对现实世界的异化。道德是对其自身具有确定性的精神，经过"教化"的否定之后，精神在道德世界中最终确定，获得了复归。"精神之所以是精神，只是由于它在那里存在着，由于它把它的定在提升为思想并从而提升为绝对的树立对立面的活动，并且从这种树立对立面的活动中回复自身，而这种回复正是通过这种树立对立面的活动和在这种活动本身中进行的。"②

黑格尔在《法哲学原理》第三编"伦理"中研究了"伦理精神"。③ 他

① ［德］黑格尔：《精神现象学》下卷，贺麟等译，商务印书馆 2009 年版，第 1 页。
② ［德］黑格尔：《精神现象学》下卷，贺麟等译，商务印书馆 2009 年版，第 300 页。
③ ［德］黑格尔：《法哲学原理》，杨东柱等译，北京出版社 2007 年版，第 81—119 页。

认为直接的伦理精神是家庭，包括婚姻、家庭财产、子女的教育等内容。家庭是以"爱"为其基本规定，是自身与他人关系的统一体。婚姻是一种伦理精神，男女双方相互恩爱，共同的结合是以伦理性的爱为基础，体现的是伦理的精神。伦理精神的分化是市民社会，市民社会是处于家庭与国家之间的一个必不可少的阶段。在市民社会这一场所中，个人可以发挥自己的能力与他人结成关系并达到自己的目的，满足自己的需要。精神要实现其现实性，需要教化使其成为自为的自由精神。教育的目的是解放，发挥教育的作用，使伦理实体从自然的状态提升到具有普遍性的、精神的实体。国家是实现了的伦理精神，是一种客观精神。在国家阶段，实现了个人利益与普遍利益的统一，精神扬弃了抽象法与道德的片面性，达到了自由的境界。黑格尔伦理精神的思想充满着辩证法的思想，蕴含着否定之否定规律。精神自己设定自己，体现为一些特殊的环节，扬弃各个环节又回到自身，比原来的起点更为高级，这就是精神的辩证发展过程。

黑格尔的"精神"是一个抽象的概念，指的是客观唯心主义的绝对精神。马克思在批判黑格尔唯心主义自我意识的异化时，提出了辩证唯物主义的理论。物质决定精神，精神是物质的产物，但不是物质本身，精神依赖于物质并反作用于物质。黑格尔的法哲学是建立在客观唯心主义的基础之上，以唯心辩证法讨论政治、社会、伦理等问题，有一定的启发性，但更具有虚幻性。马克思批判了黑格尔不把现实性当作第一性，而是把理念当作第一性，这是本末倒置的唯心观点。

樊浩的《伦理精神的价值生态》一书对伦理精神的概念进行了界定。①"精神"作为意识和意志的同一体，本性是"知行合一"。"精神"与伦理道德的文化本性、中国道德哲学的传统深度契合。"精神"的哲学本性是"单一物"与"普遍物"、个体与实体的统一，伦理是普遍物和共体、个体与实体、单一物与普遍物之间的矛盾，二者之间的统一必须通过"精神"

---

① 　樊浩：《伦理精神的价值生态》，中国社会科学出版社 2001 年版，"再版序言"第 17 页。

才能实现和达到。"伦理"与"精神"同一，形成"伦理精神"的概念，解决了伦理世界与伦理实体即普遍物、公共本质如何构建的问题，解决了实体、普遍物如何作为"整个的个体而行动"的问题，解决了民族如何作为"整个的个体而行动"，即民族精神的问题。民族是伦理的实体，伦理是民族的精神。他从道德哲学的高度对"伦理精神"进行了形而上的追问，吸收了黑格尔关于"伦理精神"的合理内核。

樊浩的《道德形而上学体系的精神哲学基础》一书的第二十章对"精神"作出了四个基本规定。① 一是精神的对立物是"自然"，精神的肯定性本质是"自由"，精神的否定性本质是"解放"。在精神的辩证发展中，使人不断得到解放，从而获得现实的自由。二是精神不是一般的观念，也不是一般的理性，而是观念、理性获得自我实现的能力，是精神的特殊本质。三是精神既包括意识、观念、理性等，又包括意志、冲动、行为等。意识与意志、观念与行为等是精神的一体两面，统一于精神之中。伦理道德内在于精神的本性规定之中，是精神的一种客观形态。四是精神不是静态的存在，而是自我运动、自我发展、自我复归的辩证过程。精神扬弃了自然的质朴性，又扬弃了观念的主观性，表现为自觉的能动性。伦理道德在黑格尔的哲学体系中，经历了伦理世界—教化世界—道德世界的精神现象学的运动过程。从四个方面对"精神"进行了界定，也是对黑格尔《精神现象学》中"精神"内涵的深刻解读。他的论文《〈论语〉伦理道德思想的精神哲学诠释》②，对"精神"也做了进一步的诠释。精神既是对自身的自然本性的扬弃，从而获得主体性的自由；又是对个体有限性的扬弃，从而获得实体性的自由。精神的本质是自由，是在扬弃了自己的自然本性与个体的有限性的基础上，通过个体与实体的统一获得的自在自为的自由。用中国的哲学话语表达，精神是"知行合一"。

---

① 樊浩：《道德形而上学体系的精神哲学基础》，中国社会科学出版社 2006 年版，第 618—620 页。

② 樊浩：《〈论语〉伦理道德思想的精神哲学诠释》，《中国社会科学》2013 年第 3 期。

张康之的《论伦理精神》一书是从公共管理伦理学的视野对伦理精神进行了探讨。① 他认为人类历史上出现了两次启蒙运动，第一次是启蒙农业社会的运动，在农业社会，社会治理是依靠权力意志而展开；第二次是启蒙工业社会的运动，在工业社会，社会治理则是依据法的精神进行的，现处于从工业社会向后工业社会的历史转型期，在对法治的反思中，引向了对道德治理的构想。道德的治理是对法的精神的扬弃，伦理精神将会作为一种基本依据而存在。无限夸大道德的作用不是科学的态度，面向后工业社会，需要从历史发展必然性中去寻求社会治理结构的伦理化，通过对伦理关系的研究去探讨伦理制度化，在对伦理制度化建设的思考中去认识道德的功能，致力于道德化行为模式的塑造。随着服务型社会治理模式的出现，伦理在社会治理过程中的地位也将发生根本性改变，伦理精神将成为一种普遍的精神，体现在制度上和通过制度贯彻到公共管理者的一切社会治理活动中去。

吴灿新的《中国伦理精神》一书论述了中华民族的传统伦理精神，主要体现为家族主义精神、中和主义精神、情感主义精神、尚义主义精神、制欲主义精神、德性主义精神、民本主义精神、等级主义精神。② 不同的时代有不同的伦理精神，作者论述了中华民族伦理精神在近代的嬗变。新中国成立后，形成了计划经济时代的伦理精神。经过时代的变迁，市场经济兴起和发展，必然呼唤与其相适应的伦理精神，重塑当代中华民族的伦理精神意义重大。集体主义精神与为人民服务精神是当代我国最为核心的伦理精神；爱国主义精神是宝贵的财富，是伟大的"民族之魂"；艰苦创业精神是中华民族的优良传统，是当今必须坚持和发扬的伦理精神。在整个社会生活领域，应当发扬社会主义的人道主义精神，是人类社会历史上人道主义精神发展的新境界。

赵庆杰的《中国伦理精神的探源》一书从历史的事实层面和逻辑的理

---

① 张康之：《论伦理精神》，江苏人民出版社 2010 年版，第 1—26 页。
② 吴灿新：《中国伦理精神》，广东人民出版社 2007 年版，第 43—92 页。

论层面对中国伦理精神进行了探源和概括。

田海平的《西方伦理精神——从古希腊到康德时代》分为三篇。第一篇主要围绕古希腊美德伦理的产生、发展和影响，分析了其伦理精神的历史性建构。第二篇主要论述了中世纪基督教的伦理精神，阐述了基督教伦理对整个西方伦理精神的影响。第三篇对近代契约伦理精神进行了剖析。全书考察了从古希腊到康德时代伦理精神的嬗变和演进过程，社会基本矛盾、社会结构的演变决定了伦理精神的内容和演变。

有关伦理精神的论文比较多，但与本书相关的不多。吴灿新的论文《伦理精神的本质及其价值》指出，伦理精神是文化精神之一，是民族精神的一个方面。伦理精神作为思想上层建筑现象，本质上是以善恶的形式反映出社会的经济基础。因此，要了解一个民族、一个社会的伦理精神，不仅要了解一个民族、一个社会所特有的生产方式，更重要的是还必须了解一个民族、一个社会所特有的经济基础。在空间上，伦理精神具有民族性和社会性。在时间上，伦理精神具有历史性和时代性。在表象上，伦理精神具有共同性和稳定性。在地位上，伦理精神具有内核性和支配性。在结构上，伦理精神具有整合性和系统性。伦理精神居于伦理意识和道德准则之中的核心地位，对人的思想和行为起着引导作用，是被人们认同的、稳定的道德价值观念。伦理精神是一个社会、一个民族强大的精神支柱，为社会的发展提供了精神动力，促进和维系社会各个领域正常运转。①

王泽应的论文《伦理精神自信是文化自信的核心和根本》指出，伦理精神自信是伦理精神对自身意义和价值的高度肯定，它既代表着伦理精神的纵深跃进和境界提升之自我确证，又标志着伦理精神对其方向性和深刻性的自我肯定和赞许。文化自信源于并依存于伦理精神自信，伦理精神自信支撑和挺立文化自信。伦理精神自信源于人自身的精神自信特别是对自己所形成和涵养的伦理精神的自信，成于人自身的社会实践并必然表现为在文化观念

---

① 吴灿新：《伦理精神的本质及其价值》，《现代哲学》2001 年第 4 期。

和精神境界上的自信。①

　　薛桂波的论文《科学精神与伦理精神》指出，像科学与伦理是人类文化总体中两个相互区分却又相互联系的重要方面一样，科学精神与伦理精神虽然具有不同的本质和内涵，但却具有相互关联和统一之基础——自由。随着人类实践的发展以及科学与社会联系的日益紧密，科学精神日益融入伦理精神，伦理精神也向科学精神渗透，二者在现实的社会实践中逐步由分离走向契合。②

（二）思想政治教育伦理精神的研究现状

　　目前，系统研究"思想政治教育的伦理精神"的人比较少，相关的研究专著和论文不是太多。对现有的论著进行综述，旨在启发和借鉴。

　　孙其昂的《思想政治教育学前沿研究》一书的第八章研究了"思想政治教育基本精神"。③ 他认为，思想政治教育是精神性活动，精神是它的灵魂，基本精神是思想政治教育的内核，是思想政治教育理论与实践中的基本问题。思想政治教育是正义的活动，不仅具有善的品格，而且具有积极向上的风范。思想政治教育的基本精神是思想政治教育的根，在任何时候、任何地方、任何活动中都存在并发挥作用。"精神"与物质相区别，具有内在性、文化性、灵性、价值性、人文性、超越性等。精神是人所特有的内在气质，是人性的体现，是人类的灵魂，体现为内在的力量。思想政治教育基本精神的存在方式有三个层次：第一层次是思想政治教育的内在精神；第二层次是思想政治教育传播的精神内容；第三层次是思想政治教育行为体现的精神气象，通过言传身教发挥先进作用。只要思想政治教育存在，就应当体现思想政治教育的基本精神，需要从思想政治教育系统整体中认识和掌握其基本精

　　① 王泽应：《伦理精神自信是文化自信的核心和根本》，《道德与文明》2011 年第 5 期。
　　② 薛桂波：《科学精神与伦理精神》，《伦理视野下的社会发展——第 17 次中韩伦理学国际讨论会论文汇编》，2009 年。
　　③ 孙其昂：《思想政治教育学前沿研究》，人民出版社 2013 年版，第 204—229 页。

神。思想政治教育基本精神的主要元素体现为：思想政治教育的基本领域是人的建设，要以人为本，以人为载体，通过人来实现。思想政治教育的基本对象是人的思想，转变人的思想观念，提高人的思想觉悟，提升人的思想境界，通过做人的思想工作发挥其作用。思想政治教育的基本功能是人的思想解放，影响人的思想，促进观念的转变，最终实现人的思想解放。思想政治教育的基本价值是正义，以正义的力量劝人行善，调动人的积极因素为远大的理想而奋斗，指向善、良知、正义等价值规定。思想政治教育的基本关系是价值认同，是关乎人心的工作，协调人与人之间的价值关系，对执政主体的价值认同。思想政治教育的基本资源是精神资源，是关于觉悟的工作。思想政治教育基本精神的实现是在交流中完成，人与人之间平等地交流，促进诚信关系的建立，增进人际的交往和信任，体现了思想政治教育的基本精神。思想政治教育是教化之学，最基本的方法是说理，动之以情，晓之以理，导之以行，说理本身就是一种思想政治教育活动。榜样是思想政治教育基本精神的载体，也是其实现形式。通过思想政治教育主体自身的言传身教，实现思想政治教育的基本精神。这一研究指出了思想政治教育蕴含着基本精神，但没有明确地指出基本精神是什么精神，为本书从抽象到具体的研究奠定了基础。

袁桂林的专著《当代西方道德教育理论》，对各个道德教育理论派别作了介绍和研究。首先，介绍了对当代西方道德教育理论影响较大的教育家和他们的道德教育理论，如卢梭、康德、赫尔巴特、斯宾塞、边沁、涂尔干、杜威。在此基础上，介绍了存在主义道德教育理论、认知发展道德教育理论、价值观澄清理论、理性为本道德教育理论、道德符号理论、逻辑推理价值观教育理论、社会学习道德教育理论、人本主义道德教育理论、完善人格道德教育理论、体谅关心道德教育理论的主要观点、基本特征以及简要评价。最后一章从历史、社会、理论认识渊源等方面综合分析当代西方主要道德教育理论学派的共同特征：注重微观研究；注重操作模式研究；人本主义被普遍接受；都反对灌输；派别众多，各执己见。还着重分析了可供我国学校德育理论与实践借鉴之处：理论与实践相结合的做法；要有创新精神和批判精神；建立稳固的德育内容体系；对道德现象进行微观研究时揭示出来的既符合教育规律，又符合学生认识规律的道德教育理论。袁桂林教授指出，德育观念更新是德育改革的突破口，用新形势下德育工作的新任务、新目的重新建构我们的思维方式和实践模式，提高德育的功效。① 道德教育是思想政治教育的主要内容之一，道德教育理论学派的介绍和分析对于研究思想政治教育伦理精神大有裨益。

檀传宝的专著《教师伦理学专题：教育伦理范畴研究》中所使用的教师伦理学和教育伦理学是一个概念。从教师伦理学与师德范畴讲起，介绍了伦理学、教育伦理等相关知识，对教师的幸福、公正、仁慈、义务、良心、人格一一作了论述。做一个幸福的教师，应当具有完善的知识结构，具有高超的教育能力，还应当具有对教育活动过程以及教、学双方的审美能力。② 教师的公正是在教育活动中对待不同利益关系表现出来的公平和正义，是教育公正的核心内容。公正本身就是道德教育的重要内涵，教师公正直接构成德育的内容，也是社会公正的重要组成部分。教师对学生的公正要求教师对学生民主、尊重，为所有学生提供平等的学习机会，长善救失，因材施教。仁慈是伦理的基本原则，是公正的延伸。教师的仁慈是对学生要有爱心，对学生宽容。教师的义务是指对社会、他人承担一定的道德义务，也要承担自己的职业道德义务，教师道德义务的核心内容是践行教育的公正和教育的仁慈。教师的职业良心体现在教育工作的每一个环节上，要恪尽职守，热爱教育工作，对学生爱护。教师的人格修养十分重要，学为人师，行为世范。在思想政治教育中，教师作为主体之一，教师伦理学对于研究思想政治教育伦理精神具有一定的借鉴价值。

孙彩平的专著《教育的伦理精神》指出，教育蕴含着深刻的道德意义，是人类的一种道德实践，工业社会以来，功利与实用的价值俘虏了人的心灵，

① 袁桂林：《当代西方道德教育理论》，福建教育出版社1995年版，第298—310页。
② 檀传宝：《教师伦理学专题：教育伦理范畴研究》，北京师范大学出版社2003年版，第51—53页。

人的整个生存空间随之商品化和工具化，教育难免迷失自己。此著作分六章对教育的道德性作了探索，第一章是当代中国教育所面临的道德困境和道德挑战，教育面临的道德困境是人道困境、理性困境、公正困境以及教育尊严的失落。对当代中国教育伦理精神的追问，是出于中国教育道德的迷失及伦理精神对当代中国教育之必要。市场经济条件下对教育道德提出了挑战，教育被市场化、产业化、商品化，受教育机会、受教育权利、教育资源、教育结果在市场中待价而沽。① 第二章是剖析教育的道德内涵：教育起源、教育规律、教育发展的道德意义，教育是合规律性与合目的性的统一，教育的道德性对教育发展具有导向作用、协调平衡作用。第三章是探索教育道德性演进的谱系，教育的人道、理性、公正是体现教育道德性的三个基本伦理范畴。第四章是教育道德性的伦理范畴，教育以人为本的精神理念是教育道德性最核心的伦理概念，"爱"是人道的核心，人道体现的是对人的关爱，教育是把人本身当作目的的教育。教育是理性存在物的一种实践活动，强调教育内部因素的这种自组织性，按照教育自身的内在规律实施教育。教育公正是教育道德性的一个重要体现，教育制度要体现教育的公正，教育过程中教师要公正地对待每一个学生。第五、六章是对当代中国教育的道德性分析，当前中国的教育对教育过程中的手段本身及制度本身的道德性缺少应有的反思。

教育是人类社会生活的一种实践活动，是文化进行自我更新和传承的重要方式，一个社会的伦理精神在教育实践中蕴含，教育内容、方式、方法、制度与规范浸透着伦理要求和善恶标准。思想政治教育是一种特殊的教育，遵循教育的一般规律，又有其自身的特殊性，教育的伦理精神研究对于思想政治教育伦理精神的研究具有一定的启发和借鉴作用。

孙彩平的专著《道德教育的伦理谱系》是对道德教育本体的研究，论述了各个历史时期的德育目标、德育功能、德育方法和德育制度，对西方不同国家的道德教育形态做了比较，也比较了中西不同文化背景下的道德教育

---

① 孙彩平：《教育的伦理精神》，山西教育出版社 2004 年版，第 7—10 页。

形态。在多元价值冲突中，对我国道德教育的伦理问题作出了思考，认为对道德教育与意识形态及社会价值取向的关系、道德教育中的自由等问题缺乏深入、系统的研究。人类社会的领域都包含着伦理因素的立场，它支持探讨人类生活不同领域的善，反映的是人对自己生活世界所有领域的伦理期望和诉求，体现对社会现实生活的伦理观照和人的一种较高的道德自觉性。伦理问题不只是善恶判断的问题，还包括从善恶的维度思考问题，并进行伦理追问和审视。① 对道德教育的伦理考虑是必要的，也是合理的。自由、公正、仁爱是道德教育道德性的基本伦理范畴，在各种道德教育活动中都要有所体现，并蕴含其中。所有的人类实践活动都包含着道德的因素，不同的生活领域其道德性则有所不同。福柯说："一个行为的道德性不仅在于其自身，不仅存在于它的独特性，还在于它与周围其他事物的统一性，在于它在一种行为模式中所处的地位。"② 道德教育的道德性不仅存在于它的独特性，还在于它与思想教育、政治教育、心理教育等思想政治教育内容的统一性。思想政治教育内容整体性的道德性，体现为思想政治教育内容的伦理精神。

辛治洋的专著《道德判断与道德教育——基于中国传统道德教育思想范式的研究》，认为道德理性有三个层次：自然层次、原则层次和实践层次，道德判断有君子、系统、天理、契约四种判断范式。道德教育需要正视道德理性和道德判断，在道德判断的过程中促进主体的道德理性发展。道德教育应成为公共理性教育，核心问题是主体道德理性的形成和发展问题。道德理性是通过道德学习活动的引导和培育逐步形成，在不断追问"什么是道德，如何讲道德，为什么要讲道德"的道德判断过程中发展和成熟。③

李辽宁等的论文《公共管理视域中思想政治教育的伦理意蕴——兼谈

---

① 孙彩平：《道德教育的伦理谱系》，人民出版社 2005 年版，第 8—15 页。

② ［法］米歇尔·福柯：《性经验史》，畲碧平译，上海人民出版社 2000 年版，第 138—139 页。

③ 辛治洋：《道德判断与道德教育——基于中国传统道德教育思想范式的研究》，安徽人民出版社 2010 年版，第 14 页。

对思想政治教育本质的再思考》① 指出，思想政治教育是社会治理的手段之一，是对社会意识形态进行管理的特殊的公共管理活动。要实现思想政治教育的创新，除了重视思想政治教育的意识形态性和科学性以外，也要关注思想政治教育的服务性。思想政治教育的管理对象是人们的思想意识和价值观念，从社会宏观层面看，它属于一种社会意识形态的管理活动，将社会主流意识形态为人们所认同和践行；从微观层面看，它属于一种思想政治品德方面的教育活动，帮助人们树立正确的世界观、人生观和价值观，从而指导人们的行为。思想政治教育作为社会整合与社会治理的一种方式和手段，通过教育活动的精心组织，使受教育者接受教育。从公共管理的视域来看，经历了传统的统治型社会治理模式——管理型社会治理模式——服务型社会治理模式，社会管理体制相应地经历了人治—法治—德治的转变。德治治理模式核心是以人为本，倡导的是"服务和合作"理念，从根本上解决了人与人之间的对立状态，成为人们新的诉求。后工业社会公共管理呼唤伦理精神，伦理精神将会体现在制度安排上，并通过制度贯彻到公共管理者的一切社会治理活动中去。这种观点与张康之教授的观点是一致的。

蒲蕊的论文《论教育行政的伦理精神》指出，教育行政是一种追求伦理价值的活动，伦理精神必然贯穿于教育行政管理活动的始终。教育行政中的伦理精神主要体现在维护与增进公共利益、追求公平公正、坚持民主原则以及重视责任与义务等方面，即以维护和增进社会的公共利益为最终目的，以追求公平公正为价值取向，以民主原则作为价值判断。教育行政是一个权力与责任对等的领域，教育行政伦理精神体现为在行使权力、履行职能的同时应具有为自己的行为承担责任的能力。追求教育行政的伦理精神，需要重视制度的重要作用，重视教育行政人员的道德意识的培养与个人修养的提升。②

翟楠等的论文《教育的伦理精神——黑格尔〈法哲学原理〉中的道德

---

① 李辽宁、闻燕华：《公共管理视域中思想政治教育的伦理意蕴——兼谈对思想政治教育本质的再思考》，《思想理论教育》2008 年第 5 期。

② 蒲蕊：《论教育行政的伦理精神》，《教育研究》2007 年第 9 期。

教育思想探析》① 认为，黑格尔对法、道德和伦理所做的这种区分是基于对个体性和普遍性的深刻分析，这也有助于更深入地审视教育对个体性的保存和提升意义，并反思当下的教育尤其是道德教育的实践。教育必须具有伦理精神，由此才能应对教育的现代性危机即相对主义与虚无主义。

还有个别的论文论述了教育的伦理精神以我国教育目前面临的伦理问题。为了使教育真正实现其"至善"的价值目标，应该从人性出发对教师的德性和德行进行反思。教育本身应该是道德的，是责任和爱的象征。从人道、理性、公正等伦理范畴出发，分析了当代我国教育面临的道德困境与挑战，探讨了市场经济条件下如何通过教育实践来实现教育德性，如何实现教育德性向教育德行的转化。思想政治教育与教育关系密切，这些论文为思想政治教育的伦理精神研究提供了参考和借鉴。

国外将教育伦理学研究范围扩展，以伦理的维度审视教育实践中的所有问题，是国外教育伦理研究发展的新视野，意味着对教育这一人类实践活动的整体提出伦理方面的要求，是教育研究在开启教育活动的理性自觉之后，重新追求教育活动道德自觉的要求。这是一个很大的进步，对于本书的研究具有借鉴价值。

三、研究意义和研究方法

（一）研究意义

研究思想政治教育的伦理精神具有一定的理论意义，从理论上进行提升；具有一定的实践意义，以此指导实践，提高思想政治教育的实效性；具有一定的学科意义，为思想政治教育学科获得新的内生点。

---

① 翟楠、李长伟：《教育的伦理精神——黑格尔〈法哲学原理〉中的道德教育思想探析》，《当代教育科学》2007 年第 3 期。

1. 理论意义

思想政治教育学是一门独立的学科,一部分人认为其理论性不够强,学科体系不科学等。为此,要从理论上进行整体提升,从理论源头进行形而上学的追问,逐步解决我国思想政治教育中存在的一些问题。思想政治教育的伦理精神研究有助于促进思想政治教育学的理论化、科学化,从"伦理精神"这一核心概念出发,层层推演出思想政治教育所蕴含的丰富内容,规定思想政治教育所追求的伦理精神,遵循从抽象到具体的逻辑递进过程,揭示思想政治教育的本质和规律。思想政治教育理论研究者对思想政治教育基本原理展开了多视角、多层次、多维度的学术研究,包括思想政治教育学科体系研究、目标研究、发生学研究、范畴研究、方法研究、环境研究、接受研究、载体研究、主体研究、客体研究、价值研究、评估研究以及有效性研究等,[1] 这些研究成果从不同侧面丰富和发展了思想政治教育理论体系。但除了这些理论体系外,还存在着一个可以深入挖掘和探讨的理论方向,那就是从伦理精神维度对思想政治教育进行形而上学的追问和探寻。思想政治教育的伦理精神概念解决了思想政治教育的民族性,是人类普遍价值的民族性体现,伦理精神深刻地表达了民族精神的内涵,实现了理性与实践的统一、个人利益和普遍利益的统一。思想政治教育的理论来源于实践又高于实践,思想政治教育的伦理精神是对其本质和规律的形而上的探究,要同其他学科一样以深刻的理论把握人的世界。

2. 学科意义

"学科的交叉融合,是学科发展成熟到一定程度后的必然要求和表现,只有以不同学科的视角来审视本学科的发展,本学科才能不断获得新的生长点,这是学科发展的客观规律。"[2] 任何学科的发展都需要其他学科的有力

---

① 熊建生:《思想政治教育内容结构论》,中国社会科学出版社 2012 年版,"自序"第 2 页。

② 冯刚:《交叉学科视野下思想政治教育的创新发展》,《思想理论教育导刊》2011 年第 11 期。

支撑，通过汲取其他学科的成果使之得到发展。不同学科之间打破学科间的壁垒，突破自身的边界走向交叉、互涉，才是现代知识条件下学科发展的应然状态。① 因此，确立一种学科协同意识，形成一种学科建设自觉，吸收哲学、伦理学等学科的研究成果，发掘思想政治教育蕴含的伦理精神，既是对思想政治教育理论与实践的深化研究，更是通过构建思想政治教育多学科交叉研究思维，最终实现其理论研究的突破和创新。思想政治教育的伦理精神概念的提出，把思想政治教育学科与伦理学有机结合了起来，伦理道德教育本身就是思想政治教育学的重要内容，从伦理维度审视思想政治教育学科，具有溯本求源的性质和意义。发掘思想政治教育的伦理精神，不论从理论上还是从实践上，有益于思想政治教育学科的建设和发展，使得思想政治教育学科能够应用伦理学的基本原理更好地进行道德教育，促进人性的完善和人的价值的提升，帮助人们形成正确的世界观、人生观、价值观，从而探寻与思想政治教育相适应的载体、方式、方法、途径等，增强思想政治教育的针对性和主动性。和哲学、教育学、伦理学等学科相比，思想政治教育学科毕竟年轻，理论性还需不断加强，如果长期不能在理论研究方面取得实质性的突破，很难跻身于社会科学之林，难以得到人们的认同。

3. 实践意义

思想政治教育产生于实践，历经一百多年的国际共产主义运动的革命斗争经验的积累，从实践到理论，再从理论到实践，经过多次的提炼才逐步形成自己的理论体系，随着社会实践的不断发展，理论体系也需要不断完善，并接受实践的检验。② 思想政治教育实践过程是一个按照其内在逻辑运行，并遵循辩证唯物主义的认识论，即实践、认识、再实践、再认识不断循环往复的过程。随着思想政治教育的实践不断深入发展，对理论发展的诉求越来越高，需要不断地提升理论水平，这既需要将实践经验形态进行理论的深

---

① 洪波：《思想政治教育话语范式转换研究》，浙江大学出版社 2012 年版，第 28 页。

② 荆兆勋：《思想政治教育的学科定位及建设思路研究》，山东人民出版社 2011 年版，第 13 页。

化，也需要理论本身的自觉自为。思想政治教育的伦理精神需要从思想政治教育的理论层面和实践层面分别挖掘，是科学揭示思想政治教育本质的客观需要，正确而高深的理论才能深入指导实践，有助于增强思想政治教育的实效性。从实践层面来看，思想政治教育就是对社会中的"人"通过一定的"塑造"和"改造"，教育和培养其由自然属性的"人"向社会属性的"人"的转变，并转变成为有思想素质和道德素质的人。思想政治教育的伦理精神扬弃了理论上的抽象性，而具有更大的实践性和现实性，契合了思想政治教育学科理论性与实践性的有机统一。具有伦理精神的思想政治教育，对于受教育者来说，具有理论上的说服力、感召力和凝聚力，激励、鞭策人们在现实生活中努力去践行社会主义核心价值体系和社会主义核心价值观。

（二）研究方法

研究方法是一种手段，是人们在认识世界和改造世界的过程中，为了达到研究的目的所采用的手段或方式。科学的研究方法是思想政治教育伦理精神研究的重要条件，"在探索的认识中，方法也就是工具，是在主体方面的某个手段，主体方面通过这个手段和客体相联系"①。思想政治教育伦理精神的研究方法以唯物辩证法和现代系统论为指导，运用文献研究方法、系统科学的研究方法、历史与逻辑相统一的方法、宏观研究和微观研究相结合的方法、跨学科研究的方法等。

文献研究方法：检索查阅、归纳整理与本选题有关的文献资料和经典文本，并对这些资料进行研读和分析，比较全面地了解和比较系统地掌握本选题的研究现状和水平，使得研究建立在理性与客观的基础之上。

系统科学的研究方法：一方面，思想政治教育是一个完整的系统，从系统内部结构探讨思想政治教育的伦理精神。在这个过程中，由思想政治教育系统的诸构成要素及伦理精神的静态剖析入手，揭示思想政治教育系统要素

---

① 列宁：《哲学笔记》，人民出版社1993年版，第189页。

之间的相互联系、相互作用的动态过程，再由对思想政治教育的伦理精神的动态分析中进入对思想政治教育的伦理精神的实现路径的静态研究。另一方面，要将思想政治教育系统看作更大的社会系统中的子系统之一，分析它们之间的相互影响、相互作用，从而对思想政治教育的伦理精神进行多层面、多视角的探讨和研究。

历史与逻辑相统一的方法：在对思想政治教育的伦理精神的历史考察中，注重分析其内在的逻辑性。在构建思想政治教育的伦理精神基本理论逻辑的同时，注重对思想政治教育实践的历史方面的系统考察。在理论的逻辑推演与对历史的系统考察中，概括思想政治教育的伦理精神。

宏观研究和微观研究相结合的方法：既要从宏观方面研究思想政治教育的内涵、本质、功能，伦理精神的内涵，思想政治教育的伦理精神；也要从微观方面研究思想政治教育的伦理精神范畴，思想政治教育理论层面、实践层面的伦理精神以及实现路径。力求把微观研究与宏观研究结合起来。

跨学科研究的方法：将综合运用教育学、伦理学、思想政治教育学的研究方法和基本理论，发挥学科交叉的优势，从不同视角、不同侧面来审视思想政治教育的伦理精神。

第一章

思想政治教育的伦理精神概述

思想政治教育作为一种阶级社会中的客观存在，总是以其内在的"精神"发挥着价值引领的导向作用，思想政治教育的伦理精神是内在的"精神"之一。揭示思想政治教育伦理精神的内涵、特征和价值，对于把握其本质具有一定的理论价值和现实意义。

第一节　思想政治教育伦理精神的内涵

要研究思想政治教育的伦理精神，首先要弄清楚伦理精神是什么。伦理精神是由伦理与精神两个概念合成，它把伦理与精神统一起来。

一、精神的内涵

精神是什么？这在中国哲学中是一个没有严格界定其内涵的却广泛使用的概念。精神弥漫于我们的日常生活中，能感觉到它的抽象的、无形的存在，却只能靠"心"对有形的精神依附物来体会和把握。精神必须依附于人的形体、人的生命，生命中有精神的存在，没有精神，生命便是无灵魂的空壳。孟子的"养浩然之气","气"就是"精神"的进驻。王阳明在《王文成全书·答陆原静书》中指出："夫良知一也，以其妙用而言，谓之神；以其流行而言，谓之气；以其凝聚而言，谓之精。"在王阳明看来，良知就是精、气、神，精神就是良知，就是知行合一。"知"与"行"合一能够实现的根本原因是"精神"作用的发挥。总之，在我国文化语境中，精神是一个复杂的概念，内在的理性蕴含与外在的气质表现的有机结合构成了它的内涵，往往与心灵、灵魂等词的词义相近，具有自身运动的特点，自我运动、自我生长是精神的辩证本性。①

"精神"（德文"Geist"）是黑格尔哲学最基本的概念，在他的哲学体系中贯穿始终，但很难准确地从德文翻译成英文，包括智力和意志两个方面，包含着人类整个心灵的和道德的存在。② 在黑格尔看来，狭义的精神是指客观精神，针对社会意识、时代精神、民族意识等群体性的意识而言。广义的精神包括意识、自我意识、社会意识、绝对精神等。③ 当理性确信其自身上升为真理性时，理性就成了精神，精神是理性的真理性，民族精神、文化精神、时代精神等属于此类。精神性的本质是伦理实体，精神本身是伦理现实。④ 黑格尔在《精神现象学》中指出，"真实的精神——伦理"；"对其自身具有确定性的精神——道德"；由伦理向道德过渡的中介是"自身异化了的精神——教化"。伦理与道德是精神发展过程中的特定阶段。精神包含着人的整个心灵以及伦理和道德，伦理、道德内在于精神之中，并构成精神的全部内涵。

"精神"总的来说包含四层含义：一是与"物质"相对应，是物质世界发展的产物，是人的大脑特有的属性，内容是客观的，形式上是客观内容的

---

① 樊浩：《伦理精神的价值生态》，中国社会科学出版社 2001 年版，"再版序言"第 4 页。

② ［德］黑格尔：《历史哲学》（英译者序言），王造时译，上海书店出版社 1999 年版，第 1 页。

③ ［德］黑格尔：《精神现象学》上卷，贺麟等译，商务印书馆 2009 年版，"译者导言"第 18 页。

④ ［德］黑格尔：《精神现象学》下卷，贺麟等译，商务印书馆 2009 年版，第 1—2 页。

主观映象。"观念的东西不外是移入人的头脑并在人的头脑中改造过的物质的东西而已。"① 物质决定精神，精神依赖于物质，并反作用于物质，马克思主义的物质观坚持了能动的反映论。二是精神是人所特有的、内在的东西，可以被我们所认识。人内在的气质可以物化为行为的力量，人的思想境界、道德品质等不断地聚集升华，外溢和转化为一个人外在的风范，这种外在的作风给人一种积极向上的力量，吸引和感染着周围的人们。三是精神体现着一个民族的文化特性，是该民族在长期的历史过程中积淀形成的民族意识、社会生活方式、理想信念、价值观念等共同的理性思维和实践力量，以伦理、道德为基本内涵，始终贯穿着知行合一的特质，是该民族赖以生存和发展的灵魂。四是人之所以为人，是万物之灵，在于人有自己独有的高贵气质，这种高贵气质称之为精神，精神肯定人的尊严、人的价值，塑造理想人格，追求人的自由而全面的发展，具有内在性、价值性、人文性，凸显人对自然本能的超越。

二、伦理精神的内涵

伦理从词源上分析，"伦"的本义是"辈"，以及由此引申出来的"群、类、比、序"等含义，反映了人与人之间身份的不同。"理"的本义是"治玉"，以及由此引申出来的"有分、条理、精微、道理、义理、事理"等含义。"伦理"两字连用最早见于《礼记·乐记》"乐者，通伦理者也"，② 意思主要指人伦之理。在我国文化语境下，"伦理"反映了人与人之间的辈分关系，是辈分关系的遵循法则以及调整人际关系的客观准则。在西方文化中，"伦理"（英文 ethics）一词源于希腊语"ethika"，ethika 又是从 ethos 演绎而来的，"ethos"在荷马时代是指习惯住址，后来是指风俗、性情和思

---

① 《马克思恩格斯文集》第 5 卷，人民出版社 2009 年版，第 22 页。
② 周中之：《伦理学》，人民出版社 2004 年版，第 5—6 页。

维方式等意。自然哲学家把"ethos"称为某种现象的特殊气质。亚里士多德用以指与人的性格、气质、禀性有关的道德的美德。① 中西方语境下的"伦理"共同之处是指道德的客观规则，具有某种客观的规律性。

伦理与道德的含义基本相同，在大多数情况下两个词之间可以相互置换，但也有一些细微的差别，需要加以区别。道德从词源上分析，"道"最初的含义是道路，引申为原则、规范、规律、道理等。"德"者"得"也，是对"道"的认知和践履后而有所得。《说文解字》对"德"解释为"德，外得于人，内得于己"。清人段玉裁注《说文解字》时说："外得于人，谓惠泽使人得之也；内得于己，谓身心自得也。"② 荀子把"道"与"德"连起来使用，"故学至乎礼而止矣，夫是之谓道德至极"（《劝学》）。按照"礼"的要求去做，就达到了道德的最高境界。道德的英文是 morality，起源于拉丁语"mores"，是指风俗和习惯。中西方文化语境下的道德都是指人们在社会生活中所确定的道德品质、道德境界和调整人和人之间关系的道德原则和规范，并将一定社会行为的"应该"原则和规范转化为个人的品德。

黑格尔认为伦理和道德是有区别的。在《精神现象学》一书中，他指出"伦理"是真实的精神，伦理精神的世界是精神自己固有的当前现实。③ 通过异化了的精神的世界，达至对其自身具有确定性的精神——道德。而在《法哲学原理》一书中，他指出伦理与道德是不同的领域，道德是关于主观性的学说，缺乏内容的规定性，而伦理是关于主客观统一的学说，是抽象法与道德的统一，是抽象法和道德在自我意识中反思自身的结果。④ 由此可见，伦理和道德在《精神现象学》和《法哲学原理》中的地位不同，因为《精神现象学》的研究对象是意识，而《法哲学原理》的研究对象是意志。

---

① 田海平：《西方伦理精神——从古希腊到康德时代》，东南大学出版社 1998 年版，第 108 页。

② （汉）许慎撰，（清）段玉裁注：《说文解字注》，上海古籍出版社 1988 年版，第 501 页。

③ ［德］黑格尔：《精神现象学》下卷，贺麟等译，商务印书馆 2009 年版，第 45 页。

④ ［德］黑格尔：《法哲学原理》，杨东柱等译，北京出版社 2007 年版，第 75—77 页。

黑格尔将伦理和道德在不同的领域置于不同的地位，但他始终如一没有改变的是：伦理总是与国家、社会联系在一起，是共体性的；道德总是与个体联系在一起，是个体性的。

伦理与道德既有联系又有区别。伦理强调人际关系和关系之理，更具客观性和社会性；道德强调维系和调节个人行为，更含主观性和个体性。

在《精神现象学》中黑格尔认为，理性意识到它的存在的确定性，确定性上升到真理性时，就是具体的理性，具体的理性就成为了精神。精神的本质是伦理实体，精神本身是伦理现实。当精神是存在着的理性时，精神就达到了它的真理性，即现实的、伦理的本质。精神是一个民族的伦理生活，伦理实体是现实的实体，作为现实的实体，这种精神是一个民族，作为现实的意识，它是民族的公民。伦理实体是一个天然的伦理的共体或社会，通过家庭这个环节得以实现。家庭与民族本身相对立，但作为民族的现实的元素，作为直接的伦理的存在，① 家庭相对于民族是一个个体。"诸伦理本质以民族和家庭为其普遍现实，但以男人和女人为其天然的自我和能动的个体性。"② 民族和家庭、男人与女人形成了"活的伦理世界"，以伦理实体为本质的伦理世界的真理就是伦理精神。伦理精神有两次运动：一是使个体上升为共体；二是使共体成为个体。一旦个体成为共体、共体成为个体时，伦理与民族、伦理精神与民族精神就历史地同一。③ "因为整体、共体，是一个民族，它本身就是一个个体性；而且它所以是个体性，所以是自为的，乃因为从本质上说别的个体性都是为它而存在的，因为它排除别的个体性于自己之外，并觉得自己独立于它们之上。"④ 伦理精神扬弃自己的抽象性从而获得真实性和具体性，与民族精神在道德哲学中同一。

伦理精神是由伦理与精神两个概念合成，它把伦理与精神统一起来，有

① ［德］黑格尔：《精神现象学》下卷，贺麟等译，商务印书馆 2009 年版，第 2—9 页。

② ［德］黑格尔：《精神现象学》下卷，贺麟等译，商务印书馆 2009 年版，第 19 页。

③ 樊浩：《道德形而上学体系的精神哲学基础》，中国社会科学出版社 2006 年版，第 499 页。

④ ［德］黑格尔：《精神现象学》下卷，贺麟等译，商务印书馆 2009 年版，第 36 页。

一定的学术意义。"当精神所具有的这个理性最后作为一种理性而为精神所直观时，当它是存在着的理性时，精神就达到了它的真理性：即是精神，即是现实的、伦理的本质。"① 精神高于理性，理性达到它的真理性时才是精神。"当处于直接的真理性状态时，精神乃是一个民族（这个个体是一个世界）的伦理生活。""活的伦理世界就是在其真理性中的精神。"② 精神、伦理、民族内在地统一，因为精神内在地包含着伦理和道德，精神是一个民族的伦理生活。民族是伦理的实体，伦理是民族的精神。③ 精神不仅是一个道德哲学的概念，而且是一个体现着中国道德哲学的民族性的概念。精神是伦理的精神，也是民族的精神。"抽象法和道德都具有片面性，抽象法缺乏主观性因素，道德缺乏客观性因素，也都没有实现的可能性，它们的统一体——伦理才具有全面性和现实性。"④

伦理精神是指一个民族在长期的实践过程中积淀形成的伦理观念、伦理原则、伦理标准、伦理规范等，被本民族大多数成员所认同和追求的理性思维和实践力量，是处理个体与共体之间关系的伦理审视和伦理观照时所呈现出来的积极向上的状态。涉及三个问题：一是伦理精神是一个民族在长期的历史过程中积淀形成的，为本民族大多数成员所认同的伦理思想体系。二是伦理精神解决了伦理的民族性，尤其是体现了中国伦理精神的民族特性。马克思主义伦理观认为，伦理原则是以集体主义为原则，强调个人与社会的协调发展；伦理观念是以全心全意为人民服务为核心；伦理标准是以是否实现最广大人民群众的根本利益为标准，主张义利统一。三是伦理精神是主观与客观相统一、理性与实践相统一、内部与外部相统一，因此，伦理精神比道德精神不仅在理论上具有一定的涵盖性和说服力，而且在实践上具有更大的合理性和实践性。伦理精神既是共体理性，也是共体意志，又是共体的精

---

① ［德］黑格尔：《精神现象学》下卷，贺麟等译，商务印书馆2009年版，第4页。
② ［德］黑格尔：《精神现象学》下卷，贺麟等译，商务印书馆2009年版，第4—5页。
③ 樊浩：《伦理精神的价值生态》，中国社会科学出版社2001年版，"再版序言"第8页。
④ ［德］黑格尔：《法哲学原理》，杨东柱等译，北京出版社2007年版，第75页。

神，是个体与共体相统一的"道德精神"，既涵盖了个体的道德精神，又消解了个体道德精神的主观性和抽象性。① 现代社会最稀缺的精神资源是个体与共体相统一的精神即伦理精神，因为伦理精神是关于社会生活秩序的精神，追求的是社会生活的整体和谐。

伦理道德问题包括道德信仰、伦理道德原则、道德认知、道德情感、道德意志、道德行为以及如何道德地处理人与人、人与社会、人与自然之间的关系等。伦理道德的本质是如何使人成为人，从而使人具有人的尊严和道德人格，既自尊又尊重他人，并能正确处理好人与人之间、人与社会之间、人与自然之间的关系。伦理精神是文化精神的核心，是一个国家、一个民族真理性的理性与现实性的实践两者的有机统一，是个体道德与社会公德的有机统一，是个人生活与社会生活整体和谐的有机统一，体现了知行合一的实践特征。因此，伦理精神是民族精神和时代精神的灵魂，也是民族精神和时代精神的精华。以爱国主义为核心的团结统一、爱好和平、勤劳勇敢、自强不息的民族精神是中华民族伦理精神的集中体现，体现了伦理精神的民族性和历史性。以改革创新为核心的与时俱进、开拓进取、求真务实、奋勇争先的时代精神是当今时代超越于个人的共同的集体精神，是民族精神与当今时代的深刻契合和相互支撑。"伦理精神是道德体系的核心，它既是时代道德意识的精华，又是最根本的道德准则，它在一定的意义上，对于规范人们的行为，具有极其广泛性和极为深远性的重大价值。"② 时代精神体现了伦理精神的时代性和现实性。伦理精神是人们在改造客观世界和主观世界的过程中对世界的主动把握与对人的深刻体认，是在对人自身意义和价值的追求过程中，对于人自身精神力量、道德人格等因素的理性认识和肯定性的评价。文化的进步和发展离不开伦理精神的价值引导，为了使人们的生命实践获得永恒的意义和价值，必须在日常生活中体现一定的伦理精神，从而表达人们对

---

① 樊浩：《道德形而上学体系的精神哲学基础》，中国社会科学出版社 2006 年版，第14 页。

② 吴灿新：《当代中国伦理精神》，广东人民出版社 2001 年版，第 53—54 页。

生命、社会的深度思考和伦理考量。

三、思想政治教育伦理精神的内涵界定

思想政治教育概念是思想政治教育学的核心概念，也是元概念。这个概念的提出不是人们的主观臆造，而是有一个历史的演进过程。1847年马克思、恩格斯在共产主义同盟的章程中提出"宣传工作"概念，刘少奇同志对此概念进行了解释，认为宣传工作就是思想工作。1902年前后，列宁在创立布尔什维克党时论述了政治宣传工作的重要性，提出了"政治工作"和"政治教育工作"概念。1934年，斯大林提出"思想工作"和"政治思想工作"概念。中国共产党建党的初期，使用"宣传工作"和"政治教育"概念，在革命战争年代主要使用"政治工作"概念。1951年，刘少奇同志在第一次全国宣传工作会议上提出了"思想政治工作"概念，毛泽东同志在《关于正确处理人民内部矛盾的问题》中进一步阐述了这一概念。20世纪整个50年代，除军队统一使用"政治工作"概念外，其他领域交错使用"政治工作""思想工作""思想政治工作""政治思想工作"等概念。从1960年开始到1978年党的十一届三中全会前，"政治思想工作"取代了其他提法。党和国家的工作重心转移到经济建设后，思想政治工作领域发生了重大变化，"思想政治工作"或"思想政治教育"成为新时期统一的提法。[①] 这些概念既有联系也有区别，虽然在实际工作中被当作同一概念使用，但从研究的角度出发应该加以区分。

"政治工作"是这群概念中的最高概念。有政治必然就有政治工作，政治思想和政治主张都需要灌输到群众中去。政治工作是指一定的阶级、政党、团体为实现自己的纲领和根本任务而进行的活动，如阶级斗争、政权建设、党的思想和组织建设等。具体地说，组织工作、干部工作、统战工作、

---

① 张耀灿、郑永廷等：《现代思想政治教育学》，人民出版社2001年版，第3页。

纪检工作等，都属于政治工作的范畴。列宁认为，国家问题"是全部政治的基本问题，根本问题"。①

"思想工作"则是指一定的阶级、政党、团体帮助人们树立与社会发展要求一致的思想，改变偏离社会发展要求的思想所进行的活动。其目的是使人们的思想更符合客观实际，以便更好地改造客观世界。思想工作既包括政治性的思想工作，又包括非政治性的思想工作。政治性的思想工作主要是指解决人们的世界观、政治观、法制观等方面的思想工作，是主导方面的工作。非政治性的思想工作主要指解决人们的科学管理问题、生产技术问题、生活问题和心理问题等方面的思想工作。② 政治性的思想工作属于政治工作的一部分，非政治性的思想问题的解决则主要是思想工作的任务，而非政治工作的任务。思想工作与政治工作虽然不能完全等同，但在实际工作中往往是密切联系的。

"思想政治工作"是政治工作中的思想性部分和思想工作中的政治性部分的总和。思想政治工作虽然覆盖到了政治工作和思想工作，但并不包括它们的全部。思想政治工作不是政治工作的全部，而是政治工作的重要组成部分，主要是政治工作中的思想性部分，或者说是思想性的政治工作；思想政治工作也不是思想工作的全部，而是思想工作的一部分，主要是思想工作中的政治性部分，或者说是政治性的思想工作。在现实生活中它们之间结合紧密，很难区分。因此，在思想政治工作中应视具体情况具体分析。

"思想政治教育"是思想政治工作的基本内容，而不是思想政治工作的全部，它是受政治制约的思想教育和侧重于思想理论方面的政治教育。从外延来分析，包括思想教育、道德教育、政治教育、心理健康教育等。思想政治教育是思想政治工作的基本内容，侧重于思想理论方面的政治教育，要发挥理论在思想政治工作中的基础性作用时，不能用理论教育代替思想政治教

---

① 《列宁选集》第4卷，人民出版社1995年版，第25页。
② 张耀灿、徐志远：《思想政治教育及其相关重要范畴的概念辨析》，《思想理论教育》2003年第7期。

育和思想政治工作的其他内容和途径。思想政治教育与思想政治工作这两个概念有一定的区别，思想政治工作含义要宽一些，它除了思想政治教育外，还包含许多组织工作、实践活动，尽管其中也不乏教育的意义，但终究不能简单称之为"思想政治教育"。

人的社会活动从属于三种规范：科学规范、法治规范、伦理规范。科学规范一般情况下用于调整生产以及一切组织化的活动；法治规范一般情况下用于调整社会治理活动；伦理规范一般情况下用于调整生活领域。不论是科学规范还是法治规范，都蕴含着伦理精神。在后工业社会的今天，人们的生产、生活、社会治理边界日渐模糊，最终趋向生产生活伦理与治理伦理相协调和同质化。① 因此，伦理规范将发挥重要作用。伦理是一种社会生活、一种文化存在的一个内在因素，一个人或者他的行为合乎伦理，意味着符合伦理道德的标准，他或者他的行为就是善的。善恶问题是一个价值取向问题，是社会发展的内在尺度和灵魂，坚持以人为本，维护最广大人民群众的根本利益，这样的行为才符合社会发展的前进方向，才算得上是善的行为。

一个社会、一个国家、一种文化理应有其内在的伦理精神，这种伦理精神是社会、文化的内驱力和凝聚力，是产生民族认同、文化认同的基础。有了这些认同的基础，才能产生政治认同，最终走向国家认同。伦理精神是一个社会、文化的核心内容，如果这个社会、文化的伦理精神的正当性被否定甚至被颠覆，意味着这个社会、文化发生了蜕变，生活于其中的人们的思想观念、思维方式、善恶标准随之发生改变，不可避免会陷入由本真状态走向异化的困境，本该在原来思想观念框架内不成问题的问题反而成为现在人们的热点或者焦点问题，是非不分、黑白颠倒、善恶不辨。

思想政治教育作为人类的一种社会实践活动，其出发点是具体的人、活生生现实的人，而不是抽象的人；思想政治教育的落脚点是培养和塑造人，形成正确的世界观、人生观、价值观，提升人的思想、政治、道德素质，促

---

① 张康之：《论伦理精神》，江苏人民出版社 2010 年版，第 3 页。

进人性的完善和潜能的发挥，关注人的意义和价值的终极性问题。出发点和落脚点都是人，解决人的思想问题，价值目标是追求向善，做一个有道德的人，思想政治教育必然蕴含着伦理精神。不同的领域所表现出来的伦理精神存在于不同的侧面。教育是人类社会生活中的一种以"教"育人的实践活动，是一种文化传承的重要方式，伦理精神自然会在教育理论与实践中蕴含。

思想政治教育既是实践性活动，又是精神性活动，伦理精神蕴含其中。什么是思想政治教育的伦理精神？思想政治教育伦理精神是指在思想政治教育的过程中始终按照伦理精神的要求塑造人、培养人的理性思维和实践力量。思想政治教育伦理精神旨在促进人性的完善和人的价值的提升，价值旨归是追求向善，最终实现人的自由而全面的发展。

思想政治教育伦理精神的核心是以人为本。思想政治教育是实践性活动和精神性活动的有机统一，伦理精神是思想政治教育的主要内核，是思想政治教育理论与实践中的一个主要问题。观照思想政治教育的伦理精神，在于探讨其内在的品格，在于科学而准确地把握思想政治教育在社会历史发展过程中一以贯之的精神文化基因。思想政治教育伦理精神要求处理好人的问题，以人为本，尊重人的自由意志，维护人的权利、人的尊严，关爱人、理解人，培养独立的人格，不断超越自己，使人成为完善的人。人没有等价物可以代替，每个人都是独一无二的个体。关爱人，把人当人看，对人和人性的关注与尊重是基本要求。"人最重要的是不断增长的个性自我实现的要求，创造的要求，发展创造力的要求，精神充实和精神自由的要求。"① 人的自我实现得越充分，个人价值和社会价值体现得就越充分，对社会的贡献就越大，社会就会取得进步和发展。相反，如果自我实现得不充分，说明个人潜能没有充分地发挥，对社会的贡献就小，社会的物质财富和精神财富势必贫乏，人的需要就越不容易得到满足。尊重人的理性、尊严，承认人性的

---

① ［苏联］布耶娃：《论马克思主义人道主义》，《哲学译丛》1991 年第 6 期。

不完美，体现人的真实存在，从而尊重人的价值和表达对人的关爱。

马克思主义是社会主义核心价值体系的灵魂，处于统领地位。马克思主义唯物史观和剩余价值学说使社会主义由空想变成了科学，为全世界的劳动人民指明了获得彻底解放的道路。马克思主义关于人的本质、人的自由而全面的发展、人的解放等方面的问题都是马克思主义以人为本内容的论述。以人为本作为价值观，它是对人的价值、尊严、权利和自由的追求。尽管不同时代、不同阶级对人的问题认识不同，但是把人自身作为追求目标的取向则是以人为本的共同价值取向。

思想政治教育本身蕴含着伦理精神，是精神性的社会实践活动，是对思想政治教育的目的、管理、过程、内容、方法、手段、环境、评价体系等方面进行伦理价值观的审视和伦理精神的追寻，挖掘其所蕴含的伦理精神，对其进行形而上的伦理探究和考虑，体现的是对思想政治教育的伦理观照。人总是从精神意义中寻找生命存在的价值，"我能有机会在这个时刻承担这个有广大学院效用的职位，我感到异常荣幸和欣愉。就时刻来说，似乎这样的情况已经到来，即哲学已有了引人注意和爱好的展望，而这几乎很消沉的科学也许可以重新提起它的呼声。因为在短期前，一方面由于时代的艰苦，使人对于日常生活的琐事予以太大的重视，另一方面，现实上最高的兴趣，却在于努力奋斗首先去复兴并拯救国家民族生活上政治上的整个局势。这些工作占据了精神上的一切能力，各阶层人民的一切力量，以及外在的手段，致使我们精神上的内心生活不能赢得宁静。世界太忙碌于现实，太驰骛于外界。而不遑回到内心，转回自身，以徜徉自怡于自己原有的家园里。"①

思想政治教育是做人的工作。人活着也是需要精神的，要达到内心的宁静，不为外界所动，这是精神的力量。思想政治教育与人的精神需要内在的契合，通过思想政治教育创造条件，提高人的精神文化水准。伦理精神是理

---

① ［德］黑格尔：《小逻辑》，贺麟译，商务印书馆1980年版，第31页。

性思维和实践力量的统一体，是对现实物质力量的超越，是一个民族的灵魂，是推动社会进步的凝聚力，反映了民族的特性。伦理精神具有内生的特征，一个民族的伦理精神不能移植，也不能复制，只能靠民族成员共同创造。思想政治教育的最终目的是提升人的精神境界，通过思想政治教育培育人的精神世界，内生中华民族的伦理精神。

"伦理学要研究一定时期伦理关系形成和发展的规律性，研究个体与群体行为的特征，研究调节伦理关系原则的合理性和道德规范的正当性，要通过对必然性的认识和把握实现人的意志自由和合理的社会秩序。"① 伦理学是教育人、培养人的一门学科，从这个意义上来说，与思想政治教育具有某些相通之处。思想政治教育的伦理精神是伦理学与思想政治教育两门学科的契合点之一，对于这个契合点的挖掘，有助于思想政治教育学科的建设和发展。思想政治教育的伦理精神观照的是培养什么样的人、如何培养人以及为谁培养人这个根本问题，立德树人是思想政治教育的根本任务，也是培育思想政治教育伦理精神的中心环节。培育思想政治教育的伦理精神，是为了更好地加强思想政治教育工作，有助于揭示思想政治教育的规律，有利于促进和增强思想政治教育的科学性和实效性。

第二节　思想政治教育伦理精神的特征

思想政治教育伦理精神是一种独特的伦理精神，有着不同于其他伦理精神的伦理理念和精神传承，主要体现为客观性、实践性、目的性、阶级性、民族性、时代性的特征。

---

① 宋希仁：《西方伦理思想史》，中国人民大学出版社 2004 年版，第 2 页。

一、思想政治教育伦理精神的客观性与实践性

思想政治教育的伦理精神揭示的是思想政治教育固有的根本属性和规律，具有不以人的主观意志为转移的客观实在性。只要思想政治教育存在，思想政治教育的伦理精神就蕴含其中，伴随其客观的存在。思想政治教育伦理精神从其形式上来看，属于人的精神性的东西，具有一定的主观性，但不是凭空产生，也不是思辨之后推理出来的产物，而是能够被人们的意识所反映的客观存在。从思想政治教育伦理精神的内容来看，具有客观性，是对思想政治教育的主体、客体、目的、管理、过程、内容、方法、手段、环境、评价体系等方面的伦理审视和伦理观照，从伦理精神的维度进行形而上的追问，是对思想政治教育客观规律的揭示，反映的是思想政治教育的本质联系，具有普遍性和稳定性。因此，思想政治教育的伦理精神是客观内容与主观形式的统一。

"人的本质并不是单个人所固有的抽象物。在其现实性上，它是一切社会关系的总和。"① 任何人都是处在社会关系中的人，并且是社会实践活动中的人，在实践的过程中，人与人结成了各种社会关系。实践是人的存在方式，人类只有通过实践活动才能认识世界，在认识世界和把握、尊重客观世界的规律的基础上改造我们的客观世界和主观世界。社会生活在本质上是实践的，实践在人类社会生活中占有十分重要的地位，是人类能动地认识世界和改造世界的物质性活动。马克思在《关于费尔巴哈的提纲》中阐述了实践是感性的、对象性的物质活动，认为全部社会生活在本质上是实践的。② 实践是人类有意识的、自觉的活动，人的实践活动不同于动物的本能活动，因为实践是人独有的活动，作为实践主体的人不是纯粹生物学意义的人，而

---

① 《马克思恩格斯选集》第 1 卷，人民出版社 2012 年版，第 135 页。
② 《马克思恩格斯文集》第 1 卷，人民出版社 2009 年版，第 501 页。

是社会的人，总是处在一定社会关系中的人。

思想政治教育是人类的一种社会实践活动。思想政治教育属于教育活动，必然遵循教育活动的一般规律，但又不同于一般的教育活动，有其自身的特殊性。因此，思想政治教育在遵循教育活动一般规律的基础上，还要遵循思想政治教育的规律、人的思想理论、政治观点、道德品质形成发展的规律和学生成长的规律。思想政治教育伦理精神最显著的本质属性是其实践性。一是思想政治教育伦理精神提倡"知行合一"，深刻体现了其实践性。思想政治教育不仅仅是思想、政治、道德、心理、法纪等方面知识的教育，这种实践活动更重要的是培养人、塑造人，形成正确的世界观、人生观、价值观，提升人的思想、政治、道德素质，促进人性的完善和人的自由而全面的发展，关注人的意义和价值。二是思想政治教育伦理精神只能在实践中实现，在实践活动中才能充分体现其本质，而不是停留在理论的说教上，具有一定的目的性和创造性。正确的理论只有发挥指导实践的作用，才能实现思想政治教育伦理精神的理论价值。否则，思想政治教育伦理精神的理论会脱离现实的实践，理论与实践相分离，理论最终成为了抽象的、无用的教条。三是在现代社会条件下，思想政治教育伦理精神随着社会的发展而不断地丰富和发展。思想政治教育是以人为实践对象的，既是社会政治实践，又是人文社会科学实践。现代社会人的主体性和能动性不断地在增强，"人以一种全面的方式，也就是说，作为一个完整的人，占有自己的全面的本质"。①人的全面发展是在人的对象性关系全面生成的过程中，肯定自己和确证自己的本质。在人的全面发展的过程中，思想政治教育伦理精神发挥其理论指导作用，以富有时代特征的实践活动开展思想政治教育，人的主体性得以实现，伦理精神的内容得以丰富和提升。

---

① 《马克思恩格斯全集》第 42 卷，人民出版社 1979 年版，第 128 页。

二、思想政治教育伦理精神的目的性与阶级性

思想政治教育的伦理精神是通过对思想政治教育进行形而上的概括和提炼，从感性的具体到科学的抽象，进而形成正确的思想政治教育伦理精神的理论。"如果我从人口着手，那么，这就是关于整体的一个混沌的表象，并且通过更贴近的规定我就会在分析中达到越来越简单的概念；从表象中的具体达到越来越稀薄的抽象，直到我达到一些最简单的规定。"① 思想政治教育伦理精神属于精神性的东西，是对思想政治教育感性具体的否定，是把思想政治教育这个整体分解成若干个部分，比如，从思想政治教育内容上进行分解，可分为思想教育、政治教育、道德教育、心理教育、法纪教育等，分别从各个内容进行挖掘其伦理精神，从中概括出必然的、本质的内容，把这些概括的内容联系起来，形成关于思想政治教育内容的伦理精神的整体认识，使抽象的规定在人们的头脑中再现。"历史从哪里开始，思想进程也应该从哪里开始，而思想进程的进一步发展不过是历史过程在抽象的、理论上前后一贯的形式上的反映。"② 只要思想政治教育存在，思想政治教育的伦理精神就应当体现，在历史演进的过程中使其不断地得到丰富和发展，进一步地抽象形成更加正确的理论，使人们对思想政治教育伦理精神的本质得以深刻的把握。深刻把握思想政治教育伦理精神的目的性，即目标的指向性，具有一定的价值取向，在阶级社会表现为鲜明的阶级性或党性。

思想政治教育伦理精神的阶级性是指思想政治教育伦理精神的内容具有鲜明的党性和政治性，是为一定阶级的根本利益和统治阶级的意识形态服务的。思想政治教育伦理精神的阶级性是由思想政治教育的阶级性决定的。在阶级社会里，思想政治教育是为了维护统治阶级的根本利益，反映统治阶级

① 《马克思恩格斯选集》第 2 卷，人民出版社 2012 年版，第 700 页。
② 《马克思恩格斯文集》第 2 卷，人民出版社 2009 年版，第 603 页。

的意志，为统治阶级的政治服务。"统治阶级的思想在每一时代都是占统治地位的思想。这就是说，一个阶级是社会上占统治地位的物质力量，同时也是社会上占统治地位的精神力量。支配着物质生产资料的阶级，同时也支配着精神生产资料……占统治地位的思想不过是占统治地位的物质关系在观念上的表现。"① 思想政治教育是一个国家统治阶级意志的体现。思想政治教育的伦理精神必须遵循一定社会的发展方向，体现一定社会的发展目标，按照伦理精神的要求培育人、塑造人，促进自然属性的"人"向社会属性的"人"的转变，不断提升思想素质和道德素质。在现代社会条件下，我国思想政治教育伦理精神一定要坚持社会主义方向，坚持以马克思主义和马克思主义中国化的理论成果为指导，为最广大人民群众的根本利益服务。习近平同志在 2016 年全国高校思想政治工作会议上指出，高校思想政治工作关系高校培养什么样的人、如何培养人以及为谁培养人这个根本问题，要做到"四个服务"，即为人民服务，为中国共产党治国理政服务，为巩固和发展中国特色社会主义制度服务，为改革开放和社会主义现代化建设服务。② 思想政治教育伦理精神的价值取向一定要体现"四个服务"的精神，坚持正确的政治方向，培养德智体美全面发展的社会主义事业合格的建设者和可靠的接班人。

三、思想政治教育伦理精神的民族性与时代性

家庭是直接和自然的伦理实体。"一个人只作为公民才是现实的和有实体的，所以如果他不是一个公民而是属于家庭的，他就仅只是一个非现实的无实体的阴影。"③ 也就是说，属于家庭的"人"不具有公民的资格，因为

---

① 《马克思恩格斯选集》第 1 卷，人民出版社 2012 年版，第 178 页。
② 《习近平在全国高校思想政治工作会议上强调　把思想政治工作贯穿教育教学全过程 开创我国高等教育事业发展新局面》，《人民日报》2016 年 12 月 9 日。
③ ［德］黑格尔：《精神现象学》下卷，贺麟等译，商务印书馆 2009 年版，第 11 页。

公民不属于家庭，他就是非现实的个体，不具有伦理精神。现实的实体才具有伦理精神，"这种精神是一个民族，作为现实的意识，它是民族的公民"①。只有在民族中，个体的"他"才真正具有伦理的现实性，这种精神在整个民族中才能获得真理性的存在，是一个民族的伦理生活，伦理精神从中拥有。伦理、精神、民族三者之间的同一性，用一句话概括为："民族是伦理的实体，伦理是民族的精神。"② 伦理精神概念体现着中国道德哲学的民族特性，也是伦理道德的哲学本质。伦理精神具有民族性，思想政治教育的伦理精神属于伦理精神其中之一，自然具有民族性。私有制社会的思想政治教育总是代表剥削阶级的利益，即使代表剥削阶级的利益，不同的私有制国家也总是带有自己民族的特性。同样，社会主义社会是以马克思主义为指导的思想政治教育，代表最广大人民群众的根本利益，但不同国家总是带有自己民族的特色。因为马克思主义必须植根于自己民族优秀文化的土壤之中，才能赋予马克思主义以鲜明的民族特色，才能使之生长和繁荣。

思想政治教育伦理精神具有民族的特性。民族如何作为"整个的个体而行动"，即民族精神的培育问题。民族精神与伦理精神在"民族是伦理的实体，伦理是民族的精神"中达到了同一。伦理精神既是伦理的精神，也是民族的精神，存在着内在的一致。思想政治教育伦理精神的时代性是对思想政治教育伦理精神民族性的时代表达，既是对民族精神的继承和弘扬，也是对民族精神的体现和超越，总是带有时代的特色。思想政治教育伦理精神的时代性与时代精神相关联，而时代精神与民族精神有着内在的联系。时代精神形成和发展的基础是民族精神，脱离民族精神的时代精神就会失去生命力和持久力，成为无源之水、无本之木。民族精神是一个民族在不同历史时期精神的积累和沉淀，在新的时代条件下需要不断地与时俱进，才能得到创新和发展，时代精神赋予民族精神时代性的内涵，增添了时代性的内容，赋

① ［德］黑格尔：《精神现象学》下卷，贺麟等译，商务印书馆 2009 年版，第 8 页。
② 樊浩：《伦理精神的价值生态》，中国社会科学出版社 2001 年版，"再版序言"第 8 页。

予时代性的价值。民族精神不是抽象的精神共体，而是具体地存在于一个民族的各个发展阶段并符合时代发展的特征和社会进步的要求。思想政治教育伦理精神的时代性是对思想政治教育不同时代所蕴含精神的凝练和升华，是一个民族发展的时代塑造。与时俱进是马克思主义的理论品质，我国社会主义社会是以马克思主义为指导的思想政治教育，时代特征在变，环境条件在变，思想政治教育必然需要与时俱进，思想政治教育伦理精神的时代性随之得以彰显。

思想政治教育要立足于现实，从现实的社会和现实的人出发，不能脱离实际，找准开展思想政治教育的切入点，有针对性地开展工作，才能取得一定的成效。但思想政治教育不能拘泥于现实，满足于现实，在现实中简单被动地应付和维持现状，只能算是较低水平的思想政治教育。为此，思想政治教育须在立足于现实的基础上，实现提升和超越，其伦理精神随之体现时代性。思想政治教育伦理精神的时代性是指要按照一定的伦理道德标准塑造人，培养人，紧扣时代发展的主题，促进人的发展，不断提高人们的思想水准、政治觉悟、道德素质、心理素养，成为德才兼备、富有人文情怀、全面发展的人。这种实践活动是着眼于人的未来发展，而不是仅仅对人当下的满足。对思想政治教育伦理精神的发掘，就是要体现思想政治教育的引导和提升作用，在富有针对性、主动性、前瞻性地解决人们的现实思想问题的基础上，预见性地开展思想政治教育工作，以实现人们的思想认识超越现有的水平。思想政治教育伦理精神本身是对现有思想政治教育的理念、目的、管理、过程、内容、方法、手段、环境、评价体系等方面进行形而上的追问和伦理审视，是对现有的思想政治教育的提升和超越。

第三节　思想政治教育伦理精神的价值

马克思主义哲学从主客体的关系维度揭示了价值的本质，即特定属性的客体满足主体某种需要的有用性。从思想政治教育伦理精神的主体和客体层面分析其价值，在此基础上分析思想政治教育伦理精神的价值。

一、思想政治教育伦理精神的主体及其价值

思想政治教育伦理精神的主体是人。传统的思想政治教育实践主体是教育者，遵循主体—中介—客体的实践模式。在这种实践模式中，受教育者只是被动地接受教育，把受教育者对象化，成了教育的"容器"，处于从属、被教育的地位。而教育者具有主导权和话语权，总会按照一定的教育目的对受教育者施加教育和影响，带有一定的强制性和被动性。现代的思想政治教育由单一的主体即教育者转化为主体间性，遵循"主体—中介—主体"的实践模式。主体间性凸显了主体与主体之间的统一性，倡导建立相互理解、相互沟通的交往互动机制。

主体间性（交互主体性）概念的提出，摆脱了主客二分的对立，是对主客二元论的僭越，在认识论方面实现了重大转向，从关注主体与客体之间的关系转向主体与主体之间的关系，不再把对象世界看作是客体，而看作是主体，主体与主体之间是平等的、共生的。"我的普遍意识不过是以现实共同体、社会存在物为生动形式的那个东西的理论形式，而在今天，普遍意识是现实生活的抽象，并且作为这样的抽象是与现实生活相敌对的。因此，我的普遍意识的活动——作为一种活动——也是我作为社会存在物的理论存在。"① 马克思认为，普遍意识是社会存在物的反映，意识活动也是社会存在物的反映。主体意识是主体的本质特性，是主体对自身的自觉认识。实践是人的存在方式，"生产本身又是以个人彼此之间的交往为前提的"，② 实践内在地要求人们之间相互交往。主体的存在形式既有个人，也有社会群体以

① 《马克思恩格斯文集》第 1 卷，人民出版社 2009 年版，第 188 页。
② 《马克思恩格斯文集》第 1 卷，人民出版社 2009 年版，第 520 页。

及社会的人和人的社会相互作用构成的社会关系，这种关系既利于我又利于他，是为对方的存在而存在。在实践活动中的相互作用的主体间性源于实践，只有回到生活实践中，才能回到人的真实生活本身。主体间性不是主客二分基础上客体的主体化，不是把自我看作是"单子"式的单个人，而是主体之间的共在，是自我主体与对象主体之间的沟通、交流、对话，其本质是个体性的。实践主体与实践客体的关系不是直接的，需要实践中介为纽带，主体间性比主体性更有意义。海德格尔指出有两种共在：一种是异化的共在，个体会被群体吞噬；另一种是超越性的本真的共在，个体与个体之间是自由的。

主体间性的获得方式是教化，通过强制性规范性的教育和训练就是教化。① 个体通过教化获得现实性，把自在存在转化为自为存在。伽达默尔明确指出，教化是一种深刻的精神转变，是人类由个别性、特殊性上升到普遍性。② 在《真理与方法》一书中，他提出了"共通感""判断力""趣味"三个概念，从不同的维度揭示教化所要实现精神的转变。教化的过程就是培养共通感的过程，共通感是一种存在于一切人之中的普遍能力，是共同性的感觉和体验，通过生活的共同性而获得，强调的是具体的普遍性。③ 因此，拥有共通感对于主体间性具有决定性的意义。是否拥有共通感取决于是否具有判断力，判断力的活动就是把一个特殊事物纳入到一个普遍事物中，把一些东西认知为某个定理的表现。④ 在教化的过程中培养共通感和判断力，一个教化的人获得了共通感，就有了一定的判断力，判断力是在共同的生活实践中熏陶、浸染逐步获得，是在实践中经验的积累。在教化中除了培养共通感和判断力之外，还需要培养"趣味"。"趣味"是指以反思判断力的方式

---

① 陈建涛：《论主体间性》，《人文杂志》1993 年第 4 期。

② 陈建涛：《论主体间性》，《人文杂志》1993 年第 4 期。

③ ［德］伽达默尔：《真理与方法》上，洪汉鼎译，上海译文出版社 1992 年版，第 25 页。

④ ［德］伽达默尔：《真理与方法》上，洪汉鼎译，上海译文出版社 1992 年版，第 39 页。

从个体去把握和概括普遍性的东西，是一种认识方式，应与普遍性的判断相协调。

总之，教化的根本目的是使人得到全面的发展。人类精神是通过教化而获得，教化使人社会化的过程，不断地提升成为真正的认识主体，形成具有一定的认知能力、情感能力、意志品质，主体之间才能平等有效地沟通、对话，主体精神才能提高、丰富和发展。主体间性通过教化获得，主体间性的出场是对现实挑战的回应，解决了教育者与受教育者之间的现代关系，受教育者不再是对象化的客体，而是与教育者这个主体具有平等的地位，关注的是活生生的人和人的现实意义。现代思想政治教育的伦理精神推崇的是这种超越性的本真的共在，教育者与受教育者是以人与人平等对待、和谐相处的方式共在，体现了受教育者主体自主建构的精神，并满足了能够与教育者平等交流的诉求。现代思想政治教育的目的不是简单地学习知识，而是让人们的知、情、意等方面得到发展和提升，这与教化的要求是相一致的，最根本的目的是培养人、塑造人，使人成为人、成为合格公民、成为全面发展的人。因此，在教化的过程中体现了人类精神的生成，现代思想政治教育的伦理精神与教化中体现的精神是一致的，共同指向人的全面发展。

二、思想政治教育伦理精神的客体及其价值

思想政治教育伦理精神的客体是思想政治教育伦理精神对象化的人。思想政治教育是一项社会实践活动，如果没有主体与客体之分，就不会形成社会实践。人民群众进行自我教育是有目的的实施，而不是自发的思想政治教育。思想政治教育的主体接受教育是不容置疑的，但不能因此就否认各级组织、实践活动的组织者、领导者、思想政治教育者在具体思想政治教育实践中所起的主体作用。由此可见，思想政治教育的主体和客体是相对的，在一定的条件下可以转化，他们之间是辩证统一的关系。在进行思想政治教育的过程中，主体根据社会的一定要求和需要，对客体进行教育和影响，使其不

断地提高或改变，缩小与社会要求之间的差距。这个过程就是思想政治教育主体客体化的过程，是他教与自我教育相结合的过程。他教是前提，在他教的作用下通过客体的自我教育进行认同和内化，主体客体化的过程得以完成。在思想政治教育实践的同时，还进行着一个与主体客体化相反的转化过程，即客体在接受教育和影响之后，不断认识和把握思想政治教育的规律，逐步认同和内化，并转化为自己的观念，使之不断提高思想理论水平、政治素质、道德素质，最终客体转化为主体的思维结构和思想政治教育的主体力量，实现了客体主体化。主体客体化和客体主体化，是指思想政治教育的主体和客体之间相互作用、相互促进、相互渗透、共同发展和进步，而不是主体成为客体或者客体成为主体。

思想政治教育伦理精神对象化的人不仅要重视其能动性、创造性，而且要培养"他"的主体性。人的主体性就是人在认识世界和改造世界的过程中表现出来的能动性、自主性和创造性，思想政治教育伦理精神对象化的人的主体性对于进行思想政治教育具有重要的意义。一是思想政治教育伦理精神对象化的人具有能动性。能够对主体实施的思想政治教育进行筛选，按照自己的认知水平和需求适时调整思想观念和行为活动。还能够按照认识运动的基本规律能动地从感性认识上升到理性认识，再从理性认识回到实践中去，检验自己的认识是否正确，更好地引导进行自我教育。作为思想政治教育伦理精神的主体，应该利用和发挥好思想政治教育伦理精神对象化的人的能动性这一特征，改进思想政治教育的方式方法，优化和提升思想政治教育的实效性。二是思想政治教育伦理精神对象化的人具有自主性。有自主意识、有血有肉的人，不会被动地选择和接受，而是主动地作出反应，自主认知、自主选择、自主思维、自主控制、自主完善。[①] 人的思想活动通常是从接受信息开始，逐步对思想政治教育伦理精神认知，在认知的过程中自主地进行分析、判断、推理、综合，有选择地接受、认同、内化。因此，思想政

---

① 张耀灿、郑永廷等：《现代思想政治教育学》，人民出版社 2001 年版，第 199 页。

治教育伦理精神要求对象化的人要具有自主性，形成教育和自我教育相结合的教育机制，教育效果才能达到事半功倍的良好效果。三是思想政治教育伦理精神对象化的人具有创造性，创造性是对现实的超越。对象化的人在思想政治教育活动中自主地接受教育和影响，并能富有创造性地建构、发展自己的思想政治素质和道德品德。思想政治教育伦理精神对象化的人的主体性是一个历史范畴，会体现某一时代的特征。当今社会知识、信息、科学技术的作用日益凸显，培养创新意识和创造精神已达成共识，人们在处理人与自然、人与人、人与自身之间的关系时更需要更大的创造性。对象化的人的主体性对于思想政治教育具有重要的作用，对于思想政治教育内容、方式方法等的诉求都体现了其主体性，在实施思想政治教育中要增强主体意识，以促进思想政治教育顺利开展。

当今，世界多极化、经济全球化、文化多元化、社会信息化、科学技术日新月异，现代思想政治教育与传统相比，发生了根本性的改变，这就要求建立与之相适应的客体观。思想政治教育伦理精神对象化的人应当是全体社会成员，对全体社会成员进行思想政治教育是现代社会的内在要求，是应对当前经济体制变革、利益格局调整、社会结构变动、思想观念活跃的应有之义。随着改革开放的不断深入、社会主义市场经济的不断发展，我国面临社会发展转型，各种利益矛盾日益凸显，人们的思想观念、价值取向、思维方式发生了重大变化，错误的社会思潮乘虚而入，使得意识形态领域斗争的复杂性、尖锐性前所未有。社会成员在多元价值观念中无所适从，已经严重影响到人们对于我国社会发展思想认识领域的正确抉择，更多的是思想困惑甚至是思想价值观念的混乱。尤其是对于青少年而言，他们涉世不深，面对纷繁复杂的社会形势难以做出正确辨别，很容易受到影响和迷失自我，也容易被别人欺骗和利用。面对社会大变动、大变革，人们迫切需要思想政治教育发挥其应有的作用，引导和帮助人们厘清各种错误观念，能够为更好地把握现实、预测未来提供切实的帮助。这要求思想政治教育工作者以强烈的社会责任感和历史使命感认真做好此项工作，发扬我党对广大人民群众进行思想政治教育的优良传统，与时俱进，不断创新教育方式方法，深入研究思想政治教育中出现的新情况、新问题，创造性地提出解决对策。进一步扩大覆盖面，尽可能地减少空白点，力争使思想政治教育工作渗透到社会的每一个角落，为社会主义现代化建设提供精神食粮和动力源泉。为此，思想政治教育伦理精神要求做到以人为本，肯定和尊重人的价值，理解人、关心人，关注人的生命和人生意义，把人作为出发点和落脚点。思想政治教育工作者要充分调动思想政治教育伦理精神对象化的人的积极性、主动性、创造性，从思想上、生活上、学习和工作上真正关心他们的成长和发展，把握和利用人的思想品德形成的规律，分析影响教育效果的主客观因素，加强思想政治教育的针对性。构建思想政治教育现代新型的平等关系，教育者和教育对象都是具有平等的人格尊严，都是具有主动能动性的独立主体，相互之间需要沟通、理解和信任，不存在控制与被控制、支配与被支配的关系。

每个人都是处于特定时空结构的一种客观存在，是自然属性与社会属性、主体自我与客体社会、现实存在与理想追求均需要协调一致的矛盾统一体。青少年是国家的希望和未来，人类社会发展规律告诉我们，今天的青少年必定是国家明天社会主义事业的建设者和接班人。社会主义现代化建设的伟大事业需要有理想、有道德、有文化、有纪律的一代青年，没有他们的积极参加，实现现代化的历史重任将难以完成。毛泽东同志说："青年团在党的领导下，积极参加各方面的革命工作，做出了很大的成绩。无论工厂、农村、军队、学校的革命事业，没有青年就不能胜利。"① 青少年是人生的必经阶段，生理、心理、社会行为的特征决定了青少年是一个特殊的群体，是个体发展宝贵的时期，也是人生的"危险期"。他们进入青春期后，身体发育"突变"，器官和机能趋向成熟，特别是出现了"第二性征"，对于异性有了性的冲动，对性敏感。生理成熟提前与心理成熟滞后存在矛盾，生理的变化引起了心理的变化和困惑。情感比较丰富，但情绪不太稳定，容易冲动

① 《毛泽东著作选读》下册，人民出版社1986年版，第698—699页。

和急躁。随着自我意识的形成，独立性增强，渴望独立选择自己的生活，却因自身能力的不足常会遭遇挫折。容易受到外界社会环境的影响，具有较大的可塑性，是个体走向成熟但又不成熟的"尴尬"时期。因此，青少年更需要思想政治教育的教化和引导。做好青少年的思想政治教育工作，提高他们的思想素质、政治素质、道德素质，使之成为新时期思想政治素质过硬、拥有高尚的道德情操、勇于开拓创新、求真务实的年青一代。

思想政治教育始终遵循一定的伦理道德标准，按照一定的伦理道德原则塑造人、培养人，"人"是思想政治教育的逻辑起点，是现实生活中的人。"我们开始要谈的前提不是任意提出的，不是教条，而是一些只有在臆想中才能撇开的现实前提。这是一些现实的个人，是他们的活动和他们的物质生活条件，包括他们已有的和由他们自己的活动创造出来的物质生活条件。"① "这里所说的个人不是他们自己或别人想象中的那种个人，而是现实中的个人，也就是说，这些个人是从事活动的，进行物质生产的，因而是在一定的物质的、不受他们任意支配的界限、前提和条件下活动着的。"② "人"不是处在某种幻想的与世隔绝的人，而是处在一定条件下进行现实的发展过程中的人。马克思所说的人，是在一定物质生活条件下从事社会实践的具体的人、活生生的人。只有以现实生活中的人为起点，才能客观地把握思想政治教育的内在规律、活生生人的成长规律以及思想品德形成的规律，思想政治教育才能有效地实施。思想政治教育伦理精神对象化的人具有自觉能动性。他们以自己的认知方式选择、诠释、内化教育者所传授的思想政治教育内容，并通过自己的实践活动来实施思想政治教育内容所具有的行为指令意义，才能获得完整性。③

思想政治教育是一种精神性的实践活动，精神是其灵魂，伦理精神是其灵魂中的核心，而人是灵魂的主宰，伦理精神是人的生存生活方式的思想表

---

① 《马克思恩格斯选集》第 1 卷，人民出版社 2012 年版，第 146 页。
② 《马克思恩格斯选集》第 1 卷，人民出版社 2012 年版，第 151 页。
③ 沈壮海：《思想政治教育有效性研究》，武汉大学出版社 2008 年版，第 71 页。

达和灵魂体现。人不同于无生命的客体，是具有鲜明主体性的客体。人的存在首先是一个有生命、有自我意识的存在，在主体的教育和影响下不是"照镜子式"的机械反应，而是经过自己的思维加工进行能动地作出思想上的反应和行动上的变化。马克思在《1844 年经济学哲学手稿》中说："对象如何对他说来成为他的对象，这取决于对象的性质以及与之相适应的本质力量的性质；因为正是这种关系的规定性形成一种特殊的、现实的肯定方式。"① 要把对象作为人的存在方式来理解，在"人"的生活中去把握思想政治教育，从现实的人和现实生活出发开展思想政治教育，关心教育对象的利益诉求，使思想政治教育融入生活世界和意义世界之中，追求人自身的价值和生命意义，促进人性的完善和人的价值的提升，价值旨归人的自由而全面的发展。

三、思想政治教育伦理精神的价值分析

思想政治教育伦理精神的价值主要体现为对思想政治教育整体上进行提升和伦理审视，对社会、对个人的发展具有动力作用，体现为一种积极向上、追求至善、为人民服务、为中国共产党治国理政服务、为巩固和发展中国特色社会主义制度服务、为改革开放和社会主义现代化建设服务的价值追求，具有明确的导向性。思想政治教育伦理精神的价值是为了更好地追求思想政治教育的"真""善""美"，使思想政治教育伦理精神最大限度地发挥作用，以更好地满足人们的精神性需求。

（一）思想政治教育伦理精神对学科建设的价值

思想政治教育伦理精神作为一种客观性的存在，对思想政治教育学科建设具有一定的促进意义和现实价值。思想政治教育学是一门新兴的学科，学

---

① 马克思：《1844 年经济学哲学手稿》，人民出版社 1979 年版，第 79 页。

科的理论性和体系构建需要不断地丰富和完善。思想政治教育伦理精神的研究有助于思想政治教育学科获得新的内生点，促进学科的理论化、规范化和科学化水平的提升。思想政治教育伦理精神揭示了思想政治教育的本质和规律，利用好规律才能更好地为学科建设服务。思想政治教育学科需要从教育学、心理学、伦理学等学科汲取营养，思想政治教育的伦理精神主要是思想政治教育与伦理学融合，找到了学科之间融合的切入点。更重要的是，思想政治教育伦理精神要求从整体上对思想政治教育目标、管理、过程、内容、方法、手段、环境、评价体系等方面进行伦理精神的追问和审视。因此，思想政治教育伦理精神的研究是跨学科研究、交叉性研究，在理论研究和实践应用方面必将发挥重要作用，使得思想政治教育学科建设的生命力和活力得以彰显。思想政治教育学科建设有两个基本思路：一是知识范式的思路，即从微观层面的学科主体内容的理论研究和应用研究进行整体推进；二是共同体范式思路，即从宏观层面学科管理直指学科整体建设。① 显然，思想政治教育伦理精神的研究是属于按照知识范式的思路进行学科建设的。

伦理精神是民族精神内涵的深刻表达，是理论理性与实践理性的统一。思想政治教育伦理精神内在规定了思想政治教育的民族性，富有自己民族的特色，从"伦理精神"这一核心概念出发，从各个层面、各个维度对我国的思想政治教育挖掘其伦理精神，探寻其规律，以深刻的理论把握人的精神世界，丰富和发展了思想政治教育理论体系。从伦理维度审视思想政治教育，具有溯本求源的探源意义，从而使得思想政治教育理论更具深刻性、说服力和感召力。另一方面，思想政治教育伦理精神扬弃了理论上的抽象性，具有一定的现实性和实践性，在现实生活中激发人们努力践行社会主义核心价值体系和社会主义核心价值观，以切实增强思想政治教育的实效性。"学科的交叉融合，是学科发展成熟到一定程度后的必然要求和表现，只有以不同学科的视角来审视本学科的发展，本学科才能不断获得新的生长点，这是

---

① 孙其昂：《思想政治教育学前沿研究》，人民出版社 2013 年版，第 115 页。

学科发展的客观规律。"① 思想政治教育伦理精神使思想政治教育获得了新的生长点，思想政治教育与伦理学的交叉融合符合学科发展规律。任何学科的发展都需要其他学科的有力支撑，通过汲取其他学科的成果使之得到发展。不同学科之间打破学科间的壁垒，突破自身的边界走向交叉、互涉，才是现代知识条件下学科发展的应然状态。② 确立学科发展的协同意识，形成学科发展的理论自觉和理论自信。思想政治教育伦理精神是理论自觉和理论自信的产物，这是思想政治教育理论研究和实践研究的新突破。

（二）思想政治教育伦理精神的社会价值

思想政治教育伦理精神的社会价值主要体现为精神动力价值、育人导向价值等。本书主要是从精神动力价值、育人导向价值两个维度进行阐发。

1. 精神动力价值

思想政治教育伦理精神的研究是为了更好地发挥思想政治教育的价值，推动社会进步和发展，"理论一经掌握群众，也会变成物质力量"。③ 思想政治教育伦理精神体现了民族性，富有民族自己的特色。我国有独特的历史背景、独特的文化环境、独特的中国国情，决定了思想政治教育必须走中华民族自己的发展道路。思想政治教育坚持马克思主义的指导地位，思想政治教育伦理精神提供了强大的精神动力，以促进我国的思想政治教育坚持社会主义性质和社会主义方向，坚持爱国主义、集体主义、社会主义的正确政治方向；以促进遵循我国社会主义社会人才培养目标，培养德智体美全面发展的社会主义人才，做社会主义核心价值体系和社会主义核心价值观的坚定信仰者和模范践行者；以提升立德树人贯穿教育教学的全过程，实现管理育人、教书育人、服务育人，实现全程育人、全方位育人，教育教学发展方向与国

---

① 冯刚：《交叉学科视野下思想政治教育的创新发展》，《思想理论教育导刊》2011 年第 11 期。

② 洪波：《思想政治教育话语范式转换研究》，浙江大学出版社 2012 年版，第 28 页。

③ 《马克思恩格斯选集》第 1 卷，人民出版社 2012 年版，第 9 页。

家的奋斗目标和未来发展方向一致；以促进学生为本，关心学生的成长成才，加强个性潜能的发掘和人文关怀的培育，不断提高思想境界、政治觉悟、道德品质、心理素质、法纪素养，使之成为社会主义社会合格的建设者和可靠的接班人。马克思主义理论认为，劳动者是生产力最活跃的、主导性的因素。思想政治教育伦理精神从整体上提升思想政治教育的成效，提高劳动者的综合素质，为调动劳动者的积极性、创造性提供了强大的精神动力。从这个意义上来说，思想政治教育伦理精神对于生产力的主要因素之一——劳动者具有一定的精神动力价值，必然会对社会生产力的发展提供强大的精神动力，以此推动社会不断向前发展。思想政治教育伦理精神提供的精神动力，还可以促进和推动科学技术转化为生产力，实现有效转化并真正发挥"科学技术是第一生产力"的决定性因素的是人，人的综合素质和全面发展至关重要。

2. 育人导向价值

思想政治工作从根本上说是做人的工作，是在明理中产生内心认同，并在行动上践行，从而形成正确的世界观、人生观、价值观，最终成为什么样人的重大现实问题。"思想的历史除了证明精神生产随着物质生产的改造而改造，还证明了什么呢？任何一个时代的统治思想始终都不过是统治阶级的思想。"① 统治阶级为了使自己的思想成为社会的主导思想，就必须通过思想政治教育控制和调节思想上层建筑和社会精神生产，使之更好地为统治服务。我国是社会主义国家，人民当家作主，思想政治教育伦理精神能更好地围绕坚持中国特色社会主义道路、弘扬民族精神和时代精神、凝聚各方力量，加强社会主义意识形态工作，充分发挥育人导向价值，起到思想引领、精神激励、文化认同作用，引导人们为实现"两个一百年"奋斗目标和中华民族伟大复兴的中国梦而作出自己的贡献。思想政治教育伦理精神的育人导向价值，有助于在新形势下做好意识形态工作，意识形态工作是一项极其

---

① 《马克思恩格斯选集》第 1 卷，人民出版社 2012 年版，第 420 页。

重要的工作，掌握意识形态工作的话语权，增强工作的主动性、自觉性、创造性，巩固马克思主义在意识形态领域的一元指导地位不动摇，深入开展理想信念教育，自觉践行社会主义核心价值体系和社会主义核心价值观，增强道路自信、理论自信、制度自信、文化自信，事关党和国家的前途与命运，事关培养什么样的人、如何培养人以及为谁培养人这个根本问题。

思想政治教育伦理精神的研究对于思想政治教育理论层面和实践层面都将产生积极的影响，对思想政治教育的实效性具有促进作用。在现实生活中，一定要处理好思想政治教育伦理精神的育人导向价值引领与受教育者的价值取向有机统一的问题。思想政治教育伦理精神的育人导向价值引领是一元的，这是由社会主义社会意识形态要坚持社会主义社会的正确方向的性质决定的。而受教育者的价值取向存在着多元化的情形。目前，文化、宗教渗透弱化主导意识形态的话语权，软实力文化的渗透、意识形态的较量成为明争暗斗的主要形式；各种社会思潮和错误观点消解主导意识形态的主导权，直指攻击社会主义制度、中国特色社会主义道路、共产党的执政地位、社会主义意识形态等；对社会问题阐释不力，虚化主导意识形态的认同，不同观念、不同思想交锋的背后是不同利益群体之间的博弈和经济利益的选择，加之有些集团利益、个人利益的固化导致两极分化现象极其严重、贫富差距悬殊，没有对这些问题作出正确的理论阐释，使人很难在思想上认同社会主义意识形态；日常生活中的不利因素淡化主导意识形态的认同，人们的日常生活被现实中的物欲横流、利益追求、功利性和娱乐化的世俗生活所遮蔽，缺乏对崇高理想信念的追求，在有限的精神生活世界里淡化对社会主义意识形态的认同。在这样复杂的情况下，更应该发挥思想政治教育伦理精神的育人导向价值，弘扬以爱国主义为核心民族精神，以主导意识形态的真理性和主导性统领"多元"，化解矛盾，在国际视野中正确认识中国特色社会主义的历史必然性，正确认识当前存在的主要问题与我国发展的良好态势，发展中存在的问题只能在发展中加以解决。教育引导人们树立远大理想与脚踏实地结合起来，深刻懂得肩负的时代责任和历史使命，践行社会主义核心价值体系和社会主义核心价值观，用中国梦激励实现自己的梦想，把自己的梦想融入实现中华民族伟大复兴的中国梦的伟大实践之中。

（三）思想政治教育伦理精神的个人价值

思想政治教育伦理精神从整体上提升了思想政治教育，通过提升后的思想政治教育有助于个体树立正确的世界观、人生观、价值观，正确处理好人与人之间、人与社会之间、人与自然之间、人与自我之间的关系，并能构建这些关系之间的和谐。有助于塑造健全的人格，使人思想积极向上、道德品质高尚、政治觉悟高、心理健康、法纪严明，养成良好的行为习惯，自觉践行高尚行为。

1. 思想政治教育伦理精神有助于达成个体目标

思想政治教育伦理精神的个人价值有助于达成个体目标。个体目标可分解为思想素质目标、政治素质目标、道德素质目标、心理素质目标、法纪素质目标。[①] 思想素质目标在个体目标中是前提条件，对受教育者进行马克思主义信仰教育。马克思主义是科学的世界观和方法论，以辩证唯物主义和历史唯物主义为武器，从根本上深刻揭示了自然界、社会和思维的发展规律；具有鲜明的政治立场，致力于实现最广大人民群众的根本利益；具有与时俱进的理论品质和强大持久的生命力和感召力，坚持一切从实际出发，实事求是；具有崇高的社会理想，实现物质财富极大丰富，人们的精神境界极大提高，每个人自由而全面发展。通过马克思主义信仰教育，培养社会主义社会现代化建设需要的思想素质。政治素质目标是核心内容，处于主导和支配地位。思想政治教育伦理精神有助于树立崇高的中国特色社会主义共同理想，把国家、民族与个人紧密联系起来，坚定正确的政治方向、政治立场、政治观点，热爱祖国、热爱社会主义、热爱人民，信任中国共产党、拥护中国共产党的领导，不断提高受教育者的政治素质，增强道路自信、理论自信、制

---

① 徐志远：《现代思想政治教育学范畴研究》，人民出版社 2009 年版，第 159 页。

度自信、文化自信，始终以实现中华民族的伟大复兴作为自己的政治任务。道德素质目标是个体目标中的重点，是当今社会发展需要实现的目标。思想政治教育伦理精神对思想政治教育的伦理观照和伦理审视，旨在加强道德修养，注重道德践履，弘扬中华传统美德，实现对其创造性转化和创新性发展，发扬光大我国革命道德，加强社会主义道德建设，按照社会公德、职业道德、家庭美德、个人品德的要求投身于崇德向善的道德实践，践行社会主义荣辱观，锤炼道德品格，提升人们的道德素质和道德境界。心理素质目标是个体目标中的基础，是对人们最起码的素质要求。思想政治教育伦理精神要求每个人身心要和谐，不仅要有健康的身体，而且要有健康的心理。学习心理健康知识，提高心理健康意识，学会心理调适，保持积极乐观的心态，正确处理好身心关系、身心与外部环境之间的关系，积极参加体育锻炼和集体活动，增进人际交往，培养人际交往能力、适应环境的能力和耐挫的能力。法纪素质目标是保证，保证其他目标能够得以实现。思想政治教育伦理精神要求受教育者要遵纪守法，通过社会主义法治教育和纪律教育，树立法治观念，尊重法律权威，具有法治思维和纪律观念，行使法律权利，履行法律义务，做遵纪守法的人，这是人之为人的合格线和基本保证。

2. 思想政治教育伦理精神有助于促进个体的全面发展

思想政治教育是一个国家或一个民族按照一定的社会标准，对其社会成员施加有目的、有组织、有计划的教育和积极影响，使人们的行为符合社会要求的实践活动，是一项塑造人的工作。思想政治教育伦理精神从思想政治教育目标、教育管理、教育过程、教育内容、教育方法、教育手段、教育环境、教育评价体系等各个维度进行了整体上的挖掘，挖掘其中所蕴含的伦理精神，把伦理作为一种生存、生活的方式，从伦理视角进行审视，进而提升思想政治教育的实际效果，落脚点仍然是人的问题。以人为本，从现实的人出发，把人是否得到发展作为衡量思想政治教育工作取得成效的标尺。因此，思想政治教育伦理精神有助于促进个体的全面发展，表现在以下几个方面：

一是思想政治教育伦理精神对于思想政治教育目标的提升，从教育目标层面提出了更高的标准要求，自始至终要发挥统率、主导、导向、纠偏、凝聚作用。教育目标是根据一定社会的要求和人的发展需求提出来的，使受教育者在一定时期内要达到的预期效果，必须具有明确的导向性、强烈的时代性、切实可行的操作性、整体效能的前瞻性，才能使受教育者有明确的发展目标、不竭的发展动力、正确的发展方向。

二是思想政治教育伦理精神对于思想政治教育管理和教学过程提出了更高的要求，从伦理精神进行审视，审视教学管理和教学过程是否符合教书育人的规律、是否符合思想政治教育规律、是否符合学生成长成才的规律、是否符合思想政治教育伦理精神的所有要求，不断优化教学管理和教学过程，提高思想政治教育的实效，以促进受教育者得到更好的发展。

三是思想政治教育伦理精神对于思想政治教育内容起着筛选和优化作用。思想政治教育内容是教育目标的具体化，是思想政治教育的"血液"。作为一个整体的存在，思想政治教育内容是按照一定的原则和方式结合而成的有机统一体，各要素在一定的时空中相互联系、相互作用，表现为教育内容的空间分布、时间序列、数量之间的比例和质的逻辑关系。① 在教育教学的过程中不可能面面俱到地对受教育者进行传授，选取教育内容需要围绕教育目标和思想政治教育伦理精神的要求而定，从人的发展需求出发，分清主次，突出教育内容的重点和人才培养的质量。另外，使思想政治理论课与其他各类课程形成协同效应，同向同行的内容设计更能体现一定的伦理精神。

四是思想政治教育伦理精神对于思想政治教育方法、教育手段的采用与教育环境的优化具有促进作用。思想政治教育目标、教育内容、思想政治教育伦理精神的要求制约着教育方法、教育手段的选择，教育方法、教育手段只有蕴含一定的伦理精神，才能准确地反映客观规律，才能与教育内容有机融合，达到一定的教育效果。思想政治教育不是孤立存在的，总是处在一定

① 熊建生：《思想政治教育内容结构论》，中国社会科学出版社 2012 年版，第 17 页。

的环境之中，绝不能无视环境的存在。按照思想政治教育伦理精神的要求，建设和优化教育环境很有必要。无论是宏观环境还是微观环境，对人的思想政治品德的形成和发展都有着重要的影响作用，为了避免"孤岛效应"，优化和开发有利于思想政治教育发展的环境，注重不同类型环境的育人功能，对于人的成长成才意义重大。

五是思想政治教育伦理精神对于教育评价体系提出了更高的要求。思想政治教育评价体系是检验思想政治教育效果的主要依据和评判标准，起着"指挥棒"的导向作用。因此，评价体系必须坚持社会主义正确的方向，以人为本，按照思想政治教育伦理精神的要求，构建科学权威、全方位、全要素的评价体系。思想政治教育的对象是人，人的思想和行为比较复杂，决定了思想政治教育评价的复杂性。评价的范围、主要指标的设计和操作，一定要体现思想政治教育伦理精神，对各个要素进行伦理维度的评估和审视。

总之，思想政治教育伦理精神有助于提升思想政治教育目标、教育管理、教育过程的充分实现，有助于审视教育内容、教育方法、教育手段、教育环境、教育评价体系等是否合规律性和合目的性，充分发挥思想政治理论课教学主渠道和日常思想政治教育主阵地作用，以文化人，以文育人，协同育人，在改进中加强，不断提高思想政治教育的针对性，满足学生成长成才发展的需求。关心和尊重每一位个体，为每一位受教育者提供均等的、完善的、发展的机会和条件，尽最大所能地培养和造就在德、智、体、美、劳等方面全面发展的人，培养社会主义现代化所要求的有理想、有道德、有文化、有纪律的"四有"新人。思想政治教育伦理精神从多层面、多维度关心人的成长和发展，终极人文关怀是指向人的自由而全面发展。

| 第二章 |

思想政治教育伦理精神的探源

"统治阶级的思想在每一时代都是占统治地位的思想。这就是说，一个阶级是社会上占统治地位的物质力量，同时也是社会上占统治地位的精神力量。支配着物质生产资料的阶级，同时也支配着精神生产资料。"[①] 教育者按照一定社会或阶级的要求，对其成员施加一定的教育和影响，这种有目的、有计划、有组织的教育和影响，促使社会成员形成符合一定社会或阶级要求的思想观念、政治价值取向、道德品质。古今中外，莫不如此。思想教育、政治教育、道德教育等都属于思想政治教育，本章是从最广义的"思想政治教育"探源其伦理精神。

第一节　中国思想政治教育伦理精神的历史演进

我国古代，夏商周有了思想政治教育的雏形。西周强化等级观念，人有上下尊卑之别，不可犯上作乱。强化天命观教育，提出"以德配天"，把天命神圣化，维护统治者的权力。儒家礼教思想是我国封建社会的主流意识形

---

① 《马克思恩格斯选集》第 1 卷，人民出版社 2012 年版，第 178 页。

态，以"三纲五常"规范人们的言行和处理人们之间的关系。宗法等级制度和君主专制制度是中国传统文化的政治成因，在这种制度下，文化形成了伦理型范式的"德性文化"，注重道德修养。政治伦理化和伦理政治化论证了封建制度的合理性，"内圣"才能"外王"。

一、我国古代思想政治教育的伦理精神

我国古代注重道德教育，重视个体的修身养性。"道之以政，齐之以刑，民免而无耻。道之以德，齐之以礼，有耻且格。"① 孔子认为，用政令、刑法治理国家，老百姓只求免于犯罪而不去从恶，但没有羞耻之心；实行道德教育，以礼义教化，老百姓不仅有羞耻之心，而且能自觉从善，刑罚起不到这样的作用。孟子认为，人性是善的，通过道德教育把人的"善端"发挥出来，善就不会泯灭。"善政不如善教之得民也。善政民畏之，善教民爱之。善政得民财，善教得民心。"② 孟子对善教和善政做了比较，肯定了善教的作用，道德教化可以得民心。孟子提出了"五伦"，即父子有亲、君臣有义、夫妇有别、长幼有序、朋友有信。"五伦"是我国伦理的典范，建构了伦理实体的范型，是教化人们最基本的道德规范。荀子认为人性是恶的，其善者伪也。也就是说，在后天环境的教育和影响下，恶是可以改变的。教育是改恶从善的重要手段，通过礼义教化和道德教育改变人性。"故圣人化性而起伪；伪其而生礼义。"③ 儒家重视教育客体的道德教育和道德修养，修养内求的路径是《大学》首句提出的"大学之道，在明明德，在亲民，在止于至善"，恢复人性之初，通过推己及人达至最高的价值目标—至善。"自天子以至于庶人，壹是皆以修身为本。"（《大学》）修养外求的路径是格物、致知、诚意、正心，以修养为出发点，外推的最终目标是齐家、治

① 《论语·为政》。
② 《孟子·尽心上》。
③ 《荀子·性恶》。

国、平天下。"内圣"追求道德主体的个体至善，通过主体的不断修身提升道德境界，追求完美的道德人格，是"外王"的基础。"外王"追求的是社会至善，是"内圣"的必然结果，将修身获得的道德力量作用于齐家、治国、平天下，是内在的个体德性在政治上的实现，伦理与政治达成了统一，个体至善与社会至善在一定张力的互动下实现了辩证统一。

儒家也十分重视为政者的道德修养。孔子指出，"政者，正也。子帅以政，孰敢不正？"① 为政者要正，能带头走正道，带头遵守道德规范，其他人自然会效仿走正道，自觉遵守道德规范。"其身正，不令而行；其身不正，虽令不从。"② 管理者行为正当，能够作出表率，不用下达命令，人们也会跟着行动起来；如果管理者行为不正当，纵然三令五申人们也不会服从。孔子主张爱民，重视民心，"博施民而能济众"③。用自己的道德行为教育和感化人们，"君子之德风，小人之德草，草上之风必偃"④，管理者品行的好坏决定着民众的品行。孟子论述了民心向背的重要作用，"得道者多助，失道者寡助"⑤。荀子认为，有德行的人才能为官，也重视管理者的道德修养，"必先修正其在我者，然后徐责其在人者，威乎刑罚"⑥。注重自己的道德修养，才能去批评别人的过错，这样做的效果比刑罚的威力还要大。孔子注重启发教育，"不愤不启，不悱不发，举一隅不以三隅反，则不复也"⑦。启发受教育者自己学会思考，举一反三，触类旁通，以培养学习的自觉能动性。强调行重于言，言行一致，"君子耻其言而过其行"⑧，有道德的人做得多，说得少。儒家教育的理想境界是追求善，通过教育不断完善自身以达到至善，至善是儒家道德教育的最高价值追求。人人向善，"我欲

---

① 《论语·颜渊》。
② 《论语·子路》。
③ 《荀子·性恶》。
④ 《论语·颜渊》。
⑤ 《孟子·公孙丑上》。
⑥ 《荀子·富国》。
⑦ 《论语·述而》。
⑧ 《论语·宪问》。

仁，斯仁至矣"①，"人人皆可为尧舜"②。

我国古代的道德教育与道德修养形成了行之有效的方法。一是学思并重的方法。孔子认为，学习是教育和修养的前提条件，要学书本知识，还要向实践学习。"学"与"思"不可分割，"学而不思则罔，思而不学则殆"③。只学习而不去思考，就会迷惑；只思考而不去学习，则会陷入困境。只有把学习与思考结合起来，才能有所收获。"内省""自讼""省察克治"等都是"思"的具体应用。二是立志克己的方法。"三军可夺帅也，匹夫不可夺志也"④，志向是不能被改变的。朱熹说："学者大要立志，才学便要做圣人。"学者应该树立远大的志向，不立志，就没有前行的目标。"志不立，天下无可成之事"⑤，道德教育缺少动机。克己复礼为仁，君子要在内心克制私欲，行为上合乎礼制，进行"克治实功"。"敏于事而慎于言"⑥，主张慎言力行，强调"慎独"的修养方法。一个人即使在独处的时候、无人监督的情况下，也能够严格要求自己，自觉遵守道德准则。

春秋战国时期的思想政治教育内容十分丰富，是中国传统思想政治教育的基础，体现了伦理政治化和政治伦理化的特点，也体现了思想政治教育与伦理教化密不可分的精神气质。"五伦"是中国传统社会最基本的五种伦理关系，伦理关系的互动构成了"人伦"的运作模式，人伦关系的理论为统治阶级的统治披上了合法的道德外衣，确证和建构了政治统治和伦理教化的价值合理性。

汉代董仲舒提出了"罢黜百家，独尊儒术"的思想，并创立了以"三纲五常"为核心的伦理思想体系，儒家思想成为封建统治思想的正统。董仲舒的思想将政治与伦理的关系深层次推进，两者的关系进一步融合。在他

①《论语·述而》。
②《孟子·告子章句下》。
③《论语·为政》。
④《论语·子罕》。
⑤《王文成公全书》卷二十六。
⑥《论语·学而》。

看来，伦理道德教育是实现理想人伦关系的唯一手段，道德教育是维护合法化统治的重要工具。唐代韩愈在《师说》中集中论述了教师伦理主题，教师的主要任务是传道、授业、解惑，强调了教师的"德"的重要性，指出教师与学生在学习过程中的民主、平等关系，还要发挥教师的主导作用。宋代思想家为了巩固统治阶级的统治，提出了以天理为最高范畴的思想体系，对以往儒家的人性论、修养论等思想进行了总结和发展。朱熹是理学和理学思想的集大成者，鼓吹"存天理，灭人欲"，论证了封建伦理道德作为政治统治手段的合理性，教育人们遵从封建礼教的"天理"，才能安伦尽分。在修养论上，他提出了"居敬""穷理"的修养方法，主张通过"持敬""存养""省察"的修行功夫获得人伦道德。"其为学大抵穷理以致其知，反躬以践其实"①，提倡理论学习与行为实践的统一，以达到道德教育的目的。明代王阳明提出"致良知"思想，"理"在人"心"中，从自己的内心去寻找"理"，"良知"具有"思"的功能，可以探明心中之"理"。在知与行的关系上，强调知行合一。在教育的过程中主张尊重受教育者的主体地位，还要考虑到受教育者的接受能力和学习兴趣。

我国古代思想政治教育实质上主要是儒家的道德教育，其重视道德教育，把道德教育放在首位，强调德育至上。道德教育内容主要是修身养性，"物格而后知至，知至而后意诚，意诚而后心正，心正而后身修，身修而后家齐，家齐而后国治，国治而后天下平，自天子以至于庶人，壹是皆以修身为本"②。重视理想人格教育，理想人格是"富贵不能淫，贫贱不能移，威武不能屈"③的"大丈夫"。主张社会、民族、国家利益高于个人利益，培养爱国主义情怀和以义为上的价值观，为了国家和民族利益，应该"以义为上""舍生取义"。鼓励人们进行自我道德修养，追求高尚的道德境界，培养自强不息、刚健有为的进取精神。在道德教育的方法上，儒家提出了一

①《四书章句集注》。
②《礼记·大学》。
③《孟子·滕文公下》。

系列方法，比如，孔子的学思结合、孟子的"反躬内求"、宋明理学的"居敬""省察""知行合一"等方法，突出道德主体的理性自觉，强调内化、内圣。儒家的道德修养之道是内圣外王之道，要求人们不仅要重视自身的道德修养，而且对社会要有责任担当，实现了由个体道德向社会伦理的转化，体现了传统社会的伦理精神。但由于受历史条件的制约，有一定的局限性：一是强制性的说教是一种外在的力量，容易让人产生逆反心理，没有真正从内心认同。二是过于重视个体的品德修养，却束缚了人的个性发展，忽视了社会公德的建设，没有意识到社会环境对于人的道德品质形成的积极影响。三是采取简单粗暴的教育方式，不注重健全道德人格的培养。因此，思想政治教育伦理精神是有一定局限性的伦理精神。

二、我国近代至改革开放之前思想政治教育的伦理精神

无产阶级的思想政治教育是伴随马克思主义理论的产生而逐步形成。马克思主义具有强大的生命力，它的基本原理、阶级立场、辩证唯物主义和历史唯物主义的观点、科学的方法论，为思想政治教育确立了指导思想和理论指南。我国能够取得新民主主义革命和社会主义建设的胜利，其中一个重要的原因是坚持将马克思主义的基本原理和中国的具体实践相结合，以马克思主义中国化的理论成果武装全党和人民群众，建立了富有我国特色的思想政治教育体系。中国共产党成立之初，思想政治教育任务纳入了重要议事日程，办工农夜校，出版刊物宣传马克思主义，深入工矿、农村，传播党的主张，奠定了良好的群众基础。中国共产党在革命建设中积累了思想政治教育的宝贵经验，形成了思想政治教育的优良传统。坚持和发扬实事求是、群众路线优良传统，贯彻平等的、民主的原则，采取以理服人的教育方法，紧紧围绕中国共产党的中心任务开展思想政治教育工作，广泛深入地学习和宣传，组织和发动人民群众，党员和干部能够以身作则。"共产党员应在民族战争中表现其高度的积极性；而这种积极性，应使之具体地表现于各方面，

即应在各方面起其先锋的模范的作用。"① 全党群策群力，协同工作，配合紧密，形成了齐抓共管思想政治教育工作的良好局面。"思想政治工作，各个部门都要负责任。共产党应该管，青年团应该管，政府主管部门应该管，学校的校长教师更应该管。"② 思想政治教育工作在革命建设中发挥了应有的作用，思想政治教育伦理精神得到充分体现，促进人们形成正确的世界观、人生观、价值观，提升人的思想、政治、道德素质，使人的潜能得到发挥，积极投身于社会主义革命事业，作出自己应有的贡献。在民主革命时期，思想政治教育工作主要围绕阶级斗争而展开，教育、组织劳苦大众同头上的"三座大山"作斗争，本身就是人道主义的本质体现。为了自身的解放，为了人民的利益，革命先烈抛头颅、洒热血，献出了自己宝贵的生命，人民群众在后方全力支持革命事业，力争革命战争的胜利，体现了革命人道主义的伦理精神，是马克思主义人道主义在革命战争年代的创造性运用。

新中国成立后，经过三年的经济恢复工作后，开始了从新民主主义向社会主义的转变，1952 年提出了党在过渡时期的总路线，实现"一化三改"的奋斗目标。为了更好地宣传"一化三改"，编写了《为动员一切力量把我国建设成为一个伟大的社会主义国家而斗争——关于党在过渡时期总路线的学习和宣传提纲》。在社会主义改造的过程中，大量的思想政治教育工作，让个体农民和手工业者自愿摆脱私有制；没有把民族资产阶级和人民对立起来，通过教育让民族资产阶级认清社会主义社会发展的方向，接受社会主义改造，成为自食其力的劳动者，体会到公有制的优越性，自觉自愿为社会主义社会服务。个体手工业的社会主义改造通过说服教育、典型示范等方法引导个体手工业者在自愿的基础上走合作化的道路，对资本主义工商业的社会主义改造实行和平赎买的方式，体现了社会主义人道主义的精髓，即从当时我国的现实条件出发尊重人、关心人，通过思想政治教育工作，转变人的思

---

① 《毛泽东选集》第 2 卷，人民出版社 1991 年版，第 521 页。
② 《毛泽东著作选读》下册，人民出版社 1986 年版，第 780 页。

想，提高人认识世界和改造世界的能力，唤醒了人们富有历史创造性地、有步骤地采取由低级到高级逐步过渡的形式，而没有采取暴力的方式进行社会主义改造，加速了社会主义改造的历史进程。

"文化大革命"时期，由于一定范围内的阶级斗争扩大化、绝对化，受无产阶级专政下继续革命的理论的误导，对社会主义建设时期主要矛盾的错误判断，对于两类不同性质矛盾的失当处理，结果导致了深重灾难的"十年内乱"。"文化大革命"以阶级斗争为纲，阶级斗争时时讲、处处讲，引起了思想混乱，思想政治教育的指导思想随之发生了严重偏离，使思想政治教育迷失了正确方向，严重败坏了我党思想政治教育的优良传统，使思想政治教育工作蒙受了重大损失。由于"左"的严重错误，上下级之间、同志之间形成了时时处处有阶级斗争的政治气氛，在强烈的"政治热情"感召下，人们扭曲了人性，这种反人道的做法造成了人人自危、父子反目、夫妻成仇的怪圈，思想政治教育成了"摆设"，丧失了促进人的全面发展和社会发展进步的理性价值，异化成为阶级斗争的工具。"文化大革命"将人的阶级归属变成了左右现实生活中人的命运前途的唯一途径，人的权利、义务界定混乱，人们在不切实际的政治运动中丧失自我，激起了人们对于思想政治教育的逆反心理和抵触情绪，思想政治教育的地位降到了最低。

三、我国现代思想政治教育的伦理精神

广义的传统思想政治教育是指我国改革开放以前所有的思想政治教育历史形态，包括古代思想政治教育、近代思想政治教育以及改革开放之前的计划经济体制下的思想政治教育。狭义的传统思想政治教育是指新中国成立之后，改革开放以前这个时间段所实施的思想政治教育。[①] 本书所指的传统思想政治教育，主要是从广义的角度论述的。现代思想政治教育是指我国改革

———————

① 雷骥：《现代思想政治教育的人性基础研究》，人民出版社 2008 年版，第 39 页。

开放以来的思想政治教育。"现代"主要是指 1978 年党的十一届三中全会以来以及向未来发展的时间，是以无产阶级革命时代和以和平与发展时代为依据的划分。① 现代思想政治教育是随着改革开放以来国际国内经济、政治环境的变化和社会主义市场经济的不断发展，与之相适应的思想政治教育，是在传统思想政治教育基础上的继承和发展，是时间上的前后相继。所谓现代思想政治教育是指改革开放以来形成的，与现代经济、政治相适应的，坚持以人为本，促进人的自由而全面的发展，重视人、理解人、关心人、尊重人，现实的、具体的人是出发点和落脚点，力求做到社会价值与个体价值、工具性价值与目的性价值有机融合的思想政治教育。② 由传统思想政治教育向现代思想政治教育转向，主要是范式的转换。

思想政治教育的伦理精神随着环境的变化和时代的发展，其内涵随之发展和丰富。思想政治教育必须坚持马克思主义的指导地位，树立中国特色社会主义的共同理想信念，弘扬民族精神和时代精神，形成强大的精神支柱，遵守社会公德、职业道德、家庭美德、个人品德，增强社会主义意识形态的吸引力和凝聚力，具有鲜明的阶级立场和价值导向。思想政治教育只有坚持让广大人民群众认同和践行主导意识形态，才能实现既定的教育目标，蕴含的伦理精神才能得到充分彰显。

现代的思想政治教育必须实现由传统思想政治教育的社会哲学范式向现代思想政治教育的人学哲学范式的转换。社会哲学范式强调的是思想政治教育的工具理性和社会价值，忽视了目的理性和个体价值。随着改革开放的全面深化以及社会主义市场经济体制的不断完善，哲学也从认识论向生存论的范式转向，思想政治教育及其研究范式必然随之要进行人学哲学范式的转换。③ 人学哲学范式是对社会哲学范式的继承和超越，强调以人为本，既要

---

① 郑永廷：《现代思想道德教育理论与方法》，广东高等教育出版社 2000 年版，第 3 页。
② 雷骥：《现代思想政治教育的人性基础研究》，人民出版社 2008 年版，第 41 页。
③ 张耀灿：《推进思想政治教育研究范式的人学转换》，《思想教育研究》2010 年第 7 期。

关切国家的需要、社会的发展，也要关切人的自由而全面的发展；既要实现完成意识形态的历史使命，也要促进思想政治教育对象的生存发展方式的优化和提升。张耀灿教授认为，现代思想政治教育概念的内涵应该表达为："思想政治教育是一定的阶级、社会、组织、群体与其成员，通过多种方式开展思想、情感的交流互动，引导其成员吸纳、认同一定社会的思想观念、政治观点、道德规范，促进其成员知、情、意、信、行均衡协调发展和思想品德自主建构的社会实践活动。"① 与 2001 年他和郑永廷教授等在《现代思想政治教育学》一书中对思想政治教育所下的定义相比，既有联系也有区别，是对原来概念的扬弃。

传统思想政治教育是一定的阶级、政党对受教育者进行"单向度"的施加和影响，主要以强制施加影响和"灌输"为主，主张无条件的服从统治阶级或者领导阶级的根本利益，片面强调阶级属性、阶级立场、阶级观点，把思想政治教育当作一种维护统治阶级或领导阶级执政的工具和手段。人被淹没在工具理性之中，不把人当人看，人被抽象化和空壳化，人只是思想政治教育客体化的奴隶，只能被动地接受"主体"的教育和影响。思想政治教育如果成了"无人"的教育，人的缺场，造成了思想政治教育就会成为压抑人性的教育、限制人的发展的教育。现代思想政治教育在实施教育的过程中凸显了受教育者的主体地位，懂得尊重和利用思想政治教育的规律有效率地开展社会实践活动。思想政治教育伦理精神的内涵随着时代的发展有了进一步的拓展和优化。由单一主体性转化为主体间性，单一主体性遵循"主体—中介—客体"的模式，主体间性遵循"主体—中介—主体"的模式。相对于把他人当作客体的单一主体性，人际交往的主体间性无疑是人的主体性的一大进步，贯穿了以人为本、人与人和谐相处的理念。现代思想政治教育更重要的是，体现了受教育者的主体性即自主建构的过程、社会成员

---

① 张耀灿：《推进思想政治教育研究范式的人学转换》，《思想教育研究》2010 年第7 期。

之间思想和情感的交流互动。随着思想政治教育范式的转换和其内涵的发展，现代思想政治教育伦理精神是对传统思想政治教育伦理精神的超越。伦理精神贯穿于思想政治教育之中，才能真正坚守其灵魂，有利于思想政治教育学科的科学发展，思想政治教育必须尊重人的思想政治品德形成的规律和受教育者自主建构的规律，才能富有成效。

第二节　西方思想政治教育伦理精神的历史考察

研究西方思想政治教育伦理精神的历史演进，有助于吸取和借鉴其积极成果。西方教育理论可追溯到古希腊时期，那个时期的思想家们从"人"出发进而探求思想政治教育。

一、古希腊时期的思想政治教育伦理精神

智者学派的奠基人普罗泰戈拉说："人是万物的尺度"。[1] 这个命题意识到了人的存在是衡量一切的准绳，反对神学，树立人的权威，体现了人本主义精神。他认为，人人都可以通过教育成为有道德的人。苏格拉底提出了"美德即知识"[2]。他非常重视道德教育，关注人的灵魂。在他看来，人通过教育获得了道德的知识，懂得区别善与恶，从而向"善"的方向努力，过上理性的生活，做出符合道德的行为，强调言行一致和道德实践。在他看来，美德具有普遍的理性，道德教育的目的是唤醒人的美德，拥有美德，践行有德性的生活。苏格拉底的哲学是建立在"认识你自己"这个主要命题之上，突出人的主体地位，做自己的主人，才能获得美德的知识，才能获得

---

① 冒从虎等：《欧洲哲学通史》上，南开大学出版社 1985 年版，第 90 页。
② 冒从虎等：《欧洲哲学通史》上，南开大学出版社 1985 年版，第 99 页。

幸福。

柏拉图是系统论证奴隶主阶级思想政治教育的鼻祖。[1] 他把人分为三类：第一类人是由金子做的，拥有智慧的品德，是国家的统治者；第二类人是由银子做的，拥有勇敢的品德，是国家的武士和卫国者，是统治者的辅助者；第三类人是由铜和铁做的，拥有节制的品德，生活在社会的最底层，由农民、手工业者、商人等构成。三类人各行其是，各司其职，就实现了正义。每个人的社会地位是由神的意志规定的，不可任意更改，欺骗和麻痹了奴隶阶级，为统治者的统治辩护。智慧、勇敢、节制和正义四德是通过教育获得的，拥有这四种德性的人才是幸福的人。柏拉图认为，"美德是一种先天的理念，需要通过道德教育的手段来唤醒"[2]。他看到了人性的可塑性，认为通过后天的道德教育来完善人性。柏拉图主张劝导式教育，而不是强加式的命令，"我们必须劝导护卫者及其辅助者，竭力尽责，做好自己的工作。也劝导其他的人，大家和他们一样。这样一来，整个国家将得到非常和谐的发展，各个阶级将得到自然赋予他们的那一份幸福"[3]。

古希腊著名的哲学家亚里士多德认为，人是理智的动物，教育可以使人的灵魂得以有效的发展。他强调公民教育对于建立良好城邦的重大意义，强调习惯的教导和理性的教导协调一致，才能产生最佳的效果。[4] 他认为，人是由身体和灵魂组成的，身体是人的低级部分，灵魂又分为非理性灵魂和理性灵魂，非理性灵魂是人的中级部分，理性灵魂是人的高级部分。根据人的这三个等级分别进行相应的体育、德育、智育教育，是灵魂充分发展的有效途径。[5] "只有幸福才是人的目的。幸福不是品质，而在合于德性的现实活

---

① 张耀灿、郑永廷等：《现代思想政治教育学》，人民出版社 2001 年版，第 8 页。
② 冯俊科：《西方幸福论》，吉林人民出版社 1992 年版，第 63 页。
③ 于钦波、刘民：《外国德育思想史》，四川教育出版社 2000 年版，第 134 页。
④ 《亚里士多德全集》第 9 卷，中国人民大学出版社 1997 年版，第 263 页。
⑤ 雷骥：《现代思想政治教育的人性基础研究》，人民出版社 2008 年版，第 61 页。

动中。幸福生活是合于德性的生活。"① "德性则由于先做一个一个的简单行为，而后形成的，这和技艺的获得一样"，② 亚里士多德注重在社会生活中以及在后天的实际训练中形成德性，培养良好的习惯，拥有德性，才能拥有幸福的生活。亚里士多德认为，人本质上是一个政治动物，伦理道德是政治的首要因素。"真正的政治家首要在于研究德行，以求国人为善守法"，③ 德行教育的价值在于社会政治价值。他指出，追求至善和幸福要在理性的指导下，以"中道"为原则。因此，他提倡"中道"的教育，符合德性的适度，"只有在适当的时间和机会，对于适当的人和对象，持适当的态度去处理，才是中道，亦即最好的中道。"④ 亚里士多德重视教育实践活动，德性的获得是通过教育和训练得到的，并使德性趋于完善。"我们做公正的事情，才能成为公正的人；进行节制，才能成为节制的人；有勇敢的表现，才能成为勇敢的人。"⑤

二、中世纪时期的思想政治教育伦理精神

中世纪（公元 5 世纪至 15 世纪）是欧洲的封建主义时期，以文艺复兴为界，分为前后两个阶段。在中世纪的前期，实行政教合一，鼓吹上帝具有至高无上的地位，教会的教条教规和政治信条合二为一，利用宗教的欺骗性为封建君主的统治服务。欧洲封建主义社会占统治地位的意识形态是基督教神学，宗教和神学色彩弥漫于一切思想领域，整个社会生活浸透了神学精

---

① ［古希腊］亚里士多德：《尼各马可伦理学》，苗力田译，中国社会科学出版社 1990 年版，第 222 页。

② 转引自周辅成：《西方伦理学名著选辑》上卷，商务印书馆 1964 年版，第 292 页。

③ 转引自周辅成：《西方伦理学名著选辑》上卷，商务印书馆 1964 年版，第 288 页。

④ 转引自周辅成：《西方伦理学名著选辑》上卷，商务印书馆 1964 年版，第 296—297 页。

⑤ ［古希腊］亚里士多德：《尼各马可伦理学》，苗力田译，中国社会科学出版社 1990 年版，第 26 页。

神，披上了神学的外衣。基督教为封建制度的建立，曾起过促进作用，但在欧洲封建制度巩固之后，成了禁锢和扼杀进步思想的工具。基督教控制的学校"教育目的是培植学生具有服从、贞洁、贫穷"① 的品质，对上帝的虔诚是基督教伦理的第一要目。托马斯·阿奎纳是最有权威的经院哲学家。他把人的本性作为教育的基础，道德的基础在于人性之中，教育是人性达至至善的手段，教育的目的是发展理性。他把理性引进神学，强调理性在道德生活中的作用，符合理性的选择才是善的，否则是恶的。认为信仰高于理性，知识是为信仰服务的，神学的目的是达到永恒的幸福。在他看来，实践德性的基本德目是审慎、公正、节制、刚毅，这四个基本德目和神学德性的信心、希望、仁慈三个德目，经过论证后一起构成了基督教的"七主德"，这"七主德"是中世纪占统治地位的道德规范。② 阿奎纳的思想是为封建主义服务的，旨在调和封建社会和基督教内部各种意识形态的矛盾。

从 14 世纪开始，欧洲在思想文化领域掀起了文艺复兴运动。打着复兴古希腊罗马文化的旗帜，"借用它们的名字、战斗口号和衣服，以便穿着这种久受崇敬的服装，用这种借来的语言，演出世界历史的新的一幕"③。人文主义者提出，要以人为中心，人是现实生活中的主人，而不是以神为中心，主张从神学中解放出来，肯定了人的价值和尊严，倡导追求现实生活中的幸福。文艺复兴时期，资产阶级提出了人道主义以反对封建神权和等级制度，提倡自由、平等、博爱，是人类思想史上一次伟大的启蒙运动。在这个时期教育家倡导把思想道德教育从宗教中分离出来。之后，探讨教育理论的教育家层出不穷。夸美纽斯认为，人需要教育，主张人人要接受教育，教育对象相当广泛，尤其是对于年轻人要加以教导，主张教育越早越好。他强调教师的示范作用，教师要以身作则，才能起到一定的教育效果。在他看来，人人有权利接受教育，人人通过接受教育就能获得广泛的知识，启发人的智

---

① 滕大春：《外国教育通史》第 2 卷，山东教育出版社 1995 年版，第 9 页。
② 周中之：《伦理学》，人民出版社 2004 年版，第 104 页。
③ 《马克思恩格斯选集》第 1 卷，人民出版社 2012 年版，第 669 页。

慧，使人得到全面的发展。强调学习内容对于德行形成的重要性，要注重学生行动能力的教育和培养。夸美纽斯在《大教学论》中提出了许多重要的教学原则，比如启发诱导原则、循序渐进原则、因材施教原则等，这些原则对于当今的思想政治教育教学活动仍然具有重要的价值，是发挥伦理精神要遵循的基本原则。

三、近代西方的思想政治教育伦理精神

夸美纽斯的教育理论为近现代西方的教育理论体系奠定了基础。16 世纪末到 19 世纪末，是近代西方思想政治教育伦理精神发展的历史时期。洛克的"白板说"反对天赋观念论，认为理性与知识是随着后天经验的增多而获得的。他提出教育的目的是培养有德行、有智慧、有学问的绅士，教育内容主要是伦理道德，教育的方式是"交往式"，人们相互之间沟通、交流是必需的，通过这种思想的沟通、交流来学习知识。

卢梭是性善论者。他认为儿童天生具有善性，能够趋善避恶。人天生就有良心，既能自爱又能爱人，自爱不是自私行为。认为人天生性善和自爱，道德教育才能进行，这是道德教育的出发点。在思想道德教育的过程中，情感的因素重于理智的因素。他认为道德教育与人的情感相联系，良心是人的最初情感，在良心的指引下自爱会转变成为爱人。道德教育要遵从的基本原则是顺从自然，符合人的天性。儿童犯错所出现的不良行为，教育者不必训斥，而是采取"自然"的方法予以矫正。他指出，要对儿童进行爱国主义教育，需按照一定的年龄段安排爱国主义教育内容，才能符合儿童的认知水平，才能收到良好的教育效果。

康德在道德教育理论领域颇有研究，认为儿童接受教育有三个过程，第一步是管束，管束可以防止野性的膨胀。第二步是教化，使儿童适应社会环境。第三步是道德陶冶，这是教育的最高层次，从他律道德转变为自律道德。康德指出，不能用知识教学代替道德教育，拥有善的知识不一定能行

善。他提出了一套对儿童惩罚制裁的教育手段，要让儿童明白管束和纪律是为了获取更大的自由。① 康德认为，人之为人最为根本的是人的自由的道德实践，人是道德的主体，理性者总是遵从自己内在的道德法则而行动，意志自律是道德主体实施道德行为的必备条件。"你的行动，要把你自己人身中的人性，和其他人身中的人性，在任何时候都同样看作是目的，永远不能只看作是手段。"② 人是目的，人不是手段，强调人的主体地位，人的主体性和意志自律在道德教育中具有重要的作用。康德的道德律令都体现在"人是目的""普遍立法""意志自律"这三大道德法则之中，最终共同指向人的自由。他认为，自由是理性存在者的属性，是人的本质，体现着人的尊严和价值。对人性的理解和对人的尊重是道德的基础，通过道德对人性的提升，才能实现人的自律。康德的道德主体性思想，对于提升思想政治教育伦理精神意义重大。

赫尔巴特是"教师中心、课堂中心、书本中心"传统教育的典型代表。他把教育分为三个阶段，即管理、训育、教学。管理阶段儿童年龄比较小，主要靠教育者严格的管理来实施。训育阶段也称之为训练阶段，主要是养成儿童守秩序的习惯，经过训育使儿童在心理上得到制约和规范，为教学阶段打好基础。③ 教学阶段包括文化知识的教学，他说："教学如果没有进行道德教育，只是一种没有目的的手段；道德教育如果没有教学，只是一种失去手段的目的。"④ 赫尔巴特揭示了教学需包含道德教育的内容，教学是道德教育的一个重要手段。以教师为中心的传统教育观念，把学生作为教育的客体，学生只能无条件地服从和被动接受。赫尔巴特的道德教育理论在西方道德教育理论派别中具有较大的影响，但是对于某些理论观点有待于商榷和批判性地吸取。比如，他认为教学是道德教育的唯一途径，这种观点过于绝

---

① 袁桂林：《当代西方道德教育理论》，福建教育出版社 1995 年版，第 7—9 页。

② ［德］康德：《道德形而上学原理》，苗力田译，上海人民出版社 1986 年版，第81 页。

③ 袁桂林：《当代西方道德教育理论》，福建教育出版社 1995 年版，第 12 页。

④ 张焕庭：《西方资产阶级教育论著选》，人民教育出版社 1979 年版，第 304 页。

对。斯宾塞的道德教育方法值得研究和借鉴。他认为，道德教育是一个复杂的、任务艰巨的过程，是一种理智的培养人的过程。在这个过程中，教育者应该宽容对待受教育者，不断改进教育方法，在深入了解学生的基础上要针对不同的教育目标采用不同的教育方法，目的是让学生学会选择道德行为，养成一定的自治能力。

费尔巴哈批判了宗教神学，将神学转变为人本学，将上帝人化，人就是人的上帝。从人的幸福出发，在追求个人幸福的同时，须要顾及他人的幸福，道德是在"我"与"你"的联系中实现的。人本学的提出，对于现代思想政治教育对人的关注问题具有一定的启示意义，进而对于挖掘思想政治教育的伦理精神具有现实价值。

四、现代西方的思想政治教育伦理精神

涂尔干是教育社会学的奠基者，对道德教育有自己独特的理论观点。他认为，道德教育与宗教是分离的，应该从宗教教育中脱离出来，道德教育不是依靠宗教的神秘色彩而建构起来的，而是有自己丰富的内容，是以理性所认可的情感、实践等为基础的理论体系。涂尔干所谓的道德教育实质上是社会教育，以社会为本位，道德教育的目标是社会的目标，即合于道德的行为应该是合于社会群体利益的行为。从社会本位出发，但不否定教育对象的个性，"一切社会约束并不一定是要排斥人的个性"①。

19 世纪末到 20 世纪，以儿童为中心的教育客体观主张尊重儿童的个性发展，对儿童进行自由教育。美国著名的实用主义哲学家和教育家杜威，提出了"以儿童为中心""教育即生活""教育即生长""学校即社会""做中学"等观点，渗透了实用主义强调经验、追求实用、重视行动的理论特

---

① ［法］E. 迪尔凯姆：《社会学方法的准则》，狄玉明译，商务印书馆 1995 年版，第 26 页。

征。① 他批判了传统教育的做法，认为要以儿童为中心，教育是为了促进儿童的成长。"现在，我们教育中将引起的改变是重心的转移。这是一种变革，这是一种革命，这是和哥白尼把天文学的中心从地球转到太阳一样的那种革命。这里，儿童变成了太阳，而教育的一切措施则围绕着他们转动，儿童是中心，教育的措施便围绕他们而组织起来。"② 杜威的教育学基础是实用哲学和工具主义伦理学。道德与教育的本质是同一的，所以他说："教育上合乎需要的一切目的和价值，它们自身就是合乎道德的。"③ "道德意味着行为意义的增长，至少它意味着这样一种意义的扩展：这种意义是对诸种条件观察的结果，也是行为的结果。它的全部是不断增长着的。……在道德这个词最宽泛的意义上说，道德即是教育。"④ 道德在很大程度上就是控制人的本性，改变或疏导人的本性，使之与社会文化环境相适应，这种改变或疏导的基本方式就是教育。在杜威看来，人的本性除了本能之外，还包括人的情感、意志、理智、信念、习惯等。教育就是改变人性，促进人的道德能力的增长。他认为，自由是人性的本质，自由是人性发展的根本动力。从道德的维度看，自由是主体摆脱他人约束和奴役具有的内在条件和能力，还有一层含义是指个人的自由意志，主要包括行动的有效性和执行计划的能力等方面。他指出，要使人的自由得到充分实现，必须建立与自由观念相应的社会条件，建立民主的社会制度。在《自由与文化》一书中，杜威认为民主就是一种信仰、方法和生活方式，民主只能用民主的方法来实现，即以解放人性力量为标准的多元开放的方法、自由创造的方法等。人性解放和个人价值是第一位的，显然是对美国个人主义价值观为核心的民主的辩护。杜威指出，人类社会的发展蕴含着某种价值目标，一个国家、一个阶级、一个民族

---

① 袁桂林：《当代西方道德教育理论》，福建教育出版社 1995 年版，第 23—24 页。

② 赵祥麟、王承绪编译：《杜威教育论著选》，华东师范大学出版社 1981 年版，第 32 页。

③ ［美］杜威：《新旧个人主义——杜威文选》，孙有中等译，上海社会科学院出版社 1997 年版，第 113 页。

④ 转引自万俊人：《现代西方伦理学史》，北京大学出版社 1992 年版，第 309 页。

和一个社会总是有其发展的内在统一的价值目标或者理想精神，没有这个价值目标或者理想精神，这个国家、社会、民族就会分化瓦解，不可能取得进步和发展。①

人本主义思想道德教育理论是人本主义心理学理论在道德教育中的应用，马斯洛和罗杰斯是这个理论的代表人物，他们提出了富有见地的观点。马斯洛的自我实现理论指出，道德教育要把尊重与需求结合起来，关爱儿童，教育儿童如何与他人相处，教会他们关心社会，形成道德判断能力。马斯洛指出，人的行为是由人的动机决定的，最终是由人的需要决定的。他把人的需要分为五个层次：生理需要、安全需要、归属与爱的需要、尊重的需要、自我实现的需要。生理需要是最低层次的需要，主要是解决人的吃穿住行等维持人的生存所必需的、最为根本的需要。当最低层次的需要得到满足之后，人们就会产生新的需要，自我实现的需要是最高层次的需要。五个需要具有一定的层次性，构成了人行为的动力源泉。

与马斯洛不同，罗杰斯的自我实现理论与之有所差别。马斯洛认为自我实现的需要是最高层次的需要，而罗杰斯认为自我实现的需要是人最基本的需要。罗杰斯对传统的教学活动进行了归纳：教师是主导者，学生是知识的容器；教师采用讲授等手段的目的是将知识灌输给学生；教师是课堂的权威，学生只能服从；师生之间缺少信任，学生对于教师的管理处于被动状态；在教学活动中不重视学生的人格，只重视学生的心智。② 他对传统教学进行了批评，提出了以学生为中心的教学主张。教师应该客观地表明自己的观点，不应把自己的观点强加给学生，自己不是权威。教师应该信任学生，设身处地地为学生考虑，移情性地理解学生。教师应该是学生成长与发展的促进者，主要是引导而不是灌输和训导，有利于知识的学习与技能的形成，更有利于道德品德的形成。③ 人本主义思想道德教育理论虽然以学生为中

---

① 万俊人：《现代西方伦理学史》，北京大学出版社1992年版，第308—316页。
② 袁桂林：《当代西方道德教育理论》，福建教育出版社1995年版，第229—230页。
③ 袁桂林：《当代西方道德教育理论》，福建教育出版社1995年版，第231—232页。

心，但和"儿童中心论"不同，强调学生重要地位的同时，也强调教师要把握教学过程，对教师提出了更高的要求。教师作为一个"促进者"，要倾听学生的声音，关心、理解他们，积极引导和促进学生形成道德品质。

西方思想政治教育理论也涉及了几个主要问题：一是人性问题，人性是善还是恶，这是理论的基本预设；二是道德教育是情感形成过程还是理智培养过程；三是个人利益与社会利益的关系问题，在西方，个人利益至上始终占据上风；四是道德教育是否要遵循学生成长的发展规律、教育方法的选择、爱国主义教育分层次实施等问题。① 总之，西方思想政治教育伦理精神经历了从奴隶社会、封建社会、资本主义社会的变迁。奴隶社会不把奴隶当人看，奴隶只是会说话的"工具"。思想政治教育是统治阶级统治的工具，奴隶无条件地服从，思想政治教育的伦理精神无从体现。进入封建社会，中世纪的西方国家实行政教合一，利用宗教的神秘性和欺骗性为封建君主的统治服务，但应该看到宗教教义中有道德性的内容，教人向善，思想政治教育伦理精神从中有所体现，但不够充分，属于抽象的伦理精神。随着资本主义生产方式的确立，人们重视思想道德教育，从人的需要出发，尊重学生的个性发展，以学生为中心，思想政治教育的伦理精神较之封建社会得到了充分体现。资产阶级为了维护和巩固其统治地位，利用思想政治教育的作用大力宣扬个人主义，并且根据社会的发展适时调整思想政治教育的策略、内容和方法。改善工人的福利待遇，满足工人精神方面的需求，剥削个人的剩余价值更为隐蔽，更加重视意识形态工作的渗透性和灵活性。奴隶社会、封建社会、资本主义社会都是私有制社会，在私有制社会里，统治阶级把思想政治教育作为一种控制被统治阶级的工具和手段，培养自己统治的代理人，总是代表本方的利益，掩盖阶级统治的实质，披上道德的外衣论证其统治的合法性和合理性。

---

① 袁桂林：《当代西方道德教育理论》，福建教育出版社 1995 年版，第 29—30 页。

第三节　马克思主义思想政治教育
伦理精神的理论发展

马克思没有直接明确提出"思想政治教育"这一概念，但是在他的论著中使用了诸如"宣传工作""政治宣传工作"等相关的概念，在这些相关论述中，有着丰富的思想政治教育工作内容。马克思、恩格斯、列宁等马克思主义经典作家关于思想政治教育伦理精神虽然没有专门的论述，但与之有关的内容十分丰富，对自由、平等、民主、人类解放的价值追求等思想，构成了马克思主义思想政治教育伦理精神的宝贵财富。

一、马克思、恩格斯和列宁的理论基础

"如果人们希望研究一种从来不曾被它的创始人所系统地阐明过的世界观的诞生，首先必须重现这位思想家的思想发展进程。"① 马克思主义伦理思想主要集中于这些著作中，《1844 年经济学哲学手稿》论述了马克思早期的伦理思想，伦理思想与人类的解放联系了起来。《关于费尔巴哈的提纲》《德意志意识形态》著作标志着马克思主义伦理思想的形成，具有伦理学变革的划时代意义。《资本论》和《反杜林论》全面系统地论述了马克思主义道德的基本原理，揭露了资产阶级道德的利己本性，提出了人的全面发展问题。列宁继承和发展了马克思主义，重视对工人阶级和人民群众灌输马克思主义理论，提出了"政治教育"概念，指出"整个宣传工作应该建立在经济建设的政治经验之上"。② 他也十分关心青年的思想政治教育，在《青年

---

① ［意］葛兰西：《实践哲学》，徐崇温译，重庆出版社 1990 年版，第 69 页。
② 《列宁选集》第 4 卷，人民出版社 1995 年版，第 308 页。

团的任务》中论述了青年人的学习和教育。斯大林 1934 年在联共（布）第 17 次代表大会上号召"全党加强思想上政治上的工作"，第一次提出了"政治思想工作"概念。① 苏联后来由于多方面的原因放弃了马克思主义的指导地位，这成为最终解体的主要原因之一。

马克思主义对现实的关切，对人类命运的关注，这种崇高的人文情怀，以及对自由、平等、民主等的价值追求，是马克思主义伦理学的精髓。马克思主义关于人性、人的本质论述内容十分丰富，从现实的、活生生的人出发研究人，社会是由具体的、活生生的人组成，而不是孤立的、抽象的人的存在，人总是生活在社会关系之中，并受一定社会关系的制约。在《关于费尔巴哈的提纲》论著中，马克思主义对费尔巴哈把人看成是超历史的、超社会的、超阶级的抽象的人进行了批判。"人是人的最高本质"②，人的本质在于人的社会性，不是社会关系其中的一个方面，而是全部社会关系的总和，处在不断变化发展中的、具体的、历史的、实践的过程之中。马克思主义认为，任何教育都是建立在一定的人性基础之上，通过教育可以"改变一般的人的本性"③，"整个人类历史无非是人类本性的不断改变而已"④。

人的本质理论决定了思想政治教育的社会性，通过思想政治教育塑造人、培养人，使人成为社会化的具体的人、现实中的人。人的本质理论决定了思想政治教育的历史性特征，思想政治教育内容随着社会的进步和发展内容要不断发展和丰富，思想政治教育方法也要随之与时俱进，否则，就会落伍或者被淘汰，自然而然就没有针对性和实效性可言。马克思主义关于人的本质理论说明了思想政治教育必须蕴含伦理精神，从人的本质出发进行思想政治教育，才能做到人不是抽象的人、孤立的人，而是现实的、活生生的人。因此，人的本质理论是思想政治教育伦理精神的基石，是开展思想政治

---

① 张耀灿、郑永廷等：《现代思想政治教育学》，人民出版社 2001 年版，第 12 页。
② 《马克思恩格斯选集》第 1 卷，人民出版社 2012 年版，第 10 页。
③ 《马克思恩格斯全集》第 23 卷，人民出版社 1972 年版，第 195 页。
④ 《马克思恩格斯文集》第 1 卷，人民出版社 2009 年版，第 632 页。

教育工作的出发点与落脚点，也是思想政治教育伦理精神人文关怀的理论依据，理解人、尊重人，尊重人的尊严和人的价值，是思想政治教育伦理精神的基本要求。以人为本是思想政治教育伦理精神的核心。马克思主义从"现实的人"出发，旨在培养共产主义新人，做人的工作是中心工作。《1844年经济学哲学手稿》提出了劳动是人的本质，《关于费尔巴哈的提纲》在批判费尔巴哈"人的本质"抽象性的基础上，提出了人的本质是一切社会关系的总和。

人类只有通过实践活动才能认识世界，在认识世界和把握、尊重客观世界的规律的基础上改造我们的客观世界和主观世界。社会生活在本质上是实践的，实践在人类社会生活中占有十分重要的地位，是人类能动地认识世界和改造世界的物质性活动。马克思在《关于费尔巴哈的提纲》中阐述了实践是感性的、对象性的物质活动，认为全部社会生活在本质上是实践的。① 一是实践的基本特征反映了人的实践活动的特征。实践的基本特征是物质性、自觉能动性、社会历史性。首先，实践是物质性的活动，实践主体、客体、实践工具都是一种客观实在，实践的结果给人提供客观的现实的成果，外在于人的意识而独立存在。其次，实践是人的自觉能动性的活动。人的自觉的、能动的实践活动总是具有一定的目的性和创造性，否则，实践活动没有任何意义和存在的必要。最后，实践活动是社会历史性的活动。实践的主体、客体、工具都要受到一定的社会历史条件的制约，决定了实践的性质、内容、水平等会随着社会历史条件的改变而发生变化。二是人类社会实践活动基本形式包括物质生产实践、社会政治实践、科学文化实践等，具体形式复杂多样。物质生产实践是人类最基本的实践活动，是人类社会赖以存在的基础，决定着社会的结构、性质、面貌，对其他实践形式具有主导作用。社会政治实践是在物质生产的基础上形成的，调整和处理社会政治和公共关系的实践活动。科学文化实践包括自然科学的实践，也包括人文社会科学的实

---

① 《马克思恩格斯文集》第1卷，人民出版社2009年版，第501页。

践，以认识和把握客观事物的本质和规律为目的。思想政治教育既是社会政治实践，又是人文社会科学实践。思想政治教育是思想政治工作的基本内容，从外延看包括思想教育、政治教育、道德教育等。三是劳动创造了人本身，形成人的特有本质，在实践活动中才能充分体现人的本质，并把人从自然界中分化出来，在改造自然的过程中形成了各种社会关系，同时也在改造着人类自己。

马克思主义关于实践的理论力证了思想政治教育的实践性。通过思想政治教育这一实践性活动，塑造受教育者的灵魂、思想观念，以此指导他们去践行，在具体实践活动中实现思想政治教育的伦理精神。因此，思想政治教育伦理精神的实践特性在于不仅是人类的实践活动，而且是行为规范，是把握人的精神世界的特殊方式，也是人类完善自身的具体实践活动。马克思在《1857—1858 年经济学手稿》论著中，把人类把握世界的方式分为四种：科学理论的、艺术的、宗教的和实践精神的。思想政治教育伦理精神是以实践精神的方式把握世界的，首先，思想政治教育伦理精神是一种实然状态，调节人与人之间的交往关系，提升人的价值，完善人的人格，具有一定目的性。其次，思想政治教育伦理精神又是一种应然状态，是对实然状态的超越，具有理想性。伦理精神是单一物与普遍物的统一，本质是知行合一。思想政治教育伦理精神是一种善，道德理想是追求至善。因此，思想政治教育伦理精神是在追求至善的过程中，将现实升华为理想的一种实践活动。最后，思想政治教育伦理精神是一种具有能动性的把握世界方式的实践活动，以善与恶、正当与不正当、应该与不应该等价值判断来认识世界、完善世界，更好地丰富人们的精神世界活动，提高人们的精神境界，不断推动人类社会向前发展。

资本主义社会之前，人的发展表现出对人的依赖性。由于生产力低下，人们往往受各种条件的限制，还没有形成丰富的社会关系，人的能力发展是极其有限的，是不全面的发展。在资本主义社会，人的发展表现出对物的依赖性。虽然生产力较之前得到了发展，但人们对"物"的追求成为人存在的根本目的，人的关系、个性等被物化，成为一种异己力量支配着人的行为，人最终成为了"物"的奴隶。在这个阶段，人的发展不是自由自觉的发展，也不是全面的发展，蕴藏在人身上的智力、情感、意志等因素没有得到充分挖掘和发挥，却从劳动中分化出去，人被分割成了片面的人，人的发展势必是片面的、畸形的发展。

人类发展的目的就是解放人，实现人的自由和全面发展。人的解放要从不合理的社会制度，落后的思想观念中解放出来，从人被异化中解放出来，现实中的人具有被动性和受动性，到共产主义社会，人将克服这种异化，求得人的解放和全面发展，马克思对这方面的内容进行了详细论证。马克思认为，人的发展是人的能力的发展，人的全面发展最重要的是人的能力的全面发展。"能力是人类在生存和发展过程中表现出来的调控人与自然、人与社会的关系及人自我认识、自我调整的能力以及在此基础上形成的物质生产、精神生产和人本身的生产能力。人的能力是人类表现和确证自己社会本质的内在力量。"① 人的能力是多方面的，包括智力、道德力、体力、审美能力、劳动能力等认识世界和改造世界的潜在力与现实力。其中，劳动能力应该是成为人的全面发展最主要的能力。改造世界不仅包括改造客观世界，而且包括改造人们的主观世界。自然属性、社会属性和精神属性是人的有机构成，表征了一个完整的人，应该从人的不同属性出发，满足人的各层次的需求。人的需求就是人的本质，人的能力是人的本质力量的外化，在充分实现人的本质的过程中，才能使人的能力得到全面发展。

马克思主义赋予"人的全面发展"丰富的内涵。一是人作为一种自然存在，有内在的"自然力"，即人的认知、情感、意志、体力等，要最大限度地把这些内在的"自然力"挖掘和发挥出来。二是人作为一种对象性的存在，人的全面发展是在人的对象性关系全面生成的过程中，肯定自己和确证自己的本质。三是人不仅是自然存在、对象性存在，更重要的是人是社会

---

① 《马克思恩格斯全集》第 42 卷，人民出版社 1979 年版，第 128 页。

的存在。随着人们参与各个领域、各个层次的社会交往，社会关系随之丰富展开，逐步摆脱个体的、地域的、民族的狭隘性，人的能力才能得到全面发展。在未来的共产主义社会，人的发展是自由而全面的发展，是人真正的发展。劳动成为人的第一需要，是人的自由自觉的活动，人摆脱了自然经济条件下对"人的依赖关系"，也摆脱了商品经济条件下对"物的依赖性"，实现了人的"自由个性"的发展。① 所以，在共产主义社会，人的全面发展是建立在个体高度自由自觉基础上的全面发展，"代替那存在着阶级和阶级对立的资产阶级旧社会的，将是这样一个联合体，在那里，每个人的自由发展是一切人的自由发展的条件"。② 马克思主义的目的在于建立一个人类最美好的社会，这个社会就是共产主义社会，在共产主义社会自由的环境里，人的潜力才能得到最大限度的发挥，"能够全面发挥他们的得到全面发展的才能"③。自由而全面的发展是全体社会成员的发展或者每一个人的发展，而不是只有一部分人的发展，社会发展与个人发展实现了真正的统一。

人的全面发展是思想政治教育伦理精神的目标，与思想政治教育的根本目标是一致的。思想政治教育的根本目标是通过思想政治教育，提高人们认识世界和改造世界的能力，提高人们的思想素质、道德素质与政治素质，最终使人的各种能力得到全面发展。"生产劳动和智育、体育相结合，它不仅是提高社会生产的一种方法，而且是造就全面发展的人的唯一方法。"④

二、马克思主义中国化经典作家的理论发展

毛泽东同志在《湖南农民运动考察报告》一文中说："开一万个法政学校，能不能在这样短时间内普及政治教育于穷乡僻壤的男女老少，像现在农

---

① 《马克思恩格斯文集》第 8 卷，人民出版社 2009 年版，第 52 页。
② 《马克思恩格斯选集》第 1 卷，人民出版社 2012 年版，第 422 页。
③ 《马克思恩格斯选集》第 1 卷，人民出版社 2012 年版，第 308 页。
④ 《马克思恩格斯文集》第 9 卷，人民出版社 2009 年版，第 340 页。

会所所做的政治教育一样呢？我想不能吧。"① 对当时在农村的思想政治教育给予了充分肯定。1929 年 12 月毛泽东同志起草《中国共产党红军第四军第九次代表大会决议案》（古田会议决议）指出，"红军党内最迫切的问题，要算是教育的问题"②，要"从教育上提高党内的政治水平"③。这个决议是我党思想政治教育史上第一个纲领性文献，把思想政治教育放在了第一位，是思想政治教育工作的一个重要的里程碑，是我党我军思想政治教育形成的重要标志。④ 1932 年 7 月 21 日，在《中央给苏区中央局及苏区闽赣两省委信》中首次提出政治工作"是红军的生命线"。⑤ 之后，周恩来等领导人多次论述"生命线"问题，政治工作的地位和作用不断加强。1942 年至 1944 年开展的延安整风运动，整顿了学风、党风、文风，提高了马克思主义的理论水平。1944 年，在毛泽东、周恩来同志的主持下，由谭政同志起草并在西北局高干会议上作的《关于军队政治工作问题的报告》，是继古田会议决议之后我党我军政治工作史上的又一个重要文献，标志着我党思想政治教育进入了成熟时期。⑥ 1945 年，毛泽东同志在七大报告中指出："掌握思想教育，是团结全党进行伟大政治斗争的中心环节。如果这个任务不解决，党的一切政治任务是不能完成的。"⑦ 新中国成立初期，思想政治教育主要围绕党的中心任务开展，促进了任务的顺利完成，形成了良好社会风气。

党的十一届三中全会是中国划时代的伟大历史转折点。1979 年 3 月，邓小平同志发表了《坚持四项基本原则》讲话，为新时期思想政治教育工作指明了正确的方向。党的十三届四中全会以来，江泽民同志指出，要始终

---

① 《毛泽东选集》第 1 卷，人民出版社 1991 年版，第 34 页。
② 《军队政治工作历史资料》（2），中国人民解放军战士出版社 1982 年版，第 209 页。
③ 《军队政治工作历史资料》（2），中国人民解放军战士出版社 1982 年版，第 203 页。
④ 张耀灿、郑永廷等：《现代思想政治教育学》，人民出版社 2001 年版，第 15 页。
⑤ 《中共中央文件选编（1932—1933）》，中共中央党校出版社 1985 年版，第 269 页。
⑥ 张耀灿、郑永廷等：《现代思想政治教育学》，人民出版社 2001 年版，第 15 页。
⑦ 《毛泽东选集》第 3 卷，人民出版社 1991 年版，第 1094 页。

代表先进文化的前进方向，以科学的理论武装人，以正确的舆论引导人，以高尚的精神塑造人，以优秀的作品鼓舞人。2000年6月，党中央召开了新中国成立以来第一次思想政治工作会议，会议要求必须牢牢抓住思想教育，及时解决思想政治工作面临的新情况、新问题。江泽民同志指出："党的思想政治工作是经济工作和其他一切工作的生命线，是团结全党全国各族人民实现党和国家各项任务的中心环节，是我们党和社会主义国家的重要政治优势。"① 这篇讲话具有前瞻性、全局性，是加强和改进思想政治教育工作的重要文献资料。

党的十六大以来，胡锦涛同志强调必须着眼于提高人的素质，促进人的全面发展，加强思想道德建设，培养有理想、有道德、有文化、有纪律的公民。2004年中央下发了"16号"文件——《中共中央国务院关于进一步加强和改进大学生思想政治教育的意见》，该意见从九个大项三十个小项进行了系统部署，是全面加强和改进大学生思想政治教育的行动纲领。该意见明确指出加强和改进大学生思想政治教育的意义、指导思想和指导原则、主要任务、课堂教学的主导作用、拓展新形势下的有效途径、党团组织的重要作用、思想政治教育工作队伍建设、营造良好的社会环境、切实加强对大学生思想政治教育的领导，加强和改进大学生思想政治教育是新形势下一项紧迫的战略任务，事关大学生的思想政治素质和社会主义伟大事业的兴旺发达。2005年1月党中央召开了全国加强和改进大学生思想政治教育工作会议，充分体现了党中央对大学生思想政治教育工作的高度重视，是对青年学生健康成长具有长远意义的重要会议。

为了贯彻落实2004年中央下发的"16号"文件精神，充分发挥高等学校思想政治理论课在大学生思想政治教育中的主渠道作用，2005年3月中共中央宣传部、教育部发布了《关于进一步加强和改进高等学校思想政治

---

① 转引自张耀灿、郑永廷等：《现代思想政治教育学》，人民出版社2001年版，第18页。

理论课的意见的实施方案的通知》（以下简称"05"方案）。① "05"方案对课程设置、课程的基本内容、基本要求、教材编写、教师培训、学科建设等方面进行了明确的规定和详细的安排。2006年10月，党的十六届六中全会明确提出要建设社会主义核心价值体系，社会主义核心价值体系包括四个方面的内容，即马克思主义指导思想、中国特色社会主义共同理想、以爱国主义为核心的民族精神和以改革创新为核心的时代精神、社会主义荣辱观，四个方面的内容是一个相互贯通的有机统一体。社会主义核心价值体系是全党全国人民的精神旗帜和共同思想基础，集中体现了社会主义意识形态的本质，对于人们的世界观、人生观、价值观具有指导意义和深刻影响。践行社会主义核心价值体系，在全社会坚持马克思主义的指导地位；以中国特色社会主义共同理想凝聚力量；以民族精神和时代精神激发昂扬向上的精神动力；树立社会主义荣辱观，在社会主义市场经济条件下提供了基本的价值准则和行为规范。社会主义核心价值体系是思想政治教育的主要内容，为加强和改进思想政治教育工作提供了丰富的理论资源。以社会主义核心价值体系引领思想政治教育工作，把其融入思想政治教育的全过程。

党的十八大以来，以习近平同志为核心的党中央以非凡的政治勇气和强烈的责任担当，提出了一系列新理念、新思想、新战略，指导党和国家的事业取得了开创性的巨大成就。在2013年8月全国宣传思想工作会议上，习近平同志指出，经济建设是党的中心工作，意识形态工作是党的一项极端重要的工作。高校、党校等要把马克思主义作为必修课，学会运用马克思主义立场、观点、方法分析问题和解决问题，坚定理想信念。② 加强社会主义核心价值体系建设，培育和践行社会主义核心价值观，在实现中国梦的伟大征程中，用社会主义核心价值观统领社会思潮，巩固全党全国各族人民团结

① 中共中央宣传部、教育部：《〈中共中央宣传部　教育部关于进一步加强和改进高等学校思想政治理论课的意见〉实施方案》，中华人民共和国教育部网站，http：//www. moe. gov. cn/srcsite/A13/moe_ 772/200503/t20050302_ 80414. html，2005-03-02。

② 《习近平谈治国理政》第1卷，外文出版社2018年版，第153—154页。

奋斗的共同思想基础。习近平同志论述了新时期思想政治教育要把社会主义核心价值观贯穿于社会生活的方方面面，从娃娃抓起、从学校抓起，做到进教材、进课堂、进头脑。要求小学生要"记住要求、心有榜样、从小做起、接受帮助"；要求广大青年做到"勤学、修德、明辨、笃实"；要求军队持续培育当代革命军人的核心价值观等。对不同的群体提出了不同的要求，思想政治教育才有针对性。

习近平同志的一系列重要讲话，创新了新时期思想政治教育的内容。一是理想信念教育，理想信念不坚定，精神上就会"缺钙"。二是中国梦教育，中国梦有深刻的内涵，把共产主义的远大理想、中国特色社会主义共同理想与实现中华民族的伟大复兴有机结合起来。三是中华民族优秀传统文化教育和社会主义核心价值观教育，要讲清楚中华优秀传统文化的历史渊源、发展脉络，认真汲取其思想精华和道德精髓，成为涵养社会主义核心价值观的动力源泉。完善市民公约、乡规民约、学生守则等，使社会主义核心价值观深入人心，成为社会成员日常工作生活的基本遵循。除了这几个方面的教育外，还要加强国史、党史教育、马克思主义民族观和宗教观、法治教育、廉洁修身教育等。习近平同志的系列重要讲话精神丰富了新时期思想政治教育的教育内容、教育方法、教育途径。

2015 年 1 月中共中央办公厅、国务院办公厅印发《关于进一步加强和改进新形势下高校宣传思想工作的意见》，[①] 指出意识形态工作的极端重要性，高校是意识形态工作的前沿阵地，肩负着学习和宣传马克思主义、推动中国特色社会主义理论体系进教材、进课堂、进头脑，立德树人是教育的根本任务，不断强化政治意识、责任意识、底线意识，以加强高校网络建设、校园文化建设等阵地建设为重点，积极主动践行社会主义核心价值观，努力引导当代大学生成为社会主义核心价值观的积极传播者和

---

① 中共中央办公厅、国务院办公厅：《关于进一步加强和改进新形势下高校宣传思想工作的意见》，《人民日报》2015 年 1 月 20 日。

模范践行者。

该意见为当前进一步加强和改进思想政治教育工作，具有非常重要的指导价值。为此，一要坚定理想信念，开展中国特色社会主义理论体系教育和中国梦教育，进一步增强认同的力量。二要加强社会主义核心价值观教育，巩固思想道德基础，使社会主义核心价值观内化于心、外化于行，成为人们的价值追求和自觉行动。三要掌握高校意识形态工作的领导权和话语权，始终不渝地坚定马克思主义的指导地位。四要建设具有中国特色的大学文化，培育和弘扬大学精神，继承和创新中华民族优秀传统文化，促进社会主义先进文化建设，把高校建设成为先进文化的引领者和示范区。五要构建全员全过程全方位育人格局，重视实践育人，增强实践能力、创新精神和社会责任感，促进学生全面发展。六要推动中国特色社会主义理论体系进教材，编写好马克思主义理论研究和建设工程重点教材，创新高校思想政治理论课建设体系。七要全面深化课程建设综合改革，确保思想政治理论课在高校教学体系中的重点建设地位。加大经费投入，加强思想政治理论课教师队伍建设，在科研立项、评优表彰、培训进修等方面享受和其他课程的教师同样的机会和待遇。重视教育教学的实效性，认认真真上好思想政治理论课，不断提升教学质量。八要广泛开展社会实践活动和公益活动，在实践中学习，在实践中增长才干，在实践中育人。九要改革思想政治理论课教学评价体系，构建以人才培养质量为导向的良好的评价育人体系。扎实推进师德建设，完善师德建设长效机制。思想政治理论课教师要严把"入职关"，严格按照一定的政治标准和专业知识能力标准"筛选"和任用。十要加强对高校思想政治教育工作的领导，发挥高校党委的领导核心作用，切实负起领导责任和政治责任，党委书记和校（院）长旗帜鲜明地站在意识形态工作的第一线，建立健全思想政治教育工作机制，齐抓共管，形成合力。尤其是加强校园网络安全管理，强化课堂教学纪律，净化学生成长成才环境。

2016 年 12 月召开了全国高校思想政治工作会议①，习近平同志出席会议并发表重要讲话，从我国全局和战略高度深刻阐明了加强和改进高校思想政治工作的重大意义、目标定位、主要任务和基本要求，这是指导和加强新形势下高校思想政治工作的纲领性文件。新形势下高校思想政治工作要坚持正确政治方向，坚持为人民服务、为中国共产党治国理政服务、为巩固和发展中国特色社会主义制度服务、为改革开放和社会主义现代化建设服务，办好中国特色社会主义高校，走好具有中国特色的高等教育发展道路。高校立身之本在于立德树人，关系高校培养什么样的人、如何培养人以及为谁培养人这个根本问题。把思想政治工作贯穿教育教学全过程，实现全程育人、全方位育人，全面提高人才培养能力。坚持社会主义办学方向是根本，以马克思主义为指导，全面贯彻党的教育方针，对学生进行社会主义核心价值观教育，加强人文关怀，培育理性、健康心态，培育优良学风。思想政治工作是做人的工作，必须以学生为本，与时俱进，全面提高学生的思想水平、政治觉悟、道德品质、文化素养，让学生成为德才兼备、全面发展的人才。思想政治教育工作的关键是教师，教师要明道、信道，自己先受教育，坚持教书和育人相统一，坚持言传和身教相统一，坚持潜心问道和关注社会相统一，坚持学术自由和学术规范相统一，以德立身、以德立学、以德施教。改革创新高校思想政治工作，一是要抓好课堂教学主渠道；二是要构建中国特色哲学社会科学学科体系和教材体系；三是要注重以文化人、以文育人；四是要运用新媒体新技术创新思想政治工作，增强时代感和吸引力。思想政治工作一定要遵循思想政治工作规律，遵循教书育人规律，遵循学生成长规律，党委要掌握高校思想政治工作主导权，形成齐抓共管的工作格局，使各类课程与思想政治理论课同向同行，形成协同效应，不断提高工作水平。

2017 年 2 月，中共中央、国务院印发《关于加强和改进新形势下高校

---

① 《习近平在全国高校思想政治工作会议上强调坚持立德树人 实现全程育人》，《人民日报》2016 年 12 月 9 日。

思想政治工作的意见》。① 该意见指出，加强和改进高校思想政治工作的基本原则是：坚持党对高校的领导；坚持社会主义办学方向；坚持全员全过程全方位育人；坚持遵循教育规律、思想政治工作规律、学生成长规律；坚持改革创新。要强化思想理论教育和价值引领，把理想信念教育放在首位，开展中国特色社会主义理论体系学习教育。把社会主义核心价值观融入到教书育人全过程，引导树立正确的世界观、人生观、价值观。以诚信建设为重点，提升道德素质。加强优秀传统文化、革命文化、社会主义先进文化教育，深化党史、国史、改革开放史、社会主义发展史学习教育，强化爱国主义教育。发挥思想政治理论课的主渠道作用，增强教学的吸引力、说服力、感染力。加强高校马克思主义学院建设，打造马克思主义坚强阵地。发挥哲学社会科学育人功能，加强校园思想文化阵地的规范管理，并对网络环境、教师队伍建设、高校思想政治工作改革创新、互联网思想政治工作载体建设、实践育人、高校思想政治工作评价体系、加强和改善党对高校的领导等方面提出了具体的实施意见。

2017 年 12 月，中共教育部党组印发了《高校思想政治工作质量提升工程实施纲要》。② 总体目标是坚持以习近平新时代中国特色社会主义思想为指导，坚持和加强党的全面领导，充分发挥中国特色社会主义教育的育人优势，以立德树人为根本，以理想信念教育为核心，以社会主义核心价值观为引领，以全面提高人才培养能力为关键，构建高校思想政治工作质量体系，形成全员全过程全方位育人格局，培养德智体美全面发展的社会主义建设者和接班人，着力培养担当民族复兴大任的时代新人，不断开创新时代高校思想政治工作新局面。基本原则是坚持育人导向，突出价值引领；坚持遵循规律，勇于改革创新；坚持问题导向，注重精准施策；坚持协同联动，强化责

---

① 《关于加强和改进新形势下高校思想政治工作的意见》，《人民日报》2017 年 2 月 28 日。

② 《高校思想政治工作质量提升工程实施纲要》，中华人民共和国教育部网站，ht-tp：//www. moe. gov. cn/srcsite/A12/s7060/201712/t20171206_ 320698. html，2017-12-05。

任落实。基本任务是构建"十大"育人体系：课程育人质量提升体系；科研育人质量提升体系；实践育人质量提升体系；文化育人质量提升体系；网络育人质量提升体系；心理育人质量提升体系；管理育人质量提升体系；服务育人质量提升体系；资助育人质量提升体系；组织育人质量提升体系。

2018 年 9 月 10 日，习近平同志在全国教育大会上发表了重要讲话，他强调指出："在党的坚强领导下，全面贯彻党的教育方针，坚持马克思主义指导地位，坚持中国特色社会主义教育发展道路，坚持社会主义办学方向，立足基本国情，遵循教育规律，坚持改革创新，以凝聚人心、完善人格、开发人力、培育人才、造福人民为工作目标，培养德智体美劳全面发展的社会主义建设者和接班人，加快推进教育现代化、建设教育强国、办好人民满意的教育。""党的十九大从新时代坚持和发展中国特色社会主义的战略高度，作出了优先发展教育事业、加快教育现代化、建设教育强国的重大部署。教育是民族振兴、社会进步的重要基石，是功在当代、利在千秋的德政工程，对提高人民综合素质、促进人的全面发展、增强中华民族创新创造活力、实现中华民族伟大复兴具有决定性意义。教育是国之大计、党之大计。"① 教育的首要问题是培养什么人、怎样培养人、为谁培养人的问题，教育的根本任务和教育现代化的方向目标是培养社会主义合格建设者和可靠接班人，拥护中国共产党的领导，拥护社会主义制度，立志为中国特色社会主义奋斗终身的有用人才。

一是要坚定理想信念，教育引导学生树立共产主义远大理想和中国特色社会主义共同理想，增强学生的中国特色社会主义道路自信、理论自信、制度自信、文化自信，立志肩负起民族复兴的时代重任。二是要厚植爱国主义情怀，教育引导学生热爱中国共产党，拥护中国共产党，听党话，跟党走。三是要加强品德修养，教育引导学生培育和践行社会主义核心价值观，成为

---

① 《习近平在全国教育大会上强调　坚持中国特色社会主义教育发展道路　培养德智体美劳全面发展的社会主义建设者和接班人》，《人民日报》2018 年 9 月 11 日。

有大爱大德大情怀的人。四是要增长见识，追求真理，领悟道理，弄明事理。五是要培养奋斗精神，教育引导学生树立远大理想，敢于担当，不懈奋斗，刚健有为，自强不息，乐观向上。六是要增强综合素质，教育引导学生培养创新思维，增强体质，健全人格，锤炼意志。七是要以美育人、以文化人，提高学生审美能力和人文素养。八是要培育劳动精神，教育引导学生崇尚劳动、尊重劳动，深刻懂得劳动最光荣、最崇高、最伟大、最美丽，将来辛勤劳动、诚实劳动、创造性劳动。为此，加强党对教育事业的全面领导，坚持社会主义办学方向，优先发展教育事业，以人民为中心发展教育，努力构建德、智、体、美、劳全面培养的教育体系，把立德树人融入思想道德教育、文化知识教育、社会实践教育各个环节、各个领域、各个体系，促进人的全面发展。思想政治工作是学校各项工作的生命线，培养一支工作精、业务强的思想政治教育工作队伍，把思想政治工作做好、做细、做实。家庭是学生的第一所学校，家长是学生的第一任老师，要给学生讲好"人生第一课"，帮助学生扣好人生第一粒扣子。家庭、学校、政府、社会要形成合力，共同担起责任。

2019 年 3 月，习近平同志主持召开学校思想政治理论课教师座谈会，发表了重要讲话并强调，用新时代中国特色社会主义思想铸魂育人，贯彻党的教育方针落实立德树人根本任务。① 他在讲话中强调指出，办好思想政治理论课，最根本的是要全面贯彻党的教育方针，解决好培养什么人、怎样培养人、为谁培养人这个根本问题。我们党立志于中华民族千秋伟业，必须培养一代又一代拥护中国共产党领导和我国社会主义制度、立志为中国特色社会主义事业奋斗终身的有用人才。办好思想政治理论课关键在教师，青少年阶段是人生的"拔节孕穗期"，思想政治理论课教师要给学生心灵埋下真善美的种子，引导学生扣好人生第一粒扣子。一是政治要强，让有信仰的人讲

---

① 《习近平主持召开学校思想政治理论课教师座谈会强调 用新时代中国特色社会主义思想铸魂育人 贯彻党的教育方针落实立德树人根本任务》，《人民日报》2019 年 3 月 19 日。

信仰；二是情怀要深，常怀家国情怀；三是思维要新，引导学生树立正确的理想信念，学会正确的思维方法；四是视野要广，具有知识视野、国际视野、历史视野；五是自律要严，弘扬主旋律，传递正能量；六是人格要正，以堂堂正正的人格感召学生、感染学生、赢得学生，让学生终身受益。推动思想政治理论课改革创新，不断增强思想政治理论课的思想性、理论性和亲和力、针对性。要坚持政治性和学理性相统一；坚持价值性和知识性相统一；坚持建设性和批判性相统一；坚持理论性和实践性相统一；坚持统一性和多样性相统一；坚持主导性和主体性相统一；坚持灌输性和启发性相统一；坚持显性教育和隐性教育相统一。习近平同志从党和国家事业发展的战略高度深刻论述了上好思想政治理论课的重大意义、思想政治理论课教师的关键作用、思想政治理论课改革创新的根本要求等，坚定了办好思想政治理论课的信心和决心，为其建设指明了前进方向和根本遵循。

2019 年 8 月 14 日，中共中央办公厅、国务院办公厅印发了《关于深化新时代学校思想政治理论课改革创新的若干意见》。① 该意见指出，教育是国之大计、党之大计，承担着立德树人的根本任务。思想政治理论课是落实立德树人根本任务的关键课程，发挥着不可替代的作用，其建设取得了显著成效。但面对新形势新任务新挑战，有的地方和学校对思想政治理论课重要性认识还不够到位；课堂教学效果还需提升；教材内容不够鲜活；教师选配和培养工作存在短板，体制机制有待完善；评价和支持体系有待健全；大中小学思想政治理论课一体化建设需要深化；民办学校、中外合作办学思想政治理论课建设相对薄弱；各类课程同思想政治理论课建设的协同效应有待增强；学校、家庭、社会协同推动思想政治理论课建设的合力没有完全形成；全党全社会关心支持思想政治理论课建设的氛围不够浓厚。因此，办好思想政治理论课，要放在世界百年未有之大变局、党和国家事业发展全局中来看

---

① 《关于深化新时代学校思想政治理论课改革创新的若干意见》，《人民日报》2019 年 8 月 15 日。

待，要从坚持和发展中国特色社会主义、建设社会主义现代化强国、实现中华民族伟大复兴的高度来对待。思想政治理论课建设只能加强、不能削弱，必须切实增强办好其信心，全面提高其质量和水平。

思想政治理论课建设必须做到"六坚持"：一是坚持党对其建设的全面领导，把加强和改进其建设摆在突出位置；二是坚持其建设与党的创新理论武装同步推进，全面推动习近平新时代中国特色社会主义思想进教材、进课堂、进学生头脑，把社会主义核心价值观贯穿国民教育全过程；三是坚持守正和创新相统一，落实新时代思想政治理论课改革创新要求，不断增强其思想性、理论性和亲和力、针对性；四是坚持思想政治理论课在课程体系中的政治引领和价值引领作用，统筹大中小学其一体化建设，推动各类课程与其建设形成协同效应；五是坚持培养高素质专业化思想政治理论课教师队伍，积极为这支队伍成长发展搭建平台、创造条件；六是坚持问题导向和目标导向相结合，注重推动其建设内涵式发展，全面提升学生思想政治理论素养，实现知、情、意、行的统一。

《关于深化新时代学校思想政治理论课改革创新的若干意见》指出，要完善思想政治理论课课程教材体系。一是整体规划课程目标。大学阶段重在增强使命担当，引导学生矢志不渝听党话跟党走，争做社会主义合格建设者和可靠接班人；高中阶段重在提升政治素养，引导学生衷心拥护党的领导和我国社会主义制度，形成做社会主义建设者和接班人的政治认同；初中阶段重在打牢思想基础，引导学生把党、祖国、人民装在心中，强化做社会主义建设者和接班人的思想意识；小学阶段重在启蒙道德情感，引导学生形成爱党、爱国、爱社会主义、爱人民、爱集体的情感，具有做社会主义建设者和接班人的美好愿望。二是调整创新课程体系，加强以习近平新时代中国特色社会主义思想为核心内容的课程群建设。在保持目前执行的必修课程设置相对稳定基础上，结合大中小学各学段特点构建形成必修课加选修课的课程体系。全国重点马克思主义学院率先全面开设"习近平新时代中国特色社会主义思想概论"课。博士阶段开设"中国马克思主义与当代"，硕士阶段开设"中国特色社会主义理论与实践研究"，本科阶段开设目前执行的五门课程，专科阶段开设目前执行的三门必修课。各高校要重点围绕习近平新时代中国特色社会主义思想，党史、国史、改革开放史、社会主义发展史，宪法法律，中华优秀传统文化等设定课程模块，开设系列选择性必修课程。高中阶段开设"思想政治"必修课程和选择性必修课程。初中、小学阶段开设"道德与法治"必修课程，可结合校本课程、兴趣班开设选修课程。三是统筹推进课程内容建设。坚持用习近平新时代中国特色社会主义思想铸魂育人，以政治认同、家国情怀、道德修养、法治意识、文化素养为重点，以爱党、爱国、爱社会主义、爱人民、爱集体为主线，坚持爱国和爱党、爱社会主义相统一，系统开展马克思主义理论教育，系统进行中国特色社会主义和中国梦教育、社会主义核心价值观教育、法治教育、劳动教育、心理健康教育、中华优秀传统文化教育。遵循学生认知规律设计课程内容，体现不同学段特点，研究生阶段重在开展探究性学习，本专科阶段重在开展理论性学习，高中阶段重在开展常识性学习，初中阶段重在开展体验性学习，小学阶段重在开展启蒙性学习。四是加强教材体系建设。注重提升教材的政治性、时代性、科学性、可读性。

《关于深化新时代学校思想政治理论课改革创新的若干意见》强调指出，建设一支政治强、情怀深、思维新、视野广、自律严、人格正的思想政治理论课教师队伍，要按照一定的比例核定岗位，加强配备。切实提高思想政治理论课教师综合素质，完善国家、省（自治区、直辖市）、学校三级培训体系。切实改革评价机制，严把政治关、师德关、业务关。加大激励力度，加强后备人才培养工作，增强教师的职业认同感、荣誉感、责任感。为了不断增强思想政治理论课的思想性、理论性和亲和力、针对性，加大思想性、理论性资源供给，强化教研工作力度，加强课题研究和成果交流，全面提升高校马克思主义学院建设水平，整体推进高校课程思政和中小学学科德育，切实加强党对思想政治理论课建设的全面领导，推动形成全党全社会努力办好思想政治理论课、教师认真讲好思想政治理论课、学生积极学好思想政治理论课的良好氛围。

　　党的十八大以来，以习近平同志为核心的党中央先后召开全国高校思想政治工作会议、全国教育大会、学校思想政治理论课教师座谈会等重要会议，深刻回答了思想政治教育工作的重要性和现实价值，对于落实立德树人根本任务意义重大，对于培养一代又一代社会主义合格建设者和可靠接班人起着至关重要的作用，对于提升我国全体社会成员的思想道德素质和科学文化素质具有深远的积极影响，坚定把思想政治理论课办得越来越好，是新时代赋予思想政治教育工作者的神圣使命和光荣责任。始终坚持马克思主义的指导地位，推进中国特色社会主义学科体系建设，在大、中、小学循序渐进、螺旋上升地开设好思想政治理论课，是思想政治理论课建设的根本保证。中国特色社会主义理论和实践开阔了新境界，不断增强中国特色社会主义道路自信、理论自信、制度自信、文化自信，为思想政治理论课建设提供了有力支撑。中华民族优秀传统文化、红色革命文化、社会主义先进文化，为思想政治理论课程建设厚植了丰富的理论资源。思想政治理论课建设通过多年的努力和探索，形成了一些规律性的积极成果和成功经验，加之有一支可信、可敬、可靠，乐为、敢为、有为的思想政治理论课教师队伍，为思想政治理论课建设守正创新奠定了比较扎实的基础。坚持"八个相统一"，指导思想政治理论课改革创新，不断增强思想政治理论课的思想性、理论性、针对性和亲和力，实现全员、全程、全方位育人，真正培养德、智、体、美、劳全面发展的社会主义建设者和接班人。

第三章

从理论层面审视思想政治教育的伦理精神

思想政治教育的理论层面主要包括思想政治教育的内涵、本质、内容和功能等方面。从理论层面进行形而上的追问，有助于审视思想政治教育的内涵、本质、内容和功能等方面有无伦理精神蕴含其中，是否符合伦理精神的要求，这是对思想政治教育理论层面提升的关键所在。

第一节　思想政治教育内涵、本质的伦理精神审视

人类社会进入阶级社会之后，统治阶级为了维护和巩固自己的有效统治，利用思想政治教育实践活动对被统治阶级进行有目的、有组织、有计划的教育和影响，使他们形成符合统治阶级意志的思想政治要求，以促进社会的稳定和发展。

一、思想政治教育内涵的伦理精神审视

在阶级社会，思想政治教育既是一种客观的存在，也是在经济、政治、

文化等方面占据统治地位的阶级利用的一种工具和手段，把国家、阶级、政党的主导意识形态转化为社会成员的价值追求和行动指南，体现统治阶级的根本利益，维护意识形态的主导地位，实现统治阶级的合法、合理统治。恩格斯说："政治统治到处都是以执行某种社会职能为基础，而且政治统治只有在它执行了它的这种社会职能时才能持续下去。"① "既然他们作为一个阶级进行统治，并且决定着某一历史时代的整个面貌，那么不言而喻，他们在这个历史时代的一切领域中也会这样做，就是说，他们还作为思维着的人，作为思想的生产者进行统治，他们调节着自己时代的思想的生产和分配；而这意味着他们的思想是一个时代的占统治地位的思想。"② 统治阶级的思想总是占据统治地位的思想，这是阶级社会思想发展的规律。

（一）思想政治教育内涵的代表性观点

毛泽东同志指出："在阶级社会中，每一个人都在一定的阶级地位中生活，各种思想无不打上阶级的烙印。"③ 思想政治教育使人们树立与统治阶级及其政党相适应的价值观，培养其所要求的思想政治素质。社会主义国家和阶级社会一样，思想政治教育具有阶级性。作为领导阶级的工人阶级及其政党势必要在经济、政治和意识形态领域占据统治地位，确立自己的制度体系、思想理论体系、社会主义核心价值体系及社会主义核心价值观，以系统化、理论化的思想政治内容反映工人阶级及其政党的根本利益，绝不是价值中立的立场、观点，而是为中国共产党的执政提供合理性、合法性的论证和阐释。

孙其昂教授认为，思想政治教育概念是一个总体性概念，也是一个上位概念，至少包括四个分概念：思想政治教育实践（工作、活动、实务）、思

---

① 《马克思恩格斯选集》第 3 卷，人民出版社 2012 年版，第 559—560 页。
② 《马克思恩格斯选集》第 1 卷，人民出版社 2012 年版，第 179 页。
③ 《毛泽东选集》第 1 卷，人民出版社 1991 年版，第 283 页。

想政治教育学、思想政治教育学科、思想政治教育环境。[①] 邱伟光教授在其
主编的《思想政治教育学概论》中指出，思想政治教育是培养、塑造一定
社会新人思想道德素质的教育实践活动，受社会经济政治文化的制约和影
响，包括思想教育、政治教育、道德教育。[②] 王礼湛教授在其主编的《思想
政治教育学》中指出，思想政治教育是社会有组织地定向引导人们形成符
合特定社会和时代以及人类自身发展要求的思想政治观点和行为品格的教育
工程。[③] 陆庆壬教授在其主编的《思想政治教育学原理》中指出，思想政治
教育是一定的阶级或政治集团，为实现一定的政治目标，有目的地对人们施
加意识形态的影响，以期待转变人们的思想，进而指导人们行动的社会行
为。[④] 陈秉公教授在其《思想政治教育学》中指出，思想政治教育是一定阶
级或政治集团，为了实现其政治目标和任务而进行的，以政治思想教育为核
心和重点的思想、道德和心理综合教育实践。[⑤] 王勤教授在其《思想政治教
育学新论》中指出，思想政治教育是一定的阶级或政治集团，为实现一定
的政治目的，有目的地对人们施加意识形态的影响，以期待转变人们的思
想，塑造人们的品德，进而指导人们行为的社会实践活动。[⑥] 这个定义是在
陆庆壬教授定义的基础上，增加了"塑造人们的品德"内容。秦在东教授
在其《思想政治教育管理论》中指出，思想政治教育是一定的社会政治集
团或政治组织机构，为实现其特定的政治目标，通过一定的精神方式和相应
的物质载体，对所辖区域内的民众施加有计划和有组织的意识形态影响，使
之具备较高思想政治素质的社会教育活动。[⑦] 杨生平教授在其发表的论文
《关于思想政治教育概念的理解问题》中指出，思想政治教育是指一个阶级

---

① 孙其昂：《思想政治教育学前沿研究》，人民出版社 2013 年版，第 26 页。
② 邱伟光：《思想政治教育学概论》，天津人民出版社 1988 年版，第 1 页。
③ 王礼湛：《思想政治教育学》，浙江大学出版社 1989 年版，第 69 页。
④ 陆庆壬：《思想政治教育学原理》，高等教育出版社 1991 年版，第 3 页。
⑤ 陈秉公：《思想政治教育学》，吉林大学出版社 1992 年版，第 2 页。
⑥ 王勤：《思想政治教育学新论》，浙江大学出版社 2004 年版，第 6 页。
⑦ 秦在东：《思想政治教育管理论》，湖北人民出版社 2003 年版，第 17 页。

或集团为了建立或巩固其政治统治而进行的符合本阶级或集团根本利益的，包括一定的政治、法律、哲学、道德、艺术和宗教思想的意识形态理论的教育。①

以上所列举的思想政治教育概念基本含义相近，这些概念都蕴含着伦理精神的价值追求，思想政治教育最终落脚点是培养人、塑造人，使人成为人，成为对社会有用之人，促进人的全面发展。这些概念的差异在于是从不同的角度进行界定，侧重点不同。

（二）从思想政治教育的内涵维度分析其伦理精神

思想政治教育概念随着环境的变化和时代的发展，其内涵随之发展和丰富。从思想政治教育的内涵来看，思想政治教育的伦理精神从以下几个方面进行分析。

一是原始社会阶级没有出现，没有所谓的政治教育，但有原始意义上的思想道德教育，一代一代传授生活经验，在传授经验的过程中前辈对晚辈进行教育和启蒙，以习俗乃至后来演化成的道德教化人，促使人类越来越远离野蛮和粗俗。通过思想道德教育，提升人的生存、生活方式和开化程度。原始社会的思想道德教育，虽然有道德教育，但缺失伦理精神。因为那时的思想道德教育是一种无意识的、无目的教育，这种不系统的教育带有一定的偶然性，还不是完全意义上的思想政治教育，也就谈不上伦理精神的存在。

二是我国古代思想政治教育是人类进入奴隶社会之后产生的，奴隶社会是思想政治教育的雏形时期，封建社会在我国长达两千多年，思想政治教育随着时间的推移愈来愈成熟。国外封建社会的思想政治教育主要对社会成员推行宗教神权教育，利用宗教的神秘性、欺骗性为封建专制统治服务。资本主义社会的思想政治教育更具有隐蔽性，资产阶级为了掩盖自己的剥削实

---

① 杨生平：《关于思想政治教育概念的理解问题》，《首都师范大学学报》1998 年第 6 期。

质，利用思想政治教育巧妙地、全方位渗透资产阶级的思想，适时调整思想政治教育的策略和技巧。在阶级社会中，统治阶级为了维护自己的统治，非常重视思想政治教育工作，把自己的意志融入了思想政治教育之中，具有一定的阶级属性和政治价值取向。思想政治教育成了统治阶级统治的工具，带有强制性，被统治阶级被动地接受和无条件地服从，是统治阶级对被统治阶级实施的一种"单向度"的实践活动。阶级社会的思想政治教育蕴含了伦理精神，但这种伦理精神是抽象的存在。生产力的发展导致私有制的产生、阶级的出现，进而产生国家，国家是伦理精神形成的载体，是伦理精神发展的最高阶段，在这个阶段解决了伦理的民族性。追求社会生活的整体和谐，伦理精神不论是在理论上还是在实践上具有一定的说服力和合理性。但在阶级社会中，统治阶级把思想政治教育当成是自己统治的工具和手段，把现实的人看成是抽象的人，为了达到自己统治的目的对被统治阶级强制灌输和施加影响，人的意义和价值被悬置，思想政治教育的伦理精神不具有现实性和真实性。因为伦理精神只有扬弃自己的抽象性，才能获得真实性和具体性。

三是在中国革命和社会主义建设的过程中，传统的思想政治教育发挥了重要作用，形成了中国共产党思想政治教育的特色工程和优良传统。但在改革开放以前，我国的思想政治教育还是停留在用一定的思想观念、政治观点、道德规范对社会成员施加有目的、有组织的影响，使他们形成符合所需的思想和政治素质、道德规范。传统的思想政治教育已经不再适应现代社会的需求，必须实现由传统思想政治教育的内涵向现代思想政治教育内涵的转向，由社会哲学范式向人学哲学范式的转换。从传统思想政治教育的内涵和现代思想政治教育的内涵对比来看，其本质没有改变，只是教育的方式发生了改变，现代的思想政治教育不是强制性地施加，而是主动地建构；不是把受教育者客体化，而是教育者和受教育者互为主体，由单一主体性转化为主体间性，社会成员之间也有交流和互动；不是被动地接受而是主动地认同，不是简单地学习思想政治教育知识，更重要的是情感的投入，由情感认同到内心的真正认同和信服，最终落实到实际行动上，使人们的知、情、意、信、行均得到提升。因此，从现代思想政治教育的内涵分析，其伦理精神从传统思想政治教育伦理精神的抽象性转变成现代思想政治教育伦理精神的现实性，在改革开放以来思想政治教育范式转换后的实践活动中得到了体现，人的自由而全面的发展是思想政治教育伦理精神的最高境界。

二、思想政治教育本质的伦理精神审视

思想政治教育的内涵揭示了思想政治教育的本质属性。关于思想政治教育的本质研究，存在着较大的分歧，大体分为三种观点。

（一）思想政治教育本质研究的代表性观点

第一种观点：思想政治教育的本质只是一种属性。孙其昂教授指出，思想政治教育的本质是政治性，并指出政治性的实质是阶级性。[①] 石书臣教授从唯物辩证法关于事物本质论出发，认为事物的本质属性必须满足三个条件：类的本质，是同类事物共同具有的最一般、最普遍、最稳定的属性，它是该事物不同于其他事物的特有属性，事物的根本矛盾所决定的根本属性。因此，他认为思想政治教育的本质是意识形态性，只有意识形态性满足上述三个条件。[②] 刘书林教授认为，思想政治教育的本质是"灌输"。[③] 侯玉基教授认为，思想政治教育是解决人的思想、立场、观点问题的一种社会实践，要以人为本，尊重、弘扬和培养人的主体性，着眼于人的需要，重视人的需要，满足人的需要，突出人本关怀的价值。[④] 杨宇教授认为，思想政治教育的本质是对人的理解和尊重，是对人的价值和地位的提升，追求人与人

---

① 孙其昂：《关于思想政治教育本质的探讨》，《南京师范大学学报》（哲学社会科学版）2002 年第 5 期。

② 石书臣：《思想政治教育本质规定及把握》，《马克思主义与现实》2009 年第 1 期。

③ 刘书林：《青年思想政治教育学原理》，中国青年出版社 1999 年版，第 17 页。

④ 侯玉基：《论人的本质与思想政治教育》，《山东社会科学》2003 年第 3 期。

之间的和谐平等，解放人的思想，启迪人的智慧。①

第二种观点：思想政治教育的本质具有两种属性。陈志华教授认为，思想政治教育的本质是政治性与科学性的统一，政治性是贯穿思想政治教育始终的一种特有属性，科学性是思想政治教育得以发展的内在规定性。② 刘基等学者认为，思想政治教育的本质是党性和人性的有机统一，思想政治教育的党性是指阶级性、政治性和意识形态性。党性是阶级性的集中体现，是阶级斗争发展到高层次的产物。思想政治教育的"人性"是指以人为本，反映和满足人的需要，提升人的精神境界，促进人的全面发展。人性是思想政治教育的基础和前提，人性伴随着个体成长过程的始终，人性决定党性；党性离不开人性，党性能够提升人性。从思想政治教育价值目标的角度来看，人性与党性最终都在于人的精神的培养和提升，思想政治教育的本质是党性和人性的有机统一。李合亮教授分析了思想政治教育的工具性和目的性，他认为思想政治教育的本质一方面是思想政治教育为阶级、社区服务，另一方面是作为一种教育活动有其"建设人自身"的根本属性，既有工具性的本质，又有目的性的本质。王秀阁教授认为，思想政治教育的本质是以正确分析和把握社会要求与个人思想品德差距为基础，在实践的过程中，通过不断完善社会要求和个人思想品德，实现个人和社会的良性互动和有机统一。只有这样，思想政治教育才能实现个人和社会的良性互动和有机统一。也有的学者认为，思想政治教育的本质是价值性与科学性的辩证统一、政治性与管理性的辩证统一等。③

第三种观点：思想政治教育的本质具有两种以上的属性。王健学者认为，思想政治教育的本质概括为：政治目的性、内容历史性、手段多样性。

---

① 杨宇：《正确理解和把握思想政治教育学科的本质特征》，《思想政治教育研究》2007年第 2 期。

② 陈志华：《坚持思想政治教育的本质属性——政治性与科学性的有机统一》，《理论与改革》2006 年第 5 期。

③ 陈秉公：《思想政治教育本质研究现状及建议》，《思想教育研究》2014 年第 6 期。

政治目的性由基本矛盾决定，内容历史性是指随着时代的变化而变化，手段多样性是指教育方法的多样性。① 李辽宁教授认为，从政治维度看思想政治教育的本质是其阶级性；从伦理维度看本质是服务性；从社会维度看本质是工具性；从个体维度看本质是启蒙性。在他看来，意识形态性难以获得人们的认同，科学性难以满足后工业社会中人们的多样化需求。② 张耀灿、郑永廷教授认为，思想政治教育的本质是目的性、实践性、超越性。思想政治教育的目的性是指目标指向性或价值取向性，在阶级社会里，表现为阶级性或党性，这是思想政治教育最鲜明的特性。目的性反映了人的能动性和人的发展要求，通过人的主体选择，强化人在发展中符合社会目标的思想政治教育，形成理想信念，并对其行为起支配作用，使之与社会发展方向保持一致，并同社会发展形成互动。思想政治教育的实践性是指思想政治教育的现实性和实效性，是以人为实践对象的活动，出发点和归宿只能是实践，以人为实践对象的思想政治教育的价值只能在实践中实现。思想政治教育的超越性是指面向未来的发展，对社会实践活动和人的行为的先导性，是思想政治教育突出的本质属性。③ 骆郁廷教授认为，思想政治教育的本质是思想掌握群众，集中而深刻地体现了思想政治教育的本质特征。思想掌握群众体现了思想政治教育的政治性、群众性、实践性、超越性，④ 貌似是一种属性，其实暗含了多重属性。

（二）从思想政治教育的本质维度分析其伦理精神

不论思想政治教育本质属性只是一种属性、两种属性，还是两种以上的属性，思想政治教育的本质观点众多，争议较大。把这些本质属性进行

---

① 王健：《论思想政治教育的本质》，《思想教育研究》2007 年第 7 期。

② 李辽宁、闻燕华：《公共管理视域中思想政治教育的伦理意蕴——兼谈对思想政治教育本质的再思考》，《思想理论教育》2008 年第 5 期。

③ 张耀灿、郑永廷等：《现代思想政治教育学》，人民出版社 2001 年版，第 55—65 页。

④ 《马克思主义与当代中国论丛》（第 1 辑），中央文献出版社 2013 年版，第 149—152 页。

归纳，可分为三类。第一类是工具性的本质。阶级性、政治性、意识形态性、群众性、启蒙性、管理性、价值性、灌输都属于工具性的本质。第二类是目的性的本质。解决人的思想、立场、观点，突出人本关怀的价值；对人的理解和尊重，是对人的价值和地位的提升；以人为本，反映和满足人的需要，提升人的精神境界，促进人的全面发展；不断完善社会要求和个人思想品德等体现了思想政治教育的本质是以人为本，出发点和落脚点是尊重人、理解人、提升人，不断提高人的精神境界。第三类既不是工具性的本质，也不是目的性的本质，只是对思想政治教育本质的客观描述，比如实践性、科学性、超越性。对这三类思想政治教育的本质属性从哲学的高度进行形而上的概括，思想政治教育的本质乃是思想政治教育的伦理精神。现代思想政治教育应该是为了未来目标的实现，立足现实，改变现状，提升人们的思想、政治、道德素质，培养"大写"的人，实现对现存社会和现实人的超越，价值旨归指向人的自由而全面的发展。即使传统思想政治教育带有强制性，一定的阶级、政党、社会群体对社会成员施加影响，在这个过程中也要按照一定的思想观念、政治观点、道德规范进行思想政治教育。思想观念、政治观点、道德规范必然蕴含着伦理精神，否则思想政治教育就会违背其本质，背离了思想政治教育的本质，其成效势必会大为"缩水"。

第二节　思想政治教育功能的伦理精神审视

思想政治教育的功能是思想政治教育本质的外在表现，认识其功能，有利于把握其本质。从思想政治教育功能追问伦理精神，以伦理精神贯穿于功能发挥的整个过程，有助于纠偏，防止偏离思想政治教育功能的正常轨道，更好地实现思想政治教育目标。

一、思想政治教育功能研究的代表性观点

张耀灿、郑永廷教授在《现代思想政治教育学》一书中指出，思想政治教育有四大功能。[①] 一是导向功能，主要有理想信念导向、奋斗目标导向、行为规范导向。通过思想政治教育帮助人们形成正确的理想信念，理想信念是人的精神世界的核心，是人成长成才的精神支柱和前行动力，是人们的世界观、人生观和价值观在奋斗目标中的集中体现，对于人们认识世界和开展实践活动具有明确的导向性。形成正确的理想信念既是思想政治教育的目标，也是思想政治教育的具体过程，在这个过程中坚持科学性与价值性的统一。思想政治教育的奋斗目标导向主要是社会发展目标导向和人的发展目标导向。党的十八大提出了"两个一百年"的奋斗目标，第一个一百年，即到中国共产党成立 100 年时全面建成小康社会，这是中国梦的第一个宏伟目标。第二个一百年，即到新中国成立 100 年时建成富强、民主、文明、和谐的社会主义现代化国家，这是中国梦的第二个宏伟目标。党的十九大在坚持"两个一百年"奋斗目标的基础上具体划分了第二个百年奋斗目标的两个阶段：第一个阶段，从 2020 年到 2035 年，在全面建成小康社会的基础上，再奋斗 15 年，基本实现社会主义现代化；第二个阶段，从 2035 年到本世纪中叶，在基本实现现代化的基础上，再奋斗 15 年，把我国建成富强民主文明和谐美丽的社会主义现代化强国。中国梦是国家的梦、民族的梦，也是每一个中国人的梦。思想政治教育的目标任务是将社会发展目标转化为人们的发展目标。行为规范导向有道德规范导向和法纪规范导向，既有道德行为规范引导，又有遵纪守法的行为准则。二是保证功能，是思想政治教育的重要功能。保证功能主要通过相互沟通和理解达成政治共识、在思想认识上的一致、行动上的统一来维护正常的生产生活秩序和社会稳定，坚持正确的

[①] 张耀灿、郑永廷等：《现代思想政治教育学》，人民出版社 2001 年版，第 87—95 页。

政治方向，为社会发展、人的发展创设良好的政治生态环境和积极健康的舆论氛围。三是育人功能，是思想政治教育的基本功能。通过思想政治教育培养和提高人的思想素质、政治素质、道德素质，完善人格，提升人的意义和价值，进而达到育人的目的。马克思主义关于人的全面发展理论对于育人功能具有指导意义，全体社会成员都能够普遍地得到发展，培养人的全面发展是思想政治教育的目标。四是开发功能，是新形势下思想政治教育育人功能的延伸和拓展。发挥人的主观能动性，最大限度地开发人的潜能，培养创造创新精神，重视人的个性发展，促进人的智力和各种能力的发展。

周琴学者认为思想政治教育应有两方面的功能：一是维护整个社会秩序并促进其发展；二是影响整个社会精神的形成与改造。① 蓝蔚教授认为，思想政治教育功能就是意识形态功能和人文认知功能。意识形态功能是指通过思想政治教育传播意识形态，以一定的政治观点影响人们的行为，促进社会政治稳定。人文认知功能是指从人的观念、行为等方面要求人们处理好人与自然之间、人与人之间的关系，提升人们的思想道德水平。② 褚风英教授认为，思想政治教育的功能是通过思想政治教育赋予个体思想道德自我超越的能力和动力，发展和培养个体的思想道德素质。同时，思想政治教育通过思想道德文化传承、文化批判、文化引导实现社会思想道德文化的选择和发展。③

李辽宁教授在《思想政治教育功能研究综述》一文中对思想政治教育的功能进行了梳理，主要有 11 种功能。④ 一是保证功能（保障功能）。通过思想政治教育，保证坚持社会主义的性质和方向，是建设社会主义精神文明的保证，是调动人们建设社会主义社会的积极性和创造性的保证，是克服各

---

① 周琴：《市场经济条件下思想政治教育功能的若干思考》，《江西社会科学》2000 年第 4 期。

② 蓝蔚：《和谐社会视角下思想政治教育功能的新思考》，《福建省社会主义学院学报》2009 年第 3 期。

③ 褚风英：《思想政治教育功能分析的新视点》，《探索》2005 年第 2 期。

④ 李辽宁：《思想政治教育功能研究综述》，《求实》2005 年第 1 期。

种非无产阶级思想的保证。① 有的学者把保证功能称为保障功能，主要有经济利益的保障、政治统治的保障、思想上统一的保障、行动上统一的保障、社会管理的保障。② 二是导向功能（导航功能）。通过教育等方式引导人们的思想和行为，形成符合一定社会所需的思想道德和社会发展要求的正确方向。③ 导航功能主要是对经济的导航、对思想道德和科学文化教育的导航、对理想信念的导航、对人们行为的导航等。④ 三是凝聚功能。通过思想政治教育凝神聚气，把各个社会阶层、各个利益群体凝聚起来，形成强大力量，树立中国特色社会主义共同理想，认同和接受共同理想，并为共同理想而奋斗。四是激励功能。激励人们积极向上，为中国特色社会主义事业提供精神动力。五是调节功能。通过思想政治教育民主的方式、平等沟通的方式进行说服教育，处理好人与人之间、人与社会之间、人与自然之间的关系，建立新型的人际关系，调适人的心理，调控人的情绪，摆脱人类中心主义的束缚，实现向非人类中心主义的转换，不断提高人们的思想觉悟水平，建设社会主义和谐社会，促进社会和谐发展。六是转化功能。转化功能和导向功能联系在一起，对人们进行思想政治教育之后，在正确方向的引导下，积极转变观念，改正自己错误思想，转变为正确的思想。七是育人功能。培养和提高人的思想素质、政治素质，加强思想道德建设，培育文明道德风尚。思想政治教育工作是经济工作和其他一切工作的生命线，是我党我国重要的政治优势。注重人文关怀，完善人格，促进人的身心健康发展。八是认识功能。通过思想政治教育，深刻地认识到自己存在的价值，懂得自己对于他人、社会的责任和义务，不断提高人们的思想认识水平和理论创新水平，更好地解决思想问题和实际问题，增强思想政治教育工作的针对性和实效性。九是开发功能。通过教育和管理，发挥人的主观能动性，最大限度地开发人的潜

---

① 张耀灿、陈万柏：《思想政治教育学原理》，高等教育出版社 2001 年版，第 70 页。
② 仓道来：《思想政治教育学》，北京大学出版社 2004 年版，第 54 页。
③ 张耀灿、陈万柏：《思想政治教育学原理》，高等教育出版社 2001 年版，第 72 页。
④ 仓道来：《思想政治教育学》，北京大学出版社 2004 年版，第 49—52 页。

能，更好地为社会主义现代化建设服务。十是社会性功能。德育的社会性功能主要指德育对社会、政治、经济、文化以及生态环境等等发生影响的政治功能、经济功能、文化功能、社会功能、生态功能等。德育为政治服务，对于经济建设、文化建设、社会建设、生态文明建设具有重要的作用。政治功能、经济功能、社会功能、生态功能需要文化功能这个中介而得以实现，文化功能通过教育培养德才兼备的人才发挥作用。① 十一是个体性功能，个体性功能与社会性功能密切相关。个体性功能是指德育对于个体发展的影响和作用，具体体现为对个体生存、发展和享用方面。德育要求个体遵守一定的道德原则和行为规范，使得个体能够适应社会发展的要求，更好地生存、生活。德育对个体人格的促进功能，是德育的个体发展功能的实质。个体的享用性功能是指个体在学习生活中能够体验到道德人生的幸福、崇高、人格的尊严等，是个体性功能的最高境界。②

二、思想政治教育功能的伦理精神分析

思想政治教育的功能揭示了其本质，本质决定了它的功能，不论有多少种功能，最终都要落脚到人的意义、人的价值等精神层面上来。思想政治教育的本质乃是它的伦理精神，思想政治教育的伦理精神决定了它的功能是：思想政治教育可以提升人们的思想、政治、道德素质，促进人们向善，最终达至至善。思想政治教育的功能不是个体单一的，而是单一物与普遍物的有机统一；不只是让个体得到教育和提升，也要让社会成员都得到教育和提升，是个体和共体的统一。思想政治教育的功能体现了其伦理精神，既是个体的理性，又是个体的意志；既是共体的理性，又是共体的意志，是个体与共体有机统一的道德精神。从不同的角度思考，会得出众多的思想政治教育

---

① 檀传宝：《德育功能简论》，《中国教育学刊》1999 年第 5 期。
② 檀传宝：《德育功能简论》，《中国教育学刊》1999 年第 5 期。

的功能，这些功能总括起来不外乎是实现个人利益和普遍利益的统一，以及如何实现个人利益与普遍利益（集体利益）的有机统一。在我国，集体主义是调节个人利益与集体利益的原则，是社会主义精神文明的标志。个人与社会的关系问题是道德建设的基本问题，个人利益只有在保障集体利益的前提下才能实现，集体利益是第一位的。当个人利益与集体利益有冲突的时候，要服从集体利益，但必须保护好和尊重个人的正当利益。不断提升个人的整体素质，同时让集体利益能够真正代表每一个成员的利益，只有当个人的正当合法权益融入集体利益之中，才能真正拥有并实现个人的合法权益。个人利益与集体利益的辩证关系说明，思想政治教育的功能实现必须处理好两者之间的关系。思想政治教育既要提升个体善，也要提升社会善，当个体善与社会善有机融合的时候，才能达至个体与共体相统一的社会至善，思想政治教育功能的伦理精神才能最终实现。

第三节　思想政治教育内容的伦理精神审视

思想政治教育内容比较丰富，是一种结构性存在的体系。思想教育、政治教育、道德教育、心理教育构成了思想政治教育内容体系，形成了一定的体系结构。① 思想政治教育内容既包括由政治教育、思想教育、道德教育、法纪教育和心理教育诸内容组成的结构形态，又包括由思想政治教育的基础性内容、思想政治教育的主导性内容和思想政治教育的拓展性内容组成的结构体系，这些内容具有内在的联系和一定的结合方式，形成了思想政治教育的内容结构。② 熊建生教授和张耀灿等教授在主要内容方面的观点大同小异，只是增加了"法纪教育"的内容。为了便于研究，熊建生教授从思想

---

① 张耀灿、郑永廷等：《现代思想政治教育学》，人民出版社 2001 年版，第 181 页。
② 熊建生：《思想政治教育内容结构论》，中国社会科学出版社 2012 年版，第 198 页。

政治教育内容的另一个维度，按照不同的标准划分为基础性内容、主导性内容和拓展性内容。基础性内容包括传统美德教育、公民道德教育、爱国主义教育、艰苦奋斗精神教育；主导性内容包括思想理论教育、理想信念教育、民族精神和时代精神教育、荣辱观教育、形势与政策教育；拓展性内容包括诚实守信教育、心理健康教育、公民意识教育、民主法治教育、创新精神教育、生命伦理教育、生态道德教育、国际意识教育。①

一、思想政治教育不同内容所蕴含的伦理精神

主要从思想教育、政治教育、道德教育、法纪教育、心理教育分别展开论述思想政治教育不同内容所蕴含的伦理精神。

（一）思想教育所蕴含的伦理精神

思想教育主要是对人们进行正确的世界观、人生观、价值观教育，以科学的理论、先进的思想、高尚的精神境界、正确的舆论导向等武装人们的头脑，以正确的思想观点、思想方法，改变人们的思维方式。思想教育属于认知性教育，重点是解决主观与客观是否相符合的问题。思想教育就其性质而言，是提高人的思想认识的教育，是提高人们主观反映客观的认识能力和认识水平的教育，因而是认知性教育。② 思想教育主要包括世界观、人生观、价值观的"三观"教育、方法论教育、爱国主义教育、集体主义教育、社会主义教育、科学精神和人文精神教育、创新教育等。通过思想教育，促使人们转变思想观念，使人们不仅具有科学精神，而且要具有人文精神，不断提高人们认识世界和改造世界的能力。"人是有意识的存在物……"③ 只有

---

① 熊建生：《思想政治教育内容结构论》，中国社会科学出版社 2012 年版，第 197 页。

② 王玄武、骆郁廷：《思想教育政治教育道德教育比较研究》，武汉大学出版社 2002 年版，第 35—36 页。

③ 《马克思恩格斯选集》第 1 卷，人民出版社 2012 年版，第 56 页。

积极的、正确的、先进的思想，才能真正体现人的价值。

（二）政治教育所蕴含的伦理精神

政治教育是一定的阶级、政党和社会为了维护自身的利益，按照一定的政治思想、政治观点、政治规范等对社会成员施加一定的教育和影响，促进社会成员认同和接受，并树立正确的政治态度、政治情感、政治方向、政治立场、政治观点、政治方法、政治纪律、政治理想、政治信念，最终形成一定的政治信仰，并坚信不疑、身体力行。政治教育涉及的内容比较多，主要包括基本路线教育、方针政策教育、爱国主义教育、集体主义与社会主义教育、政治立场、观点、方法教育、理想信念教育等，这些内容是一个有机的整体，相互联系，相辅相成，贯穿一条主线——最根本的是要坚持爱国主义教育、集体主义教育、社会主义教育。

爱国主义是中华民族共同的精神支柱，是凝聚各族人民团结奋斗的旗帜和纽带，是对自己家园、民族和文化的归属与认同。爱国主义与爱社会主义、拥护祖国统一是一致的。我国是社会主义国家，社会主义体现着国家、民族、人民的根本利益，爱国主义与爱社会主义具有内在的一致性。拥护祖国统一是对国家主权、领土完整的认同。爱国主义包含着爱国情感、爱国思想、爱国行为。爱国情感是对祖国的一种直接、真挚的感情体验，爱国思想是对祖国的理性认识，爱国行为是报效祖国的实际行动。社会主义社会由人民当家作主，国家利益、集体利益、个人利益在根本上是一致的，集体主义是调节三者利益关系最重要的原则，也是社会主义道德建设的原则。加强爱国主义、社会主义、集体主义教育，增强人们对国家、对中国共产党、对社会主义社会的深厚感情和广泛认同，坚持正确的政治方向，尊重宪法和法律，乃至产生法治信仰，充分行使公民权利，自觉履行公民义务。重点是通过政治教育对国家、阶级、政党、社会制度等重大政治问题的认同、接受和践行，集中体现了思想政治教育的阶级性。政治教育的阶级性表现为：总是与政党的意志、统治阶级的政治主张紧密相连，对受教育者施加一定的教育和影响，主要解决政治方向、立场、观点、方法这些根本问题。因此，政治教育具有主导权威性，侧重于国家层面意识形态整体主动构建，灌输和主导尤为重要。

政治是以强制的方式将统治阶级的政治理想、政治思想、政治观点、政治价值观、路线方针政策等政治主张转化为公共生活的共同规范，追求公共权力的合理性与合法性，共同指向公共的善。政治强调权威性、强制性，基本上蕴含在统治阶级的纲领和政策之中，政治为思想的真理性把握正确方向，决定和制约道德的性质和内容。政治的合理性源于人们对政治和政治行为的道德价值评价，是否合情合理；政治的合法性源于人们对政治和政治行为的法律价值评价，是否内含正义、公平、自由、平等、人权等基本的法律理性价值。法治是理性的、有序的政治，是政治文明的基础，是政治正当性和合法性的体现，是政治权力运行的根据。政治教育是核心，始终处于主导地位，决定着整个思想政治教育内容的性质和方向，决定着和规定着思想政治教育的其他内容。政治与思想的关系决定了政治教育与思想教育既相互区别又相互联系。政治教育主要解决政治立场、观点、方法以及政治方向性问题，思想教育主要解决世界观、人生观和价值观问题。政治教育本身就含有思想方面的教育，思想教育中必然贯穿着政治性的内容。政治和道德都是上层建筑的组成部分，但两者与经济基础的密切程度不同。政治教育和道德教育在教育目标、内容等方面有着自己的规定性，但彼此之间相互渗透，功能互补；相互作用，方向上具有一致性。广义的政治教育包含着法制教育。政治主导着法律，法律体现着政治的内在要求，始终为政治服务。同时，法律规范着政治，规范着政治行为和政治活动，以宪法和法律约束政治权力，防止权力的滥用；明确规定公民的政治权利和政治义务，实现政治法治化。因此，政治教育和法纪教育有着内在的关联。

（三）道德教育所蕴含的伦理精神

道德教育是规范性教育，按照一定的伦理要求和道德规范对受教育者进行教育，提高他们的道德认知，培养道德情感，锤炼道德意志，树立道德信念，养成道德行为，促使他们形成良好的道德品质。道德是以善与恶、正义与非正义、荣与辱、公正与偏私等为判断标准和行为准则，调节人与自然、人与人、人与社会之间的关系，依靠社会舆论、传统习惯和人们的内心信念的力量发挥作用，确保社会的正常秩序。利益是道德的基础，只要有利益调整的存在，势必会出现道德问题，道德贯穿于社会生活的方方面面。道德教育主要包括社会公德、恋爱与婚姻家庭道德、职业道德、个人品德教育等领域。有道德的公共生活是安居乐业的保障，是一个国家是否现代化与文明的重要标尺。社会公德教育即培养人们在社会交往和公共生活中的道德意识和行为习惯，按照一定的道德规范遵守公共秩序，讲求文明礼貌，提倡助人为乐，爱护公共财物，保护公共环境，维护互联网的安全与文明，敢于向不道德的社会现象和行为作斗争，以维护社会成员之间关系的和谐、社会的稳定。恋爱是男女双方之间的一种人际交往，是婚姻家庭的前奏，必然要受道德的约束。恋爱中的道德教育就是要教育人们尊重双方人格的平等，在公共场合要遵守社会公德，在独处时也要讲道德，正确认识恋爱中的道德责任，自觉自愿为对方承担责任。婚姻家庭是特定的人与人之间的特殊关系，家庭美德是调节这种特殊关系的道德规范和行为准则。婚姻家庭道德教育提倡人们要尊老爱幼，"老吾老以及人之老，幼吾幼以及人之幼"；夫妻之间要互敬互爱，相互体谅、包容，平等和睦；邻里之间互帮互助，相互尊重，团结友爱。职业道德是指从事一定职业的人们在职业生活中应当遵循的道德规范和行为准则，调节和约束从业人员的职业活动。职业道德教育就是要教育和引导从业人员爱岗敬业，这是职业道德最基本的道德要求；诚实守信，体现从业者的道德操守，在当今社会具有非常强的现实针对性；办事公道，要求从业人员在职业活动中做到不谋私利，做事出于公心，做到公平公正；服务群众，社会主义道德的核心是全心全意为人民服务，在职业活动中一切要以群众的利益为重；奉献社会，这是社会主义职业道德最高层次的要求，是对职业价值追求的最高目标。遵守社会公德、恋爱与婚姻家庭道德、职业道德最终取决于和落脚于个人品德的养成，个人品德是个人实现自我完善的内在根据，是通过道德教育和道德修养所形成的内在品质，是一个人综合素质的核心要素。道德教育实质上是养成教育，以道德规范指导和约束自己的行为，在社会生活中不断践履，提高自律能力，而不是只停留在认知道德规范上。通过外在的道德教育和内在省悟、日常养成、自我修养，将道德规范内化为自己的自觉行动。

（四）法纪教育所蕴含的伦理精神

法律和道德规范不同，是由国家制定、由国家强制实施的行为规范，是统治阶级意志的体现。法律为人们提供既定的行为规范，引导人们在宪法和法律的范围内活动。以其公正性、强制性实现法律权利与法律义务，确保法律权威，维护社会公平正义和社会秩序。通过法律教育，使人们懂得法律是行为规范中的合格线，强制性地要求人们在社会生活中必须遵守，从而对法律获得内心认同，自觉遵守宪法和法律。纪律是为了维护国家利益或集体利益，保证生产、生活、工作顺利进行，规定所属组织的成员必须共同遵守的行为规范、准则，是执行党的路线、方针、政策的保证。法律、道德、纪律都属于行为规范，在社会功能上相互补充，共同为维护社会正常秩序服务。邓小平指出："在党政机关、军队、企业、学校和全体人民中，都必须加强纪律教育和法制教育。"① 法纪教育是对人们进行法治教育和纪律教育，是新时期思想政治教育的一项艰巨任务。通过法治教育，使受教育者知法守法，引导他们自觉遵守法律，运用法律武器保护自己的合法权益和行使人民的民主权利。通过纪律教育，正确认识纪律与自由的关系，坚决抵制自由主义，培养受教育者的纪律观念，提高执行纪律的自觉性，养成遵守纪律的良好习惯。

---

① 《邓小平文选》第 2 卷，人民出版社 1994 年版，第 360 页。

（五）心理教育所蕴含的伦理精神

每个人都是身和心的结合体，"身"是"心"的存在前提，"心"是"身"的精神机能。一个身心健康的个体，不仅要有健康的身体，还要有健康的心理。年轻学生处于特定的心理期，处于走向成熟而又没有真正成熟的过渡阶段，在这个过渡过程中难免出现一些心理问题。他们心理活动比较活跃、复杂，情绪情感日渐丰富但波动性大，自我意识增强但又不太成熟，稳定性与易变性、独立性与依赖性、渴望成功与担心失败共存，心理矛盾重重。社会环境的影响和生活节奏的加快，各种竞争越来越激烈，来自于各方面的压力加大，一些人心理承受能力差，难以承受过重的心理负担，不同程度地患上了心理疾病，不利于青年学生的健康成长。因此，当今社会心理教育显得尤为重要和迫切。对学生进行心理健康教育就是教育者运用心理科学的方法，对他们心理的各个层面施加积极的影响和疏导，进行心理健康方面的知识性教育、咨询性教育、发展性教育，优化心理素质，适应、应对复杂的心理环境，促进身心和谐、健康发展的教育实践活动。心理教育在思想政治教育内容结构中发挥着基础作用，良好的心理素质对于增强思想教育、政治教育、道德教育、法纪教育的教育效果意义重大。

二、思想政治教育整体性内容的伦理精神

思想教育、政治教育、道德教育、法纪教育、心理教育构成了思想政治教育的主要内容体系，形成了比较丰富的体系结构。在这个体系结构中，它们具有不同的地位和作用。思想教育是先导，政治教育是核心，道德教育是重点，法纪教育是保障，心理教育是基石。①

思想教育是世界观和方法论教育，教育和引导人们形成正确的世界观、

---

① 张耀灿、郑永廷等：《现代思想政治教育学》，人民出版社 2001 年版，第 181 页。

人生观、价值观和科学的方法论，为人们认识世界和改造世界提供了思想武器和根本的思想方法，为政治教育、道德教育、法纪教育、心理教育的顺利实施创造了先决条件，奠定了坚实的思想基础，发挥着先导作用。政治教育是思想政治教育的核心，决定着思想教育、道德教育、法纪教育、心理教育的方向、性质和效果，影响和制约着它们的教育内容，在思想政治教育诸内容中处于主导地位。政治教育具有鲜明的阶级性，总是要体现统治阶级的意志，决定了政治教育始终要贯穿于思想政治教育之中，规定着思想政治教育的根本属性，指引着思想政治教育的方向，支配和制约着思想政治教育目标的确立、内容的设定、评价体系的设计等。

道德教育在思想政治教育的主要内容体系结构中是重点，道德现象渗透于社会生活的方方面面，道德规范在人们的生活领域中发挥着普遍的认识、调节、激励、导向功能，广泛的、深刻的道德力量是其他社会规范和行为准则无法比拟的，不仅深刻地影响着社会的发展，而且规范着人们的行为，是推动人类文明前行的重要力量。在当今社会，道德对于社会发展的能动作用日益凸显，是社会和谐和优化青年学生成长环境的重要因素。道德教育越来越重要，是思想政治教育的重点，对于提高人们的全面素质具有十分重要的促进作用。法纪教育即社会主义法制教育和纪律教育，发挥着强制性的作用，是思想教育、政治教育、道德教育、心理教育得以开展的有力保障。在当今中国，全面推进依法治国，建设社会主义法治国家，必须加强法纪教育。心理是人的思想观念、政治素质、道德品质形成的前提条件。心理教育是一个基础性工程，在思想教育、政治教育、道德教育、法纪教育的过程中，人们的心理健康状况起着关键性的基石作用。人都要从动机、认知、情绪、态度等心理活动开始，经过感觉、知觉、想象、情感、意志、信念等心理作用的推动，形成一定的思想素质、政治信念、道德品质、法纪观念。①

总之，思想教育、政治教育、道德教育、法纪教育、心理教育在思想政

---

① 熊建生：《思想政治教育内容结构论》，中国社会科学出版社 2012 年版，第 203 页。

治教育中处于不同的地位，发挥着不同的作用，不可偏废，不可相互取代，是一个相互作用、相互依存、相互渗透的有机统一体，共同承担着思想政治教育的任务。亚里士多德说："全体必然先于部分。"① 恩格斯指出："许多人协作，许多力量结合为一个总的力量，用马克思的话说，就产生'新力量'，这种力量和它的单个力量的总和有本质的差别。"② 思想政治教育内容整体性功能大于单个内容所具有的功能，一定要发挥整体协同的功能，突出思想政治教育的核心内容，始终坚持以政治教育为主干，协同开展思想教育、道德教育、法纪教育、心理教育，体现内容的层次性，主次分明，结构合理。

思想政治教育内容是一个整体性的存在，一定要发挥有机统一体的整体功效，不仅突出思想政治教育核心内容，而且要不断完善教育内容体系，优化教育内容结构，思想政治教育伦理精神的作用才能得到进一步的发挥。思想政治教育伦理精神是设置教育内容的"主线"，这根主线必须贯穿其中，否则就会偏离方向，其结果是教育内容设置随意，要么是结构不合理，要么是主次不分，思想政治教育任务难以完成。按照思想政治教育伦理精神设置的每一项教育内容都要体现伦理精神的精髓，即提升人的思想、政治、道德、心理等素质，增强法律意识和纪律观念，共同指向"善"，使个体善和社会善有机融合，使人们得到全面发展。没有伦理精神蕴含的教育内容，势必是没有生机和活力的、机械的应试教育，人会被淹没在知识的强制灌输之中，思想政治教育注定会被异化。

---

① ［古希腊］亚里士多德：《政治学》，吴寿彭译，商务印书馆 1965 年版，第 9 页。
② 《马克思恩格斯选集》第 3 卷，人民出版社 2012 年版，第 505 页。

第四章

从实践层面审视思想政治教育的伦理精神

思想政治教育实践层面主要包括思想政治教育实践的主体、实践的客体、实践的中介、实践的环境等。从实践层面追问思想政治教育的伦理精神，是为了更好地实现思想政治教育的社会目标和个体目标。

第一节　思想政治教育实践主体的伦理精神分析

实践是人的存在方式，人类只有通过实践活动才能认识世界和改造世界。社会生活在本质上是实践的，实践是人类能动地认识世界和改造世界的物质性活动。

一、现代思想政治教育实践主体的转向

"人的本质并不是单个人所固有的抽象物。在其现实性上，它是一切社会关系的总和。"① 这一科学论断从辩证唯物主义和历史唯物主义的立场、

———————

① 《马克思恩格斯选集》第 1 卷，人民出版社 2012 年版，第 135 页。

观点、方法揭示了人的本质，任何人都是处在社会关系中的人，并且是社会实践活动中的人。社会属性是人的本质属性，人与社会统一于社会实践，在实践的过程中人与人结成了各种社会关系。社会生活涉及方方面面，人的社会关系也是多维度、多层次的。随着社会的发展，人的社会关系越来越丰富，也愈加复杂。

马克思在《关于费尔巴哈的提纲》中阐述了实践是感性的、对象性的物质活动，认为全部社会生活在本质上是实践的。① 实践是人类有意识的、自觉的活动，不同于动物的本能活动，因为实践是人独有的活动，作为实践主体的人总是处在一定社会关系之中。一是实践的基本特征反映了人的实践活动的特征。实践的基本特征是物质性、自觉能动性、社会历史性。首先，实践是物质性的活动，实践主体、客体、实践工具都是一种客观实在，实践的结果给人提供客观的现实的成果，外在于人的意识而独立存在。其次，实践是人的自觉能动性的活动。人的自觉的、能动的实践活动总是具有一定的目的性和创造性，否则，实践活动没有任何意义和存在的必要。最后，实践活动是社会历史性的活动。实践的主体、客体、工具都要受到一定的社会历史条件的制约，决定了实践的性质、内容、水平等会随着社会历史条件的改变而发生变化。二是人类社会实践活动基本形式包括物质生产实践、社会政治实践、科学文化实践等，具体形式复杂多样。物质生产实践是人类最基本的实践活动，是人类社会赖以存在的基础，决定着社会的结构、性质、面貌，对其他实践形式具有主导作用。社会政治实践是在物质生产的基础上形成的，调整和处理社会政治和公共关系的实践活动。科学文化实践包括自然科学的实践，也包括人文社会科学的实践，以认识和把握客观事物的本质和规律为目的。思想政治教育既是社会政治实践，又是人文社会科学实践。思想政治教育是思想政治工作的基本内容，从外延看包括思想教育、政治教育、道德教育等。三是劳动创造了人本身，形成人的特有本质，在实践活动

———————————

① 《马克思恩格斯文集》第 1 卷，人民出版社 2009 年版，第 501 页。

中才能充分体现人的本质，并把人从自然界中分化出来，在改造自然的过程中形成了各种社会关系，同时也在改造着人类自己。

思想政治教育是人类的一种社会实践活动，属于教育活动，遵循教育活动的一般规律，但又不同于一般的教育活动，有其自身的特殊性。因此，思想政治教育在遵循教育活动一般规律的基础上，必须遵循思想政治教育的规律和人的思想理论、政治观点、道德品质形成发展的规律。思想政治教育的主体属于教育活动中的主体范畴，但有自身的特殊性。实践主体是具有思维能力、认识能力从事社会实践活动的人，思想政治教育的实践主体是一定的阶级、政党、社会群体等，按照一定的要求有目的、有计划、有组织实施教育和影响的组织者和教育者。阶级、政党、社会群体最终还是要通过人来实现，在我国包括党组织、政府机构、群团组织、部队、各级各类单位、家庭、社区、学校等，其中专门从事思想政治教育的组织和个人是实践主体的重要力量。

2019 年 3 月 18 日，习近平同志主持召开学校思想政治理论课教师座谈会并发表重要讲话。[①] 讲话指出，思想政治理论课教师是可信、可敬、可靠，乐为、敢为、有为的教师队伍。这是国家领导人对思想政治教育主体的肯定和认可。思想政治理论课取得成效的关键在于教师，思想政治理论课教师是学生思想的引路人，引导学生扣好人生第一粒扣子；是给学生心灵播种真善美种子的"工程师"，让真善美的种子生根、发芽、开花、结果；是帮助学生树立正确世界观、人生观、价值观的"园丁"，培养一代又一代拥护中国共产党领导和我国社会主义制度、立志为中国特色社会主义事业奋斗终生的有用人才。

教育部公布了《新时代高等学校思想政治理论课教师队伍建设规定》，2020 年 3 月 1 日起施行。[②] 思想政治理论课教师首要的岗位职责是讲好思政

---

① 《习近平主持召开学校思想政治理论课教师座谈会强调　用新时代中国特色社会主义思想铸魂育人　贯彻党的教育方针落实立德树人根本任务》，《人民日报》2019 年 3 月 19 日。

② 中华人民共和国教育部：《新时代高等学校思想政治理论课教师队伍建设规定》，中华人民共和国教育部网站，http://www. moe. gov. cn/srcsite/A02/s5911/moe_ 621/202002/t20200207_ 418877. html，2020-02-07。

课，为培养新时代中国特色社会主义新人作出自己应有的贡献。第一，要严把思想政治理论课教师的政治关、师德关、业务关。政治关和师德关是思想政治理论课教师的首要任职条件，在政治立场、政治方向、政治原则、政治道路等方面要与党中央保持高度一致，在师德规范方面是模范践行者。业务关是讲好思想政治理论课的必备条件，也是新时代思想政治教育守正创新的关键。第二，要引导学生立德成人、立志成才。以社会主义道德培养人，培养出来的人必须是有德行的人，德才兼备，以德为先，立德使人成为真正的人。引导学生树立正确的世界观、人生观、价值观，树立远大理想，坚定马克思主义信仰，坚定中国特色社会主义信念，树人使人成才。第三，对思想政治教育教师提出了岗位要求，要做好为人、为学的表率，深入研究教材内容，全面把握教材重点、难点，将教材体系转化为教学体系。以思想政治理论课教学为核心，围绕马克思主义理论学科开展科学研究，研究中国特色社会主义重大理论和实践问题，研究教学中的重点、难点内容，研究教学方法的改革和创新，不断提高思想政治理论课教学科研水平。第四，规定了新时代高校思想政治理论课教师队伍的配备与选聘、培养与培训、考核与评价、保障与管理等。

理直气壮开好思想政治理论课，教育实践主体要做到"六要"。一是政治要强。思想政治理论课教师必须信仰马克思主义，树立共产主义的远大理想和中国特色社会主义的共同理想。思想政治理论课教师首先要真学、真懂、真信、真用，对讲授内容高度认同，把理论知识讲深、讲透，就能说服人。"理论只要说服人［ad hominem］，就能掌握群众；而理论只要彻底，就能说服人［ad hominem］。所谓彻底，就是抓住事物的根本。"[1] 理论上有底气，行动上能够模范践行，只有真正打动学生，让学生心服口服，才能有效引导学生树牢政治意识、大局意识、核心意识、看齐意识，坚定中国特色社会主义道路自信、理论自信、制度自信、文化自信。以习近平新时代中国

---

① 《马克思恩格斯选集》第 1 卷，人民出版社 2012 年版，第 9—10 页。

特色社会主义思想武装自己的头脑，关键在于转化为自觉的行动。有信仰的人，才能讲信仰，才能真讲马克思主义，学生才能真信马克思主义和共产主义；有信仰的人，才能善于从政治上看问题，才能在大是大非面前保持政治上的清醒，才能具有一定的政治定力和政治鉴别力，才能始终与党中央保持高度一致。

二是情怀要深。"思政课教师要有家国情怀，心中装着国家和民族，在党和人民的伟大实践中关注时代、关注社会，汲取养分、丰富思想。"① 具有家国情怀，心里时刻关注人民群众的根本利益，关注国家的前途和命运，关注社会发展的时代脉搏，厚植爱国主义情怀，激励学生把爱国情、强国志、报国行自觉融入坚持和发展中国特色社会主义事业、建设社会主义现代化强国、实现中华民族伟大复兴的奋斗之中，自觉践行社会主义核心价值观，培养学生成为有大爱、大德、大情怀的、大写的人。

"要有传道情怀，对马克思主义理论教育事业投入真情实感，对思政课教育教学有执着追求。"② 热爱思想政治教育教学工作，以饱满的热情投入其中。思想政治教育工作从根本上来说是做人的工作，深刻地揭示了思想政治教育工作的出发点和归宿点，关系到为谁培养人、培养什么样的人、如何培养人这一根本性问题。"思想政治工作是学校各项工作的生命线"③，这一重要论断是对马克思主义关于思想政治教育工作基本立场和基本观点的坚持和发展，对于促进新时代立德树人这一根本任务具有深远的战略意义。教师的思想政治状况具有很强的示范性和引导性，思想政治理论课教师"要坚持教育者先受教育，让教师更好担当起学生健康成长指导者和引路人的责

---

① 习近平：《思政课是落实立德树人根本任务的关键课程》，人民出版社 2020 年版，第 13 页。

② 习近平：《思政课是落实立德树人根本任务的关键课程》，人民出版社 2020 年版，第 13 页。

③ 《习近平在全国教育大会上强调　坚持中国特色社会主义教育发展道路　培养德智体美劳全面发展的社会主义建设者和接班人》，《人民日报》2018 年 9 月 11 日。

任"①，在铸魂育人中紧紧围绕中国共产党为什么"能"、马克思主义为什么"行"、中国特色社会主义为什么"好"等重大问题，让学生深刻认知和把握共产党执政规律、社会主义建设规律、人类社会发展规律的理论知识和实践经验。

"要有仁爱情怀，把对家国的爱、对教育的爱、对学生的爱融为一体，心中始终装着学生，让思政课成为一门有温度的课。"② 教育是用一个灵魂去唤醒另一个灵魂的过程，爱是教育的灵魂，没有爱教育就不会产生。以教师为主导，以学生为主体，充分调动学生学习的积极性、主动性、创造性，让学生参与课堂、融入课堂，才能提高教育教学效果。思想政治教育是一份充满爱心的工作，把对国家的爱、对教育事业的爱、对学生的爱融为一体，让其充盈心间，思想政治理论课教育教学就不会是冷冰冰的，而是充满爱意、富有温度的工作，课堂就会鲜活起来，师生关系和谐融洽，思想政治理论课的获得感就会不断提升。

三是思维要新。"思政课要教会学生科学的思维。思政课教师给予学生的不应该只是一些抽象的概念，而应该是观察认识当代世界、当代中国的立场、观点、方法。"③ 作为思想政治理论课教师，要学习和掌握辩证唯物主义和历史唯物主义，要学会唯物辩证法的科学思维方法，教会学生正确的思维方法，培养他们辩证思维能力、历史思维能力、战略思维能力、底线思维能力和创新思维能力。

辩证思维能力是科学思维的根本要求，是科学思维的集中体现，是唯物辩证法在思维中的运用。从对立统一中把握事物的发展规律，善于抓住事物的重点和关键，全面准确地把握事物的本质。

---

① 习近平：《在北京大学师生座谈会上的讲话》，《人民日报》2018 年 5 月 3 日。

② 习近平：《思政课是落实立德树人根本任务的关键课程》，人民出版社 2020 年版，第 13—14 页。

③ 习近平：《思政课是落实立德树人根本任务的关键课程》，人民出版社 2020 年版，第 14 页。

"历史是最好的教科书"①，"中国革命历史是最好的营养剂"②，历史思维能力是科学历史观与辩证思维的有机结合。总结历史规律，把握历史规律，认清历史大势，在学习历史的过程中深入思考现实问题，指导现实工作。

战略思维能力关系到一个民族、一个国家的兴衰，强调思维整体性、全局性、长期性的把握能力，能够善于把握事物发展的总趋势和大方向。立足于世情、国情、党情的实际，站在战略大局的高度发现问题、分析问题、解决问题。

坚持底线思维，培养底线思维能力。底线思维一方面要坚守底线，不能突破底线，"受警醒、明底线、知敬畏，主动在思想上划出红线、在行为上明确界限，真正敬法畏纪、遵规守矩"③。另一方面，积极研判风险，防患于未然，掌握主动权，以实际行动化解风险，将挑战转化为机遇。居安思危，增强忧患意识，不安于现状，着眼于长远发展。增强前瞻意识，做好应付最坏打算的思想准备，见微知著，未雨绸缪，争取获得最好的结果。

创新思维是对常规思维的突破，在求新、求变的过程中创造性地回应和解决现实生活中的问题，"解决深层次矛盾和问题，根本出路在于创新"④。培养创新思维，打破惯性思维，不墨守成规，勇于理论创新和实践创新，让创新成为社会进步和发展的强大动力源泉。

思想政治理论课教师不仅要教会学生科学的思维方法，而且要教会学生运用马克思主义的基本立场、观点和方法提出问题、分析问题、解决问题，分析和解决当今世界、当今中国现实实践中的重大问题。思想政治理论课教育教学是一项创造性的工作，要求教师在教育教学的过程中，创新课堂教学

---

① 《习近平谈治国理政》第 1 卷，外文出版社 2018 年版，第 405 页。
② 《习近平总书记系列重要讲话读本》，学习出版社、人民出版社 2016 年版，第 287 页。
③ 《习近平关于党风廉政建设和反腐败斗争论述摘编》，中央文献出版社、中国方正出版社 2015 年版，第 148 页。
④ 《习近平关于科技创新论述摘编》，中央文献出版社 2016 年版，第 3 页。

方法和教学手段，不只是讲解抽象的概念，而应该从概念入手讲深讲透相关理论，引导学生正面思考，既要看到我们国家在社会主义建设中所取得的辉煌成就，也要看到社会主义建设的复杂性、艰巨性和长期性，把落脚点放在引导学生对中国特色社会主义充满信心，坚定中国特色社会主义道路自信、理论自信、制度自信、文化自信。

四是视野要广。"思政课教师要有知识视野，除了具有马克思主义理论功底之外，还要广泛涉猎其他哲学社会科学以及自然科学的知识。"① 思想政治理论课教育教学内容涉及马克思主义理论、哲学、伦理学、政治学、经济学、心理学、社会学、文化学、自然科学等专业知识，思想政治理论课教师既要博学所涉及的专业，又要专攻马克思主义理论。

"要有宽广的国际视野"②，能够以广阔的国际眼界、独到的国际眼光、正确的国际视角，洞察世界风云变幻，审视世界百年未有之大变局的实质。当今世界新一轮大发展、大变革、大调整所带来的是国际体系和国际秩序的深度调整，人类社会发展面临的不确定、不稳定性因素明显增多。思想政治理论课教师要胸怀中华民族伟大复兴的战略全局与世界百年未有之大变局，"两个大局"是新时代我国谋事之基础。利用国内外典型案例，在比较中讲明我们社会主义社会国家的制度优势，积极回应学生的疑惑，引导学生全面客观地认清世界局势以及我国所处的历史方位，在鉴别中明辨是非曲直。

"还要有历史视野。历史是最好的老师。思政课教师的历史视野中，要有5000多年中华文明史，要有500多年世界社会主义史，要有中国人民近代以来170多年斗争史，要有中国共产党近100年的奋斗史，要有中华人民共和国70年的发展史，要有改革开放40多年的实践史，要有新时代中国特色社会主义取得的历史性成就、发生的历史性变革，通过生动、深入、具体

---

① 习近平：《思政课是落实立德树人根本任务的关键课程》，人民出版社2020年版，第14—15页。

② 习近平：《思政课是落实立德树人根本任务的关键课程》，人民出版社2020年版，第15页。

的纵横比较，把一些道理讲明白、讲清楚。"① 思想政治理论课教师要在中华文明史、世界社会主义史、近代斗争史、中国共产党的奋斗史、新中国发展史、改革开放实践史的视野中，"学史明理、学史增信、学史崇德、学史力行"②，不断提升思想政治理论课的教育教学质量。

一名具有知识视野、国际视野、历史视野的教师，才能把思想政治理论课讲得生动有趣、深入浅出，才能把授课内容讲深讲透，不仅要教会学生"是什么"，而且更重要的是教会学生"为什么"，深刻懂得"知其然，更要知其所以然"。

五是自律要严。对于教育主管部门和学校而言，要按照国家有关规定，严格执行思想政治理论课教师"准入制"。对于思想政治理论课教师而言，要按照国家法律法规以及有关规章制度，严格要求自己，既要教书，又要育人。做到课堂有纪律，言行须一致，课上课下一致、网上网下一致。"思政课教师对自己要求要严格，既要遵守教学纪律，也要遵守政治纪律和政治规矩，做到课上课下一致、网上网下一致，不能在课上讲得不错，却在课下乱讲，不能在现实生活中表现不错，却在网上乱说。"③ 遵守政治纪律和政治规矩，是思想政治理论课教师的根本要求和必备素质。课上课下一致，网上网下一致，是思想政治理论课教师的底线要求，修身律己，绝不能做政治上的"两面人"。遵守课堂纪律，并不是绕开问题讲、避开学生关切的热点、难点讲，而是坚持正确的政治方向，引导学生客观如实地分析问题，并提出解决问题的可行性路径。今日之世界，无处不网、无时不网，思想政治理论课教师要加强学生的网络法律教育和道德教育，正面宣传，做好舆论引导。

"思政课教师掌握着课堂的主导权和话语权，一定要自觉弘扬主旋律，

---

① 习近平：《思政课是落实立德树人根本任务的关键课程》，人民出版社 2020 年版，第15 页。

② 《习近平在党史学习教育动员大会上强调　学党史悟思想办实事开新局　以优异成绩迎接建党一百周年》，《人民日报》2021 年 2 月 21 日。

③ 习近平：《思政课是落实立德树人根本任务的关键课程》，人民出版社 2020 年版，第15—16 页。

积极传递正能量。"① 课堂教学有纪律，讲台言论有规矩。牢牢掌握意识形态的主导权和话语权，坚持马克思主义的指导思想必须旗帜鲜明，坚持中国共产党的领导必须毫不动摇，坚持正确的舆论导向绝不含糊，决不允许攻击党的领导、抹黑我国社会主义的各种言论、危害国家主权和领土完整、破坏民族团结等言行在教育教学活动中出现。坚守政治底线、法律底线、道德底线，这是人之为师的基本条件和要求。学高为师，身正为范。要深深懂得思想政治理论课教师使命光荣、责任重大，自觉弘扬国家主旋律，积极传递社会正能量，让主旋律更加凸显、正能量更加强大。

六是人格要正。"有人格，才有吸引力。思政课教师要有堂堂正正的人格，用高尚的人格感染学生、赢得学生。"② 人格是一个人优良的政治品格、高尚的道德品质、良好的行为习惯、崇高的精神境界等内在要素的集中体现。教师的人格除了具备上述条件外，还需具备深厚的专业知识，驾驭课堂的组织能力、教学能力、语言表达能力，教育教学的艺术魅力，与学生沟通、交流的技能技巧等。"大学教师对学生承担着传授知识、培养能力、塑造正确人生观的职责。教师要成为大先生，做学生为学、为事、为人的示范，促进学生成长为全面发展的人。"③ 教师肩负着神圣的职责，既要帮助学生形成正确的世界观、人生观、价值观，又要在传授知识的过程中培养学生能力，并强化育人功能。以"大先生"的标准严格要求自己，在为学、为事、为人等方面为学生做出表率，促进学生全面发展。思想政治理论课教师要具有高尚的人格，以堂堂正正、光明磊落的人格影响学生、感染学生；以深厚的理论功底吸引学生、启迪学生；以真理的理论感召学生、以理服人；以正确的世界观、人生观、价值观引导学生，做学生为人和做学问的表

---

① 习近平：《思政课是落实立德树人根本任务的关键课程》，人民出版社 2020 年版，第16 页。

② 习近平：《思政课是落实立德树人根本任务的关键课程》，人民出版社 2020 年版，第16 页。

③ 《习近平在清华大学考察时强调　坚持中国特色世界一流大学建设目标方向　为服务国家富强民族复兴人民幸福贡献力量》，《人民日报》2021 年 4 月 20 日。

率,"亲其师,才能信其道",真正使思想政治理论课成为学生终身受益的课程。

思想政治理论课教师人格塑造,一是要塑造其政治品格。加强习近平新时代中国特色社会主义思想学习,系统把握其核心要义和丰富内涵,深刻懂得其历史地位。掌握马克思主义理论的基本原理和科学方法,坚定马克思主义信仰,树立对社会主义和共产主义的信念,坚持正确的政治方向和政治立场,严守政治纪律,不断锤炼政治品格。二是要塑造其道德品质,思想政治理论课教师的言行具有一定的示范性,身教胜于言传。师德是教育的根基,是教师的灵魂,是富有爱心的体现,是人之为师必备的道德品质。自觉修身修为,践行社会主义核心价值观,以知行合一的道德追求,做好为人、为学的表率,成为学生的道德楷模。三是要塑造其教书育人之本领,教书育人是教师的天职。"要有学识魅力,用真理的力量感召学生,以深厚的理论功底赢得学生。"[1] 思想政治理论课教师要以高尚的师德魅力、扎实的理论知识、强大的真理力量、卓越的学识魅力,感召学生、感染学生、赢得学生。"给学生心灵埋下真善美的种子,引导学生扣好人生第一粒扣子。"[2] "这就像穿衣服扣扣子一样,如果第一粒扣子扣错了,剩余的扣子都会扣错。人生的扣子从一开始就要扣好。"[3] 思想政治理论课是落实立德树人这一根本任务的关键课程,思想政治理论课教师是给学生心灵埋下真善美种子的"播种者",而且还要引领学生形成正确的价值观,帮助学生扣好人生的第一粒扣子。

传统的思想政治教育实践主体是教育者,不把受教育者当成是实践主体。因此,所实施的思想政治教育是"单向度"的教育,遵循"主体—中介—客体"的实践模式。在这种模式下,受教育者只是被动地接受,被淹

---

① 习近平:《思政课是落实立德树人根本任务的关键课程》,人民出版社 2020 年版,第 16 页。

② 《习近平谈治国理政》第 3 卷,外文出版社 2020 年版,第 330 页。

③ 《习近平谈治国理政》第 1 卷,外文出版社 2018 年版,第 172 页。

没在工具理性的思维方式之中，把受教育者对象化，成了知识的"容器"，受教育者被当成是抽象的人，此情境中的人只是一个符号，处于从属、被支配的地位。而教育者具有主导权、支配权和话语权，总会按照一定的教育目的对受教育者施加教育和影响，带有一定的强制性。现代的思想政治教育克服了传统思想政治教育的弊端，由单一的主体即教育者转化为主体间性，遵循"主体—中介—主体"的模式。把受教育者作为思想政治教育的主体，主体间性凸显了主体与主体之间的统一性，提倡交往行为，建立相互理解、相互沟通的交往理性，这无疑是思想政治教育在认识层面和实践层面的一大进步。但不能因此否定教师的主导作用，教师的主导作用还需加强。

二、从主体间性维度分析思想政治教育伦理精神

主体间性实现了认识论的重大转向，超越了主客二分的弊端。它从关注"主体——客体"之间的关系转向关注"主体——主体"之间的关系，不再把客体看作我们认识的对象，而是看作主体，主体与主体之间的关系是平等的。实践内在要求人们之间平等交往，人与人之间、人与社会之间、人与自然之间、人与自我之间在处理关系时，既能利于自我，又能利于他人，是为对方的存在而存在。主体间性需要主体之间相互作用，在实践活动中回到现实人的生活本身，是主体之间的共在，比"主体性"更有意义。由此可见，主体间性的思想政治教育不同于主体性的思想政治教育，更好地体现了思想政治教育的伦理精神，强调思想政治教育过程中主体与主体之间的平等关系及其有效沟通，实现了由"单主体"向"双主体"的提升，有效地完成了从单向度的交往交流到双向有机互动交融的转变。

主体间性的思想政治教育体现了思想政治教育的伦理精神，是对传统思想政治教育主体问题的哲学反思，克服了主体与客体相互对立的矛盾。教育者和受教育者始终是以主体的身份参与到思想政治教育的过程之中，追求着共同的目标，他们之间的关系内在和谐。主体间性与思想政治教育的伦理精

神契合，注重双方的平等对话和理解沟通，产生情感共鸣；注重双方意义世界的建构，在意义世界中维持个体与共体生命有机体的平衡；注重双方精神境界的提高，真正触及思想政治教育的灵魂。主体间性的思想政治教育促使现实的人拥有理性、情感，启迪人们的思维，激发人的自我实现。"教育活动关注的是，人的潜力如何最大限度地调动起来并加以实现，以及人的内部灵性与可能性如何充分生成。"①

陈建涛教授认为，主体间性的获得方式是教化，通过强制性规范性的教育和训练就是教化。② 在黑格尔看来，教化对于人类精神形成具有重要的意义。"个体在这里赖以取得客观效准和现实性的手段，就是教化。""这种个体性将自己教化为它自在的那个样子，而且只因通过这段教化它才自在地存在，它才取得现实的存在；它有多少教化，它就有多少现实性和力量。"③个体通过教化获得现实性，把自在存在转化为自为存在。"个体的教化乃是实体本身的本质性环节，即是说，教化乃是实体的在思维中的普遍性向现实性的直接过渡，或者说，是实体的简单的灵魂，而借助于这个简单的灵魂，自在存在才得以成为被承认的东西，成为特定存在。因此，个体性的自身教化运动直接就是它向普遍的对象性本质的发展，也就是说，就是它向现实世界的转化。"④ 个体的教化获得了个体的现实性，实现了实体本身。

第二节　思想政治教育实践客体的
伦理精神分析

思想政治教育实践的客体是相对于主体而言，是主体进行思想政治教育

---

① ［德］雅斯贝尔斯：《什么是教育》，邹进译，生活·读书·新知三联书店1991年版，第2页。

② 陈建涛：《论主体间性》，《人文杂志》1993年第4期。

③ ［德］黑格尔：《精神现象学》下卷，贺麟等译，商务印书馆2009年版，第48页。

④ ［德］黑格尔：《精神现象学》下卷，贺麟等译，商务印书馆2009年版，第49页。

的对象。没有客体的存在，或者离开了客体的积极参与，思想政治教育的主体也就失去了存在的意义，思想政治教育活动也就无法开展。因为，思想政治教育的目的在于提高客体的思想政治道德水平，通过客体水平的提高检验思想政治教育的成效。对于思想政治教育的客体来说，正是由于他们的思想政治道德水平与社会的要求存在一定的差距，加之，社会的发展是动态的，对人们的要求随之也会越来越高，思想政治教育须以开展，社会要求每一个个体都需要接受思想政治教育，尤其是青少年在思想政治道德方面需要不断地提升，更应该积极主动地接受思想政治教育。

一、思想政治教育的实践客体

在思想政治教育的主体、客体问题上，有些人认为我国的思想政治教育应该是人民群众的自我教育，人民群众既是主体又是客体，也就没有主、客体之分。还有些人认为，思想政治教育的主体也要接受教育，究竟谁是主体就很难区分。思想政治教育作为一项社会实践活动，需要主体与客体之分，否则，就不会形成思想政治教育实践活动。人民群众所进行的自我教育，不是自发的思想政治教育，而是有组织的、有计划的、有目的的教育活动。所以，人民群众的自我教育也是有实践主体的。思想政治教育的主体和客体既相互区别，又相互联系，它们在一定条件下是可以转化的，是一个矛盾的统一体。

在思想政治教育的过程中，实践主体根据社会的发展要求和客体自我发展的需求，对客体进行思想教育、政治教育、道德教育、法纪教育、心理教育等，使其"为人民服务，为中国共产党治国理政服务，为巩固和发展中国特色社会主义制度服务，为改革开放和社会主义现代化建设服务"[1]，培养成为适应社会发展需要的人。思想政治教育的过程是主体客体化和客体主

---

[1] 《习近平谈治国理政》第 2 卷，外文出版社 2017 年版，第 377 页。

体化的过程，是自我教育与"他教"相融合的过程。思想政治教育的客体是一个复杂的集合体，涉及社会的各个部门、各个领域等，覆盖面广泛。不同地区、不同年龄阶段、不同文化程度、不同现实环境的受教育者，都具有不同的思想特点，具有一定的差异性，需区别对待。思想政治教育的客体在实践主体的教育和引导下，能够改变自己的思想观念，缩小与社会发展要求的差距，具有一定的可塑性；能够主动地接受教育，不是消极被动的，具有能动的主体性。

现代思想政治教育不仅要重视客体的能动性、创造性，而且要培养客体的主体性。因为思想政治教育的主体和客体都是人，人的主体性就是人在认识世界和改造世界的过程中表现出来的能动性、自主性和创造性，思想政治教育客体的主体性对于进行思想政治教育具有重要的理论意义和现实意义。

一是思想政治教育的客体具有能动性。思想政治教育的客体能够按照自己的认知水平和知识需求，对教育主体实施的教育教学活动进行自主选择，适时调整自己的认知和实践活动，并在实践活动中检验客体的认识是否正确，更好地引导客体进行自我教育。思想政治教育的主体要发挥客体的能动性作用，确证客体的主体身份，不断激发他们教育的积极性、主动性和创造性，推进思想政治教育客体能动地参与到整个教育教学活动的实施之中。

二是思想政治教育的客体具有自主性。思想政治教育的客体是具有自主意识的人，他们能够自主认知、自主选择、自主思考、自主控制，主动地选择和接受，不断地进行自主完善。思想政治教育需重视客体的自主性，培养他们在教育教学过程中的判断和推理能力、分析与综合能力，形成自主的个性特质。作为共时性主体，教育者和受教育者拥有平等的地位，但这种平等地位不是自发形成的，需要发挥客体的自主性作用才能得以实现。

三是思想政治教育的客体具有创造性。思想政治教育的客体在思想政治教育实践中，需发挥其创造性作用。一般情况下，创造性是由创造性意识、创造性思维、创造性活动三个部分组成。其中，创造性意识是前提，创造性思维是核心，创造性活动是落脚点。思想政治教育是一种独特的实践活动，思想政治教育目标的完善、思想政治教育过程的优化、思想政治教育内容的设计、思想政治教育手段和方法的运用等，对于培养客体的创造性具有一定的促进作用。当今社会，一定要依托大数据技术，通过海量信息的获取分析，精准发力培养思想政治教育客体的创造性。重视培养他们的创造性意识和创造性思维，用创新性理论武装他们的头脑，引导他们积极开展创造性活动，以创造创新的内驱力大力推动思想政治教育客体的自身发展。

二、从思想政治教育客体维度分析其伦理精神

当今社会，由于世界多极化、文化多元化、社会信息化、科学技术日新月异，现代思想政治教育内在地要求建立与之相适应的客体观。全体社会成员作为现代思想政治教育的客体，对其进行思想政治教育是当今社会的应有之义。我国意识形态工作面临着诸多挑战，国内外敌对势力时时处处在意识形态领域和文化价值观念等方面进行渗透，鼓吹各种错误言论，否定中国共产党党史、新中国史、改革开放史、社会主义发展史，贬低领袖人物，恶意诋毁英雄人物等，给思想政治教育的客体带来了巨大冲击。"国内外各种敌对势力，总是企图让我们党改旗易帜、改名换姓，其要害就是企图让我们丢掉对马克思主义的信仰，丢掉对社会主义、共产主义的信念。"①

互联网迭代升级的大幕已经开启，深刻改变了人们的生产生活方式，同时为网络意识形态领域带来了风险挑战。多种高科技的综合应用，加剧了网络意识形态斗争的复杂性、多变性、不确定性，增加了网络主导意识形态的引导难度。加之，境内外敌对势力的网络入侵，数字历史虚无主义、数字民粹主义等网络社会错误思潮的出现，为掌握网络意识形态工作的领导权、管理权和话语权构成了潜在风险和严峻挑战。新媒体时代产生了不同于传统媒体的传播方式，削弱了主导意识形态的传播。新媒体时代人们获取信息的渠

---

① 《习近平谈治国理政》第 2 卷，外文出版社 2017 年版，第 327 页。

道多、速度快，人人都是"自媒体"，对人们的思想观念、价值取向、思维方式等一定程度上造成了冲击，人们在多元价值观念中无所适从，更多的是思想上的困惑甚至是价值观念上的混乱，严重影响人们对于我国社会发展思想观念认识上的正确抉择。

对于青少年而言，他们的世界观、人生观、价值观还未完全形成，由于纷繁复杂难以作出正确辨别和选择，容易受到消极影响，也容易被别人所欺骗和利用。为了积极应对这些挑战，人们亟需思想政治教育发挥其应有的作用，引导人们运用马克思主义立场观点方法分析问题、解决问题，引导和帮助人们厘清各种错误观念，有效应对国内外各种敌对势力的渗透，积极践行社会主义核心价值观。为此，思想政治教育必须坚持以人为本，深入研究思想政治教育客体中出现的新情况、新问题、新趋势，创造性地提出应对之策和解决之道，为社会主义现代化建设提供思想保证和精神动力。

习近平同志在北京大学师生座谈会上的讲话中指出，要求广大青年一是要爱国，爱国是第一位的。了解中华民族悠久历史，传承中华民族优秀文化，树立中华民族自豪感。爱国是一个人的气节、人格的第一位要求，"做人要有气节、要有人格。气节也好，人格也好，爱国是第一位的"①。爱祖国与爱人民是联系在一起的，心中时时有祖国，处处有人民，这是对青年学生的基本要求。二是要励志，励志先要立志。"志不立，天下无可成之事。"（王守仁：《教条示龙场诸生》）树立远大志向，才能成就一番事业，志向对于一个人的成长成才具有十分重要的意义。立志才能励志，才能致力于事业的奋斗之中。青年学生要做新时代的奋斗者，奋斗的人生才是幸福的人生。三是要求真，追求真理，练就真本领。"知识是每个人成才的基石，在学习阶段一定要把基石打深、打牢。学习就必须求真学问，求真理、悟道理、明事理，不能满足于碎片化的信息、快餐化的知识。要通过学习知识，掌握事物发展规律，通

---

① 习近平：《在北京大学师生座谈会上的讲话》，《人民日报》2018 年 5 月 3 日。

晓天下道理，丰富学识，增长见识。"① 青年学生的第一要务是学习，学习阶段必须下苦功夫，既要读有字之书，也要读无字之书，努力扩大知识半径，经过系统学习掌握真才实学，将自己所学知识内化于心，并转化为为人民服务的实际行动。四是要力行，知行合一。"学到的东西，不能停留在书本上，不能只装在脑袋里，而应该落实到行动上，做到知行合一、以知促行、以行求知。"② 通过学习获取理论，更重要的是用以指导实践，理论必须回到实践中去。在知行合一上笃行，在实践中践行，成为真正的实干家。

习近平同志在清华大学考察时强调，"广大青年要肩负历史使命，坚定前进信心，立大志、明大德、成大才、担大任，努力成为堪当民族复兴重任的时代新人，让青春在为祖国、为民族、为人民、为人类的不懈奋斗中绽放绚丽之花"③。青年学生要立大志，与历史前进同向，与新时代发展同行，与人民同在，将自己的人生目标与国家、民族的前途命运紧密联系在一起，树立为祖国、为人民奉献一切的坚定理想。青年学生要明大德，自觉锤炼道德品德，践行社会主义核心价值观，加强道德修养，注重道德践履。追求理想的道德人格和崇高的精神境界，以中华优秀传统文化、红色革命文化、社会主义先进文化启智润心、培根铸魂，从中国共产党史、新中国史、改革开放史和社会主义发展史的学习中汲取智慧和力量，培育高尚的道德人格，增强做中国人的骨气和底气。青年学生要成大才，坚持理论联系实际，在全面建设社会主义现代化强国的伟大实践中锻炼才干，在与人民群众保持血肉联系的实践中增长才干，在解决现实生产、生活实际问题的过程中提升才干，不断提高成就大才的理论水平和实践能力，自觉做中国特色社会主义的忠诚实践者。青年学生要担大任，心怀中华民族伟大复兴的战略全局和世界百年未有之大变局，深刻理解和把握国家和人民之需要，准确把握国内外大势，敢于担

---

① 习近平：《在北京大学师生座谈会上的讲话》，《人民日报》2018 年 5 月 3 日。
② 习近平：《在北京大学师生座谈会上的讲话》，《人民日报》2018 年 5 月 3 日。
③ 《习近平在清华大学考察时强调 坚持中国特色世界一流大学建设目标方向 为服务国家富强民族复兴人民幸福贡献力量》，《人民日报》2021 年 4 月 20 日。

当担责，善于奋发有为，努力服务于实现国家富强、民族复兴、人民幸福的伟大实践之中。为此，要脚踏实地、埋头苦干、实学实干，以实际行动切实担负起新时代中华民族之大任，在实干中成就精彩人生，实现青春的最大价值。

第三节　思想政治教育实践中介的伦理精神分析

思想政治教育实践的中介主要包括思想政治教育的课程、方法等要素，实践主体通过实践中介作用于实践客体，才能发生和形成思想政治教育的实践活动。

一、从思想政治教育的课程维度分析其伦理精神

对于专业而言，构成专业要素的是课程，通过专业的开设把与之相关的几门课程联结起来，构成一个比较系统、相对专业的课程体系。课程是开展思想政治教育的重要途径，是思想政治教育学科的内在构成要素，思想政治教育学科知识必须通过一定的课程体系予以实施。

（一）思想政治教育课程设置的历史沿革

思想政治教育课程包含两类课程：一类是作为广义思想政治教育课程的思想政治理论课，另一类是作为学科和专业的思想政治教育课程。[1] 前一类课程在新中国成立以前就已存在，发展历史比较长，积累了一定的经验，取得了一定的成效。后一类课程是随着恢复高考的历史进程开始的，1978 年

---

[1]　宇文利：《思想政治教育课程论：现状、问题与发展》，《思想理论教育》2014 年第 4 期。

教育部下发《关于加强高等学校马列主义理论教育的意见》，该意见要求高等学校应开设"哲学、政治经济学和中共党史"，而"文科应另加国际共产主义运动史"。[①] 1984 年思想政治教育专业开设，学科意义上的专业课程被提到了议事日程。1985 年 8 月，中共中央下发《关于改革学校思想品德和政治理论课课程教学的通知》（即"85 方案"），通知要求高校要进行以中国革命史为中心的历史教育、马克思主义基本理论的教育；有分析有比较地介绍当代其他各种社会思潮，运用马克思主义理论对这些思潮进行分析和鉴别；进行中国社会主义建设和改革的理论、政策和实际知识的教育，适时穿插时事教育；还应向学生介绍当代世界政治经济的基本状况、国际关系的基础知识。

国家教委根据通知意见，从 1986 年起，开设了"中国革命史""中国社会主义建设""马克思主义原理""世界政治经济和国际关系"四门课程，取代了 1978 年开设的四门课程。[②] 1986 年 7 月，中宣部、原国家教委印发《关于对高等学校学生深入进行形势与政策教育的通知》，增加了"形势与政策"课程。1987 年 9 月，原国家教委下发《关于在高等学校开设"法律基础课"的通知》，又增加了"法律基础"课程。1987 年 10 月，原国家教委下发《关于高等学校思想教育课程建设的意见》，该意见指出，"形势与政策"与"法律基础"课是必修课，"大学生思想品德修养""人生哲理""职业道德"三门为选修课。1993 年把"思想教育课程"的名称改为"思想政治教育课程"，把"大学生思想品德修养"和"人生哲理"课合并为"思想道德修养"，规定为必修课。1995 年 10 月，原国家教委印发《关于高等学校马克思主义理论课和思想品德教学改革的若干意见》，把"思想政治教育课"的名字又改为"思想品德课"，"思想品德课"与"马克思主义理

---

① 教育部社会科学司：《普通高校思想政治理论课文献选编（1949—2008）》，中国人民大学出版社 2008 年版，第 70 页。

② 教育部社会科学司：《普通高校思想政治理论课文献选编（1949—2008）》，中国人民大学出版社 2008 年版，第 110 页。

论课"合称"两课",该意见要求通过教学改革,逐步形成"结构合理、功能互补的'两课'课程体系"。①

党的十五大之后,1998 年 6 月,中宣部、教育部印发《关于普通高等学校"两课"课程设置的规定及其实施工作的意见》(即"98 方案"),对课程开设做了新调整,把"马克思主义原理"拆分为"马克思主义哲学原理"和"马克思主义政治经济学原理";增加了"毛泽东思想概论"和"邓小平理论概论",代替原来开设的"中国革命史"和"中国社会主义建设",要求从 1998 年秋季开始执行。党的十六大把"三个代表"重要思想确立为我们党的指导思想,2003 年 2 月"邓小平理论和'三个代表'重要思想概论"课取代了"邓小平理论概论"课。

2004 年 10 月,中共中央、国务院下发《关于进一步加强和改进大学生思想政治教育的意见》(即"16 号文件"),该意见指出,"马克思主义理论课和思想品德课"不再使用"两课"简称,更名为"思想政治理论课"。为了贯彻落实"16 号文件"精神,2005 年 2 月中宣部、教育部下发《关于进一步加强和改进高等学校思想政治理论课的意见》,设立"马克思主义理论"一级学科,下设"思想政治教育"等六个二级学科,课程设置有了学科依托。对思想政治理论课程进行了调整,即"05 方案"。按照"05 方案",开设"思想道德修养与法律基础""中国近现代史纲要""马克思主义基本原理概论""毛泽东思想和中国特色社会主义理论体系概论""形势与政策"五门课程,这五门课程是一个比较完整的课程体系。

(二)从课程设置的历史沿革分析其伦理精神的变化

"思想政治理论"课一是经历了课程名称的更换,从不规范到比较规范、从不成熟到成熟、从片面到全面,体现了思想政治教育科学性与价值性

---

① 教育部社会科学司:《普通高校思想政治理论课文献选编(1949—2008)》,中国人民大学出版社 2008 年版,第 159 页。

的统一。二是经历了课程内容的调整，从"85 方案"到"98 方案"再到
"05 方案"，课程内容经历了三次大的调整，体现了从不系统到系统、从应
急性的突出政治立场到理性的从学科建设和符合学生的成长成才规律出发的
特点。

思想政治教育课程建设取得了长足的进步和发展，主要体现在以下三
点。一是明确了课程建设的指导思想，明晰了课程建设的思路和原则。思想
政治理论课程是我们党领导下的意识形态教育工作的重要载体，因此，指导
思想必须坚持马克思主义和马克思主义中国化的理论成果，任何国家或政党
的指导思想必须是一元的，如果多元势必会造成思想的混乱和社会的不稳
定。思想政治教育课程建设遵循系统整体、育人为本、要精要管用、理论联
系实际的原则。思想政治理论课程是一个系统的、完整的体系，课程内容基
本上做到了整体建构，具有一定的关联性、针对性、思想性、实效性，形成
了结构比较合理、功能互补的课程体系。课程建设坚持育人为本，以增强学
生思想政治道德素质为核心，以学生的全面发展为目标，贴近实际、贴近生
活、贴近学生、贴近人才培养目标，能够把握青年学生的生理、心理特点，
注重实践教学，较好地做到了以理服人、实践育人。课程建设的思路是在明
理中践行，培育学生形成正确的世界观、人生观、价值观，完成培养什么
人、怎样培养人、最终成为什么样的人的主要任务。

二是形成了思想政治教育专业课程和所有专业必修的公共思想政治理论
课课程双轨协同发展机制。1984 年设立思想政治教育本科专业，1988 年设
立思想政治教育硕士点，1996 年设立思想政治教育博士点，1997 年设立马
克思主义理论与思想政治教育博士点。思想政治教育专业经历了"思想政
治教育—马克思主义理论与思想政治教育—思想政治教育"否定之否定辩
证发展的三个阶段，实现了跨越式发展。① 课程设置为公共课、基础课和专
业课，形成了以不同学历层次的纵向课程和以原理研究、发展史研究、方法

---

① 孙其昂：《思想政治教育学前沿研究》，人民出版社 2013 年版，第 107 页。

研究、比较研究为横向课程的思想政治教育专业课程体系。① 公共思想政治理论课课程面向非思想政治教育专业的所有专业学生，经历了几次大的调整，相比较而言侧重于实践层面的教学课程设置，这与思想政治教育专业侧重于理论层面的研究课程设置一起构成了相得益彰的课程体系，有利于两类课程协同发展。

三是思想政治教育课程加大了实践教学的比例，更加重视社会实践。2004 年中共中央下发了《关于进一步加强和改进大学生思想政治教育的意见》（"16 号文件"），文件明确指出，实践教学是大学生思想政治教育的重要环节，要求高等学校把实践教学纳入学校教育教学总体规划和教学大纲，规定学时和学分，提供必要经费。重视实践教学，让学生参加生产劳动、公益实践、社会调查等社会实践活动，理论与实践相结合，在实践活动中体验和感悟理论的深刻性和指导性，不断提升教育教学质量。思想政治教育专业课程由纯理论研究转向现实性问题的研究，强调专业课程理论的实践取向，加大了思想政治教育课程建设的力度。

思想政治教育课程建设取得了一些成绩，但也存在一些问题。一是除了"形势与政策"之外，其他四门课程要体现自己的完整性，不可避免出现教材内容有重复的问题。比如，《中国近现代史纲要》（2013 年修订版，以下简称"纲要"）第八章第三节讲"社会主义改造"，《毛泽东思想和中国特色社会主义理论体系概论》（2013 年修订版，以下简称"概论"）第三章也讲"社会主义改造理论"。虽然"纲要"是从"史"的维度进行分析，"概论"是从"论"的维度进行分析，但内容重复是显而易见的，容易引起学生的反感。二是思想政治教育课程必须有独立的课程理论来支撑，但思想政治教育的课程理论目前往往是以领导人的讲话和报告、文件、通知等为主，虽然对课程建设具有指导意义，但不能代替课程理论，这么做的结果是课程

---

① 宇文利：《思想政治教育课程论：现状、问题与发展》，《思想理论教育》2014 年第 4 期。

势必会因为政策、通知的临时变化要作出相应的调整，导致课程的稳定性差、权变性高，课程建设滞后。另外，课程理论深度不够，没有深入发掘课程理论的生长点，对思想政治教育课程建设的原理、规律、路径等研究不够，缺乏思想政治教育课程本体论的研究。思想政治教育专业课程本应开设思想政治教育原理、思想政治教育方法论、思想政治教育史、比较思想政治教育学等课程，但有些地方有些高校在开设课程方面随意性较强，管理不规范。在内容上偏重于理论研究，缺少问题意识，实践层面的研究较少，现实关怀不够。三是课程评价体系不完善，操作性不强。由于人们的思想观念、精神层面是否获益均处于流变之中，要想设计一套操作性强的评价体系的确不太容易，课程效用的评价标准、方式方法还需进一步研究和优化，评价结果量化是否科学还需要不断地证实。

尽管思想政治教育课程建设存在一些问题，但是并不影响其伦理精神的流变向良性的轨道发展。从单一的、不规范的、不成熟的、片面的伦理精神向不断丰富的、规范的、成熟的、全面的伦理精神转变，是思想政治教育伦理精神建构的过程。建构的过程旨在通过思想政治教育课程建设，从而实现伦理精神的导向和调节作用，以科学的理论武装人们的头脑，以高尚的精神塑造人们的灵魂，"理论一经掌握群众，也会变成物质力量。"[1]

（三）"05 方案"课程蕴含的伦理精神分析

"思想道德修养与法律基础"课程主要是帮助学生树立正确的世界观、人生观、价值观、道德观、法律观，解决成长成才过程中遇到的实际问题。通过道德教育和法治教育，树立道德观念和法治观念，打下扎实的思想道德基础和法律基础，提高道德修养和法治意识，促进大学生得到全面发展。法律与道德的关系密切，法律是合格线，做人的底线，道德是对法律的超越。美国著名法学家富勒在讨论法律的道德性问题时提出了把道德分为义务的道

---

① 《马克思恩格斯选集》第 1 卷，人民出版社 2012 年版，第 9 页。

德（法律）和愿望的道德（道德）。"如果说愿望的道德是以人类所能达致的最高境界作为出发点的话，那么，义务的道德则是从最低点出发。它确立了使有序社会成为可能或者使有序社会得以达致其特定目标的那些基本规则。"① 义务的道德是我们必须遵守的道德，愿望的道德是我们应该追求的道德，要求人们的行为尽可能地趋于善。道德规范具有层次性，第一层次是合乎法律的伦理规范，第二层次是引导性的伦理规范，高层次的伦理规范是美德伦理规范。每个人需从法律要求的守法公民开始做起，然后进入到道德层面，做好人好事，再上升到美德伦理规范，成为品德高尚的人。因此，"思想道德修养与法律基础"课程蕴含着一定的伦理精神，教育和引导学生做什么样的人，怎样做人，倡导人不仅享有"人之为人"的权利，同时，还须履行"人之为人"的义务。另外，人还需在伦理道德方面不断提升，做一个有道德的人，生活才有意义，这样的人生追求才有价值。伦理精神可以提升人生存和生活的意义，让人充分享受到做人的尊严，在精神需求上，引导"人应当如何生活"，才能有尊严地活着，体会活着的意义，体现人存在的价值。

"马克思主义基本原理概论"课程主要是对大学生进行系统的马克思主义理论教育。辩证唯物主义和历史唯物主义从根本上揭示了自然界、人类社会和思维发展的一般规律，完备而深刻的学说是无产阶级科学的世界观和方法论。列宁说："马克思的哲学是完备的哲学唯物主义，它把伟大的认识工具给了人类，特别是给了工人阶级。"② 马克思和恩格斯运用唯物史观的基本原理揭露了资本主义剥削的秘密，形成了剩余价值学说，创立了科学社会主义理论。课程帮助学生从整体上理解和把握马克思主义，教育和促使他们树立正确的世界观、人生观、价值观，掌握唯物辩证法的实质、核心，准确理解马克思主义实事求是的重要理论品质，深刻认识人民群众在历史发展中

---

① ［美］朗·L. 富勒：《法律的道德性》，郑戈译，商务印书馆 2005 年版，第 8 页。
② 《列宁专题文集·论马克思主义》，人民出版社 2009 年版，第 68 页。

的作用，正确认识人类社会发展的基本规律。培养大学生的人文精神是在马克思主义实践观、人的本质和人性理论的教育基础上实现的。实践观点是马克思主义认识论的首要的、基本的观点，成功的实践必须以真理和价值的辩证统一为前提。人们在长期的实践活动中既要坚持实事求是的科学精神，又要遵循价值尺度，按照一定的伦理精神关心人、尊重人，对他人友善，对社会尽责，真正坚持和做到以人为本。"人的本质不是单个人所固有的抽象物，在其现实性上，它是一切社会关系的总和。"① 人的本质属性是社会属性，是社会性与实践性的辩证统一。社会实践活动构成了人的主体性、自觉能动性、创造性，社会的人只有在人与自然、人与人、人与社会相处的关系中才能体会人之为人的本质，从而体现自己对于他人与人类社会发展的人生价值，同时也使自身得到创造性的发展。树立正确的世界观、人生观、价值观，才能确立积极进取的人生态度，形成健康的心理、健全的人格，正确处理好个人利益与集体利益之间的关系，才能创造有价值的人生，才能追求高尚的人生。实现人的自由而全面的发展，指的是全体社会成员的发展，是建立在个体高度自由自觉基础上的智力、体力、各方面的才能、工作能力、人的社会联系和社会交往等方面均能得到发展，这是马克思主义追求的根本价值目标。这与伦理精神的价值旨归——追求至善（包括个体至善和社会至善）具有内在的一致性。

"中国近现代史纲要"课程主要讲授了 1840 年以来中国的仁人志士和人民群众抵御外来侵略、救亡图存，为实现中华民族伟大复兴而艰苦探索的历史；在中国共产党的领导下，进行了艰苦卓绝的伟大斗争，经过新民主主义革命，争取民族独立、推翻反动统治、实现人民解放的历史；又经过社会主义革命、建设和改革，把一个一穷二白的旧中国建设成了一个综合国力和人民生活水平大幅度提升、现代化建设事业稳步推进、国际竞争力显著提高的历史。学习历史可以总结和汲取历史经验，可以教化人们，尤其是我们的

---

① 《马克思恩格斯文集》第 1 卷，人民出版社 2009 年版，第 501 页。

青少年。通过这门课程的学习，帮助学生了解我国的近现代史，了解我国的国情，认识近现代中国社会革命、建设、改革的历史发展进程，把握其内在的规律性，深刻领会历史和人民为什么选择了马克思主义，选择了中国共产党，选择了中国特色社会主义道路，选择了改革开放。历史是"人"的历史，历史的变迁见证了"人"的价值。"读史使人明智"，历史学科的功能在于提高现代公民的人文素养，提高运用正确的历史观和方法论辨别历史是非、分析和评价历史问题、历史人物的能力。因此，"中国近现代史纲要"课程蕴含着一定的伦理精神，对人的关照和尊重，对人的生命的敬畏和关切，善待历史、善待他人、善待社会、善待今天来之不易的幸福日子、善待我们的生存生活环境，充分理解人生的意义，在对社会作出贡献实现人生价值的过程中提升人生意义。这些都是历史教育的题中应有之义。

"毛泽东思想和中国特色社会主义理论体系概论"课程主要讲授把马克思主义基本原理与中国的具体实践相结合的历史进程，详细阐述了马克思主义中国化的两大理论成果——毛泽东思想和中国特色社会主义理论体系，要全面、准确理解基本理论、两大理论之间的关系，掌握体现在两大理论成果蕴含的马克思主义立场、观点、方法、精髓和灵魂。开设这门课程的目的是帮助学生梳理和系统掌握马克思主义中国化理论成果形成过程、主要内容、精神实质、理论意义和实践意义，深入理解党的基本理论、基本路线、基本纲领、基本经验、重要意义，强化对党的路线、方针、政策的理解和认同。通过学习基本理论以及联系中国当今的实际，培养理论思维能力和创新能力，提高理论素养和运用科学理论分析问题、解决实际问题的能力，不断增强理论自信，始终不渝地用马克思主义中国化理论成果指导我国的实践；增强制度自信，发挥中国特色社会主义制度的优越性；增强道路自信，坚定不移地在党的领导下走中国特色社会主义道路的理想信念。尤其是准确理解社会主义初级阶段的科学含义和主要特征，明确建设中国特色社会主义总任务和经济建设、政治建设、文化建设、社会建设和生态文明建设"五位一体"的总布局，深刻懂得改革开放是发展中国特色社会主义的必由之路、党的领导是中国特色社会主义的领导核心、坚持党的领导必须全面提高党的建设科学化水平。中国特色社会主义共同理想就是在党的领导下，走中国特色社会主义道路，实现中华民族的伟大复兴，这既是对我国社会发展规律的正确把握，也是全国人民的共同愿望和根本利益之体现，最终目标是达至社会至善。这与伦理精神追求社会至善目标趋同。

"形势与政策"课程是高校思想政治理论课的重要组成部分，是学生进行思想政治教育的主要内容和主要渠道，是其他四门课程无法取代的必修课程。国际国内形势处于变化之中，在风云变幻的复杂形势面前，学生很难作出正确的判断，容易受到各种错误思潮的干扰和影响，"形势与政策"课程可以帮助和引导学生关心国际国内时事新闻，全面、准确地把握国内外政治、经济、外交等方面的形势以及我国改革开放所处的国际环境、时代背景和现实生活中存在的问题，正确理解党的方针、政策、重大决定，特别是建设中国特色社会主义的过程中不断完善的政策体系。关心和正确分析国内外重大事件、社会热点、难点、疑点问题，掌握"形势与政策"的基本理论和基础知识，形成正确分析和判断形势与政策的观点、方法，掌握政策的本质、产生和发展、特征。通过学习"形势与政策"课程，培养大学生关心国内外大事的意识和辨别是非的能力，提高他们的思想政治素质，增强社会责任感和民族自信心、自豪感，为将来积极投身于中国特色社会主义的伟大事业中打下良好的基础。从大学一年级到三年级都要开设这门课程，使形势与政策教育系统化、规范化，这是对学生进行思想政治教育的主要渠道，有助于拓宽学生的视野，优化他们的知识结构，使青年学生能够在成长成才的道路上统一思想，坚定信念，拓展素质，不断提高综合能力。

思想政治教育专业课程主要开设思想政治教育原理、思想政治教育方法论、思想政治教育史、比较思想政治教育学等，专业课程开设的依据主要是内在的理论基础、社会的现实需要等因素。开设的课程必须是专业学科赖以建立和发展的基础，而且要具有不可替代性，让受教育者不仅仅要学到知识和技能，更重要的是要着眼于他们的全面发展、可持续发展。课程资源关涉一个伦理问题，关乎人与自然、人与社会、人与自我之间的关系，必须遵循一定的伦理原则和规范。自然与社会是充满活力的"生命体"，教育者和受教育者都是有生命的个体，敬畏生命，促进生命价值的实现，这是课程开设遵循的最高伦理原则和伦理道德规范。公共思想政治教育课程按照"05 方案"执行新课程，了解国史、国情，理论联系实际，深刻领会历史和人民为什么选择了马克思主义、选择了中国共产党、选择了社会主义道路。对学生进行系统的马克思主义、马克思主义中国化的理论成果教育，掌握马克思主义的基本理论、观点、方法，运用马克思主义世界观和方法论认识问题、分析问题、解决问题，推动中国特色社会主义理论体系进教材、进课堂、进头脑。树立正确的世界观、人生观、价值观、道德观、法治观，培养人文精神和良好品质，促进学生思想、政治、道德等方面得到发展。五门课程必然蕴含着一种精神，这种精神是"悬在人们头顶上的利剑"，心存敬畏，必须遵照执行，按照这种精神指导人们进行思想政治教育，使教育者和受教育者的人性都得到升华，把教育主体和教育客体都当成是活生生的人，尊重他们的"存在"和人格尊严，特别使受教育者学会做人、学会求知、学会生存生活，善待生命、善待他人、善待社会、善待自然，使他们得到全面、和谐的发展。这就是伦理精神的力量。

二、从思想政治教育的方法维度分析其伦理精神

思想政治教育内在目标的实现需要一定的方法，通过一定方式方法才能确保思想政治教育的实效。现代意义的方法是指人们在认识世界和改造世界的过程中，为了达到预期的目标所采用的手段、方式、途径、技术和范式。① 方法的使用是基于对客观事物的正确认识以及对其本质的深刻把握，注重的是方法的实用和有效。方法是实践主体和实践客体联系的中介，通过

---

① 张耀灿、郑永廷等：《现代思想政治教育学》，人民出版社 2001 年版，第 322 页。

"方法"把相互作用的主体和客体连接起来。列宁说："在探索的认识中，方法也就是工具，是在主体方面的某个手段，主体方面通过这个手段和客体相联系。"①

思想政治教育方法是教育者为了实现教育目标，在传授教育内容的过程中所采用一定的手段、方式、途径等。思想政治教育方法是联系教育者和受教育者的中介，是实现两者之间良性互动的纽带，是实现思想政治教育目标的桥梁。因此，思想政治教育方法是否有效尤为重要。毛泽东同志说："我们不但要提出任务，而且要解决完成任务的方法问题。我们的任务是过河，但是没有桥或没有船就不能过。不解决桥或船的问题，过河是一句空话。不解决方法问题，任务也只是瞎说一顿。"② 思想政治教育方法论是关于思想政治教育方法的理论，运用马克思主义的基本理论研究和揭示思想政治教育的规律，利用这些规律并采取恰当的方法，提升思想政治教育的实效性。

（一）思想政治教育基本方法所蕴含的伦理精神

一般方法论有三个层次结构：第一层次是哲学方法，历史的方法、辩证的方法、逻辑的方法等属于哲学方法；第二层次是学科方法，各门学科都有自己专门的方法；第三层次是一般科学方法，比如系统方法、统计方法等在较广的学科范围内普遍适用的方法。

思想政治教育方法论划分为五个层次的方法。③ 第一层次的方法是哲学的方法，主要是辩证唯物主义和历史唯物主义的方法。第二层次的方法是思想政治教育的原则方法，也可称之为思想政治教育的一般方法，这一层次的方法在思想政治教育的过程中起着指导和导向作用，规定着其他方法的运用。第三层次的方法是思想政治教育的具体方法，在原则方法的指导下运用于思想政治教育各个主要环节的方法，是思想政治教育实践中使用最多的方

---

① 《列宁全集》第 55 卷，人民出版社 1990 年版，第 189 页。
② 《毛泽东选集》第 1 卷，人民出版社 1991 年版，第 139 页。
③ 张耀灿、郑永廷等：《现代思想政治教育学》，人民出版社 2001 年版，第 325 页。

法。第四层次的方法是思想政治教育的操作方法，这一层面的方法是思想政治教育具体方法的实际运用，使具体方法在不同的范围、不同的条件下更具应用性。第五层次的方法是思想政治教育方法的运用艺术和技巧，这一层面是思想政治教育方法的运用方式，运用方法时注重艺术和技巧使具体方法更生动，有利于增强思想政治教育的感染力。

理论教育法、实践教育法、批评与自我批评的方法是思想政治教育的基本方法。①

1. 理论教育法所蕴含的伦理精神

思想观念、政治意识、伦理道德属于精神领域的范畴，有其特殊的作用和发展规律。人的实践活动离不开理论的指导，"理论是重要的，它的重要性充分地表现在列宁说过的一句话：'没有革命的理论，就没有革命的运动。'"② 理论是实践的指南，一旦被人们所掌握，便成为人们前行的精神力量。"代表先进阶级的正确思想，一旦被群众掌握，就会变成改造社会、改造世界的物质力量。"③ 但理论不会自发形成，只能通过学习、教育、宣传等方式才能被人们所熟知和掌握。

讲授法是思想政治教育最常见的方法，是通过他人灌输的教育方法。对受教育者系统地讲授和解读思想政治教育的主要理论，通过摆事实、讲道理达到以理服人的效果。"理论只要说服人，就能掌握群众；而理论只要彻底，就能说人。所谓彻底，就是抓住事物的根本。"④ 全面的、系统的讲解，启迪人们的智慧，循序渐进地引导，"以其昭昭使人昭昭"。

理论学习是自我灌输的一种方法，有计划地组织人们集体学习或者自学马克思主义理论和党的路线、方针、政策，主要是学习马克思主义的经典著作，掌握基本的立场、观点和方法。理论学习的主要方式是读书，在读书中

---

① 郑永廷：《思想政治教育方法论》，高等教育出版社1999年版，第120页。
② 《毛泽东选集》第1卷，人民出版社1991年版，第292页。
③ 《毛泽东著作选读》下册，人民出版社1986年版，第839页。
④ 《马克思恩格斯选集》第1卷，人民出版社2012年版，第9—10页。

求知、领悟，和别人交流读书经验，分享读书心得体会。

宣传教育是利用广播、电视、网络、多媒体等大众传播媒介，宣传正确的理论和先进的思想的一种方法。采取多种形式，进行系统的主题宣传，担负起当好党的喉舌，反映人民群众的心声。在当今信息化的时代，青少年尤其钟情于互联网，利用网络宣传正确的理论和思想，覆盖面广，影响力大，以真正达到宣传教育的目的。

理论培训是采取办培训班等形式学习理论的一种教育方法，围绕某一专题集中培训和学习，必要的时候予以辅导，加深对思想政治教育理论的理解和掌握。集中学习有利于相互交流、相互启发，集思广益，寻求解决问题之道。理论研讨是采用研究、探讨的方式开展理论学习的一种教育方法，围绕某一些专题进行理论学习和研究，形成研究成果，在此基础上召开一定范围的研讨会，交流研究成果，并将优秀研究成果进行推广，有利于把学术研究和理论研讨引向深入。

2. 实践教育法所蕴含的伦理精神

实践的观点是马克思主义哲学认识论首要的和基本的观点。"人的思维是否具有客观的真理性，这不是一个理论的问题，而是一个实践的问题。"[1] "只有人们的社会实践，才是人们对于外界认识的真理性的标准。"[2] 社会实践是实践主体见之于实践客体的活动，通过社会实践才能检验人们的思想是否和客观实际相符合，是否具有客观的真理性，是正确思想形成的动力源泉，也是正确思想形成的目的。

劳动教育是实践教育法的一种主要方式，是思想政治教育的主要渠道。"马克思、恩格斯、列宁和毛泽东同志都非常重视教育与生产劳动的结合，认为在资本主义社会里这是改造社会的最强有力的手段之一；在无产阶级取得政权之后，这是培养理论与实际结合、学用一致、全面发展的新人的根本

---

[1] 《马克思恩格斯选集》第 1 卷，人民出版社 2012 年版，第 134 页。
[2] 《毛泽东选集》第 1 卷，人民出版社 1991 年版，第 284 页。

途径，是逐步消灭脑力劳动和体力劳动差别的重要措施。"① 在生产劳动的过程中感同身受劳动的价值和意义，养成良好的劳动习惯，树立正确的劳动观点和群众观点，深刻懂得生产劳动创造了人类历史、人民群众是历史的创造者，爱劳动、爱劳动人民，以辛勤劳动为荣，珍惜劳动成果，培养全面发展的劳动者。劳动教育主要有生产劳动、公益劳动、义务劳动等。生产劳动是最基本的实践活动，是人类社会存在和发展的基础，是理解人类历史的"钥匙"。公益劳动是思想政治教育的主要途径之一，热心服务于社会，是一种有益的、无偿的劳动。公益劳动有益于培养全心全意为人民服务的思想，自觉自愿为社会无偿贡献自己的智慧和力量，增强团结协作和主人翁意识，关心集体利益，尊重他人的劳动成果。义务劳动是不计报酬，出自于自己的自由意志，自觉自愿为社会劳动，是思想觉悟的体现。

社会服务活动是实践教育法的一种方式，尤其是在青少年中广泛开展的学习雷锋活动、志愿者服务活动都属于社会服务活动。雷锋精神是中华民族宝贵的精神财富，学习雷锋活动是深入弘扬雷锋精神的举措。持续开展学雷锋活动，培养关爱他人、服务社会的品质，促进青少年健康成长。志愿者服务活动旨在推行互助精神和奉献精神，不求回报地付出，互帮互助、助人自助，与人为善，平等相待，尊重他人。志愿者应用自己所学的知识、技能为社会奉献，在奉献的过程中体验责任和享受帮助他人所带来的愉悦。因此，志愿者服务活动是思想政治教育的有效途径。

社会调研是理论联系实际的有效形式，通过调查社会某一领域中的某一方面的主题，获得真实的第一手资料，对资料进行整理和定量分析，在定量分析的基础上进行定性分析，从感性认识提升到理性认识，把所学的理论知识应用到社会实际中，是深入了解社会、接触社会的实践活动。调研之后对掌握的材料进行分析研究，客观认识社会存在的问题，从而得出正确的结论，形成调研报告。大学生"三下乡"活动是有意义的社会调研和服务社

---

① 《邓小平文选》第2卷，人民出版社1994年版，第107页。

会的实践活动，是新形势下大学生参加社会实践的有效形式。为基层群众服务，为群众做好事、解难事；了解社会，了解国情，在"三下乡"具体活动中改造世界观、价值观，提高大学生的社会实践能力和理论联系实际的能力，进一步增强社会责任感、使命感，坚定青年学生正确的成长成才道路。

3. 批评与自我批评的方法所蕴含的伦理精神

毛泽东同志在《关于纠正党内的错误思想》一文中指出："党内批评是坚强党的组织，增加党的战斗力的武器。"① 批评与自我批评是解决党内矛盾和人民内部矛盾的有效方式方法，我党一贯重视这种方式方法。批评就是指出缺点和错误，提出改进的意见或建议。自我批评是指主动承认自己的过失和错误，能够进行自我剖析和省察。"只有采取讨论的方法，批评的方法，说理的方法，才能真正发展正确的意见，克服错误的意见，才能真正解决问题。"② "没有自我批评，就没有对党、对阶级、对群众的正确教育；也就没有布尔什维主义。"③ 批评与自我批评如同人每天要洗脸、每天要打扫房屋一样，是思想政治教育普遍采用的一种方法，通过批评和自我批评，及时认识和克服自身存在的缺点和错误，时刻保持清醒的头脑，教育与自我教育，自觉抵制错误思想。思想的进步离不开别人的批评指正，更离不开自身的深刻反思和自我批评。两者的有机结合，相互作用，是思想政治教育的基本方法。由于教育的对象不同，遇到的问题不同，每个人的思想基础不同，一定要注意批评与自我批评的原则性与灵活性相结合，不断改进方式方法。同时，在开展批评与自我批评的时候，要以"惩前毖后，治病救人"为原则，须以民主为根本条件，"如果没有充分的民主生活，没有真正实行民主集中制，就不可能实行批评与自我批评这种方法。"④

理论教育法、实践教育法、批评与自我批评的方法是一个不可相互代替

---

① 《毛泽东选集》第 1 卷，人民出版社 1991 年版，第 90 页。
② 《毛泽东著作选读》下册，人民出版社 1986 年版，第 787 页。
③ 《斯大林选集》下卷，人民出版社 1979 年版，第 54 页。
④ 《毛泽东著作选读》下册，人民出版社 1986 年版，第 818 页。

的有机方法整体，由此衍生出理论联系实际的方法、知行统一的方法、改造主观世界与改造客观世界相结合的方法。①

（二）思想政治教育的一般方法所蕴含的伦理精神

思想政治教育的一般方法主要有：疏导教育法、比较教育法、典型教育法、自我教育法、激励教育法、感染教育法。②

疏导教育法是指对于思想认识问题一方面要"疏"，即疏通；另一方面要"导"，即引导。让人们畅所欲言，掌握他们的思想认识状况，通过说服教育，把人们的思想和言论引导到正确的轨道上来。由于思想政治教育解决的是人们的思想认识问题，一定要因势利导，时机要把握得及时、准确，抓住积极因素，克服不利条件，使受教育者自觉、主动地提高思想认识。

比较教育法是通过比较甄别，从而得出正确结论，不断提高思想认识的方法。"马克思主义必须在斗争中才能发展，不但过去是这样，现在是这样，将来也必然还是这样。正确的东西总是在同错误的东西作斗争的过程中发展起来的。真的、善的、美的东西总是在同假的、恶的、丑的东西相比较而存在，相斗争而发展的。"③ 比较有横向比较和纵向比较。横向比较是在同一时间段把同类事物进行比较，在比较中寻找差距，让人们作出正确的选择。纵向比较是把现在和过去的人或事物进行比较，帮助人们认识事物发展的趋势，从而得出正确结论，以提高人们的思想政治觉悟。

典型教育法是通过正面典型或反面典型教育人们，提高思想认识的方法。正面典型是能够起到榜样、示范作用的典型。榜样的力量是无穷的，具有一定的感召力，激励和引导人们学习先进人物的典型事迹，从中得到教育和提高。反面典型是代表着落后的、错误的思想或行为，对人们产生消极影响或对社会产生破坏作用的典型。反面典型是相对于正面典型而言，对反面

---

① 郑永廷：《思想政治教育方法论》，高等教育出版社 1999 年版，第 135 页。
② 郑永廷：《思想政治教育方法论》，高等教育出版社 1999 年版，第 137—154 页。
③ 《毛泽东著作选读》下册，人民出版社 1986 年版，第 785 页。

典型要有一定的认识和有一个正确判断，通过深刻剖析反面典型产生的根源及其对社会造成的恶劣影响，帮助人们抵制反面典型，从中吸取深刻教训，自觉接受正面典型的积极影响和正面教育。

自我教育法是主动接受教育，自己教育自己，按照思想政治教育的要求改正自己的错误思想和行为，不断提高思想认识、政治素质、道德水平，树立正确的世界观、人生观、价值观。思想政治教育的最终目的是培养人们具有自我教育的能力，能够做到自律。群体自我教育是指群众自己教育自己的活动，相互之间互帮互教，如开展批评与自我批评等。与群体自我教育相对的是个人自我教育，通过自我修养等方式进行教育和锤炼，在改造客观世界的同时坚持主观世界的改造，自我省察，对过去的思想和行为进行对照检查，寻找差距，自我反思，"见贤思齐焉，见不贤而内自省也"（《论语·里仁》）。反思后再进行自我改造，"改造客观世界，也改造自己的主观世界——改造自己的认识能力，改造主观世界同客观世界的关系。"① 社会实践活动是自我改造的动力源泉，在具体的社会实践活动中自己约束和控制自己的思想和言行，勇于反思和审视自己的过错、不足，开展自我批评，始终使自己按照正确的方向和既定的目标努力前行。

激励教育法是指用物质激励或精神激励的办法激励人们按照正确的方向奋斗，期望实现一定的目标。利益是道德的基础，物质利益激励是对作出贡献的人的认可并从物质上的鼓励。"我们应该记住，除了我们决心要进行的生产宣传以外，还要采取另一种诱导方式，即实物奖励。"② 除了物质激励外，人还需要精神激励，精神动力是比较持久的动力。一般情况下，物质激励和精神激励结合起来使用，才能调动人们向先进学习的积极性。

感染教育法是指受教育者在无意识的情况下受一定情境的感染、熏陶，进而得到教育的一种方法。思想政治教育要动之以情，在情感上产生共鸣，

---

① 《毛泽东选集》第 1 卷，人民出版社 1991 年版，第 296 页。
② 《列宁全集》第 40 卷，人民出版社 1986 年版，第 148 页。

以情感人，以情育人，寓情于理，增强思想政治教育的感染力，使受教育者在潜移默化中接受教育。感染教育法主要有形象感染、艺术感染、群体感染。形象感染主要靠形象的内在感染力；艺术感染是通过艺术作品、艺术活动进行艺术教育；群体感染是指群体内部相互影响。感染教育法善于运用情感，使思想政治教育形象生动、喜闻乐见，不仅丰富人们的精神生活，而且使人们在寓教于乐中接受正确的思想、观点和方法。

思想政治教育除了基本方法、一般方法外，还有一些特殊方法。比如心理咨询法，心理咨询法是心理学知识在思想政治教育中的运用和发展。现代社会是一个竞争激烈、生活节奏加快、复杂多变的社会，人们的心理负担重、耐挫力差，心理处于亚健康状态。加之，青年学生处于生理没有完全成熟的"尴尬"期和"心理断乳"期，思想比较活跃，情感比较丰富，但由于生活经验不足以及现实生活中的实际问题困扰着他们的心理，就业形势严峻、学习生活的多重选择、人际交往和恋爱中的不如意等，使得他们的行为比较易变，正在形成又尚未定型的思想不太稳定。因此，引导青年学生积极应对现实生活的挑战，特别是消除心理障碍，实施有效的心理调控，促进心理健康发展，尤为具有重要的现实意义。一个缺乏良好心理素质的人，不能算作是一个健康发展的人。为此，作为青年学生应从青春期出现的一些特征、自我意识发展过程中出现的一系列矛盾、情感丰富发展过程以及人生道路上的种种选择等都要进行心理咨询，帮助和引导他们做出正确的抉择，身心得到健康发展。心理咨询方法是新形势下思想政治教育的有效途径，是塑造健全人格的有力举措。

思想政治教育方法是教育者为了达到思想政治教育的目的而采取的手段和方式，是一种工具或桥梁，通过这个中介把思想政治教育的主体与客体相联系。方法从形式上看是主观的，但不是人们随心所欲地胡乱编造，而是取决于思想政治教育的客观内容，有其自身的客观性。从方法的本质来看，方法是对客观规律的表达。由于思想政治教育本身蕴含着一定的伦理精神，思想政治教育方法必然蕴含着一定的伦理精神。

第四节　思想政治教育环境的伦理精神分析

《辞海》对"环境"一词的界定有两层含义：一是指环绕所辖的区域；二是指围绕着人类的外部世界。"一般说来，只要一个人是一个社会的'成员'，那么，人类的全部知识就不是经验性知识，而是'先天'知识。这种知识的起源表明，它先于自我意识层次和人的自我评价意识而存在。没有'我们'也就没有'我'。'我们'又充满了先于'我'而存在的内容。"①在英语的语境中，"environment"和"situation"都是"环境"的意思。前者泛指自然环境和社会环境；后者是指一个人在进行某种行动时所处的社会环境，特指所处的具体情形，一般译为情境或情景。②这里的"我们"是指环境，自然环境先于人而存在。"环境（environment）通常泛指生物有机体生存空间各种条件的总和。具体说，它是有机体外部可以进入有机体的反应系统，直接影响到生命活动的物质、能量和信息的总和。广义地讲，环境是相对于某项中心事物，并且总是作为某项中心事物的对立面而存在的，它因中心事物的不同而不同，随着中心事物的变化而变化。"③环境是一定事物的环境，一定事物须在相应的环境中存在。"环境包括促进或阻碍、刺激或抑制生物的特有的活动的各种条件。"④

一、思想政治教育环境

思想政治教育环境是指思想政治教育所面对的外部客观存在，具体是指

---

① ［德］马克斯·舍勒：《知识社会学问题》，艾彦译，华夏出版社 2000 年版，第 59 页。

② 李辉：《现代思想政治教育环境研究》，广东人民出版社 2005 年版，第 19 页。

③ 鲁杰：《教育社会学》，人民出版社 1990 年版，第 275 页。

④ ［美］杜威：《民主主义与教育》，王承绪译，人民教育出版社 2001 年版，第 17 页。

影响人的思想政治品德形成、发展和思想政治教育活动开展的一切外部因素，那些凡是与思想政治教育有关的并对其产生影响的外部因素，都属于思想政治教育环境的内容。

（一）思想政治教育环境因素

环境包括自然环境、社会物质环境、人文精神环境。自然环境是人生存和发展必不可少的前提条件，是人生活的客观世界，是人类社会形成的自然基础，包括人类活动至今尚未触及的自在自然与已打上人类活动印记的人化自然。人的本质是各种社会关系的总和，决定了思想政治教育社会环境，对人们的思想政治品德的形成和发展起着重要作用。社会环境有积极影响的环境，也有消极影响的环境，两种不同的环境会产生不同的效果，但两种环境在一定的条件下会相互转化。思想政治教育社会环境是通过社会的经济关系、政治关系、文化关系影响人的思想政治品德的形成与发展。社会物质环境是指在人类社会生活中影响思想政治教育的各种物质因素的总和，主要包括经济环境等。① 人文精神环境是指人类生存意义和价值关怀的环境，制度环境、舆论环境、精神文化环境等都属于人文精神环境。这种环境主要能否体现对人的尊严、价值的关切，对人类遗留下来的宝贵物质财富、精神财富的重视，具体包括文化品位、审美情趣的塑造；道德修养、心理素养、爱国情怀的培养；正确世界观、人生观、价值观的树立等。

思想政治教育环境因素包括物质要素、制度要素、精神要素。物质要素主要包括地理条件、气候、人口数量和质量、生产力、经济水平、物质条件等，不仅有自然状态的要素，而且有人化自然的要素。其中，生产力是物质要素的决定性因素。制度要素有经济制度、政治制度、法律制度、业务制度等。法律是制度最成熟的表达形式，业务制度是为了保证经济、政治和社会生活的正常秩序而制定的行为规则。精神要素主要包括风俗习惯、社会舆

---

① 徐志远：《现代思想政治教育学范畴研究》，人民出版社 2009 年版，第 191 页。

论、社会风气、信仰、社会心理等，信仰是精神要素的重要内容。① 可概括为经济环境、政治环境、文化环境，经济环境是基础性要素，起着决定性作用；政治环境是关键性要素，与思想政治教育的关系最直接；文化环境是保障性要素，是由科学技术、教育状况和思想道德构成的环境。思想政治教育环境的层次结构是宏观环境、中观环境、微观环境。一般情况下，传统社会的环境距离思想政治教育系统越近，影响力就越直接、力度也比较大。在现代社会，思想政治教育环境是一个动态的环境，随着环境的发展和丰富，对思想政治教育的影响呈现多样化的特征。

（二）思想政治教育环境的特殊性

思想政治教育环境与其他学科的环境相比，有其自身的特殊性。一是思想政治教育环境的复杂性。凡是涉及人的领域和范围，或多或少都会对人的思想和行为产生一定的影响，影响因素比较广泛。影响有积极影响，也有消极影响。不同的环境对人的影响效果存在差异，但同样的环境由于个体差异也会导致不同的效果，而且影响方式存在一定的多样性，这些因素无疑增加了思想政治教育环境的复杂性。二是思想政治教育环境的动态性。世界万物是发展变化的，是一个动态的发展过程。动态的环境一定会引起人们思想行为的变化，给思想政治教育带来新的研究课题，要根据不同的教育对象和变化之后的环境选择与之相适应的教育内容和教育方法。三是思想政治教育环境的创造性。思想政治教育环境对人的思想政治品德形成和发展有一定的影响，但人不是被动地、机械性的接受影响，而是能动地反作用于环境的影响，对环境加以选择和改造，从而按照一定的规律创造新的育人环境。②

思想政治教育环境性质的变化决定思想政治教育目标和内容的不同。不同的社会制度环境，教育目标势必不同，不同的思想政治教育目标决定了不

---

① 李辉：《现代思想政治教育环境研究》，广东人民出版社 2005 年版，第 24—25 页。
② 徐志远：《现代思想政治教育学范畴研究》，人民出版社 2009 年版，第 193 页。

同的思想政治教育内容。社会主义社会和资本主义社会环境不同，思想政治教育目标截然不同，决定了不同的教育内容。环境的改变意味着思想政治教育方法的改变，两者要相适应和配套。比如，相比计划经济体制下所采取的教育方法，当今社会主义市场经济体制下所采取的教育方法已经发生了很大的改变，高科技迅速发展，计算机信息技术在互联网中的应用已经渗透到社会的各个领域，对当代社会产生了重大影响，远比几十年前思想政治教育方法丰富得多。因此，思想政治教育方法随着环境的改变而发生改变，在改变的过程中体现思想政治教育方法的伦理精神。一是人是处于具体环境中的人，总是处在一定的时空之中。"人们的观念、观点和概念，一句话，人们的意识，随着人们的生活条件、人们的社会关系、人们的社会存在的改变而改变。"① 思想政治教育方法的伦理精神要关注具体环境中的人，而不是抽象的人，一定要体现与环境相配套的方法的改变。二是经济环境是基础。"人们自觉地或不自觉地，归根到底总是从他们阶级地位所依据的实际关系中——从他们进行生产和交换的经济关系中，获得自己的伦理观念。"② 影响人们思想观念以及行为的环境因素中，经济关系起着决定作用。为此，思想政治教育方法要体现一定的经济伦理精神。三是思想政治教育环境的创造性决定了要创造性地采取合适的思想政治教育方法。"为了生存与满足需求，任何个体和组织都依赖于环境；反之，个体和机构生存的环境中也留下了他们的印迹，因而，他们也都影响着自己的生存环境。"③ 人与环境是一个互动的过程，思想政治教育方法不能无视环境的存在，思想政治教育主体应该以主体的身份自觉能动地对待环境。根据环境选择相应的教育方法，并体现出人的主观能动性以及以人为本的伦理精神。

---

① 《马克思恩格斯选集》第 1 卷，人民出版社 2012 年版，第 419—420 页。
② 《马克思恩格斯选集》第 3 卷，人民出版社 2012 年版，第 470 页。
③ ［美］珍妮·H. 巴兰坦：《教育社会学：一种系统分析法》，朱志勇等译，江苏教育出版社 2005 年版，第 212 页。

二、新媒介环境与思想政治教育伦理精神

"所谓媒介，即介于信息传播过程中传受双方之间的'中介物'，是传播信息符号的物质载体。传播学家施拉姆认为：'媒介就是插入传播过程之中，用以扩大并延伸信息传送的工具。'"① 媒介环境就是由大众传媒构成的对人们思想、道德、行为和思想政治教育具有广泛影响力的环境。②

（一）新媒介的特点

现代社会条件下，在报刊、广播、电视等传统媒体之后发展了新媒介，包括网络媒体、手机媒体、数字电视等。网络媒体是面向全球的、全方位的高科技媒体，信息数据全面、庞大。交互性是互联网络媒体的最大优势，以图、文、声、像的形式，传送大量感官的信息，是信息的互动传播。手机不仅只是通信工具，而且成为继报纸、广播、电视、网络之外的"第五媒体"，还担当了"第五媒体"的任务。

手机媒体是以手机为视听终端、手机上网为平台的个性化信息传播载体，以互动为传播应用的大众传播媒介，是网络媒体的延伸。除了具有网络媒体信息获取快、传播速度快、信息更新快、互动性强、跨地域传播等特性外，手机媒体还具有高度的移动性、携带性，能够跨越地域和电脑终端的限制，即时性、互动性的信息传播，几乎与新闻同步。

数字交互电视是集合了电视传输影视节目的传统优势和网络交互传播优势的新型电视媒体，它的发展给电视传播方式带来了革新和颠覆，具有相互共享的、移动的功能，使人们可以按照自己的需求获取各种网络服务。作为一种新兴媒体，移动数字电视的发展迅速，覆盖面广，移动性强，还可以及

---

① 袁军：《新闻媒介通论》，北京广播学院出版社 2000 年版，第 3 页。
② 张耀灿、郑永廷等：《现代思想政治教育学》，人民出版社 2001 年版，第 247 页。

时发布应急信息。

总之，新媒体的发展是未来媒体发展的趋势。随着人们对于科技信息需求的增多，新媒体以不同的新形式出现在人们的视野中，使人们获取自己最想得到的信息已成为现实，并更加便捷。新媒体弥补了平面媒体获取信息的枯燥性、非互动性、延缓性的不足，运用数字技术、无线技术和互联网改善了信息获取的性质，形成了良好的信息传播模式，使受众与媒体之间有了更深层次的互动和交流。

（二）媒介环境对思想政治教育伦理精神的影响

媒介环境对思想政治教育伦理精神的积极影响主要表现在以下三个方面。一是以网络媒体、手机媒体为代表的新媒体是当代人的生活和发展方式，为人们的社会生活带来新的、丰富的、多元化的交往意义空间。媒介环境成为自然环境、社会环境构成的物理空间之后的新环境——符号环境，是人们生存和发展不可或缺的符号环境。二是新媒体与经济、政治、文化等社会结构中的各种要素联系紧密，并直接作用于经济、政治和文化，使经济得到快速发展；政治组织通过新媒体传播政治主张，争取民众的政治认同；是文化的传播载体，利用好新媒体是当今传播先进文化的主要阵地和平台。新媒体平台为网络交互行为的参与者提供了相互沟通和交流的场所，进而实现塑造公共理性的愿望。三是新媒体环境已成为影响人的思想和行为的主要环境。当代人已每时每刻被新媒体所包围，新媒体成为日常生活中的必需，无时无刻不在显示它的影响力。

媒介环境对思想政治教育伦理精神的负面影响主要表现在以下四个方面。一是新媒体在网络交互行为背景下尊重个体价值，但如果缺乏社会的有效监督，可能导致人的异化和与人的世界的隔离，使人孤立于生活世界之外。自我主体与对象主体只有交往和对话，才是主体间的共在，才能完成对网络交往世界的超越，实现在现实中正常交往的可能性。

二是在实践层面，以互联网为主的新媒体由于人的使用不当，导致人的异化，人成了新媒体的奴隶，新媒体反过来控制了人的理性和行为。新媒体加剧了人类理性的工具化，个体脱离于规范的束缚而恣意妄为。

三是新媒体改变了青少年社会化的方式，对于少部分青少年的世界观、人生观、价值观的树立有一定的负面影响。美国纽约大学文化与传播教授尼尔·波茨曼把人类历史上儿童的发展分为三个时期，第一个时期是16世纪以前的谈话时代，当孩子学会说话时，他就变成了参与社会活动的成人。第二个时期是阅读时代，个体通过阅读进行思考，形成了自我意识。第三个时期是电视时代，电视导致了个性的消失，个体成了与他人相同的"大众社会人"。在尼尔·波茨曼看来，电视提供的是感性的东西，而不能提供儿童在成熟过程中所需的理性。与印刷文字相比，图像、图画是一种退化。对于观看电视，儿童和成人都不需要学习培训，也不需要具备复杂的心智技能就能观看，结果儿童难以成长为成熟的成人，成人则开始儿童化了。[①] 时隔尼尔·波茨曼的观点三十多年，第四个时期应该是新媒体时代，现实生活中随处可见"低头族"，他们成了网络媒体和手机媒体的真正"受害者"，结果患上了"电脑强迫症"和"手机依赖症"。由"自然人"向"社会人"发展的过程是一个人社会化的过程，新媒体一方面为人们提供了丰富的信息资源，另一方面却为人们的理性思维带来了一定的冲击，使人热衷于"读图"，疏于理性思维和抽象思维。远离经典，意味着远离智慧，人们的自我理性反思能力大为缩水、创造性消减。

四是新媒体为社会动员创造了有利条件，也为社会各种思潮的传播提供了可能。社会动员是指人们在社会持久的、主要因素的影响下，态度、价值取向等不断发生变化的过程。通过新媒体进行社会动员，影响广泛，迅速波及全社会，动员的内容不断翻新，动员的形式丰富多样，立体感强。但各种社会思潮在新媒体的推动下涌入我国并流行起来，对涉世不深的青少年的影

---

① 转引自李辉：《现代思想政治教育环境研究》，广东人民出版社2005年版，第40—41页。

响尤为严重。新自由主义思潮、民主社会主义思潮、新左派思潮、复古主义思潮、历史虚无主义思潮等错误思潮，以及消费主义、享乐主义、拜金主义、利己主义等腐朽思想对人们的毒害极深，容易麻痹和愚弄青少年，干扰着他们树立正确的理想信念、世界观、人生观、价值观、道德观的形成。英国社会学家安东尼·吉登斯提出了"远距离事件侵入到日常的意识中"，"远距离事件侵入到日常的意识中，就某种实质部分而言，这种经验是依据对自身的知觉而被组织的。在新闻中所报道的许多事件，也许被个人视为外在的和遥远的，但它们同等地进入日常活动之中。"① 通过新媒体可以突破空间的限制，把远距离事件展现在人们的日常生活之中，强化了人们的从众心理，盲目服从媒介环境的影响，主体性缺失，缺乏自主选择的能力。

（三）媒体环境为思想政治教育伦理精神带来的机遇和挑战

媒介环境为思想政治教育伦理精神带来了新的发展机遇。传统社会思想政治教育主要依赖于教育者的言传身教、平面媒体等的传播，如书籍、报刊等教育教学资料，教育教学的信息量小，被限制在有限的空间之中。新媒体的迅速发展为思想政治教育不受空间的限制提供了新的技术条件和新的发展平台，可以通过新媒体进入社会、家庭、社区，受教育者有更多的机会得到教育和受益。

一是新媒体的发展丰富了思想政治教育载体。不同的载体反映了思想政治教育科学化水平，必须通过一定的载体才能完成教育教学任务，新媒体的迅速发展为思想政治教育提供了新的发展平台。

二是新媒体的发展改变了思想政治教育观念。传统思想政治教育主体在信息的占有方面优于客体，教育主体的地位不可动摇，客体只能受制于主体

---

① ［英］吉登斯：《现代性与自我认同》，赵序东等译，生活·读书·新知三联书店1998年版，第28—29页。

的教育教学。新媒体的发展改变了思想政治教育主体对教育信息的控制权，使教育客体同样获得了接收信息的权利，有可能信息量超过教育主体所获得的信息量。由此可见，改变的不仅是主体与客体的关系，而且改变的是思想政治教育的观念，培养受教育者自主判断、自主选择的能力，思想政治教育的任务由知识的传授转为培养受教育者自主选择信息的能力。

三是新媒体的发展改变了思想政治教育模式。传统思想政治教育模式一般情况下是教师主动教—学生被动学的权威主义模式，教师是知识的传授者，学生是知识的"容器"。新媒体的发展促进了教育教学模式的改变，民主平等的教育模式应运而生。教育主体与教育客体在教育教学的过程中是平等的，突出两者之间的交流和互动，注重探究式的自主学习。

媒介环境为思想政治教育伦理精神带来了前所未有的挑战。一是新媒体的直观性和形象性与思想政治教育的理论性和抽象性产生了矛盾，协调这一矛盾是一个挑战。思想政治教育是建立在系统的理论基础之上，具有一定的抽象性，不是直观的感性认知就能获得教育，而是要通过理性思维才能准确把握。直观性和形象性是新媒体的主要特点，也是青少年喜欢新媒体的主要原因。如何将青少年的注意力由娱乐化的、符号化的视觉消遣转向系统化的、理论化的说服教育，这是一个难题。

二是新媒体的发展冲击着主导意识形态的传播和教育。我国的思想政治教育一定要坚持马克思主义意识形态的主导性地位，政治教育、思想教育、道德教育、法纪教育等都要贯穿马克思主义这一精髓。资本主义意识形态对社会主义意识形态的渗透从来都没有停止过，只是渗透的方式更加巧妙和隐蔽。西方国家利用新媒体的优势和宗教渗透，腐蚀和拉拢青少年，大肆宣扬他们国家的意识形态和主流价值观，势必对我国主导意识形态的传播和教育造成了一定的冲击。

三是新媒体的多源性、开放性、即时性等特性为思想政治教育信息的选择、控制带来了挑战。"全球信息网的无国界、无主管特征会使人为的管制难以实施；由一国对全球信息网实行管制，会遭到其他主权国家的抵制。全球信息网络不能由一国实行'管制'。"① 信息具有多源性，某一个国家很难控制信息的来源，很难拥有信息控制权，很难有权对其具有管辖权的信息采取保护措施，以保证信息的秘密性、真实性、完整性，防止信息网络中的本国数据被窃取、篡改、毁坏和抵御外来有害信息对本国的侵蚀、破坏。传统社会对信息能够进行有效的控制，但在当今互联网时代，对信息的控制难度比较大，给思想政治教育带来了一定的难度。由于信息缺乏净化，思想政治教育主体要及时、准确解读相关信息，如何解读、如何能够做到准确解读是一个难题。加之，受教育者面对纷繁复杂的信息源，如果没有一定的背景知识，对这些信息要么误读，要么知其然而不知其所以然。对受教育者准确的解惑和正确的引导，坚持社会主义的主旋律，坚持社会主义意识形态的主导地位，是思想政治教育主体的主要任务。

三、虚拟环境与思想政治教育伦理精神

"虚拟"原意是潜在的，拉朗德在《哲学词典》中对"虚拟"的定义是："从一般意义上讲，是指在某一特定对象中完全可能实现的东西，如同一块大理石可以虚拟为'神像、桌子或马桶'；从较为限定的意义上讲，虚拟即是在一个对象中预先确定的东西，它自身内部具备了一切可以使之得以实现的基本条件，虽然从外部看不到这些条件。故虚拟与可能性或潜在性相关，而与现实性相对。"② 通用的《牛津高阶英语学习词典》中对"虚拟的"（virtual）的解释是：实质上的，但尚未在名义上或正式获得承认。"虚拟实在是计算机仿真和感觉共同创造出来的实在，而不是真实的实在。虚拟实在感觉上和真实的实在是一样的，当虚拟实在中的使用者通过虚拟实在研究和反思真实实在时，虚拟实在是可能的真实实在。"③ 虚拟是计算机发展

---

① 汤啸天：《信息控制权初论》，《政治与法律》2000 年第 4 期。
② 转引自段伟文：《网络空间的伦理反思》，江苏人民出版社 2002 年版，第 70 页。
③ 转引自段伟文：《网络空间的伦理反思》，江苏人民出版社 2002 年版，第 71 页。

的产物，把现实的生活移植到计算机并通过其技术表现出来的时候，创造的世界就是虚拟世界。

（一）虚拟环境的特点

人类生活有两个环境：现实环境和虚拟环境。现实环境是独立于人的意识之外的客观环境；虚拟环境是人以一定的符号为媒介创造出来的，存在于人的意识之中或被直接体验的主观世界。虚拟环境一般界定为："虚拟环境是计算机生成的具有临场感觉的环境，它能对介入者（即人）产生各种感官刺激，如视觉、听觉、触觉和嗅觉等，并给人一种身临其境的感觉，介入者能够使用人类自然技能（对话、行走、转身、拿取和置放等行为）对虚拟环境进行操作。"① 虚拟环境的形式多样，内容也比较复杂，对人的思想和行为产生直接影响的有虚拟交往环境、虚拟社区等。

虚拟交往环境是相对于传统的现实交往环境而言，把现实的交往虚拟化，拓展和丰富了现实交往的形式，主要有聊天、网恋、网婚等。虚拟交往环境为网络交往提供了平台，把上网的人联系在一起，是信息和符号的互动，在现实生活中无法"说"或者无法"做"的事情，在虚拟环境中可以"说"或者可以"做"，甚至可以摆脱现实社会规范的约束。另外，人被符号化，网络中的人随意塑造自己、包装自己，更有甚者以虚假的"符号"进行交往，导致了人的网络异化。

虚拟社区是指包括虚拟生活、虚拟文化、娱乐等在内的社区，是众多人共同参与的比较稳定的虚拟交往平台。② 在虚拟社区，只有组织的内容而没有组织的形式，人们可以模拟现实生活进行购物、娱乐、游戏、发表言论等。其中，网络游戏是虚拟社区富有影响的活动形式，青少年尤为喜爱，有些沉迷其中不能自拔。随着网络技术的发展，网络游戏的形式不断地在翻

---

① 王晓伟：《虚拟环境及其应用》，《计算机工程与设计》1995 年第 4 期。
② 李辉：《现代思想政治教育环境研究》，广东人民出版社 2005 年版，第 55 页。

新，诱惑了更多的人加入游戏行列。由于网络游戏存在着暴力、色情等的诱惑，加上缺乏监督或者监督不力，结果造成游戏者模糊了虚拟环境与现实生活之间的边界，把网络游戏规则移植于现实生活中，淡化了法律规范和道德规范的要求，增加了暴力等事件的出现。

虚拟环境是互联网发展的产物。网络交往主体的符号化是虚拟交往的主要原因，在虚拟环境中，交往主体以虚假的身份与他人符号化的身份交往，实现人机互动、人机对话、人际互动，虚拟交往可以满足交往主体的精神需要，不一定指向现实的交往目的。虚拟环境为人的实践活动提供了全新的实践空间，丰富了人们活动的内容和形式，提升了人的能动作用，促使人与世界的关系发展为人、技术与世界的关系，技术成为人的某种能力的延伸。归根结底，人们在虚拟环境中的符号互动最终还是要回归到现实生活中，在现实生活中寻找解决问题的方法和途径。

（二）虚拟环境对思想政治教育伦理精神的影响

虚拟环境对思想政治教育伦理精神的影响是深刻的。虚拟环境进一步拓展和丰富了思想政治教育的内容和途径，形成了网络思想政治教育新的教育内容和形式。一是虚拟环境直接影响思想政治教育主体与客体的空间观念，虚拟交往环境、虚拟社区等为人们拓展了更为丰富的交往空间和网络实践平台，而且引起受教育者思想和行为的新变化。在虚拟环境中虚拟生活，逐渐把虚拟的东西内化为机械的符号，并移植到现实生活中，结果是虚拟的规则与现实的规则发生了矛盾与冲突，有些人不得不选择逃避现实或者出现反社会、反现实的心理和行为。二是虚拟环境改变了思想政治教育的生态环境，思想政治教育的主旋律教育和主导性教育面临更加严峻的挑战。高校思想政治理论课是思想政治教育的主渠道，日常思想政治教育是主阵地，发挥"主渠道"和"主阵地"的交互作用，提高思想政治教育效果。但由于虚拟环境的出现，思想政治教育信息与被批判、被拒斥的信息并存，生态环境更为复杂，对利于主旋律教育和主导性教育的信息进行筛选和教会受教育者进行有效的辨识尤为重要。西方国家利用虚拟环境进行资本主义意识形态的渗透从未停止，利用网络中一些腐朽的东西消磨青少年的意志和价值观从未放松，这些不利因素对于我国思想政治教育也是一个不小的挑战。三是改变了思想政治教育主客体关系，对思想政治教育主体传授理论知识和组织社会实践提出了更高的要求。互联网的出现使得思想政治教育主客体关系得到了改变，主体与客体都是平等的对话者，拥有平等的话语权。网络的开放性为每个个体提供的是同样的信息源，教育主体获得信息的优先性已不存在。正是由于人们都可以自主地选择信息，要求思想政治教育主体在传授理论知识和组织社会实践方面必须优于客体获得的信息，教育者的主导作用才能发挥。

四、竞争环境与思想政治教育伦理精神

竞争是一种社会现象，古今中外，概莫能外。我国古代，法家代表提出人性是恶的，竞争是人的本性，人与自然竞争要发挥人的主观能动性，人与人竞争要用礼义加以节制，用法制加以规范。韩非子认为，竞争是人类在进化的过程中自然资源减少与人口增多之间的矛盾造成的。荀子认为，竞争产生于人的欲求，要予以节制，否则，"争则乱，乱则穷"（《荀子·礼论篇》）。在西方，霍布斯认为，趋利避害是人的本性，人对人就像狼对狼一样的战争状态，竞争不可避免。为了避免无休止的竞争，要发挥国家的职能。达尔文发现了自然界"物竞天择，适者生存"的规律。

（一）竞争环境的特点

竞争是人类社会进化和发展的普遍现象。当代社会，市场经济发展迅速，人的需求不断丰富，竞争愈加激烈。竞争已经渗透到社会生活的角角落落，成为人类社会发展的动力源泉之一。竞争环境是建立在竞争基础上的对

人们思想、道德、行为具有直接影响的环境。① 竞争环境是市场经济的产物，成为影响人的思想和行为的重要因素。但与新媒体环境、虚拟环境不同，竞争环境需要具备一定的竞争意识、竞争目标、竞争对手、竞争条件等，否则，竞争难以产生。良性竞争促进人们朝着正确的、积极的方向努力前行；恶性竞争造成人们朝着错误的、消极的方向行进，竞争结果是负面的。竞争的实质是物质利益之争，不论是竞争机制还是竞争心理，不论是国家之间的综合国力还是个人层面的实力比拼，最终都以利益为归宿。"社会分工则使独立的商品生产者互相对立，他们不相信任何权威，只承认竞争的权威，只承认相互利益的压力加在他们身上的强制。"② 市场经济的核心是竞争，当今社会竞争已经打破了地域的限制，竞争与协作相伴，逐步向规范、有序的竞争发展。

竞争可以激发人的动机，调动人的积极性。同时，给人带来压力，但正当的竞争可以将压力转化为动力。产生竞争需要满足两个条件："一是行为主体要有共同的需要，如果没有共同的需要，就不会产生竞争；二是只有当这一共同需要不能使所有人同时得到满足时，即人们的需要之间发生矛盾时，才会产生竞争，如果所有行为主体对所需要的对象都能同时得到满足，那么也不会导致竞争。以上这两条缺一不可，它们是导致竞争的充分必要条件。"③ 优胜劣汰是竞争的基本法则，获胜者得到利益，失利者失去利益。当个体的需求与社会进步的方向一致时，个体参与的竞争可以促进社会的进步。当它们之间的方向不一致时，则会阻碍社会的进步和发展。如果竞争过于激烈，激烈程度严重超过竞争主体的期望值，或者竞争条件达不到或者与主观需要存在差距，都容易使竞争者产生挫败感和心理问题。竞争要遵循公平、公正原则，如果在竞争的过程中采取不正当的手段，就会违背道德规范甚至触犯法律。充满正能量的、程序合理合法的竞争机制可以发挥一定的社

---

① 张耀灿、郑永廷等：《现代思想政治教育学》，人民出版社 2001 年版，第 248 页。

② 《马克思恩格斯全集》第 23 卷，人民出版社 1972 年版，第 391 页。

③ 冯必扬：《简论竞争的成因》，《唯实》1998 年第 2 期。

会价值导向功能，比如人才的选拔、录用，公务员的招考、晋升等，按照竞争规则进行社会资源配置，调整利益关系，竞争者在这样的竞争机制中获胜或者获益，促进形成良好的社会竞争环境。

（二）竞争环境对思想政治教育伦理精神的影响

竞争环境对于思想政治教育伦理精神的影响主要体现在：一是竞争环境丰富了思想政治教育的内容。当今社会和传统社会相比发生了巨大的变化，市场经济条件下的竞争打破了传统的血缘和地缘关系，参与竞争者都是平等的个体，如何形成良性的竞争环境；人与自然之间、人与人之间的竞争更加激烈，在竞争环境中如何适应这种环境、如何遵守竞争规则，与之相关的法律、道德、心理等问题需要积极应对。全球化的时代，经济竞争、科技竞争、文化竞争日趋激烈，社会主义意识形态与资本主义意识形态之争从未停止，这些新的问题拓展和丰富了思想政治教育的内容。二是利用竞争环境为思想政治教育服务。良性竞争可以激发人们的创造力和积极性，引导人们选择公正的竞争机制，并内化为自觉的行动。把良性的竞争环境引入思想政治教育教学之中，引导受教育者在良性的竞争机制中接受教育，帮助他们树立远大的理想信念、正确的政治观点、价值观念、道德规范，使良性的竞争机制成为思想政治教育的导向机制。

思想政治教育伦理精神有利于良性竞争环境的形成。思想政治教育具有鲜明的价值导向性，以马克思主义为指导，代表最广大人民群众的根本利益，促进社会进步和人的全面发展。不同的价值观形成不同的竞争取向，集体主义价值观强调在竞争的过程中要把国家利益、集体利益放在首位，充分尊重和维护个人的正当利益，当国家利益、集体利益与个人利益发生矛盾时，个人利益一定要服从国家利益和集体利益。个人主义价值观强调在竞争的过程中以个人为中心，一切从个人出发，为了满足个人利益不惜牺牲国家利益或者集体利益，国家利益、集体利益是实现个人利益的手段，反对国家、社会、集体、他人限制和干涉个人利益。

通过思想政治教育，帮助人们形成正确的价值观、利益观，从而形成正确的竞争观。在正确竞争观的指导下，培育道德的、公平的、公正的竞争环境，处理好竞争与合作的关系、利益与道德的关系，始终坚持诚信原则，"现代企业的发展、企业的良性竞争需要一个高度信任的环境，信任是竞争环境的一个决定性的道德因素。"① 道德的竞争环境离不开人的道德素质，道德素质的形成需要思想政治教育经常性的教育和培养。理想信念教育是思想政治教育的主要内容之一，通过思想政治教育，让人们深刻懂得理想信念是人生的精神支柱，是社会进步和个人发展的精神动力，理想信念坚定的人能够面对挫折，正确对待逆境，能在竞争中将不利因素转化为有利因素，获得竞争优势。理想信念动摇的人即使具备竞争优势，也有可能因为遇到一点小挫折而半途而废。竞争主体需要顽强的意志力，顽强意志力的形成依赖于是否拥有坚定的理想信念。

思想政治教育是做人的工作，是培育人的精神的事业。人活着也是需要精神的，要达到内心的宁静，不为外界所动，这是精神的力量。思想政治教育与人的精神需要内在的契合，环境建设是达至内在契合的桥梁。通过思想政治教育环境建设创造条件，营造一个良好的环境，提高人的精神文化水准。"精神"表现为主观世界的力量，是对现实物质力量的超越。现在的思想政治教育缺乏的就是精神的观照，更恰当的表达应该是伦理精神的支撑。黑格尔呼唤的精神刚好是我们今天所缺的精神，实质上是伦理精神的缺失。精神性的本质是伦理实体，精神本身是伦理现实。② 当精神是存在着的理性时，精神就达到了它的真理性，即现实的、伦理的本质。精神是一个民族的伦理生活，伦理实体是现实的实体，作为现实的实体，是一个天然的伦理的共体或社会。

---

① 章海山：《企业竞争伦理机制的探析》，《中山大学学报》（社会科学版）2001 年第 2 期。
② ［德］黑格尔：《精神现象学》下卷，贺麟等译，商务印书馆 2009 年版，第 1—2 页。

第五章

思想政治教育伦理精神的范畴

伦理精神是思想政治教育的灵魂，是思想政治教育的内核，是思想政治教育理论与实践中的基本问题之一。考察思想政治教育的伦理精神，在于探讨其内在的品格，科学而准确地把握思想政治教育在社会历史发展过程中一以贯之的精神文化基因。思想政治教育的伦理精神范畴主要包括：人道、善、实践理性、公正、自由等。

第一节　思想政治教育伦理精神的范畴——人道

思想政治教育的伦理范畴是其伦理精神的主要体现。对思想政治教育伦理精神内涵的把握，关键在于对其核心范畴的深刻理解。思想政治教育伦理精神的发展及演变过程也是其范畴的发展及演变过程，具体表现为范畴的内涵和形式的变化。思想政治教育蕴含的人道，即以人为本的理念是思想政治教育伦理精神的核心范畴。

一、中西方不同文化对人道的探究

在我国的语境中，"道"字左边是"走"，右边是"首"，即探究最初的、本质的东西。"道"的意思是指道路、方向、途径、方法、法则、规律、学术或宗教的思想体系等，"人道"就是探究人的本质、人性。在我国古代，"人道"有三层含义：一是指人的行为规范，人道即人伦纲常，是儒家思想的主要内容。《礼记·丧服小记》："亲亲，尊尊，长长，男女之有别，人道之大者也。"亲近自己的亲人，尊敬自己的长者，男女之间有区别，这是人伦纲常最基本的原则，按照人的行为规范行事，是最大的"人道"。二是人道与天道相对，人道研究的是"人事"，属于"天人之辨"范畴。中国传统哲学视域中，最初强调"天"的绝对权威，把"人"置于"天"的管制之下。春秋战国之时，人们开始审视天道，批判天道，重视人道。郑国子产提出"天道远，人道迩"（《左传·昭公十八年》）。天道离人远一些，人道则存在于身边的人与事之中。道家区分"天道"与"人道"，倡导"天道自然无为"。荀子强调天人之分，提出了"制天命而用之"的思想，重视人事而轻视天命，要发挥人的能动性，这是对"人道"理论上的论证。三是对人的生命、生存、生活状态的关心。牟宗三先生指出，中国哲学与西方哲学的区别之一是以"生命"为中心，切入点是"关心生命"。①儒家对生命的关心体现在"仁"的思想之中，孔子对"仁"的解释是"仁者，爱人也"（《论语·颜渊》）。孟子继承和发展了孔子的思想，孟子曰："君子所以异于人者，以其存心也。君子以仁存心，以礼存心。仁者爱人，有礼者敬人。爱人者，人恒爱之；敬人者，人恒敬之。"（《孟子·离娄下》）仁者是充满慈爱之心、富有爱意的人，是拥有大智慧和人格魅力的善良之人。佛家的人道思想把仁爱之心扩充到天地之间的整个生命，超越了儒家只

① 转引自孙彩平：《教育的伦理精神》，山西教育出版社 2004 年版，第 141 页。

对人的生命的关注。佛家讲究以慈悲为怀，尽行善，不杀生，这里的"生"指所有的生命之物。道家非常重视个体生命的价值，老子认为在世界万物中个体生命是最高贵的存在，人的生命是所有生命中最完美的形态。道家尊重自然的天性，主张"无为而无不为"，追求不加干涉的本真，以推崇人性的完整来关心人。

在西方的语境中，英语"humane"表示"人道的""仁慈的"，"humanism"表示"人道主义"，都是以"human"（人）为词根演化而来。① 1928年版《牛津英语辞典》对"humanism"的解释是指"仁慈与善行"，是一种道德意义。在希腊语中，"人道主义者"本身是指"一种一视同仁的友善精神和善意。"② 可见，人道是从人性出发对人的仁慈和关爱。

西方的人道主义渊源于古希腊，以后经过了中世纪的人道主义、文艺复兴时期的人道主义、启蒙运动时期的人道主义、存在主义的人道主义。③ 古希腊、罗马时期的人道主义有两层含义：一是指"善行"（英语为 philanthropy），"philanthropy"本身有"慈善、善心、博爱主义的含义。④ 最高典范是普罗米修斯的善行，关爱人，为人类而献身。二是指"身心全面训练"（英语为 paideia），即人的教化，人的善可以通过身心训练的教化方式形成。中世纪的人道主义是基督教福音人道主义，"善"和"爱"是其核心。爱首先是对上帝的爱，然后是人与人之间的爱，即博爱，仁慈的博爱就是善。

文艺复兴时期的人道主义主张以人为中心，尊重人的自由意志、人的尊严、人的权利、个性，关爱人的世俗生活。启蒙运动时期的人道主义提倡自由、平等、博爱，这三个价值观念已成为共同遵循的人道主义原则。存在主义的人道主义指出，"存在先于本质"，肯定人的存在、人的本质、人的自

---

① 《新英汉词典》，上海译文出版社1991年版，第16页。
② ［美］大卫·戈伊科奇等编：《人道主义问题》，杜丽燕等译，东方出版社1997年版，第41页。
③ ［美］大卫·戈伊科奇等编：《人道主义问题》，杜丽燕等译，东方出版社1997年版，第2页。
④ 《新英汉词典》，上海译文出版社1991年版，第979页。

由、人的尊严，人的人性就在人的本质之中。

人道主义是对"人文主义"本义的延伸和发挥，把人视为最高价值的精神。《苏联哲学大百科全书》把"人道主义"解释为：从狭义来看，是指文艺复兴时期与研究古希腊哲学、伦理学、艺术、语文学文献相联系的世俗思潮；从广义来看，是指维护个人的尊严、自由和全面发展，维护社会关系的人道精神的进步社会思潮。① 人道主义源于人文主义，但与之有别，比人文主义的内涵要宽泛得多。从教育的维度来看，人道主义则要求对每位学生的具体需求进行各个角度、多方面的关心与重视，更多从目的和手段两个方面考虑"人"，培养独立的人格，自己能够超越自己，使人成为完善的人。

对中西方的人道思想进行比较可以看出，"关爱"是人道的核心，对人和人性的关注与尊重是人道的基本要求。中西方文化不同，"关爱"的内涵不同，表达方式不同。中国文化放弃了对人性的知性追问，倾向于直接对生命表示关爱，侧重于如何完善礼教以更好地"爱人"。西方文化侧重于通过对人性的知性追问，实现对"人"的关注。②

二、人道的实现方式

人道意味着人对人具有最高价值或尊严，"一个有价值的东西能被其他东西所代替，这是等价；与此相反，超越于一切价值之上，没有等价物可代替，才是尊严。"③ 人没有等价物可以代替，每个人都是独一无二的个体，所以，每个人都是最高的价值，每个人都拥有最高的尊严。费尔巴哈说："如果人的本质就是人所以认为的至高本质，那么，在实践上，最高的和首

---

① 转引自时光：《"人文主义""人本主义"及"人道主义"辨正——兼谈中国传统文化的基本精神》，《求索》1986年第6期。

② 孙彩平：《教育的伦理精神》，山西教育出版社2004年版，第142页。

③ ［德］康德：《道德形而上学原理》，苗力田译，上海人民出版社1986年版，第87页。

要的基则，也必须是人对人的爱。"① 把人当人看，爱人是人道的基本要求。"人道主义包括某种形式的博爱主义。"② "人之爱对于人道化具有极高的价值。"③ "人道是一个对全人类的仁爱精神，它仅能在伟大而富有感情的灵魂里燃烧着。"④

人道的实现方式首先要爱一切人，善待一切人，把人当人看待。在此基础上，人道之所以能够实现，是因为人本身能够得到发展、完善、自我实现。发挥人的创造性的潜能，使自己成为不断完善的人。"人最重要的是不断增长的个性自我实现的要求，创造的要求，发展创造力的要求，精神充实和精神自由的要求。"⑤ 人与动物的最大区别是人具有自我意识，能够自我完善自己，这与人的需要是相一致的。根据马斯洛的需要层次论，人的需要从低向高依次是生理需要、安全需要、爱和归属的需要、尊重的需要、自我实现的需要，自我实现的需要是最高层次的需要。人的自我实现得越充分，个人价值和社会价值体现得就越充分，对社会的贡献就越大，社会就会取得进步和发展，在这样的社会环境中，人的需要就越容易得到满足。相反，如果自我实现得不充分，说明个人潜能没有充分地发挥，对社会的贡献就小，社会的物质财富和精神财富势必贫乏，人的需要就越不容易得到满足。

所以，人的自我实现是创造财富的源泉和动力，也是满足人的需要的必要条件。内因是事物变化发展的根本，外因是事物变化发展的条件。人的自我实现是内因在起作用，人道的实现还需要一定的外因条件。手段上对人管教、束缚，目的是为了实现人道。比如孔子的"克己复礼"思想，用礼束缚人的思想和行为；孟子的"杀身成仁"思想，是为了社会的正义和仁爱，

---

① 《费尔巴哈哲学著作选集》下卷，生活·读书·新知三联书店1962年版，第315页。

② ［美］保罗·库尔茨：《保卫世俗人道主义》，余灵灵等译，东方出版社1996年版，第74页。

③ 沈恒炎等：《国外学者论人和人道主义》第一辑，社会科学文献出版社1991年版，第80页。

④ 罗国杰：《人道主义思想论库》，华夏出版社1993年版，第425页。

⑤ ［苏联］布耶娃：《论马克思主义人道主义》，《哲学译丛》1991年第6期。

而以牺牲个体的生命为代价；西方的"身心全面训练"思想，主要是以鞭挞和体罚为主的肉体摧残，进而达到对人的关爱。手段被视为一种必要的恶，以手段必要的恶达成最终目的的善。

"自身为恶而结果为善，并且结果与自身的善恶相减的净余额是善。"①

人道主义大师赫尔达在其著名的《关于人道主义的通信集》中写道："我们人类特征的内容之一，就是尽一切可能以培育人类，并使它完美化。这是人道者的理想实质。""如果一个人不去改造自己达到他能够而且应该成为的那样的话，他就不会作出有利于人类的贡献。因此，每个人都必须首先在这所'人道'的花园里培植和看守花坛，在这里，他将作为树木而生长，作为鲜花而开放。"② 在"人道"的花园里将野蛮的人或者半野蛮的人改造成人，培养独立的人格，自己能够超越自己，并能尊重人的生命、人的价值、人的创造。

实现人道还有另一种方式，以自然而然的方式尊重人的理性、尊严，承认人性的不完美，体现人的真实存在，从而尊重人的价值和表达对人的关爱。人道作为伦理学的基本范畴，是规范人的行为的道德原则，有广义和狭义之分。广义的人道把人视为最高价值，善待一切人，把任何人都当人看待。狭义的人道把人本身的完善视为最高价值，使人的创造性潜能得以发挥，自我价值得到实现，使人成为完善的人。③ "人道主义者面临的问题是创造把人从片面的和扭曲的发展中解放出来的条件，把人从压迫人、使人堕落的社会组织中解放出来，从毁灭和破坏人的天赋环境中解放出来，使人过上真正的生活。"④

---

① 王海明：《新伦理学》，商务印书馆 2001 年版，第 35 页。
② 罗国杰：《人道主义思想论库》，华夏出版社 1993 年版，第 448 页。
③ 王海明：《人道新探》，《玉溪师范学院学报》2007 年第 2 期。
④ ［美］保罗·库尔茨：《保卫世俗人道主义》，余灵灵等译，东方出版社 1996 年版，第 76 页。

三、思想政治教育中的人道

克莱因说:"人道主义一般指追求人道和合乎人的尊严的生存方式的一种努力。在人类历史上,人道主义是指这样一些思想和努力的总和,这些思想和努力是建立在相信人的可教化性和发展能力、尊重人的尊严和个性的基础上的,其目的在于全面地培养、自由地运用和发挥人的创造力和能力,最后,高度发展人的社会,使整个人类越来越完善、越来越自由。"[①] 人道体现的是人的尊严、人的个性,建立在可教化的基础之上,价值旨归是培养具有一定的创造力和能力的人、越来越完善的人、越来越自由的人。

思想政治教育作为一种精神性的实践活动,是培养人成为人的过程,人是思想政治教育存续的基础,也是思想政治教育的目标,目标是人的自由而全面的发展,核心是对人的重视和关注。思想政治教育伦理精神蕴含着思想政治教育中的人道精神。作为人类的一种社会实践活动,思想政治教育的出发点是活生生现实的人,而不是抽象的人,落脚点是培养和塑造人,形成正确的世界观、人生观、价值观,提升人的思想、政治、道德素质,促进人性的完善和潜能的发挥,关注人的意义和价值。

(一)思想政治教育目标与人道

思想政治教育目标是一定时期内实施思想政治教育所要达到的预期结果,按照社会的需要与人的发展要求,使受教育者接受教育所设定的应然状态。思想政治教育目标不是单一的,而是一个目标体系,具有内在的层次结构。思想政治教育目标虽然由教育者制定,但实质上是政党和国家的奋斗目标、社会发展的需要以及受教育者的发展需要决定的,这是思想政治教育目

---

① 转引自沈恒炎等:《国外学者论人和人道主义》第三辑,社会科学文献出版社1991年版,第705页。

标确立的客观依据。

第一，由政党和国家的奋斗目标决定。思想政治教育具有鲜明的阶级性。在我国实施的思想政治教育，就是中国共产党领导下的思想政治教育。中国共产党根据马克思主义唯物史观的基本原理，结合我国不同时期的实际情况，提出了相应的奋斗目标和历史任务。

新民主主义革命和社会主义革命时期的奋斗目标是推翻帝国主义、封建主义和官僚资本主义三座大山，建立新民主主义共和国。提出了彻底的反帝反封建的民主革命纲领，实现中华民族完全独立，统一中国为真正的民主共和国，这一具有凝聚力、感召力的奋斗目标对于新民主主义革命的胜利起到了至关重要的教育、动员、激励、导向作用。思想政治教育围绕这个奋斗目标展开了一系列的具体实践活动，我党在创立过程中非常重视宣传党的主张，掀起了工农运动的热潮。

大革命时期，设立政治部开展了政治工作，思想政治教育为政治斗争服务，1927年"三湾改编"时，提出把党支部建在连上，是开展思想政治教育工作的有力举措。1929年12月毛泽东同志起草的《中国共产党红军第四军第九次代表大会决议案》（即古田会议决议）指出，"红军党内最迫切的问题，是教育的问题"①，要"从教育上提高党内的政治水平"②。这是思想政治教育历史上第一个纲领性文献，是思想政治工作建设的一个重要里程碑，是我党我军思想政治教育形成的重要标志。③ 1934年，周恩来等同志在红军第一次全国政治工作会议上系统地论述"政治工作是红军的生命线"。1942年至1944年的延安整风运动，是一次教育运动，1944年《关于军队政治工作问题》的报告是政治工作历史上又一个重要文献，标志着党的思想政治教育的成熟。在民主革命时期，思想政治教育工作体现了革命人道主义的精神，是马克思主义人道主义在革命战争年代的创造性运用。新中国成立

---

① 《军队政治工作历史资料》（2），中国人民解放军战士出版社1982年版，第209页。
② 《军队政治工作历史资料》（2），中国人民解放军战士出版社1982年版，第203页。
③ 张耀灿、郑永廷等：《现代思想政治教育学》，人民出版社2001年版，第15页。

后，经过三年的经济恢复工作后，开始了从新民主主义向社会主义的转变，1952 年提出了党在过渡时期的总路线，实现"一化三改"的奋斗目标，体现了社会主义人道主义的精髓，从当时我国的现实条件出发尊重人、关心人，通过思想政治教育工作，转变人的思想，提高人的认识世界和改造世界的能力，而没有采取暴力的方式进行社会主义改造。"文化大革命"时期思想政治教育迷失了正确方向，严重败坏了我党思想政治教育的优良传统，思想政治教育成了"摆设"，异化成为阶级斗争的工具。

党的十一届三中全会以来，在解放思想、实事求是思想的指引下，中国共产党紧紧围绕"什么是社会主义，怎样建设社会主义"的根本问题，从我国处在社会主义初级阶段的最大实际出发，提出了社会主义初级阶段的奋斗目标，即建设中国特色社会主义，把我国建设成为富强、民主、文明、和谐的社会主义现代化国家。思想政治教育围绕奋斗目标而开展工作，焕发了它的青春和活力，教育人们要解放思想，实事求是，切实做好培养人、教育人的工作，确保党和国家中心任务的实现，是一切工作的生命线。"马克思主义的思想理论工作是不能离开现实政治的"[1]，必须为社会主义现代化建设服务。社会主义的根本任务是发展生产力，而人是生产力中最革命、最活跃的因素，因此，人的素质的提高尤为重要，是促进和制约经济发展的决定性因素。培养人成为有理想、有道德、有文化、有纪律的人，塑造成为社会主义的建设者，是对人的尊重和关心，是社会主义人道的一种体现。

青少年的思想、政治、道德素质关系到国家的前途和命运，"首先要向青年进行有理想、有纪律的教育"[2]，理想和纪律是我们国家真正的政治优势和精神动力，四项基本原则是立国之本，是思想政治教育的方向保证。随着中国特色社会主义建设实践的不断丰富和完善，从最初的"两手抓"到"三位一体""四位一体"，到如今的经济建设、政治建设、文化建设、社会

---

[1] 《邓小平文选》第 2 卷，人民出版社 1994 年版，第 179 页。
[2] 《邓小平文选》第 3 卷，人民出版社 1993 年版，第 191 页。

建设、生态文明建设"五位一体",经历了从认识上逐步发展的过程,贯穿了人由不全面发展向逐步全面发展的历程。

党在新世纪新阶段的奋斗目标是在中国共产党成立一百年时全面建成小康社会,在新中国成立一百年时建成富强民主文明和谐的社会主义现代化国家。实现"两个一百年"奋斗目标是实现"中国梦"的基础,中华民族伟大复兴的中国梦最核心的内容是国家富强、民族振兴、人民幸福。中国梦是每一个中国人的梦,使人民的权利得到保障、利益得到实现、幸福感更足,人人共同拥有平等的机会、梦想成真的机会、共同发展的机会。发扬社会主义人道主义精神,尊重人民的主体地位,关心人民群众的根本利益,不断提高人民的物质和精神生活。思想政治教育工作就是要教育人们必须坚持中国道路,弘扬以爱国主义为核心的民族精神和以改革开放为核心的时代精神,团结一切可以团结的力量,万众一心,共同实现中华民族的伟大复兴。

第二,社会发展的需要。思想政治教育是社会实践活动的重要内容,既是社会发展的产物,也是推动社会进一步发展的必要条件。社会的基本矛盾推动社会向前发展,生产力是社会基本矛盾中最革命、最活跃的因素,决定生产关系和上层建筑的变化和发展,推动社会整体的变化和发展。生产力基本要素包括劳动者、劳动资料和劳动对象,劳动者是决定性的因素,是生产活动的主体;劳动资料中居于主要地位的是生产工具,生产工具是劳动者制造出来的,是人类认识世界和改造世界能力的物质性标志;劳动资料与劳动对象结合起来构成了生产资料,生产资料只有劳动者作用于它,它才会发挥应有的作用。生产力还包括科学技术,科学技术的应用会引起劳动者素质的提高、劳动资料和劳动对象的深刻变革,若为劳动者所掌握,就会大大地提高劳动生产效率。现代科学技术发展日新月异,日益成为社会生产发展的决定性因素,是先进生产力的集中体现和重要标志,是第一生产力。由此可以看出,不论是劳动者、劳动工具,还是科学技术,最终都要落脚到人的因素上,社会发展的真正动力是人的素质的提高。人的素质不单单是知识和能力，更为重要的是思想政治观念和道德素质的提高。提高全民族的思想政治观念和道德素质，是社会发展和进步的客观需要。

第三，受教育者发展的需要。人的本质是一切社会关系的总和。人不断由自然人向社会人转变和发展，在转变和发展的过程中，人应该在体力和智力方面得到发展，社会化所需的思想政治道德素质也应得到提高和发展。因此，受教育者要成为对社会有作为的人，应该对自身有更高的要求，尤其是人的精神生活需要不断提升。思想政治教育要促进社会的发展，落脚点是促进人的发展，解决人的思想问题。满足受教育者发展的需要是确立思想政治教育目标的重要依据之一，思想政治教育的对象是现实生活中活生生的、具体的人，根据教育对象不同的思想状况，从职业要求、思想观念、政治素质、道德修养、个人需求等方面分层次实施思想政治教育，考虑受教育者的接受教育程度，从而制定出符合人的发展需要的教育目标。

（二）思想政治教育内容、方法与人道

思想政治教育主导性内容居于思想政治教育的核心地位，集中体现为社会主义核心价值体系教育和社会主义核心价值观教育，它们是社会主义文化的精髓，是文化软实力的核心，是中华民族的安身立命之本，决定了我们国家社会主义的性质和方向。马克思主义指导思想是社会主义核心价值体系的灵魂，处于统领地位。马克思主义内含着人道主义，唯物史观和剩余价值学说，使社会主义由空想变成了科学，为全世界的劳动人民指明了获得彻底解放的道路。马克思主义关于人的本质、人的全面而自由的发展、人的解放等方面的问题都是马克思主义人道主义内容的论述，是无产阶级的人道主义。

人道主义的一般原则即共性主要体现在它的价值观方面。作为价值观，它是对人的价值、尊严、权利和自由的追求。尽管不同时代、不同阶级对人的问题认识不同，但是把人自身作为追求目标的意向则是人道主义的共同价

值取向。① 马克思主义人道主义也不例外，是现实的科学的人道主义。中国特色社会主义共同理想、民族精神与时代精神、社会主义荣辱观以马克思主义为指导，必然蕴含着马克思主义人道主义思想，体现了人们对美好生活的向往和追求，有助于不断提升人们认识世界、改造世界的能力，最终实现国家富强、民族振兴、人民幸福。社会主义核心价值观是社会主义核心价值体系的核心，社会主义核心价值观教育是塑造人的灵魂的工程，不论是国家层面、社会层面的价值要求，还是公民个体层面的价值要求，都是当代中国人民的价值追求，与无产阶级的人道主义所倡导的价值观具有内在的一致性。

思想政治教育内容体系相对稳定，但仍需不断发展。在新的历史条件下，社会对人的发展提出了新的要求，思想政治教育内容在相对稳定的基础上也要坚持与时俱进的品质，需要对内容进一步的拓展。思想政治教育的拓展性内容主要包括心理健康教育、诚实守信教育、公民意识教育、创新创业教育、生命伦理教育、生态道德教育等。

思想政治教育的内容随着社会的发展和时代的进步，会得到与时俱进的发展。心理健康教育、诚实守信教育、公民意识教育、创新创业教育、生命伦理教育、生态道德教育等这些拓展性的思想政治教育内容对人的成长和全面发展具有十分重要的意义和不可低估的作用。

心理健康教育是人的本质的内在要求，人的本质揭示了心理健康教育的生理基础、社会基础和实践基础，而人的全面自由发展理论为心理健康教育指明了价值目标。通过心理健康教育，使人的本质得到升华，使人的社会性和实践性得到增强，走进人的现实生活，走进人的内心世界，关心人的心理活动，尊重人的个性差异，弘扬人的主体性，强调人的自主性，维护人的尊严。

诚实守信是做人做事的准则，是一种基本的道德品质，是公民、社会、国家的道德责任和要求。对于公民来说是一种人格力量和无形财富；是社会

---

① 马捷莎：《马克思主义与人道主义究竟是一种什么关系》，《河北学刊》2004 年第 3 期。

和谐的基石；是国家的形象和声誉，是国格的重要体现。加强诚实守信教育，把人之为人的本性发挥出来，因为诚实守信是人之为人的本分，是安身立命的根本。"民无信不立。"①

公民意识是人的现代化的基本要素，需要培养和教育，通过教育使公民树立权利义务意识、社会责任意识，培植一种人文情怀、一种公共精神，塑造当代公民人格，提升公民主人翁意识，追求民主法治、自由平等、公平正义的价值目标。创新是马克思主义的本质特征，确认了人的创造性是人所特有的活动方式和能力，是人的本性的延伸，是人的一种生存状态，是人的主体性的集中反映。

现代社会创造、创新、创业是时代的潮流，不仅是一种智力特征，而且是个体的一种品质，是开拓进取的精神状态和综合素质的体现，是人的全面而自由发展的动力和结果。② "激发人的创造力、促进人的全面发展是社会充满发展活力的重要前提。"③ 通过创新创业教育，激发人们的首创精神，倡导大众创业万众创新，使人们的创新才能得到充分发挥、创新成果不断涌现、创业活动蓬勃开展。

生命伦理关注人的生命，维护生命的尊严。通过生命伦理教育，树立尊重生命、热爱生命、敬畏生命、善待生命的价值理念，使人们深刻懂得生命的宝贵，只有实现对生命的超越与创造性的规划和经营，才能高扬生命的意义和价值，在不断提升生命品质的过程中追求幸福的人生。

开展生态道德教育，正确处理好人与自然之间的关系，把道德关怀延伸到人与自然之间的关系之中，树立生态文明的理念，倡导发展绿色经济、循环经济、低碳经济，建设资源节约型、环境友好型社会，自觉承担生态道德责任。人与自然不和谐往往会影响人与人的和谐、人与社会的和谐，以人与

---

① 《论语·颜渊》。
② 熊建生：《思想政治教育内容结构论》，中国社会科学出版社 2012 年版，第 187 页。
③ 胡锦涛：《在中国科学院第十五次院士大会、中国工程院第十次院士大会上的讲话》，《人民日报》2010 年 6 月 8 日。

自然之间的和谐构建人与人之间、人与社会之间的和谐。这些拓展性的思想政治教育内容都是从关注人出发，关注人的生命、关注人的心理是否健康、关注人的安身立命之本、关注人的权利义务、关注人与自然之间的关系是否和谐、关注人的发展、关注人的幸福，最终落脚点是人的全面而自由的发展。

思想政治教育方法是在实施思想政治教育的过程中，为了实现预期的教育目标和达到预期的教育效果所采取的具体方式和途径。思想政治教育方法必须符合人道的思想，只有蕴含伦理精神之人道思想，才能真正地做到以人为本，取得预期的教育效果。

第二节　思想政治教育伦理精神的范畴——善

"善"是伦理学的主要范畴之一，与"恶"相对立。凡是符合一定社会或阶级道德原则和道德标准的行为或事件本身，就是善；凡是与一定社会或阶级道德原则和道德标准相违背，不遵守道德规范的行为或事件本身，就是恶。

一、善的内涵

"善"在汉语语境中有多层含义。它是一个会意字，从羊从言，本义是"吉祥、高兴"，还有"善良、慈善、善心、善行、美好"等义，反义词是"恶"。《说文解字》曰：善，吉也；与之相近或密切相关的词汇是："良"善也，"美"与善同意。《易·坤》的"积善之家，必有余庆。积不善之家，必有余殃"，《论语·子路》的"不如乡人之有善者好之，其不善者恶之"，其中"善"都是取"善心、善行、善良、美好"等义。[1]　"善"的英文是"good"，在英语语境中也有多层含义：一是某种好的东西；某种符合宇宙

---

① 李醒民：《"善"究竟是什么》，《社会科学论坛》2011 年第 8 期。

道德秩序的东西，值得称赞的特征；好的要素或部分。二是繁荣或福利的促进，某种有用的或有益的东西。三是某种具有经济功利或满足经济需求的东西；个人的具有固有价值而非通常价值的属性，不包括金钱、安全和可转让票据；制造或生产供出售的某种东西。四是好人。五是为达到目的需要的品质；不道德行为的证据。①

从中国伦理思想史的脉络中可以看出，对善恶的探讨往往与人性问题相联系，人性善恶决定行为的善恶。善恶的标准与义利相关，符合"义"的标准就是善，反之则为恶。在西方伦理思想的视域中，亚里士多德认为，宇宙万物都是向善的，一切技术、一切规划以及一切实践和抉择，都以某种善为目标。② 德性既不是感受，也不是潜能，是品质。人的德性就是使人成为善良，并获得其优秀成果的品质。德性就是对中间的命中。③ 善就是合乎德性而生成的灵魂的现实活动，善的事物分为三部分：外在的善、身体的善、灵魂的善。灵魂的善是最主要的、最高的善，善是灵魂的行为和活动，好的生活和好的行为就是善。④ 合乎德性的生活和行为就是善，因为德性本身就是最大的善。亚里士多德的"善"追求身体和灵魂的完满状态，真正的幸福是实现"善"的、完美的现实活动。

中世纪宗教伦理学把"善"解释为合乎上帝的意志。近代唯物主义思想家从人的自然本性揭示善恶的根源，把能否使人得到快乐或者幸福作为善恶的标准；唯心主义思想家从善良意志等抽象概念引申出善恶和善恶的标准。马克思主义伦理学认为，善恶反映了一定社会经济关系中人们的利益和实践活动的要求。善恶观念是在人们的社会生活中形成的，并随着社会经济

---

① Merriam-Webster, *Merriam-Webster's Collegiate Dictionary* (Tenth Edition), Incorporated, Springfield, Massachusetts, U. S. A., 1999.

② ［古希腊］亚里士多德：《尼各马科伦理学》，苗力田译，中国人民大学出版社 2003 年版，第 1 页。

③ ［古希腊］亚里士多德：《尼各马科伦理学》，苗力田译，中国人民大学出版社 2003 年版，第 32—34 页。

④ ［古希腊］亚里士多德：《尼各马科伦理学》，苗力田译，中国人民大学出版社 2003 年版，第 12—13 页。

关系的变化而不断变化。评价善恶最终必须以是否符合社会历史发展规律，符合最广大群众的根本利益和要求为标准。①

对于"善"能否进行定义，存在着两种对立的观点：一种观点是"善"无法定义；另一种观点是"善"可以定义。"善"无法定义的代表人物是英国著名的哲学家、伦理学家摩尔，他认为善有三层含义：善的或者善的性质；哪些事物是目的善；哪些行为是我们应该做的，即什么是手段善。在摩尔看来，"善"就是善的，"如果我被问到'什么是善的？'我的回答是，善就是善的；并就此了事。或者，如果我被问到'怎样给善下定义？'我的回答是，不能给它下定义；并且这就是我必须说的一切。"② 给"善"下定义，实际上就是以自然的、非伦理的属性等同于非自然的、伦理的"善"属性，以事实判断等同于价值判断，结果犯了"自然主义的谬误"。

与此相反，多数思想家认为"善"是可以定义的。苏格拉底认为，对于任何人有益的东西就是善，美德就是善，幸福而没有痛苦的行为就是善。在柏拉图看来，善必须是值得追求和欲求的，善的理念是最高的理念。休谟把善视为人的愉快的、有益的感情："使人发生慈爱情感的那种倾向，就使一个人在人生一切部门中都成为令人愉快的、有益于人的；并且给他那些本来可以有害于社会的所有其他性质以一个正确的方向。"③ 善或恶之所以得到赞许或谴责，部分是由于人的同情，部分是由于其社会效用。康德指出，"善是借助于理性由单纯概念而使人喜欢的。我们把一些东西称为对什么是好的（有利的东西），这些东西只是作为手段而使人喜欢的；但我们把另一种东西称为本身是好的，它是单凭自身就令人喜欢的。在两种情况下都始终包含有某个目的的概念，因而都包含有理性对（至少是可能的）意愿的关系，所以也包含对一个客体或一个行动存有的愉悦，也就是某种兴趣〔利

---

① 《中国大百科全书（哲学）》，中国大百科全书出版社1987年版，第749页。

② ［英］摩尔：《伦理学原理》，长河译，商务印书馆1983年版，第12页。

③ ［英］休谟：《人性论》，关文运译，商务印书馆1980年版，第647页。

害]。"① 善是被人尊敬的，只有善良意志才是无条件的善，德行与幸福一致才能达至至善。功利主义思想家认为，快乐或幸福是善。施韦泽从生命伦理的维度认为，"善的本质是：保存生命，促进生命，使生命达到其最高度的发展。恶的本质是：毁灭生命，损害生命，阻碍生命的发展。"②

总括来说，善就是指个体或群体的行为以及事件本身符合一定社会或阶级的道德原则、道德规范的要求；所谓恶是指个体或群体的行为以及事件本身违背一定社会或阶级的道德原则、道德规范的要求。善和恶既是一种道德评价，又是一种道德判断。没有超阶级的善和恶，在阶级社会中，符合统治阶级利益的行为就是善，违背统治阶级利益的行为就是恶。善恶标准实质上是利益标准，人们的行为凡是有利于促进社会进步和发展、有利于大多数人的幸福的行为就是善，反之则为恶。③ 恩格斯说："社会直到现在还是在阶级对立中运动的，所以道德始终是阶级的道德；它或者为统治阶级的统治和利益辩护，或者当被压迫阶级变得足够强大时，代表被压迫者对这个统治的反抗和他们未来的利益。"④

二、思想政治教育中的善

思想政治教育的目标、内容、方法必须符合善的标准和善的要求，否则，思想政治教育就失去了存在的意义。

（一）思想政治教育目标的内在善

什么是内在善？内在善即目的善（good as an end）或自身善（good-in-

---

① ［德］康德：《判断力批判》，邓晓芒译，人民出版社 2002 年版，第 42 页。
② ［法］施韦泽：《敬畏生命》，陈泽环译，上海社会科学院出版社 2003 年版，第92 页。
③ 罗国杰：《伦理学》，人民出版社 2006 年版，第 407—409 页。
④ 《马克思恩格斯选集》第 3 卷，人民出版社 2012 年版，第 471 页。

itself），是其自身而非其结果就是可欲的，就能够满足需要，就是人们追求的目的的善。比如，健康长寿能够产生善的结果，即使没有善的结果，也是人们追求的目的，本身就是善。因此，健康长寿是内在善或自身善。① 至善、最高善、终极善是内在善，是最完满的，也是人们所寻求的最后目的。只有幸福才有资格，幸福是终极的和自足的，它是行为的目的。② 在亚里士多德看来，合于德性的幸福是最高善。

思想政治教育目标是实施思想政治教育所要达到的预期效果，是教育活动的起点，又是思想政治教育的落脚点。教育目标自始至终贯穿于教育活动的过程之中，规定了思想政治教育的内容及其发展方向，制约着教育方法的选择，是提高教育者组织活动的效率以及提高受教育者接受教育自觉能动性的关键和抓手，对于富有成效地开展思想政治教育具有极其重要的理论意义和现实意义。思想政治教育目标始终要发挥导向、凝聚、纠偏和激励作用。③ 思想政治教育目标是"方向盘"和"导航仪"，为思想政治教育教学工作指明一个正确的方向，确保其不偏离正确的轨道。在实施教育教学的过程中，不免会受到主客观因素的影响和干扰，为了排除影响和干扰，就必须发挥思想政治教育目标的纠偏作用，及时予以矫正。明确的思想政治教育目标，会把教育者和受教育者凝聚起来，在思想认识上尽可能地一致，激励人们把内在的潜能发挥出来，积极应对工作中遇到的各种困难和挫折，并在具体工作的实施过程中形成合力，共同为完成目标任务而努力。

思想政治教育目标确立有一定的依据。一是实现党和国家的奋斗目标的需要。党和国家根据经济、政治、文化、社会、生态文明建设的发展水平，围绕最终奋斗目标制定出阶段性的目标，为了实现奋斗目标，需要思想政治教育确立相应的目标，促进人们提高对社会发展规律的正确认识，培养社会

---

① 王海明：《伦理学原理》，北京大学出版社 2001 年版，第 24 页。

② ［古希腊］亚里士多德：《尼各马科伦理学》，苗力田译，中国人民大学出版社 2003 年版，第 10—11 页。

③ 邱伟光、张耀灿等：《思想政治教育学原理》，高等教育出版社 1999 年版，第 182 页。

发展所需的有理想、有道德、有文化、遵纪守法的合格建设者。二是社会发展的需要。人类社会的发展是社会基本矛盾运动的结果，生产力和生产关系、经济基础和上层建筑之间一定要相适应，才能推动社会向前发展。所以，思想政治教育必须为经济基础和上层建筑服务，最终为生产力服务。三是促进人的发展的需要。人从自然存在物向社会存在物的转化，不仅需要体力、智力的发展，而且需要社会化所具备的思想观念、政治能力、道德素质的提高和发展。要把社会的要求逐步内化为个体的思想观念、道德品质，然后再外化为良好的行为习惯。人的思想道德、政治观念的形成和发展呈现出一定的规律，思想政治教育目标的制定要遵循规律，既要考虑受教育者现实发展的状况，也要考虑其未来发展的需要，才能真正促进人的全面发展。

思想政治教育目标要体现方向性与时代性、整体性与差异性、理论性与实践性相结合的特性。目标内容涉及思想素质、政治素质、道德素质、心理素质等方面，必然内含和体现该特性。在我国，思想政治教育必须体现社会主义性质、集体主义原则、爱国主义情怀、为人民服务的思想，应具有强烈的时代性。现阶段，我国仍然处于社会主义初级阶段，但社会发展出现了许多新情况、新变化，经济发展不平衡、不协调、不持续，科技创新能力不强，城乡区域发展差距和居民收入分配差距拉大，影响经济发展的体制机制障碍依然存在，涉及人民群众关心的民生问题较多，社会矛盾增多，反腐败斗争形势严峻，环境污染严重，文化大交融背景下人们的思想观念深刻变化，选择性、多变性、差异性明显。思想政治教育目标要体现时代的特征和时代的精神，培养面向现代化、面向世界、面向未来的创造型、创新型人才。

马克思主义唯物辩证法告诉我们，事物是普遍联系的，必须确立整体性观念，从整体上把握思想政治教育目标。同时，也要注重教育对象的差异性。一方面，针对教育对象不同职业、不同层次制定体现差异性的思想政治教育目标，促使更好地完成既定的教育目标。另一方面，同一职业、同一层次的教育对象又具有不同的个性差异，针对这一差异因材施教，才能取得实效。思想政治教育目标具有科学性，是对思想政治教育规律性的正确反映和对受教育者思想、政治、道德素质形成的规律的准确把握，并能接受实践的检验，在实践中不断地丰富和发展。因此，思想政治教育目标应该是一个系统的理论体系，能够有效地指导实践，理论与实践相结合，才能科学制定和有效实施教育计划，采取切实可行的教育方法，圆满完成教育任务。

思想政治教育目标本身内含着"善"，不以人的意志为转移的客观的善，目标是善的。同时，善也是人们追求的目的，能够产生善的结果。否则，制定的思想政治教育目标就不是真正意义上的目标，是有其名而无其实的"无用之物"。通过思想政治教育，确立马克思主义的科学信仰，掌握马克思主义的世界观和方法论，运用马克思主义的立场、观点、方法分析问题、解决问题。追求远大理想，热爱祖国、热爱社会主义，坚定对中国共产党的信任，树立中国特色社会主义共同理想，坚定走中国特色社会主义道路，建设社会主义市场经济、社会主义民主政治、中国特色社会主义文化、社会主义和谐社会、社会主义生态文明。"四个全面"（全面建设社会主义现代化国家、全面深化改革、全面依法治国、全面从严治党）战略布局，是中国特色社会主义理论体系的最新成果，开阔了马克思主义的新境界。把个人理想融入中国特色社会主义共同理想之中，融入"四个全面"的伟大实践之中，使人们的思想观念、政治立场、道德情操、行为习惯等方面的素养得到提高，促进社会发展和个体成才成长。对于一个国家、一个民族来说，能够凝聚社会各阶层力量的"最大公约数"是社会主义核心价值体系和社会主义核心价值观。社会主义核心价值观是社会主义核心价值体系的核心，是社会主义制度在价值层面的本质规定，是国家文化软实力的重要内容，在所有价值目标中处于统摄和支配地位，体现着社会评判是非曲直的价值标准，对于社会成员的世界观、人生观、价值观具有深刻的影响。践行社会主义核心价值观是一项灵魂工程，要求社会成员大力培育和弘扬，并注重践履，使之成为人们的基本遵循，真正内化于心、外化于行。

（二）思想政治教育内容与方法的外在善

什么是"外在善"？外在善（extrinsic good）即手段善，为了达到某种目的而采取的手段，这种手段必须是善的，结果是可欲的，能够满足人们的需要，产生的结果是目的善，达到这种目的的手段也是具有善的本性，而不是不择手段的恶。比如，冬泳是为了健康长寿，健康长寿是人们追求的目的，是一种善，冬泳是达到这种善的手段，也是一种善。但健康长寿是目的善，而冬泳只是人们追求目的的手段，不是最终要达到的目的，所以是一种手段善。① 外在善和内在善是相对的，在一种情形下是内在善，但在另一种情况下有可能变成了外在善，是达到另一种目的善的手段善。反之亦然。比如，科学的锻炼身体使人健康，健康是目的善；健康可以为社会作出更大的贡献，健康又成为作出贡献的手段善。只有至善、最高善、终极善只能是内在善，绝对不会成为外在善。

1. 思想政治教育内容的外在善

思想政治教育内容是由目标规定的，围绕目标设计教育内容。思想政治教育内容是一个整体性的存在，是根据目标规定按照一定的组合方式和逻辑结构，为教育目标服务的理论体系和行为规范的有机统一体。"思维，如果它不做蠢事的话，只能把这样一些意识的要素综合为一个统一体，在这种意识的要素中或者在它们的现实原型中，这个统一体以前就已经存在了。"② 思想政治教育内容是由相互作用、相辅相成的若干要素，按照一定的相对"固化"了的结构组成的整体，"全体必然先于部分"③，使思想政治教育内容整体功能大于各部分要素功能的总和。思想政治教育内容按照一定的层次结构可分为政治教育、思想教育、道德教育、法纪教育、心理教育等，熊建

---

① 王海明：《伦理学原理》，北京大学出版社 2001 年版，第 24 页。
② 《马克思恩格斯选集》第 3 卷，人民出版社 2012 年版，第 417 页。
③ ［古希腊］亚里士多德：《尼各马科伦理学》，苗力田译，中国人民大学出版社 2003 年版，第 10—11 页。

生教授认为，这些内容具有一定的层次性，依次表现为心理教育→法纪教育→道德教育→思想教育→政治教育由低到高的发展层次。① 这五个方面的教育构成了思想政治教育的主要内容体系，在这个体系结构中，它们具有不同的地位和作用。思想教育是先导，政治教育是核心，道德教育是重点，法纪教育是保障，心理教育是基石。②

心理教育关注人的心理是否健康、人格是否健全，通过教育培养良好的心理素质、健康的心理品质，能够正确地认识自己和评价自己，以及具有一定的社会适应能力。身心健康的人，才能算是一个完整意义上的人，是开展思想政治教育的基石。法纪教育关注人们遵纪守法的意识，能否自觉履行公民的权利和义务，通过教育掌握一定的法纪知识，树立正确的法纪观念，深刻懂得法纪是公民应该遵守的底线准则，是做人最基本的规范要求，是开展思想政治教育的基本保障。

思想教育关注人们的思想观念、思想素质，能否形成正确的世界观、人生观、价值观，能否树立科学的思维方式和方法论，能否为心理教育、法纪教育、道德教育、政治教育的开展创造必要的先导条件。思想教育包括系统性的教育内容和日常性的教育内容。系统性的思想教育内容主要是对受教育者进行系统性的理想信念教育、爱国主义教育、社会主义教育、集体主义教育、全心全意为人民服务教育，核心是马克思主义理论教育，尤其是要以马克思主义中国化的理论成果武装自己的头脑。日常性的教育内容立足于受教育者的日常生活实际，通过摆事实、讲道理解决他们在工作、学习、生活中的现实思想问题，使他们的思想素质不断得到提高。

道德教育关注的是人们的道德观念和道德修养，能够正确分辨善恶，作出正确的道德选择，践行社会主义荣辱观。按照一定的道德规范正确处理好人与自然之间、人与人之间、人与社会之间的关系，践履社会公德、职业道

---

① 熊建生：《思想政治教育内容结构论》，中国社会科学出版社 2012 年版，第 216 页。
② 张耀灿、郑永廷等：《现代思想政治教育学》，人民出版社 2001 年版，第 181 页。

德、家庭美德、个人品德，追求高尚的道德情操，培养自律的道德行为。社会主义市场经济条件下，道德问题凸显，道德教育尤为重要，是思想政治教育的重点。

政治教育关注的是人们的政治立场、政治觉悟、政治方向、政治信念，通过教育引导人们树立中国特色社会主义共同理想，坚定中国特色社会主义理论体系是行动指南、中国特色社会主义道路是实现途径、中国特色社会主义制度是根本保障，在"四个全面"的伟大实践中践行社会主义核心价值体系和社会主义核心价值观，不断提高政治鉴别力和政治敏锐性，把握正确的政治方向，增强政治认同，形成坚定的政治信仰。在思想政治教育诸内容中，政治教育处于主导地位，决定着其他教育内容的性质、内容的选择、价值取向。因此，政治教育是核心，是最高层次的教育内容。

思想政治教育内容为目标服务，是达至目标的手段，是一种手段善。思想政治教育具体内容具有不同的地位和作用，应该在不同的层面上发挥各自的优势力量，更好地为目标服务。心理教育、法纪教育、思想教育、道德教育、政治教育都是围绕思想政治教育目标而展开，围绕培养社会主义新人而实施，最终的目标是促进人的全面而自由的发展。思想政治教育内容是生成的、系统性的存在，不是固定不变的，总是处于不断优化的过程之中，力求使内容各要素协调一致，形成合力。"动物只是按照它所属的那个种的尺度和需要来建造，而人懂得按照任何一个种的尺度来进行生产，并且懂得处处把内在的尺度运用于对象；因此，人也按美的规律来构造。"① 思想政治教育内容既要合于目的又要合于规律，是合目的性和合规律性的统一。合目的性是指合于思想政治教育目标，即培养社会主义合格建设者，促进人的全面发展。合规律性是指思想政治教育内容必须正确反映其内在的联系和揭示其本质。因此，思想政治教育内容的设计要体现"真"和"善"的特性，"真"和"善"的统一构成了"美"的内涵，人是按照美的规律来建构具

---

① 《马克思恩格斯选集》第 1 卷，人民出版社 2012 年版，第 57 页。

体内容。

2. 思想政治教育方法的外在善

教育方法是实现教育目标和完成教育内容的手段，有什么样的教育目标和教育内容，就应有相应的教育方法与之配套。思想政治教育方法是由思想政治教育目标和教育内容决定的。现阶段，围绕培养社会主义合格的建设者和接班人这个目标设计思想政治教育内容，针对这一教育内容应该采取相对应的教育方法为之服务，才能达到内容与形式的有机结合。"我们不但要提出任务，而且要解决完成任务的方法问题。我们的任务是过河，但是没有桥或没有船就不能过。不解决桥或船的问题，过河就是一句空话。不解决方法问题，任务也只是瞎说一顿。"① 理论教育方法、实践教育方法、理论与实践相结合的教育方法是思想政治教育的基本方法。

理论教育法是有目的、有计划、系统地向受教育者进行马克思主义理论教育，使受教育者掌握理论知识，成为行动的指南，成为改造社会、改造世界的物质力量。人具有自觉能动性，具有对理论掌握、思想转变、精神提升的需求，这是开展理论教育方法的内因。科学的、系统的理论知识不是由于人有理论学习和精神提升这方面的需求，就可以自发形成，还需要灌输和外在的添加，通过讲授解读、宣传教育、自学理论、培训研讨等方式获取理论知识。运用理论教育方法要注意完整准确地理解、全面地领会和掌握，才不会断章取义和歪曲本义，不会导致误读和思想上的混乱。并要坚持正面教育和引导，以理服人，以情感人，寓情于理，将理论学习与激发兴趣结合起来，防止受教育者对理论学习异化为理论知识的死记硬背和形式主义的泛滥。

实践教育方法就是组织、引导人们积极参加社会实践活动，在实践活动中接受教育，提高思想水平和实践能力，在改造客观世界的同时改造自己的主观世界。马克思主义理论告诉我们，社会生活在本质上是实践的，实践是

---

① 《毛泽东选集》第 1 卷，人民出版社 1991 年版，第 139 页。

人们形成正确思想的原点，是人们思想认识不断深化的动力源泉，是思想认识的最终目的，也是检验思想认识是否具有真理性的唯一标准。实践的过程就是学习的过程，在实践中开展思想政治教育，是有效的主要教育方法之一。通过生产劳动、社会服务、社会考察等形式实施思想政治教育，使受教育者认识到劳动的价值和意义，养成良好的劳动习惯，为社会服务和奉献，深入实际，深入群众，真实了解社会和零距离接触社会，从而获得丰富的第一手资料，不断提高分析问题、解决问题的能力，增强思想政治教育的实际效果。

理论与实践相结合的教育方法是将所学的理论应用到实践中去，理论指导实践，在实践中检验和发展理论，领悟理论魅力，以理论魅力和力量感染人。理论联系实际是一种实事求是的态度，理论不是教条，必须学以致用，通过实践发现事物的本质和规律，用以解决现实生活中存在的问题，达到主观和客观、理论和实践、知和行的统一。理论与实践相结合的教育方法坚持了马克思主义的认识论和唯物辩证法，是认识与实践、矛盾的普遍性与矛盾的特殊性相联结的辩证方法论，真正让受教育者深刻体会"理论来源于实践，又指导实践"，在实践中诠释理论、验证理论、活学活用理论，亲身体验科学理论在实践中所焕发出来的生命力和灿烂光芒。将思想政治理论课教学与实践教学相结合体现了理论与实践相结合的教育方法，让受教育者走向社会，参加社会实践，充分了解国情民意，关注社会现实，关注人民群众所关心的热点、难点问题，拓宽理论视野，在实践中明辨是非，增长才干，接受教育。

思想政治教育方法是为教育目标和教育内容服务的，什么样的教育目标要设计与之相适应的教育内容，什么样的教育内容需要与之相配套的教育方法，教育内容与教育方法的有机结合共同为实现教育目标而服务。所以，教育方法是一种手段，属于外在善。理论与实践相结合的教育方法是思想政治教育最有效的基本方法，是提高人们思想素质的重要途径，是提高综合能力的重要环节，是深化思想政治理论课教育教学改革的突破口。理论教学与实践教学相得益彰，实践教学鲜明的直观性促进理论教学的深化。让受教育者深入社会实际，在实践中眼见为实，在具体情境中领悟理论的指导作用，理论知识在现实中找到了答案，提高了他们学习的兴趣。运用中国化的马克思主义解决实际问题，在实践的过程中检验自己所学的理论知识，"学然后知不足"，"知不足，然后能自反也"，使他们更深刻、更全面地掌握基本原理和运用马克思主义的世界观、方法论观察世界、分析国情的思维方法，牢固树立马克思主义信仰，坚定不移地坚持中国特色社会主义，不断提高政治理论素养和理论水平，增强爱国主义情怀和社会责任感。针对受教育者的思想实际，找准理论教学与实践教学的契合点，探索教学改革的新路径、新方法，努力把理论武装与实践育人结合起来，不仅要让他们学到理论知识，更重要的是培养他们分析问题、解决问题的能力和实践能力，为将来更好地走向社会、适应社会、融入社会奠定良好的基础。

第三节　思想政治教育伦理精神的范畴——实践理性

人不仅要认识世界、解释世界，更重要的是改变世界。如何改变世界，需要实践智慧，关乎理性的实践应用。

一、实践理性的内涵

古希腊哲学提出"逻各斯"这个概念，意味着对理性认识的开始。斯多葛学派认为，理性是人的本性，从道德上进行本性的完善是对人的理性的提升。在柏拉图看来，人的灵魂分为理智、激情和欲望，激情和欲望只能服从理智，在理智的指引下才能过上幸福的生活。德性的获得在于人的理性，理性的生活是符合德性的生活，是至善，至善是所有理念的源泉。亚里士多德在《尼各马科伦理学》首页指出："一切技术，一切规划以及一切实践和抉择，都以某种善为目标。"① "某种善"是具体善。除了具体善，还有最高的善即至善。善就是合乎德性而生成的灵魂的现实活动，善的事物分为三部分：外在的善、身体的善、灵魂的善。亚里士多德认为，灵魂的善是最真实的善，是理性部分的善。他把德性分为理智德性和伦理德性②，理智德性又分为理论理性和实践理性，实践理性包括实践智慧和实践技艺。"实践智慧则同人的事务相关，它和政治学仅仅是属于人的，是人的善于深思熟虑的能力。明智的对象是可变的事物，可变化的事物包括被制作的事物和被实践的事物，技艺附属于实践智慧。"③ 实践理性是同善恶相关、合乎理性的、求真的理智德性，是结合具体的道德情境，经过认真和慎重的权衡利弊而作出的正确选择。实践理性比理论理性更具有优先性，属于更高层次的理性。亚里士多德认为沉思的生活最有可能走向幸福，仍然坚持理论理性比实践理性具有优先性。

康德对实践理性颇有研究。实践理性关乎理性的实践应用，首先与道德领域相联系，它所关心的不是存在的实际根据，而是其应当发生的法则，实践理性更多地侧重于应然。实践理性与理论理性的区别，与实然与应然之分呈现一定的相关性。④ 康德指出，理性在实践层面关乎主体的欲求能力。⑤ 欲求能力就是主体在理性指导下的实践能力，合乎人的合理需要，通过人的实践活动而实现。康德的"实践理性"内涵狭隘化了。马克思主义伦理学强调道德实践在伦理学理论中的意义，关注人的道德行为，而道德行为的践行取决于道德选择，道德选择需依赖于实践理性，实践理性在指导道德行为

---

① ［古希腊］亚里士多德：《尼各马科伦理学》，苗力田译，中国人民大学出版社 2003 年版，第 1 页。

② ［古希腊］亚里士多德：《尼各马科伦理学》，苗力田译，中国人民大学出版社 2003 年版，第 25 页。

③ ［英］W. D. 罗斯：《亚里士多德》，王路译，商务印书馆 1997 年版，第 238 页。

④ 杨国荣：《实践理性：基于广义视域的考察》，《学术月刊》2012 年第 3 期。

⑤ Kant, *Critique of Practical Reason*, Cambridge University Press, Cambridge, 1997, pp. 17–18.

方面理所当然地处于中心地位。杨国荣教授认为实践影响和改变了人自身，也影响和改变了人内在于其中的世界，实践理性构成了成就人自身与成就世界所以可能的条件。①

《新英汉词典》中"理性"有两个词：reason 和 rational，以 reason 为词根，形容词"reasonable"是指合情合理的、适当的、公道的、通情达理的、有理智的、有理性的、明智的意思。"rational"的意思是有理性的、有推理能力的、有理解能力的。"理性"在英文语境中是指人的思维能力，特别是抽象思维的能力。《现代汉语小词典》中"理性"是指从理智上控制行为的能力。② 综上所述，理性是指人具有抽象思维的能力、一定的理解能力，并以人的意志控制自己的行为，这种行为应该是明智的、合情合理的、公道的，日渐成为人们所推崇的价值判断的标准，思想和行为符合这种标准就是理性，否则就是非理性。实践理性是在实践的过程中，从形式的维度主要体现为正当原则（the principle of rightness），即要符合一定的价值标准和道德规范；从实质性的维度主要体现为向善原则（the principle of goodness），即实践过程要满足实践主体的需要，同时要体现善的价值和实现目的善；从实践过程中的手段、方式的维度来看，实践理性主要体现为有效原则（the principle of effectiveness），即实践过程和结果既要符合事实，又要符合存在的法则和社会规范，关乎实践过程以及结果的有效性。实践理性的正当原则、向善原则、有效原则三个维度的有效展开，共同指向人的自由，实践理性赋予人们的行动和实践过程以自由的品格。③

康德对实践理性与自由的关系进行了研究，在实践理性领域内，自由通过与道德法则的相互印证具有了客观实在性的确证。实践自由的积极意义即自律，意志自律是实践理性在道德领域中的体现，同时，实践理性又以自由的预设为前提。意志自由就是自律，自己为自己立法，康德对道德法则的分

① 杨国荣：《实践理性：基于广义视域的考察》，《学术月刊》2012 年第 3 期。
② 转引自孙彩平：《教育的伦理精神》，山西教育出版社 2004 年版，第 159 页。
③ 杨国荣：《实践理性：基于广义视域的考察》，《学术月刊》2012 年第 3 期。

析证明了理性的实践能力，理性具有能够超越感性的自然限制而遵守自身法则行动的实践功能。实践理性是自律的理性，也就是自由的理性，具有绝对的实践能力；自律是实践理性的自律，与他律形成对比，指称意志的特性，即自身为自身立法的特性。康德认为，有着自律特性的意志与遵循道德法则下的意志是同一个意志，依据准则而行动表现出来的自我立法的能力是行动者理性能力的表达，表明了人类理性的超验性，为他所建构的伦理学打下了坚实的基础。

马克思主义认为，理性是实践主体具有主体能力的理性，在实践过程中表现出来的能力。实践理性是在实践过程中表现出来的主体能力，一方面理性是实践的理性，是在实践的过程中逐步形成的，并不是先验性的存在。实践理性体现了实践主体的能动性，需要在社会实践活动中不断地丰富和发展。另一方面实践是理性的实践，实践是人类能动地改造客观世界的物质性活动，马克思在《关于费尔巴哈的提纲》中，阐明了实践是感性的、对象性的物质活动，"全部社会生活在本质上是实践的"①，强调哲学的重要使命是指导实践去改造世界。实践是人的存在方式，人们在改造客观世界的同时，改造着自己的主观世界。人们在改造客观世界和主观世界的过程中，总是有目的、有意识地实践，总是在理性的规范和指导下进行，而不是盲目的、恣意而为。美是在求真和求善的基础上才能具有的品质，是实然和应然的统一，是合目的性和合规律性的统一。人是按照"内在的尺度"进行实践，内在的尺度不是主观的臆想和胡乱编造，而是实践主体对客观世界的理性认知、理性"觉解"的结果，是理性的或理性化的主体的欲求、目的、价值判断和价值选择。

人们的实践活动总是与理性相伴，"蜘蛛的活动与织工的活动相似，蜜蜂建筑蜂房的本领使人间的许多建筑师感到惭愧。但是最蹩脚的建筑师从一开始就比最灵巧的蜜蜂高明的地方，是他在用蜂蜡建筑蜂房以前，已经在自

① 《马克思恩格斯文集》第 1 卷，人民出版社 2009 年版，第 501 页。

己的头脑中把它建成了。劳动过程结束时得到的结果，在这个过程开始时就已经在劳动者的表象中存在着，即已经观念地存在着。"① 人的实践活动离不开理性，理性总是以这样或那样的方式起着一定的导引作用，没有理性的实践活动是盲目的、没有意义、没有价值的。理性与实践是互动的，只有理性与实践主体所处的社会历史发展进程中促进社会进步和发展的理性内在地契合，才能算作是两者良性的互动，实践理性才具有合理性。

目前学术界对实践理性内涵的界定，主要代表性的观点有：第一种观点，实践理性是实践观念，是理论与实践的过渡环节和中介。第二种观点，实践理性是一种精神方式，是通过对外部世界的客观对象的观念进行分解和组合，形成的满足自身需求的观念，以这种观念了解世界和掌握世界的实践活动。第三种观点，实践理性是根据自身需要参与社会实践的自我控制力和规范原则。在实践的过程中表现出来能够自己做主、自己决定等方面的能力，并能按照一定的规范原则进行实践，而且符合规范原则的要求。第四种观点，实践理性是一种道德理性，是伦理实践领域的意志自律和意志自由。康德明确指出，人之所以伟大和有尊严，是由于人是理性存在者，不仅表现为理论理性在经验领域为自然立法，进而把握自然现象界中的规律，形成科学知识，而且表现在道德实践领域中的实践理性，在自由世界自己为自己立法，不受经验、幸福欲求和个人喜好等的束缚，出于意志自由颁布道德律令，确立人的道德地位和价值追求。实践理性高于理论理性，成为理性的最高层次。黑格尔认为，实践理性是"实现善的冲力，亦即意志或理念的实践活动"。② 可以看出，他的实践理性是要达到善的目的，通过扬弃现存的外在世界的规定以实现善的理念，人的真正存在是他的实践活动。黑格尔尽管意识到了实践的人本本质和实践的主体性，但实践只是绝对精神逻辑发展的一个中介，绝对精神是理论理性与实践理性统一的基础。第五种观点，马

---

① 马克思：《资本论》第 1 卷，人民出版社 2004 年版，第 208 页。
② ［德］黑格尔：《小逻辑》，贺麟译，商务印书馆 1980 年版，第 411 页。

克思主义认为，实践理性是人类在认识世界和改造世界的活动中所表现出来的探求规律的能力，以现实的力量改造所处的世界，进而实现最高价值诉求，即实现自由人联合体的社会形态，实现全人类的解放。

综上所述五种观点，马克思主义的实践理性概念扬弃了康德和黑格尔等前人的实践理性观点，揭示了其科学内涵。一是通过人们能动性的实践活动，在尊重客观事物的发展规律的前提下改造世界，是对人与世界关系"应当如何"的追问。二是人们运用理性应当做什么和应当怎么做，才能符合实践的正当性，使实践主体满足自身需求进行目的性的追问。三是实践理性既要合规律性又要合目的性，通过实践把客观的东西内化为主观的东西，然后否定主观性，把主观的东西回归于实践，外化为新的客观存在物。"它在观念地否定自己前提的自在客观性的时候，就已经内在地包含着使自己现实化、对象化的强烈趋向，即强烈地要求实现自己、否定自己的主观性，强烈地要求由主观向客观转化。"①

二、思想政治教育中的实践理性

思想政治教育是以人为实践对象的活动，出发点和落脚点都是人，而且人是具体的人、现实生活中的人，而不是抽象的人、虚幻的人。思想政治教育是合规律性与合目的性的实践活动。

思想政治教育主要是通过思想政治教育实践活动来实现，在思想政治教育体系中具有基础性的地位。思想政治教育分为思想政治教育理论活动和思想政治教育实践活动，理论部分通过理论传授来完成，对理论知识有了一定的认知和理解后，内化于心，最终还是要通过社会活动、社会参与、社会服务、社会调查、学习参观、生产劳动、义务劳动、人际交往和互动影响、榜样的示范引领等外化为行。思想政治教育不同于理论知识教育或技能教育，

---

① 夏甄陶：《关于目的的哲学》，上海人民出版社1982年版，第23页。

它不仅仅是一门理论科学，更是一门实践科学，是一种特殊的社会实践活动，需要个体自主自觉地建构、吸收、内化、体悟、养成和践行。思想政治教育是人的活动，出发点和落脚点都不能离开人而存在，只能从现实的人、具体的人出发，关注人的现实存在、人的价值和意义。因此，思想政治教育必须合乎人的实践理性，运用人的实践智慧开展思想政治教育，要求教育者在教育教学实践活动中坚持理论联系实际，学以致用，并要研究接受主体的个体差异和不同需要，从受教育者的实际出发，指导人们改造客观世界的同时改造自己的主观世界，关照人的价值塑造。

人是有意识、有思想的，受一定思想和目的的支配，思想政治教育是主观见之于客观的活动，但这些主观的内容来自于社会实践活动，却是客观的实在。"人的活动不再是简单的生命冲动，不再是简单地、直接地占有对象，而借助于物（工具）的中介，有目的地实现对对象的改造和重构，并且在人的不断反馈式需要增长过程中得到日益丰富和扩建。"① 人的实践活动是有目的的，具有主观能动性。思想政治教育是在理论理性指导下的精神性实践活动，是对人的思想的改造，但理论理性却来源于实践的客观内容，精神性的思想改造也是合于一定的教育目的，把主观性的东西改造为客观的实在。

理论理性探寻事物的"真"，揭示事物的本真状态，使主体的认识与客体相符合，把认识对象"内化"为主体的认知，解决"是什么"的问题。实践理性直接指向实践，对事物的本真状态进行加工和改造，把内化为主体的东西又回到实践中去，否定主观性后回归于实践，外化为新的客观存在物，创造一个符合主体需要和目的的新客体，回答了人们在实践活动中应该做什么和应该怎么做，才能达到实践的理想状态和最佳效果，解决"应该是什么"的问题。实践理性高于理论理性。人在改造世界、处理人与世界的关系的实践中，不仅要按照外在的尺度，而且还要将自己的思想观念作用

---

① 万斌等：《现代哲学教程》，浙江大学出版社 1993 年版，第 53 页。

于客体，把客体改造为既符合现实客观又符合主观意图的理想客体，是主观与客观的有机统一。

实践理性与理论理性相比，具有直接现实性。实践理性首先体现为正当性原则，合乎相关的原则或规范的实践就是正当的。思想政治教育是一定的阶级、政党、社会组织等用一定的思想观念、政治观点、道德规范对社会成员实施的教育实践活动，一定的思想观念、政治观点、道德规范是不以人的意志为转移的客观现象，是由社会意识的阶级本质决定的，是统治阶级意志的体现。"统治阶级的思想在每一时代都是占统治地位的思想。这就是说，一个阶级是社会上占统治地位的物质力量，同时也是社会上占统治地位的精神力量。支配着物质生产资料的阶级，同时也支配着精神生产资料……占统治地位的思想不过是占统治地位的物质关系在观念上的表现。"① 物质关系是一种客观的存在，思想观念、政治观点、道德规范是对物质关系的反映。我国的思想政治教育是以马克思主义和马克思主义中国化的理论成果为指导，是对党的思想政治工作优良传统的继承和发展，把积累的经验知识和理论观点进行升华，又充分体现了时代精神和最广大人民群众的根本利益，符合时代发展的要求和历史进步的趋势，揭示了思想政治教育的客观规律。同时，思想政治教育要满足社会进步的需求和人的全面而自由发展的需求，是科学性与价值性的统一。因此，思想政治教育所遵循的原则和规范源于实践，对其进行沉淀和升华，凝结了人类的实践智慧，为个体和群体行为的选择提供了依据和引导，当个体或群体的行为符合这些原则和规范时，思想政治教育的实践理性便是正当的。

实践理性体现为向善原则。"向善"是积极意义上的价值表达，实践行为结果要合乎人的合理需求。"合理需求"尽管在不同的社会历史形态、不同的社会条件下具有不同的内涵，但能促进人的发展和社会发展进步的"需求"就是合理的。向善具有层次性，最基本的层次是维持生命的存在，

---

① 《马克思恩格斯选集》第 1 卷，人民出版社 2012 年版，第 178 页。

生命的存在是人之为人的最初意义，否则其他实践活动无从开展；向善的最高层次是人的全面而自由的发展，走向自由的存在是对人的终极关怀。康德从道德实践的维度提出了人是目的，"你的行动，要把你自己人身中的人性，和其他人身中的人性，在任何时候都同样看作是目的，永远不能只看作是手段。"① 人是目的意味着人本身就具有内在的价值，人不是被人所利用的手段，永远看作自身就是目的。对人自身价值的关注，是对向善的追求，目标是一致的。当人把利益作为追求的主要对象时，"善"的东西会被遮蔽，只有向善才是对人的价值的确认，追求人的全面而自由的发展是人的价值追求的最高善。

思想政治教育是有组织、有计划、系统地对受教育者进行教育和培养，提高人的思想政治素质和道德素质，促进人的发展和社会发展，具有一定的目标指向性和价值导向性。思想政治教育体现人的发展方向和社会发展方向，在我国，思想政治教育的目的必须反映当代社会的发展方向，现代性是当代社会发展的本质要求；同时，必须反映最广大人民群众的根本利益，坚持和发展中国特色社会主义是最广大人民群众的根本价值取向。"世界不会满足人，人决心以自己的行动来改变世界。"② 人的行动总是有一定的目的，在目的的支配下，通过人的主体选择，人只有选择与社会发展方向保持一致，才能实现自己的人生价值。树立中国特色社会主义共同理想，融入"四个全面"的伟大实践之中，才能改变人的现实存在，实现人的发展与社会发展的良性互动。思想政治教育是科学性与价值性的统一，是"真"和"善"的统一。

实践理性体现为有效原则。行为符合一定的原则和规范，就是正当的；行为选择合乎合理的需求，就是善的价值追求。有效原则涉及价值实现的方式和过程，在实现的过程中采取一定的方式，一方面所选择的过程和方式须

---

① [德]康德：《道德形而上学原理》，苗力田译，上海人民出版社 1986 年版，第81页。

② 《列宁全集》第55卷，人民出版社 1990 年版，第183页。

是合目的性和合规律性的统一；另一方面实践要合乎实际，须从实际事实出发，但要有一定的超越性，是实然和应然的统一。基于这两方面的努力，实践活动才能有效展开并达到预期有效的目标。价值目标的确立、价值目标的实现和价值评价需要一定的价值原则和价值规范的引导，向善原则和有效原则对正当性原则的抽象性进行了扬弃，赋予实践过程以实质性的内容，达到了形式的正当与实质善的内在一致，实现了正当原则、向善原则、有效原则的内在契合。人的自由而全面的发展是人应该追求的终极目标，也是人类社会发展的历史必然，这种必然性的趋向体现了向善原则，但人的全面而自由发展目标的实现一定要基于实践过程方式的选择与把握，要体现有效原则，达到预期的效果，一定量的效果积累才能形成质变，才能实现终极的价值目标。

思想政治教育是一项实践活动，提高其实效性体现了实践理性的有效原则，也是开展思想政治教育的价值追求。为此，要遵循思想政治教育的基本规律和具体规律。思想政治教育内部主要包括教育主体、教育客体、教育媒介、教育环境等因素，这些因素相互作用、相互影响。一是要从教育客体的思想、政治、道德现实水平的实际出发，这既是教育主体进行思想政治教育的基础，也是客体思想政治道德水平发展的基础。如果脱离这一实际，就意味着从一开始就没有遵循实践理性的有效原则，注定将是一个失败的教育。二是思想政治教育一定要围绕教育目标而展开，按照一定的教育原则选择合适的教育内容，采取与教育内容相适应的教育方法开展思想政治教育，才能取得成效。三是教育环境是一个不容忽视的客观因素，尽可能地将不利的教育环境向有利的教育环境转变，优化和开发良好的教育环境，为更好地为开展思想政治教育提供和营造有利的客观条件。四是思想政治教育的各个因素都应参与其中，共同发挥作用，形成合力，指向同一个教育目标。同时，思想政治教育不仅要面向人，遵循思想、政治、道德素质形成发展规律，而且还要面向社会，思想政治教育必须适应和服从一定社会的经济基础、政治制度、文化环境、生态文明建设等客观条件，还必须超越这些客观条件，促进社会的发展。人的思想、政治、道德素质的形成不能脱离社会客观条件的制约，这些条件对人的思想和行为起着决定性的作用，只有人的思想、政治、道德水平提高了，才能推动经济建设、政治建设、文化建设、社会建设、生态文明建设朝着良性的轨道发展。人的发展与社会的发展是一种辩证的互动，人和社会得到共同发展是思想政治教育实践理性有效原则的现实体现。

第四节　思想政治教育伦理精神的范畴——公正

公正是思想政治教育伦理精神的主要范畴之一，是人类社会永恒追求的基本理念和基本行为准则。公正是伦理学的基本范畴之一，也是人类历史上比较悠久的一个概念。公正可以从哲学、伦理学、法学、政治学等多个维度对其进行解析，可以得出不同的含义。

一、公正的内涵

公正是伦理学的基本范畴之一，也是人类历史上比较悠久的一个概念。公正可以从哲学、伦理学、法学、政治学等多个维度对其进行解析，可以得出不同的含义。从哲学维度分析，公正是"社会关系总和"的人在社会生活实践中处理人与人之间、人与社会之间、人与自然之间关系的原则和要求，也是一种相处的态度和方式。从法学维度分析，公正是对公民基本权利、基本义务的规定和安排，是调节公民与公民之间、公民与法人之间、法人与法人之间利益关系应该遵循的准则和要求。从政治学维度分析，公正是社会成员在政治权利层面上的平等，以及全体社会成员在遵守法律和履行政治义务层面上的平等。从伦理学的维度分析，公正是道德上的一种善，"是指符合一定道德规范的行为，又主要指处理人际关系和利益分配的一种原则，即一视同仁和得所应得。"① 所有的人在人格上是平等的，每个人都拥有生命健康权和发展权，不论每个人的财富多寡、社会地位如何，所有人都是平等地拥有同样的基本权利和基本义务，公正是尊重和维护每个人生命尊严和价值的"利器"。公正与一定的社会制度相联系，规定着社会资源与利益的合理安排与分配，表现为"给每一个人他所应得的"②。总之，公正的本质含义是在处理国家与国家之间的事务，国家内部人与人之间、人与社会之间、人与自然之间各种关系时要做到均衡与合理，遵循不偏不倚、公平正义的原则，给予利益相关的国家或每一个社会成员以同等的条件和机会，从而最终实现享有基本权利和履行基本义务的有机统一。

公正英文为"justice"，是以词根"jus"演变而来，"jus"内含法律之意。"justice"解释为"公平正直，没有偏私。"③ 公正是一种价值判断，按照一定的价值标准作出评价。《美国百科全书》指出，"公正是一个社会的全体成员相互间恰当关系的最高概念。"它"不取决于人们关于它究竟是什么的想法，也不取决于人们对自以为公正之事的实践，而是以一切人固有的、内在的权利为其基础的；这种权利源于自然法面前人人皆有的社会平等。"有的哲学辞书定义为公正就是建立个人权利同他人（社会、公众、政府或个人）权利的和谐关系。④

从伦理学的层面看，公正有以下六层含义：一是公正是一个关系范畴，是调节人与人之间、人与社会之间、人与自然之间关系的基本道德要求和基本准则。二是公正是一种价值判断，分配利益、权利、机会时所引起的社会实践活动，要求不偏不倚地分配，公平合理地对待社会每个成员，使得社会成员得其所得，各得其所。三是从道德的社会效用来看，公正是最基本、最重要的道德，因为公正是保障社会存在发展的基础性道德要求。"与其说仁

---

① 朱贻庭：《伦理学大辞典》，上海辞书出版社 2002 年版，第 44 页。
② ［英］米尔恩：《人的权利与人的多样性——人权哲学》，夏勇等译，中国大百科全书出版社 1995 年版，第 58 页。
③ 转引自孙彩平：《教育的伦理精神》，山西教育出版社 2004 年版，第 173 页。
④ 程立显：《伦理学与社会公正》，北京大学出版社 2002 年版，第 44 页。

慈是社会存在的基础，还不如说正义是这种基础。虽然没有仁慈之心，社会也可以存在于一种不很令人愉快的状态之中，但是不义行为的盛行却肯定会彻底毁掉它。"① 四是公正所涉及的主要内容是权利与义务的问题，个体所享有的权利和所履行的义务是社会按照一定的原则分配的，分配给一个人的权利与义务只有相等才是公正的，否则，就是不公正。权利与义务的公正分配，是根本的社会公正。② 五是关心弱势群体的生活，分配社会利益需向弱势群体倾斜，更加注重社会公平，这是一个公正社会最基本的要求。六是社会公正要求对害人者予以惩罚，对受害者的损失予以赔偿。③

我国先秦儒家指出，"义"是约束"利"的准则，要把对"利"的追求限制在"义"的范围之内，当"义"和"利"相冲突时，应该选择"义"，不应该选择"利"。"义"即正义，体现的是人们对善的追求。孔子曰："不患寡而患不均，不患贫而患不安。"④ 意思是说不担心"寡"和"贫"，而是担心不公正和不安定，不公正会导致社会的动荡不安。孔子曰："其身正，不令而行；其身不正，虽令不从。"⑤ 统治者要想治理好国家，必须正身正己，将以身作则的道德修养提升到"理政"的高度，以此培养出公正的人。正身正己最终要达到行为的正当，行为正当的标准是"己欲立而立人，己欲达而达人"⑥。孟子曰："义，人之正路也。"⑦ 义是人们行动的价值追求和准则，按照"义"的要求正己，统治者品德高尚才能制定出正义的政策，才能实现善治。荀子曰："夫义者，内节于人而外节于万物者也，上安于主而下调于民者也，内外上下节者，义之情也。"⑧ 荀子以"义"作为调节和评价人们行为的规范，而且把关系调节的范围扩展到人与

① ［英］亚当·斯密：《道德情操论》，蒋自强等译，商务印书馆 1998 年版，第 106 页。
② 王海明：《伦理学原理》，北京大学出版社 2001 年版，第 201 页。
③ 江畅：《理论伦理学》，湖北人民出版社 2000 年版，第 285 页。
④ 《论语·季氏》。
⑤ 《论语·子路》。
⑥ 《论语·雍也》。
⑦ 《孟子·离娄上》。
⑧ 《荀子·强国》。

自然界之间，这无疑是一大进步。

先秦儒家的"义"除了"正义"之意外，还有"合宜"的意思，即人所实施的正义行为必须符合具体情境下的要求，遵循现实条件下的适宜性原则。先秦儒家的公正思想主要表现为：一是鼓励人们积极获取物质财富，但获取的物质财富必须符合道义，符合道义的财富才是公正的。二是推崇见利思义、以义取利，但不排斥正当的利益，"不义而富且贵，于我如浮云"①。三是在人与人交往和经济活动中要遵循诚实守信的道德原则，诚信是人之为人的安身立命之本，是社会发展之基石。"夫诚者，君子之所守也，而政事之本也。"② "人而无信，不知其可也。"③ 因此，一定要恪守诚实守信的道德信条，才是公正的人际交往和公正的经济活动。四是以礼义约束人们的不合理消费和过度消费，孔子提出了"节用而爱人"④ 的思想，以礼义节制欲望，使人民安居乐业。荀子主张通过"制礼明分"的手段，提倡适度消费。只有符合礼义的消费，才是公正的消费观。总之，先秦儒家提出，人们在制定制度时一定要符合"义"的标准，在"义"的指导下才是公正的社会制度，人们的行为按照公正原则的要求去做，充分考虑社会公共利益和他人的利益，行为才是公正的行为。

公正是一个人道德品质的根本要求，也是一个社会追求的基本价值目标。要养成公正的道德品质，需要自觉地加强道德修养，"仁远乎哉？我欲仁，斯仁至矣"⑤。发扬人的善心，为仁由己，见利思义，先义后利，重义轻利，就能做到"仁"。先秦儒家的公正思想形成了自己的独特体系，对当时的社会进步发展具有促进作用，但由于历史条件所限，总是带有那个时代的痕迹，不可避免地存在一定的理论缺陷。比如，讲求公正是"君子"的道德品质，只有少部分人才能做到，而且公正是维护等级制度的公正。

---

① 《论语·述而》。
② 《荀子·不苟》。
③ 《论语·为政》。
④ 《论语·学而》。
⑤ 《论语·述而》。

公正一般包括个人公正和社会公正。个人公正是指个人的一种优良道德品质，是一个人为人处事的根本准则和要求，在遵守宪法和法律以及道德的前提下，严格要求自己，以一定的原则和规范约束自身行为，办事公道，不偏不倚地处理事情，从而使自己的行为具有合理性、合法性和正当性。① 社会公正是社会制度的首要价值追求，也是最基本的价值准则，以公平正义的原则调节人与人之间、人与社会之间、人与自然之间的关系，维护社会的和谐和稳定，促进社会的健康有序、可持续发展。社会公正与个人公正相互依赖、相互影响、相互促进，共同服务于社会的进步和发展。社会公正取决于社会成员个人的公正，公正原则和公正制度需要公正的人来制定，具有公正品质的人才能作出公正的道德评价。社会公正水平的高低，最终还是有赖于个人公正水平的高低。同样，个人公正取决于社会公正。个人公正观念是一定社会经济基础的反映，绝不可能脱离社会现实凭空产生个人的公正观念，一个公正的社会才能培养出公正的个人。

公正与公平、平等、正义词意相近，许多学者没有对其内涵做严格的区分，大多时候都是在互换的意义上使用。但严格来说，它们的内涵不同，存在着一定的差异。

一是区分公正与公平。公平是指不偏袒任何一方，合情合理地处理事情，"公平是指法律的合理、正当适用。在法学上是指对有关赋予当事人权益的法律事件或争议所作的处理具有持久性"。② 亚里士多德把公平分为相对公平和绝对公平，相对公平即法律上的公平，指法律的合理和正当适用；绝对公平是不受时空限制无条件的公平。近现代人们对公平的理解也不尽相同，自由主义思想家认为公平是过程公平和机会均等，按照每个人对社会的贡献分配利益和负担就是公平的。平等主义思想家认为公平是结果公平，无论人们之间有这样那样的差异，但最终的分配结果都要讲求公平。

---

① 周中之：《伦理学》，人民出版社 2004 年版，第 191 页。
② 转引自洋龙：《平等与公平、正义、公正之比较》，《文史哲》2004 年第 4 期。

马克思主义认为，公平是在社会实践的过程中对各种社会关系的调节和应该遵循的准则，处于具体的、不断的发展变化之中，总是与一定的社会制度相联系。作为分配原则，使各种利益分配合理，体现规则和制度的公正性。公正和公平的主要区别表现为：公正强调价值追求的正当性，关注结果是否符合公正的规则和公平的程序；公平强调的是衡量标准是否同一个尺度，双重标准和多重标准则是不公平的。公正的结果则是公平的结果，但公平的结果不一定是公正的结果，公正必定包含着公平之意，公正的价值取向决定着公平的意义，没有内含公正的公平毫无意义。现代社会物质财富不断丰富，市场经济体制机制不断完善，坚持以人为本的条件下，人的权益能够得到充分保障，通过合理、优良制度和政策的设计，有可能实现真正意义上的公正。

二是区分公正与平等。平等英文为"equality"，意思是均等、等同、同一。平等的反义词是不平等，不平等是社会分工和私有制的产物，只有消灭私有制和旧的分工，才能走向真正的平等。"任何超出这个范围的平等要求，都必然要流于荒谬。"[1] 平等更多地关注人的尊严和社会地位，"人人生而自由，在尊严和权利上一律平等"[2]，不分种族、肤色、性别、身份、宗教信仰、社会地位、财富多寡等，人人平等地享有一切权利和自由。现代意义上的平等确认人的主体地位和独立人格，是人类历史的一大进步。"平等、自由和社会合作这三项理念相互补充、缺一不可，它们共同构成现代意义的公正理念的依据。但这三项理念之间必须协调，否则，会对社会造成有害的影响。"[3] 从这段话可以看出，平等是从属于公正的，是公正集合中的一部分。公正与社会制度、社会规范、规则具有一定的相关性，而平等只是其中某一项的某一个层面。平等是人们的美好追求和崇高理想，但过于强调

---

[1] 《马克思恩格斯选集》第 3 卷，人民出版社 2012 年版，第 484 页。

[2] 冯林：《中国公民人权读本》，经济日报出版社 1998 年版，第 445 页。

[3] 吴忠民：《关于公正、公平、平等的差异之辨析》，《中共中央党校学报》2003 年第4 期。

平等，会造成不公正。强调平等至上的阿瑟·奥肯也认为"权利的分配强调平等，甚至不惜以公正和自由为代价。统一地对待人们不同的能力、兴趣和爱好，至少，按照某些标准来衡量便是不公正的。"① 马克思主义认为，离开生产力水平以及生产关系谈平等是抽象的，经济平等是其他一切平等的物质基础和前提条件，平等具有一定的历史性，真正的平等只有在共产主义社会制度下才有可能完全实现。

三是区分公正与正义。万俊人教授指出，"在汉语语境中，正义、公正、公平和公道这些概念几乎可以通用，它们都表示个人行为的无私、品德的正直和人际关系中相互对待的公平合理。"② 但公正与正义是有区别的。正义是一种理念的存在，是对社会制度价值评价的尺度。罗尔斯在其《正义论》中说："正义是社会制度的首要价值，正像真理是思想体系的首要价值一样。"③ 正义是通过优良制度的设计予以实现，是人们永恒的价值追求，比公正的层次要高。正义关涉一个人的尊严、价值、根本发展的范畴，体现着真、善、美的境界，是对人之为人本质的追寻。"人在其历史发展过程中对于权力、财富、功能、权利、美德等生活价值的追求，只有在符合人对自我的本质追求时才是正义的，否则就注定要陷于不义之中。任何社会制度与体制对社会规范的规定亦是如此。放弃或遗忘正义的人性追求，一切追求都可能失去人道的价值。"④ 正义维系社会的存在和发展，必然结果是善，"正义对社会是有益的……公共利益是正义的唯一源泉。"⑤ 正义是不受限制的善，没有人认为过度的正义是不正义。正义的内涵比公正的内涵丰富，公正是正义特殊的表现形态。正义的事物一定是公正的事物，但公正的事物不一

---

① ［美］阿瑟·奥肯：《平等与效率》，王奔洲等译，华夏出版社 1987 年版，第 7 页。

② 万俊人：《义利之间——现代经济伦理十一讲》，团结出版社 2003 年版，第 74 页。

③ ［美］罗尔斯：《正义论》，何怀宏等译，中国社会科学出版社 1988 年版，第 3 页。

④ 胡海波：《正义的追寻——人类发展的理想境界》，东北师范大学出版社 1997 年版，第 25 页。

⑤ ［英］休谟：《道德原理探究》，王淑芹译，中国社会科学出版社 1999 年版，第 13 页。

定是正义的事物；不公正的事物一定是不正义的事物，但不正义的事物未必是不公正的事物。

在西方伦理思想史上，公正来源于古希腊文"orthos"一词，意思是表示置于直线上的东西，往后引申为表示真实的、公平的和正义的东西。古希腊公正与正义是同义词，意思是女神忒弥斯不偏不倚把善物分配给人类。公元前8世纪，赫西奥德在长诗《农作与日子》中明确提出正义是人应该遵守的德行。当时的公正概念与政治、法律结合起来，在于对政治生活中各个政治利益集团进行公正的平衡。① 柏拉图提出了"四主德"——智慧、勇敢、节制和正义，智慧是管理国家者应该具有的德性，勇敢是保护国家者应该具有的德性，节制是居于社会底层的生产者应该具有的德性，正义是智慧、勇敢、节制的总汇，是最高的德性，使灵魂中的理性、激情和欲望这三个部分达到一种内在的和谐。社会中的管理者、保护者、生产者三种人各司其职，履行自己应尽的义务，就是一个正义的社会。在亚里士多德看来，"所谓公正，一切人都认为是一种由之而作出公正的事情来的品质，由于这种品质，人们行为公正和想要做公正的事情。"② 公正是作出公正事情的品质，是一种完全的德性，"是一切德性的总汇"。③ 公正这种德性不仅是对待自己，而且是对待他人的，是关心他人的善。公正必须合于一定的比例，是对中间的命中，而且必须是合乎德性的合法行为，结果表现为均等和守法。亚里士多德把公正分为分配性的公正和矫正性的公正。分配性的公正就是按照一定的几何比例关系对公共财物的分配，分配结果要体现均等。公正的分配是"相等的人就该得到相等的事物"。④ 矫正性的公正产生于交往之中，是对不均按照算数比例对所得和所受的损失中间的命中，尽可能通过矫正使

---

① 周中之：《伦理学》，人民出版社2004年版，第190页。
② ［古希腊］亚里士多德：《亚里士多德全集》第八卷，苗力田译，中国人民大学出版社1997年版，第94页。
③ ［古希腊］亚里士多德：《尼各马科伦理学》，苗力田译，中国人民大学出版社2003年版，第94页。
④ ［古希腊］亚里士多德：《政治学》，吴寿彭译，商务印书馆1965年版，第148页。

不均等变得均等，由不公正通过矫正转化为公正。① 亚里士多德的公正既是一种德性品质，也是人们行为的道德评价标准，必须做到不偏不倚，才能算是公正的行为。古希腊的哲学家对公正做了比较深入的研究和论述，抓住了公正范畴的核心。

近代以来，公正观发生了一定的转向。卢梭认为人类由自然状态的人人平等发展到不平等，经历了三个阶段。三个阶段依次分别是私有制的出现、国家的产生、暴君的专制，由不平等要回到人人平等，必须通过暴力革命实现社会公正。洛克认为，公正要满足两个条件：一是政府或他人在我的权利范围内不得干涉；社会根据一定的原则将自由限制在一定的范围之内。② 洛克的公正与一定的社会制度相联系，超越了道德领域和经济领域，使公正的制度安排纳入人们的考虑范围之中。

现代社会政治哲学家对公正有不同的诠释，其中最具影响的是以罗尔斯为代表的公正道义论和以诺齐克为代表的权利资格论。罗尔斯在 1971 年出版了他的巨著《正义论》，在《正义论》中他以"作为公平之正义"（Justice as fairness）为前提，确立正义在社会制度和道德生活中的优先地位或首要价值，为了使社会正义和社会公正的理念不受任何偏见和不同利益阶层的左右，罗尔斯设计了纯粹条件下的"无知之幕"（the veil of ignorance），通过"无知之幕"这种方式建立公平之正义，具体内容是社会的每一个成员所享有的自由权利的平等性和神圣不可侵犯性，从而确立了正义原则。正义原则"提供了一种在社会的基本制度中分配权利和义务的办法，确定了社会合作的利益与负担的适当分配"③。正义原则的第一个原则：每个人对与所有人所拥有的最广泛平等的基本自由体系兼容的类似自由体系都应有一

---

① ［古希腊］亚里士多德：《尼各马科伦理学》，苗力田译，中国人民大学出版社 2003 年版，第 99—100 页。

② 周中之：《伦理学》，人民出版社 2004 年版，第 194 页。

③ ［美］罗尔斯：《正义论》，何怀宏等译，中国社会科学出版社 1988 年版，第 4—5 页。

种平等的权利；第二个原则：社会和经济的不平等应该这样安排，使它们在与正义的储存原则一致的情况下，适合于最少受惠者的最大利益，并且，依系于在机会公平的条件下职务和地位向所有人开放。① 第一个原则确立了自由的优先性，保证每个人在尊严和人格上的平等。第二个原则要求给每个人以公平的竞争机会，并且要对弱势群体在利益上予以倾斜，通过社会制度调节、解决社会与经济的不平等，进而达到社会的公正。

诺齐克反对罗尔斯的正义理论，提出了个人权利资格的社会公正制度模式。在诺齐克看来，政治和道德领域首要问题是个人权利保障问题，个人权利高于一切，神圣不可侵犯，而不是权利分配的正义问题，强调权利资格是其公正模式的核心。他认为国家或社会不是实体的存在，它们存在的意义在于保护个人权利，如同守夜者只负责保护户主生命财产的安全，再没有其他特权，称之为"超最低限度国家"（the ultraminimal state）。国家或社会的最低限度地位决定了社会公正的价值标准是个人权利的保护，这是衡量国家是否合法的唯一尺度。诺齐克理论的核心是个人财产的所有权和分配正义的问题，分配正义是个人权利的分配正义问题，分配的正义实质不是基于均等前提下的再分配，而只能是基于人权神圣不可侵犯这一原则的自由分配。② 诺齐克指出，分配问题是财产的占有资格问题，要遵循三个原则：获取的正义原则、转让的正义原则、校正的正义原则，只有按照这三个原则占有财产，才是正义的分配。诺齐克的社会公正模式是针对罗尔斯的社会公正模式提出的。罗尔斯坚持自由平等原则优先于差异原则，关注社会权利的公正分配，对分配结果的不平等要加以纠正，必须使社会分配制度具有正义合理性。诺齐克坚持认为，正义与平等无关，正义在于权利资格，关注的是个人权利的保护和实现，轻视国家或社会的制约作用。

马克思主义认为社会公正不能从抽象的人性、理性来确定公正的标准，

---

① ［美］罗尔斯：《正义论》，何怀宏等译，中国社会科学出版社 1988 年版，第 302 页。
② 万俊人：《现代西方伦理学史》下卷，北京大学出版社 1997 年版，第 743 页。

要根据一定社会历史时期的经济基础和现实生活中人们的实际地位、权利义务实质性内容揭示不同历史时期的公正观。公正是涉及人与人之间、人与社会之间、人与自然之间关系和社会秩序的合理、和谐状态，是对应得和所得的合理调控和规范，"权利决不能超出社会的经济结构以及由经济结构制约的社会的文化发展。"① 因此，罗尔斯、诺齐克等思想家把公正问题当作是理论问题，而没有从实践出发进行分析，不同的公正理论是由于不同利益主体的不同利益诉求造成的。马克思主义认为，公正既是社会利益分配和调节社会关系的一种伦理规范，也是对社会制度设计是否符合一定的道德标准所作出的道德评价，在实现途径上要采取革命的手段，实现生产资料公有制，才能推翻不公正的社会制度，只有到了共产主义社会，没有阶级和阶级压迫，才能真正实现社会公正。

二、思想政治教育中的公正

思想政治教育目标、内容、方法、过程、评价体制机制、主体等因素都涉及公正的问题，思想政治教育体现公正，其伦理精神才能得以实现。

（一）思想政治教育目标与公正

思想政治教育目标的确立是开展思想政治教育的前提。目标确立之后才能明确教育任务，根据教育任务制定教育计划，确定教育内容、教育方法、教育手段等要素，有利于提高教育者和受教育者实施思想政治教育的自觉能动性，是检验思想政治教育效果的重要依据。思想政治教育目标是一种观念形态的存在，必须体现党和国家的奋斗目标，反映社会与人的发展需求，尊重思想政治品德形成、发展的规律，从思想政治教育的历史实践出发，内在地把握思想政治目标的本质，贯穿于教育的全过程，发挥导向、评价、纠

---

① 《马克思恩格斯选集》第 3 卷，人民出版社 2012 年版，第 364 页。

偏、凝聚和激励作用。思想政治教育目标具有不同的层次，形成了目标层次结构，基本层次是社会目标和个体目标。社会目标即促进社会的全面发展和历史进步，社会全面发展主要着力于经济建设、政治建设、文化建设、社会建设、生态文明建设，这"五位一体"建设一定要体现公正原则。社会公正是社会制度的首要价值追求，以最基本的价值准则调节"五位一体"建设之间的关系，维护社会的和谐与稳定，促进社会相互协调、健康有序、可持续发展。

思想政治教育社会目标要以促进经济建设目标、政治建设目标、文化建设目标、社会建设目标、生态文明建设目标的实现为目的。在思想政治教育的社会目标中，经济目标是基础；政治目标是核心；文化目标的性质和内容取决于政治目标，但文化目标的实现是实现政治目标、经济目标、社会目标、生态文明建设目标的必要条件；生态文明建设目标是实现其他目标的客观现实条件；社会目标是其他目标实现的综合体现。因此，思想政治教育的经济目标、政治目标、文化目标、社会目标、生态文明建设目标在整个系统中一定要体现公正原则，使各要素之间既充满活力，又和谐统一，各司其职、各负其责，共同维系社会的存在和发展，必然结果是善。以公正原则优化社会结构内容，实现协调发展、和谐有序的社会，必定是一个公正的社会。

个体目标即适应人的全面而自由发展的需要，促进个体的全面发展。公正原则不仅是社会主义社会条件下应该遵循的道德原则，也是社会成员应该遵循的思想观念。公正思想对于思想政治教育个体目标来说，既是一条重要原则，又是一种调控手段，也是最基本的实践要求。按照公正原则的要求，平等地对待每一位受教育者，使他们主动接受教育，才能取得良好的教育效果。人通过思想政治教育完善自身，会受到自身主观条件和外在客观条件的限制，教育效果自然会有速度快慢之分与质量高低之别。但思想政治教育必须体现公正原则，公正地关心和尊重每一位个体，为每一位受教育者提供均等的、完善的发展机会和发展条件，尽最大所能地培养和造就在德、智、体、美、劳等方面全面发展的人。如果思想政治教育不能使人们得到全面的发展，不能很好地培养社会主义现代化所要求的有理想、有道德、有文化、有纪律的"四有"新人，不能使具有独立意识和独立人格的人们得到纵深发展，就说明所实施的思想政治教育存在着非公正性。个体目标有不同的层次，不同的层次目标之间要体现公正原则，即思想素质目标、政治素质目标、道德素质和法纪素质目标、心理素质目标等不同层次的目标一定要以公正原则为基本要求。思想素质目标是前提，是其他个体目标实现的基础。政治素质目标起着主导和支配作用，是个体目标的核心。道德素质目标和法纪素质目标是重点，是人成为合格公民和社会主义新人的必备素质。心理素质目标是基础，身心健康愈来愈成为一个人最起码的要求。

（二）思想政治教育过程与公正

思想政治教育过程是教育者根据一定社会的思想政治道德要求和受教育者的思想政治品德形成与发展的规律，对受教育者施加有目的、有计划、有组织的教育影响，促使受教育者产生内在的思想矛盾运动，以形成一定社会所期望的思想政治品德的过程。思想政治教育过程结构是一个由相互作用的"四个基本因素"、相互联系的"三个阶段"和相互渗透的"四个基本环节"构成的立体动态结构。①"四个基本因素"即教育者、受教育者、思想政治教育的内容与方法、教育环境及其所提供的教育支撑条件；"三个发展阶段"即内化阶段、外化阶段、评价、反馈、调整阶段；"四个基本环节"即教育目标和教育计划的制定、教育机制的选择、受教育者对思想政治教育社会要求的践行、监控等。它们之间相互作用、相互影响，矛盾运动的过程就是思想政治教育过程。

第一，思想政治教育的教育者与公正。思想政治教育的教育者是主体，是教育的实施者，在整个思想政治教育的过程中起着主导作用。作为教育

---

① 邱伟光、张耀灿等：《思想政治教育学原理》，高等教育出版社 1999 年版，第 100 页。

者，一要处理好教育者与社会要求之间的矛盾。从理论上分析，教育者代表社会教育人，不应该存在矛盾，但教育者有一个先受教育的问题，能否全面准确地把握社会要求，或者完全不是出于内心真正的认同，只是被动地应付，势必会影响教育效果。二要处理好教育者与受教育者之间的矛盾。教育者与受教育者之间关系本应该和谐，但现实中要么双方人际关系紧张引发了矛盾，要么是其中一方自身因素引起，比如教育者的道德素质和业务素质不过关，或者受教育者对思想政治教育不感兴趣等因素而引发。要处理好教育者与社会要求之间、教育者与受教育者之间的矛盾，必须坚持公正原则。公正是协调性发展的价值合理性基石，"因为有公正，才能有协调；有协调，才能有可持续的健康的发展。"① 应该使教育者与社会要求之间、教育者与受教育者之间协调发展。公正是思想政治教育协调发展的要求和动力，离开公正原则，思想政治教育有可能只能满足某一部分人或者某一方面的发展需求，而损害另一部分人或者其他方面的发展需求。作为思想政治教育的主体即教育者，要做到公正。

对受教育者要一视同仁，有教无类，平等对待。每一个受教育者都是平等的个体，没有贵贱尊卑的等级区别，在实施思想政治教育的过程中要始终利用有利因素和条件，为每一位受教育者提供均等的学习机会，按照社会要求的思想理论、政治观点、道德和法律规范体系，根据受教育者的身心发展特点，遵循思想政治教育规律，有目的、有计划、有组织地实施教育活动，发展每个人的学习兴趣，最终目的是人的全面发展。公正的思想政治教育必须把人的全面发展放在第一位，社会要求的思想理论、政治观点、道德和法律规范体系所蕴含的价值理性是人的完善和发展，尊重、关爱每一位受教育者，尽自己最大所能培养和造就社会有用之才。

实事求是，长善救失。教育者要从受教育者接受思想政治教育的实际出发，善于发现他们的优点和长处，加以精心引导和培植，使其发扬光大；也

---

① 景天魁等：《社会公正理论与政策》，社会科学文献出版社 2004 年版，第 4 页。

要正确认识和把握他们的缺点和短板，根据他们的身心特点加以耐心地教育和转化，帮助他们改正缺点和克服不足。教育者要从细、从实入手，使他们不断在思想、政治、道德层面"长善"，同时注意"救失"，提出严格要求，并加以矫正和转化。"长善"和"救失"有机结合，着眼于每一个受教育者的全面发展。

富有爱心，因材施教。思想政治教育是播撒爱的事业，没有爱的思想政治教育是空洞的、枯燥的、生硬的，对于受教育者来说，也是一种冷冰冰的痛苦。教育者是塑造人的思想灵魂的"工程师"，要用爱去滋润受教育者的心田，才能真正做到因材施教。热爱受教育者就是要尊重他们，尊重他们的人格，严格要求，必要的时候以严明的纪律约束他们，严爱相济。在教育教学中，要从不同学生的认知水平、学习能力等自身实际和个性差异出发，选择适合不同学生的方法有针对性的教育教学，激发他们的学习兴趣，帮助他们树立学习的自信心，扬其长避其短，实行有差别的、有的放矢的教学，从而促进他们获得全面发展。因材施教承认差别的存在，不能只仅仅停留在知识学习的层面，更重要的是要关注受教育者的精神世界层面，身心健康程度不一、思想政治道德品质有高低之分，这些条件和因素决定了要因人而异地开展思想政治教育工作。公正的思想政治教育必须承认有差别的存在，实施有差异的教育教学，区分不同情形，关心和改善不同个性受教育者的学习差异，施加不同的教育和影响。只有当教育和影响的方式方法适合于受教育者，才能取得公正的教育教学效果。

第二，思想政治教育的受教育者与公正。作为思想政治教育的受教育者，要公正地对待思想政治教育，不能视之为一种负担或者轻视它的功能，既要看到它的社会性价值，也要看到它的个体性价值。一是要尊重教育者和教育者的劳动成果。思想政治教育工作是一项长期的、艰巨的、繁重的工作，把思想装进别人的脑袋本身就是一件难事，思想政治教育要入脑、入心更是难上加难。为此，教育者要认真备课、精心授课，只有采取一定的教育方法和教育手段，才能有一定的教育效果。在教育的过程中教育者既有脑力劳动的付出，也有体力劳动的参与，尊重他们的辛勤劳动和劳动成果，实际上是对教育者人格尊严的尊重和劳动的认可。二是受教育者要公正地对待思想政治教育的其他受教育者成员。每一位受教育者都是平等的个体，相互之间要尊重，共同为提高思想政治教育的实效性而发挥主体性作用，努力促使自己提高思想政治素质和道德素质，最终的发展目标是自由而全面的发展。三是受教育者要公正地对待思想政治教育。思想政治教育本身蕴含着伦理精神，一个国家或社会开展思想政治教育是要达到一定的社会性目标和个体性目标，为了达到设定的目标，势必要投入一定的人力、物力和财力。作为受教育者，一定要珍惜受教育的权利和机会，以积极主动的态度接受教育，尊重思想政治教育规律，并利用规律获得对思想政治教育真理性的认识，用真理指导实践，在实践中坚持真理和发展真理，促使受教育者内化于心、外化于行。四是受教育者要公正地对待思想政治教育过程中的评价和反馈。提高受教育者的思想政治素质和道德素质是思想政治教育的落脚点，这涉及一个评价和反馈的问题。公正的思想政治教育要因材施教，实施的是有差异的教育教学，对受教育者的评价和反馈势必也要体现一定的差异性，不可能是整齐划一的评价结果。否则，评价和反馈是不公正的。作为受教育者，一定要公正地对待，思想上要认识到位，并予以重视与别人的差距；行动上要向榜样学习，不断地调控自己的行为，"见贤思齐焉，见不贤而内自省也"①。

第三，思想政治教育的内容、方法与公正。思想政治教育的内容要体现公正性，首先要体现一定的基础性。思想政治教育的内容必须从基础性的教育内容入手，这是一个国家、社会最基本的要求。作为受教育者来说，也是最基本的内容层次，涵盖了人们在思想教育、政治教育、道德教育等教育内容中立身做人方面最简单的道理。思想政治教育的内容结构中，要涉及最基本的基础内容，这些内容涵盖面比较全面，具有一定的稳定性，得到了大多数人们的认同，能够使人受益终身。

————————————

① 《论语·里仁》。

思想政治教育基础性内容主要包括传统美德教育、公民道德教育、爱国主义教育、艰苦奋斗精神教育等。[①] 传统美德是中华民族优秀文化传统积淀和传承下来的道德精华，是民族精神的集中体现，是思想政治教育的重要内容。传统美德教育的过程中必须与当今时代相结合，赋予时代的精神和丰富的现实内容，才富有生命力。公民道德教育主要是通过社会公德、职业道德、家庭美德、个人品德教育，引导人们做一个有道德的人，提升全民族的道德素质和社会整体道德水平。爱国主义教育是思想政治教育的基础性工程，是思想政治教育的重要内容，在新的时代条件下对于增强民族凝聚力、提高民族自信心、促进社会大团结具有深远的现实意义。爱国主义既是政治原则、道德规范，又是民族精神的核心。爱国主义是一个历史范畴，在不同的历史时期有不同的具体内涵。在现阶段，爱国主义与爱社会主义、拥护祖国统一是一致的，是实现中华民族伟大复兴的动力。"历史和现实都表明，一个没有艰苦奋斗精神作支撑的民族，是难以自立自强的；一个没有艰苦奋斗精神作支撑的国家，是难以发展进步的；一个没有艰苦奋斗精神作支撑的政党，是难以兴旺发达的。"[②] 通过艰苦奋斗精神教育，始终保持优良作风和奋发向上的精神状态，成为实现中国梦的强大精神力量和价值支撑。

其次，要体现思想与价值的主导性，反映着思想政治教育的方向和性质。主导性的教育内容在思想政治教育中始终处于核心地位，起着主导作用，集中体现为社会主义核心价值体系和社会主义核心价值观。它们是强基固本的兴国之魂，决定着中国特色社会主义的发展方向，确立了当代中国最根本的价值准则和最广泛的价值共识，提供了国家和社会发展最基本的价值导向，有了明确的价值依据和评价标准。

社会主义核心价值体系包括马克思主义指导思想、中国特色社会主义共同理想、以爱国主义为核心的民族精神和以改革创新为核心的时代精神、社

[①]　熊建生：《思想政治教育内容结构论》，中国社会科学出版社 2012 年版，第 149 页。

[②]　胡锦涛：《坚持发扬艰苦奋斗的优良作风　努力实现全面建设小康社会的宏伟目标》，《人民日报》2003 年 1 月 3 日。

会主义荣辱观，这四个方面是一个系统性的整体。马克思主义和马克思主义中国化的理论成果是科学的思想理论体系，具有巨大的实践指导作用。坚持把马克思主义作为立党立国的指导思想，坚持用马克思主义和马克思主义中国化的理论成果武装头脑，坚持用马克思主义的立场、观点、方法指导中国特色社会主义伟大实践，在坚持中发展，在发展中坚持，这些问题绝不能含糊，一定要旗帜鲜明。

中国特色社会主义共同理想是社会成员共同的价值目标和价值追求，是对各个阶层各方力量的有效整合，有着广泛的价值共识，把国家的发展目标、民族的振兴、个人的理想信念有机联系在一起，走中国特色社会主义道路，建设富强、民主、文明、和谐的社会主义现代化国家，实现中华民族的伟大复兴。中国特色社会主义共同理想以强大的感召力、凝聚力反映了人们的共同意愿，具有整合、激励作用。

以爱国主义为核心的团结统一、爱好和平、勤劳勇敢、自强不息的民族精神，是民族文化中延绵不断的一种最本质、最集中的历史文化传统，是中华民族生生不息、薪火相传的精神血脉，是中国人民百折不挠、昂扬向上的强大精神支柱。以改革创新为核心的与时俱进、开拓进取、求真务实、奋勇争先的时代精神，是对民族精神的继承和发展，并赋予新的时代内容，反映时代进步的发展方向，是推动改革开放和现代化建设的力量源泉。民族精神和时代精神构成了中国精神的基本内容，两者相互交融深深地熔铸在中华民族的精神品格之中，是安身立命之本和价值认同的精神家园。实现中国梦必须弘扬中国精神。

社会主义荣辱观确立了人们行为的道德准则和价值尺度，是人们应该普遍奉行的道德要求，对照检查自己的言行举止，知荣明耻，崇德向善，作出正确的道德选择，持之以恒践行，逐步内化为人们的道德品质和行为习惯。

社会主义核心价值观是社会主义核心价值体系的核心，体现了社会主义核心价值体系的根本性质，高度概括和凝练的"24字"社会主义核心价值观确立了当代中国最基本的价值观念。富强、民主、文明、和谐是国家层面的价值追求，揭示了经济建设、政治建设、文化建设、社会建设、生态文明建设的价值目标。自由、平等、公正、法治是社会层面的价值取向，体现了人们对美好社会的向往和憧憬，与国家治理体系和治理能力现代化的价值目标相契合。爱国、敬业、诚信、友善是公民层面的价值准则，是每一个公民应该遵循的道德要求，涵盖了社会公德、职业道德、家庭美德、个人品德等方面，使人们能够更好地处理人与国家之间、人与社会之间、人与人之间、人与自然之间的关系。

社会主义核心价值观是国家、社会的大德，也是每一个公民的品德，继承发展了中华民族优秀文化传统，又借鉴和吸收了世界文明有价值的积极成果，体现了当今中国的时代价值追求。总之，培育和践行社会主义核心价值观是协调推进全面建设社会主义现代化国家、全面深化改革、全面依法治国、全面从严治党战略布局的强大精神动力，是中国特色社会主义伟大实践的价值目标，是实现中国梦的价值内驱力。社会主义核心价值观在理论层面和实践层面都体现了一定的科学性、实践性、时代性，有着深厚的中国传统文化底蕴和现代文化元素，对于推动国家发展、社会进步、个人成长具有十分重要的现实意义。

最后，思想政治教育内容还需要不断发展，与时俱进。时代的发展和社会的进步对人的全面发展提出了新的要求，思想政治教育内容随之需要拓展。心理健康教育、诚实守信教育、创新创业教育等属于拓展性教育内容。基础性内容、主导性内容、拓展性内容构成了思想政治教育的内容体系，是一个有机整体。内容具有层次性，符合教育教学规律和人的知行发展规律，体现了教育内容的公正性。基础性内容是最基本的教育要求，需要系统掌握和坚持不懈地践行；主导性内容是核心，具有一定的导向性；相对于基础性内容和主导性内容的稳定性而言，拓展性内容是随着人类社会实践的不断深化而深化。

公正的教育内容需要与之配套的、公正的教育方法，公正主要体现在：一是教育内容、教育客体、教育环境等与教育方法必须相适应；二是教育方法是一种手段善，最终要达到一定的目的善，即提升人的发展。教育方法的采取不是随意的，不是主观臆造，必须与具体的教育内容、教育客体、教育环境相适应。不同的教育内容有不同的教育方法，同时要从教育客体的思想政治道德实际情况出发，从客观的教育环境实际出发，选择与之相适应的教育方法进行有针对性的教育教学，才能取得一定的教育效果。思想政治教育方法以哲学方法为指导，有自身的层次结构①：第一层次是思想政治教育的原则方法，比如实事求是的根本方法、理论与实践相结合的方法等，这一宏观层次的教育方法在思想政治教育的过程中起着主导作用，贯穿于教育教学的全过程，规定着其他层次的教育方法的采用和方向。第二层次是思想政治教育的具体方法，属于中观层次，比如思想政治教育的基本方法、一般方法、综合方法、特殊方法等，适用于思想政治教育各个主要环节的方法。第三层次是思想政治教育的操作方式，属于微观层次，是对中观层次具体教育方法的实际运用。在不同环境、不同条件下，选择的教育方法明确不同，操作方式必须具体，比如比较分析方法、定性定量分析方法、矛盾分析方法等。第四层次是思想政治教育方法运用的艺术和技巧，掌握运用的艺术和技巧有助于增强思想政治教育的生动性和感染力，让受教育者主动接受教育，提高教育质量。在掌握思想政治教育最常见、最基本的方法比如理论教育法、实践教育法等的基础上，要根据不同的教育内容、不同的教育对象、不同的教育环境，选择与之适当的教育方法，使教育方法富有针对性，才能体现教育方法的公正性，才能最终达到增强教育实效的目的善。

第四，思想政治教育环境与公正。公正的思想政治教育必须创设有利于人们自我提高、自我发展、自我完善的良好教育环境。凡是与思想政治教育相关并对其产生影响的外部因素和条件，都属于教育环境的内容。教育环境根据不同的划分标准，分为不同的类型。按照教育环境的性质不同，分为良性教育环境和恶性教育环境。公正的思想政治教育在新的时代条件下，通过

---

① 郑永廷：《思想政治教育方法论》，高等教育出版社 1999 年版，第 19 页。

净化社会宏观环境，创造良好的经济、政治、文化、社会、生态文明良好环境，发挥宏观环境对于人们的思想政治道德水平提高的决定性影响作用。适应环境，优化环境，为创造良好的教育环境进行整体优化，对教育环境主动适应和改造。任何人的发展和完善离不开教育环境的影响，良性的教育环境有利于促进思想政治教育工作的积极开展，有利于人们素质的提高；恶性的教育环境对思想政治教育具有消极的阻碍作用，有害于人们的健康成长。主体对于教育环境，既要承认环境是人们赖以生存、生活和发展的物质条件，也要意识到人对环境的自主选择和优化，努力选择有利的教育环境，转化不利的环境，还要自主分辨、自主取舍、自主适应、自主把握，做教育环境的主人。

从微观的层面来看，家庭、学校、工作单位、网络环境对于人们的思想政治教育也有着重要的影响和制约作用。家庭环境对于一个人的成长起着举足轻重的作用，对于人们的世界观、人生观、价值观的形成和确立有一定的影响，父母是第一任老师，言行举止对人们的思想政治品德具有潜移默化的示范和熏陶作用。家庭关系和谐、优良的家风、良好的家庭氛围等，有益于思想政治教育工作的顺利开展。

学校是教书育人、培养人才的专门场所，良好的校园环境对于人们的健康成长意义重大。校园物质环境是学习、生活的硬件设施，是精神文化的载体，也是教育、发展、成长的必备条件。校园文化环境主要包括校风、学风、教风、制度设计、文化活动、文化氛围等，是校园环境的软件建设，对于人们的成才成长起着关键性的作用。教书育人、管理育人、服务育人、过程育人，形成合力，为全面提高思想政治道德素质提供了现实的可能性。

工作单位环境是一个人获得生存、生活、发展的平台，通过这个平台以实现自身价值的重要环境。任何一个工作单位都有物质文化、制度文化、精神文化三个层面的文化，物质文化和制度文化是基础，精神文化是核心和灵魂。一个单位的精神文化是这个单位人员共同的理想信念、价值观念、道德风尚、合作精神以及这个单位传统习俗等内容的综合反映①，是一笔无形的资产和共同的精神财富。

当今社会，网络教育环境的作用不容忽视。网络是青年学习、日常生活、工作的重要载体，如何利用好网络环境对于青少年思想政治教育关系重大。大数据是互联网和云计算而产生的一门新兴学科，本身就有科学性和严谨性，将大数据的技术与方法运用到利用网络进行思想政治教育，是信息时代最新科技发展与思想政治教育的有机结合，能有效地收集青少年网络活动的各种海量数据，通过大数据对海量数据进行筛选、追踪、分析、预测②，准确把握青少年思想政治教育的热点、难点问题，掌握其发展规律，实现思维方式和方法论的变革，提高思想政治教育的实效性。中国工程院邬贺铨院士说："大数据在人文社会科学研究领域有着广泛的应用前景。"③

思想政治教育的过程主要包括三个阶段。第一个阶段是"内化"阶段。教育者把国家或社会要求的思想理论、政治观点、道德规范传授给受教育者，受教育者在认知、情感、意志、信念、行为等综合因素的作用下，主动地接受教育和影响，并转化为个体的观念和实践，这就是内化的过程。思想政治教育是有目的、有计划加以组织和实施的教育活动，由于人们存在着客观的个体差异性，每个人在接受教育的兴趣爱好、需求、能力等方面存在差异，如何体现思想政治教育的公正是摆在教育者面前的难题。公正的思想政治教育必须重视引导人们发展和完善个性。认知是基础和前提，在正确认知的基础上通过主体情感的过滤，选择教育目标、教育内容与个体精神需求的最佳结合点，以情感人，以情动人，产生情感的共鸣，没有情感投入的教育是苍白乏力的教育。在教育的具体过程中，要不断锤炼意志，形成稳定而坚

---

① 郑永廷：《现代思想道德教育理论与方法》，广东高等教育出版社 2000 年版，第297 页。

② 邹绍清：《论大数据嵌入青年社会主义核心价值观培育的战略契合及思维变革》，《马克思主义研究》2015 年第 6 期。

③ 杨怡：《大数据在人文社科领域有广泛应用前景》，《中国社会科学报》2013 年 11 月6 日。

韧的意志，意志力是内化的重要因素，同时需要坚定的信念，坚定的信念能够把个体的需求、认知、情感、意志转化为实际的行为。思想政治教育最终的目的在于实际行为，只有将所学的知识转化为具体的行动，才能完成真正的"内化"。公正的思想政治教育不会脱离社会而盲目地实施，任何人的个性都是在社会的影响下形成的，当社会的要求与个人的行为达成一致时，教育效果才会显现。同时，一个人良好个性的形成反过来也会促进社会的发展和社会的公正。

第二个阶段是"外化"的阶段。完成内化之后，要促使受教育者把"内化"的观念转化为良好的行为和习惯，这个过程就是"外化"。思想政治教育对人们的影响和教育，总是围绕一定的目的而展开，必须引导他们在达成最终目的的过程中追求真理、尊重真理，树立正确的价值观。成功的实践是以遵循真理尺度和符合价值尺度的辩证统一为前提。既要按照客观规律办事，又要满足人的需求，必须坚持科学精神，弘扬人文精神；坚持崇尚理性，又要充分发挥情感、意志、兴趣等非理性因素的作用，深刻地展示人的本质和人的价值追求。根据社会主义公正原则，公正的思想政治教育要把受教育者培养成为社会主义的新人和有用之才，教育者要促使他们主动接受教育，发挥主导作用，通过摆事实、讲道理等方式方法，让他们心悦诚服地悦纳，进而按照机会均等原则和公民的权利，大胆发表自己的见解，不同的观点相互碰撞，擦出智慧的火花。在明理中增强人的主体意识，培养正确选择的能力，养成良好的行为习惯。

第三个阶段是评价、反馈、调整的阶段。内化和外化之后，需要对思想政治教育效果作出正确评价，判断其是否达到了国家或社会所要求的教育目标。评价标准要体现公正性，按照社会评价标准，运用定量与定性相结合的科学方法，对思想政治教育过程和效果进行实事求是的评价。在评价的过程中，一定要注意几个问题：一是思想政治教育的评价要体现导向性，发扬成绩，克服不足，指出今后努力的方向；二是思想政治教育和人的思想政治品德是一个动态的过程，要用发展的观点予以评价，把阶段性评价与总结性评价结合起来，使评价更加客观、公正；三是全面系统性，思想政治教育是一个系统工程，运用系统分析和综合的方法，按照指标体系对各个要素进行全面评价，既要看到横向的差异，又要看到纵向的发展，从比较中全面把握思想政治教育的过程和效果。作为思想政治教育者，一定要坚持一般评价标准，又要坚持差异性评价标准。差异不仅存在于社会之中，而且存在于个体之中，在坚持一般评价标准的大前提下，既要看到个体差异，又要看到个体在纵向上取得的进步和良性发展，完善了个体的个性发展就体现了思想政治教育评价的公正性。作出客观评价之后，需要将评价结果及时反馈给有关组织部门和教育者，以便对思想政治教育的内化和外化阶段作出反思和调整，适时调整教育过程中的策略与方法，更好地施加教育和影响，在更高层次上实施思想政治教育的"内化"和"外化"工作，最终形成个人良好的行为习惯。思想政治教育过程的三个阶段贯穿了否定之否定的运动规律，内化、外化的转化过程是人们的思想矛盾运动和转化的过程。

思想政治教育过程的基本环节包括教育目标和教育计划的制定、教育机制的选择、受教育者对思想政治教育社会要求的践行、监控等。教育目标是思想政治教育整个教育过程的前提，整个教育过程都要围绕教育目标而实施，是具体教育活动开展的关键和"指明灯"。思想政治教育目标不是随意制定的，它的确立受多重因素的影响和制约，最重要的因素是社会发展的客观要求与受教育者精神发展的需求和思想政治道德水平的现状。思想政治教育是为我国社会主义经济、政治、文化、社会、生态文明建设服务的，必须体现它们发展的客观要求，必须与党和国家在各个发展阶段的奋斗目标一致。思想政治教育必须考虑受教育者的多维度、多层面的发展需求，为他们的全面发展服务。另外，教育目标要从受教育者的思想政治道德水平的实际出发，重视他们对目标的可接受程度。据此确立的教育目标才是公正的、合理的。确立目标是解决"做什么"的问题，制定教育计划是解决"怎么做"的问题，是教育目标的具体化，是思想政治教育过程的具体实施方案。教育计划必须具体，富有一定的针对性，能够对症下药地实现教育目标的思想政治教育计划是最佳计划。

教育机制的选择是思想政治教育工作的实施阶段，是教育过程的内在工作方式，是在教育目标的指导下全面实施教育计划。思想政治教育过程的教育机制具体分为融合机制、说服机制、激励机制、调节机制、沟通机制、管理机制等。①

在目标的指引下，思想政治教育过程机制开始运行。其中，融合机制主要使思想政治教育过程中的各种因素、各种力量得到有机整合，形成合力，共同作用。说服机制是通过教育者的说服教育，接受、认同理论知识，同时，发挥受教育者自我教育的作用，让他们心服口服地在实践中践行。激励机制是通过各种激励的方法、手段，最大限度地调动受教育者的积极性和主动性，为思想政治教育过程教育机制的整体运行提供动力。调节机制是指要采取各种措施，根据预期目标和实际情况调节机制内部的运行，使机制沿着预定的轨道运转。沟通机制主要使教育者和受教育者实现有效的沟通、交流，沟通渠道畅通，有交流、互动的平台，维系和谐的人际关系。管理机制是这些机制中最重要的运行机制，充分发挥管理者"舵手"的作用，对机制的运行方向、运行过程进行调控、纠偏，促进机制高效、正常、有序运转。在现实的教育过程中，这些机制在结构、功能上相互联系、相互渗透、相互耦合、共同作用，以确保思想政治教育过程机制的有序运行。教育机制在选择形式上是主观的，内容上却是客观的，不是随意选择，而是在对思想政治教育过程的教育机制规律的准确把握的基础上，从受教育者的客观实际出发，才能作出正确的选择，才能体现思想政治教育过程的公正性。

受教育者在践行思想政治教育社会要求这个环节中，要发挥教育者的主导作用。思想政治教育过程机制是一个复杂的矛盾统一体，其中，起决定和支配作用的是其基本矛盾，即"社会发展所需要的思想品德和心理素质与

---

① 陈秉公：《21 世纪思想政治教育工作创新理论体系》，吉林教育出版社 2000 年版，第373 页。

教育对象现有水平的矛盾，这是思想政治教育过程所要解决的基本矛盾，它渗透在思想政治教育过程的一切方面，贯穿在思想政治教育每一过程始终。"① 思想政治教育过程机制的本质是促进和实现人的社会化，使他们践行思想政治教育的社会要求。通过多种渠道和形式，采取适当的教育方法对受教育者进行系统的教育，利用好智力因素和非智力因素的功能，激发"内化"与"外化"的内驱力，引导他们知行转化，培养形成良好的行为习惯。践行思想政治教育的社会要求首先要合目的性，符合社会发展的目的与人的全面发展的目的，越能很好地体现目的，越能调动、整合思想政治教育过程机制的各种要素达到最佳状态。其次，要合规律性，践行思想政治教育的社会要求要符合人的思想政治道德素质形成和发展的规律，要符合思想政治教育过程的客观规律，要符合思想政治教育过程机制自身运行的规律。合目的性与合规律性的统一，势必导致受教育者对思想政治教育社会要求公正践行的必然性。

思想政治教育过程机制的运行是一个复杂的过程，从开始制定教育目标、教育计划到教育机制的选择、受教育者对思想政治教育社会要求的践行等这些过程都需要对其监控。因为在具体的运行过程中，会遇到一些影响其正常运行的不确定因素，比如偏离了教育目标或者教育计划、教育环境发生了变化、教育机制选择不当、教育者执行不力、受教育者动力不足、内化与外化受阻等。这些干扰因素如果得不到及时处理或者处理不当，都会造成思想政治教育偏离教育目标、教育计划的轨道，还有可能造成教育活动的中断或者收效甚微，甚至是相反的教育效果。通过对教育目标、要素、结构、机制、运行情况进行监控，对思想政治教育过程整个系统组成要素的运行方向、方式、行为进行规范和整合，改善教育环境，优化教育过程结构，调控教育过程的运行状态，调动积极因素，消除不利因素，增加动力和活力，推动机制的有序运行。利用各种手段施加积极影响和纠偏，使过程机制的各个

---

① 陈秉公：《思想政治教育学原理》，辽宁人民出版社 2000 年版，第 130 页。

要素的运行都不能游离于系统之外，不断协调和校正运行过程中与目标的偏差，维系思想政治教育过程机制的正常运行，确保各种要素的性质、功能发挥至最优的程度，才能保证思想政治教育在复杂多变的环境中顺利实现预期的目标。

第五节　思想政治教育伦理精神的范畴——自由

无论在中国还是西方，自由概念自古有之，都反映了人们对自由价值的追求。马克思主义对自由也有独特的见解，人的自由而全面发展是人类的终极价值追求。自由是社会主义核心价值观的内容之一，也是思想政治教育伦理精神的一个主要范畴。

一、自由的内涵

人们对自由概念的理解莫衷一是，迄今为止没有给出一个明确的界定和解释，学界的观点不一，争议较大。在中国古代，"自由"就已存在。胡适在《中国文化里的自由传统》中指出，"自由"作为一种理想，"并不是外面来的，不是洋货，是中国古代就有的"。① 司马迁《史记》中有"言贫富自由，无予夺"的说法，自由的意思是指自己做主。在中国古代典籍中，人的行为必须遵守礼仪规章制度，在这个界限之外，人就是自由的，"自由"就是"随心所欲，自己做主"。所以说，"自由"的基本含义就是"一个人在人际之外、制度之外、规矩之外的自得自在。"② 在我国古代，人的自由是有限的，作为一种价值只是限定在个人层面，追求内心的一种自由自

① 《胡适文集》第12卷，北京大学出版社1998年版，第682页。
② 陈静：《自由的含义：中文背景下的古今差别》，《哲学研究》2012年第11期。

在、无拘无束、悠然自得的精神境界。庄子是对自由有着深刻见解的哲学家、思想家，他认为人不应被外物所役，应该顺应万物，追求内心的宁静，达到精神上的遗世独立、逍遥自在的状态。"若夫乘天地之正，而御六气之辩，以游无穷者，彼且恶乎待哉？故曰：至人无己，神人无功，圣人无名。"① "无己"即忘记自我，达到物我两忘的境界；"无功"即超脱于外物，达到不计功名的境界；"无名"即不为名声所累，追求本真的境界。庄子的自由是一种人生智慧，是一个人独处时的精神状态，超越生死名利，超越外物束缚的绝对自由观，更重要的是人的意志自由，反映了人的主体意识的觉醒。庄子的自由思想是一笔宝贵的精神财富，对我国后世的思想家产生了深刻的影响。

在西方，"自由"（liberty 和 freedom）同样也是最古老的价值追求。古希腊的亚里士多德提出，人是自己思想行为的主人，人是自由的人。自由人所享受的自由是一种公民身份（citizenship），与政治上的"奴役"相对立。近代荷兰哲学家斯宾诺莎指出："自由比任何事物都更为珍贵。"② 他从哲学的维度揭示了自由与必然之间的关系，自由是对必然的认识和把握，在理性地认识必然的基础上，才能获得自由。孟德斯鸠在《论法的精神》中指出："没有一个词比自由有更多的含义，并在人们意识中留下更多不同的印象了。"③ 从政治学的维度分析，自由是个体在国家政治生活中的自主性，政治自由是公民政治权利中的一项基本权利，居于核心地位。卢梭提出了"人生而自由"的命题，自由是社会契约下的权利自由，不仅具有启蒙意义，而且促进了西方自由思想的发展。

自由是康德哲学的核心，居于至高无上的核心地位，起着"拱心石"的作用。康德在哲学领域进行了"哥白尼式"的革命，意为自由找到实现的空间。"必须永远有公开运用自己理性的自由，并且唯有它才能带来人类

---

① 《庄子·内篇·逍遥游》。
② ［荷］斯宾诺莎：《神学政治论》，温锡增译，商务印书馆1963年版，第12页。
③ ［法］孟德斯鸠：《论法的精神》上，张雁深译，商务印书馆1961年版，第153页。

的启蒙"①，启蒙运动除了自由之外不需要其他任何东西。自由不可能在经验领域实现，只有在实践领域，才能获得积极意义，即自由达到自律的高度，这里的"实践"主要是指伦理道德层面的实践。至善是自由的落脚点，康德为道德、信仰等留出空间，使得主体承认和意识到人的有限性，以"自己为自己立法"凸显人的自由意志，保持思想上的自由，体现了人之为人的尊严。康德认为，自由的实现既需要内在道德的约束，按照内心的道德法则行事，也需要外在完善法律的强制。他关注的是人的内在自由，使人的行为具有更多的道德价值，始终关心人自身存在的意义。康德的自由观只不过是一个苦苦追寻的理念，在现实生活中也不可能实现，没有真正解决人的自由问题。"但其自由观的实践论转向为近代正统理性主义自由观的形成奠定了基本方向，没有康德的这一转向，就没有后来黑格尔的辩证理性的超越性，也就没有马克思基于感性实践活动的自我超越性而对人的本质和自由的辩证的历史的解答。"② 黑格尔把自由看成是人的本质，自由的实现是人的绝对精神的运动发展过程。

二、马克思主义的自由观

自由是马克思主义理论的一个重要概念，其形成也经历了较长的历史过程，是在反思和批判的基础上进行的重新建构。马克思不可避免地受启蒙思想的影响，追求自由和真理，对不合理的社会制度进行揭露和抨击，主要体现在对宗教与政治的批判。马克思的自由观肇始于对意志自由的关注，在此基础上提出新闻出版自由，主张以国家保障自由的实现。从自己的《博士论文》到《莱茵报》期间，遵从的是理性主义自由观。《博士论文》中马克思对伊壁鸠鲁的意志自由思想予以肯定，伊壁鸠鲁认为个体只有实现自主性

① ［德］康德：《历史理性批判文集》，何兆武译，商务印书馆1990年版，第25页。
② 覃志红：《马克思生产理论的当代价值研究》，中央编译出版社2019年版，第89页。

自由，才能摆脱外在的束缚，从而获得自身的满足与快乐。马克思指出，伊壁鸠鲁的意志自由思想之所以宝贵，是因为伊壁鸠鲁所处在的时代能够提出个体的自主性自由高于城邦的政治性自由。在《博士论文》中马克思对意志自由思想进行了论述，认为其核心是自我意识的自主性，自我意识的觉醒是实现自由的根本途径。在《莱茵报》工作期间直面现实问题，参与政治斗争，批判和揭露限制人民自由的障碍，指出自由是人的存在方式，从本体论维度把自由定义为人的本质。从《莱茵报》工作时期的政治实践中认识到，在思想领域实现自由是一种幻想，必须在物质生产的实践中探寻一条现实之路。

马克思认为，获得自由的前提是消除人的异化，异化产生的原因在于市民社会的自私性。他在《黑格尔法哲学批判》中指出，市民社会决定政治国家，而不是黑格尔所指出的国家决定市民社会。马克思以市民社会为根基，对人的自由等问题的研究具有了现实的可能性。在《1844年经济学哲学手稿》中，马克思指出："一个种的整体特性、种的类特性就在于生命活动的性质，而自由的有意识的活动恰恰就是人的类特性。"[1] 人是通过实践活动表征人的自由、人的有意识活动，实践将"自由是人的本质"与"人的本质是社会关系的总和"两者统一起来，并不相悖。他在肯定分工作用的同时，指出也要认识到分工异化了人，随着分工和私有制的出现，劳动异化了人，使人片面发展，这种片面性导致了人的不自由。因此，扬弃私有制，消除异化，才能实现自由自觉地劳动。马克思对政治经济学的研究不断深入，随之他认识到不能从抽象的人本主义理论中探求自由的实现，而要将自由的实现置于物质资料生产的实践之中。他在《共产党宣言》中提出："代替那存在着阶级和阶级对立的资产阶级旧社会的，将是这样一个联合体，在那里，每个人的自由发展是一切人的自由发展的条件。"[2] 资本主义

---

① 马克思：《1844年经济学哲学手稿》，人民出版社2000年版，第57页。
② 《马克思恩格斯选集》第1卷，人民出版社2012年版，第422页。

社会条件下，自由只是少数人的自由，资本的自由，只有推翻资本主义制度，消除异化，消灭剥削和压迫，建立共产主义社会，才能促进生产力的发展和社会的全面发展，而社会的全面发展为个体的自由而全面发展提供了一定的物质基础和各种现实可能性。同时，在自由人联合体中，个体才能得到自由而全面的发展，每个人自由而全面的发展为一切人的自由发展创造了条件，最终达到了社会自由而全面的发展与每个人自由而全面的发展的有机统一。《资本论》是以资本主义生产方式及其生产关系、交换关系为研究对象，但最终的指向是人的自由、平等等价值问题。在《资本论》中深刻地揭示了在资本主义生产方式的条件下，人的劳动并不是使人成为自由全面发展的人，而是被异化为被迫谋取人的生存手段，劳动生产的目的是资本的自由，资本的本性就是资本家无偿占有工人所创造的更多剩余价值，工人始终处于非自由、非平等、被压迫的生存状态。因此，只有在自由人联合体的共产主义社会，才能消灭私有制，真正实现人的自由和平等。

自由是人类社会永恒追求的价值目标，也是人类追求的最高价值目标。马克思主义自由观主要是从哲学维度和政治学维度进行分析，这两个维度的分析不是机械割裂的，而是有机统一的。从哲学的维度论证了自由是对必然的认识和把握，在此基础上是对必然的改造。自然界有其运行的客观规律，人类社会的发展也有其运行的客观规律，按照客观规律有效地进行物质生产实践，才能满足人的各种需求，从而获得更多的自由。毛泽东同志指出："欧洲的旧哲学家，已经懂得'自由是必然的认识'这个真理。马克思的贡献，不是否认这个真理，而是在承认这个真理之后补充了它的不足，加上了根据对必然的认识而'改造世界'这个真理。'自由是必然的认识'——这是旧哲学家的命题。'自由是必然的认识和世界的改造'——这是马克思主义的命题。"[1]"自由不在于幻想中摆脱自然规律而独立，而在于认识这些规律，从而能够有计划地使自然规律为一定的目的服务。这无论对外部自然的

---

[1] 《毛泽东著作选读》下，人民出版社 1986 年版，第 485 页。

规律，或对支配人本身的肉体存在和精神存在的规律来说，都是一样的。"①
人们越能够更好地把握规律，自由度就越大。

从历时性视角审视人的发展，马克思以生产劳动为基础，将人的发展划分为"人的依赖关系占统治地位的阶段""以物的依赖关系为基础的人的独立性的阶段""人的自由和全面发展的阶段"三大形态。"人的依赖关系占统治地位的阶段"是最初的社会形态，人的生产能力在有限的范围内发挥着作用。"以物的依赖关系为基础的人的独立性的阶段"即资本主义社会，摆脱了对人以及权力的依附，但人的对象性的实践活动却被物化和异化，物支配着人，人是物的奴隶，这种异己的力量支配着生产劳动主体处于一种被奴役、被压迫的非自由状态。资本主义社会政治自由只是资产阶级的自由，"自由的并不是个人，而是资本"，②"在现今的资产阶级生产关系的范围内，所谓自由就是自由贸易、自由买卖"。③处于资本主义社会关系中的自由，只是资本家的自由以及资本的自由，无产阶级毫无自由可言，只有出卖自己廉价劳动力的自由。"不要一听到自由这个抽象字眼就深受感动！这是谁的自由呢？……这是资本所享有的压榨工人的自由。"④"资产阶级民主共和国中的'自由'实际上是富人的'自由'"⑤，其实质上是维护资产阶级私有财产的自由。资产阶级的自由与无产阶级的自由是根本对立的，"作为孤立的、退居于自身的单子的自由"⑥，人的自由是一种异化的自由，资产阶级的自由是建立在无产阶级不自由的基础之上，自己自由的实现是对别人自由的限制。

"自由不仅包括我靠什么生存，而且也包括我怎样生存，不仅包括我实

---

① 《马克思恩格斯选集》第 3 卷，人民出版社 2012 年版，第 491—492 页。
② 《马克思恩格斯全集》第 31 卷，人民出版社 1998 年版，第 42 页。
③ 《马克思恩格斯选集》第 1 卷，人民出版社 2012 年版，第 416 页。
④ 《马克思恩格斯选集》第 1 卷，人民出版社 2012 年版，第 373 页。
⑤ 《列宁选集》第 3 卷，人民出版社 1995 年版，第 795 页。
⑥ 《马克思恩格斯全集》第 3 卷，人民出版社 2002 年版，第 183 页。

现着自由，而且也包括我自由地实现自由。"① 无产阶级要获得真正的自由，绝不能依靠资产阶级的政权，也不能依靠资产阶级的法律，必须依靠自身建立无产阶级政权，才能获得真正的自由。人只有到了"人的自由和全面发展的阶段"，这种自由人联合体是真正的共同体，这种真正的共同体是真实的集体，生产力高度发达，使人从物质的束缚中解放出来，"只有在共同体中，个人才能获得全面发展其才能的手段，也就是说，只有在共同体中才可能有个人自由"。② 因此，"自由人联合体"彻底解决了一切异化问题，人的实践活动的全面发展为普遍交往提供了前提条件，从而促进了人的能力的全面发展，使人成为自然界和社会的主人，人类才能获得真正的、现实的自由。马克思主义的自由观论述了人的真正自由的完全实现，是人的自由的最高价值追求和价值旨归。

三、自由是思想政治教育伦理精神的最高价值目标

思想政治教育的伦理精神要体现自由的价值追求，自由是思想政治教育伦理精神的最高价值目标。在思想政治教育的过程中按照伦理精神的要求培养人、塑造人，不断促进人性的完善和人的价值的提升，最终价值旨归是指向人的自由而全面的发展。

当今社会，思想政治教育势必要面临西方自由主义"普世价值"的强势话语挑战，为了应对西方自由思想的冲击，如何阐释、传播我国特色社会主义自由观，如何提升我国特色社会主义自由观的意识形态领导权、主动权、话语权，具有十分重要的意义和现实价值。意识形态性是思想政治教育学科的基本属性，强化政治教育和意识形态教育，不断增强思想政治教育的合法性。在思想政治教育的过程中，给学生讲清楚西方自由主义错误思潮的

---

① 《马克思恩格斯全集》第 1 卷，人民出版社 1965 年版，第 77 页。
② 《马克思恩格斯选集》第 1 卷，人民出版社 2012 年版，第 199 页。

种种表现及其实质，要敢于向其发声和亮剑，戳穿其别有用心的企图。21世纪以来，我国经济社会发展取得了巨大成就，西方敌对势力抓住我国"战略机遇期"和"矛盾凸显期"重叠所面临的一些问题，对我国意识形态的渗透更加甚嚣尘上，自由问题更是当今资本主义社会与社会主义社会意识形态斗争的交汇点。西方自由主义者宣称其自由思想具有普适性，适用于世界上所有的国家和民族，这种标榜无疑是对我国主导意识形态的公然挑衅。为此，思想政治教育必须以马克思主义自由观为指导，因为它是社会主义自由观的理论根据和活水源头。

马克思主义自由观在中国新民主主义革命、社会主义建设与改革开放的伟大实践中不断地中国化，形成了我国丰富的社会主义自由观。富强、民主、文明、和谐，自由、平等、公正、法治，爱国、敬业、诚信、友善是社会主义核心价值观的基本内容。高度概括和凝练的"24字"确立了当代中国最基本的价值观念，是凝聚中国人心的"最大公约数"，是我国社会主义社会的价值追求，也是社会主义社会建设的价值目标。"自由"是社会层面发展的价值取向，是人们对美好社会向往和憧憬的生动表达，与国家治理体系和治理能力现代化的价值目标是相一致的。我国社会主义自由思想是以马克思主义自由观为指导，吸取了中华民族优秀传统文化中"自由"思想、西方关于自由思想的积极文明成果，与西方自由主义错误思潮是根本对立的。我国社会主义自由思想注重机会和过程的统一，不是形式上的自由，而是一种实质性的自由。人们对美好生活的向往和追求，不仅体现在物质生活、精神生活层面，还体现在对民主、法治、公平、正义、安全、环境等方面，而且对这些方面的向往和追求日益增长。因此，"美好生活"是真、善、美的统一体，蕴含着我国丰富的社会主义自由思想。《中华人民共和国宪法》第三十五条明确规定：中华人民共和国公民有言论、出版、集会、结社、游行、示威的自由。第三十六条明确规定：中华人民共和国公民有宗教信仰自由。第三十七条明确规定：中华人民共和国公民的人身自由不受侵犯。禁止非法拘禁和以其他方法非法剥夺或者限制公民的人身自由。第四十条明确规定：中华人民共和国公民的通信自由和通信秘密受法律的保护，任何组织或者个人不得以任何理由侵犯公民的通信自由和通信秘密。第四十九条明确规定：禁止破坏婚姻自由。第五十一条明确规定：中华人民共和国公民在行使自由和权利的时候，不得损害国家的、社会的、集体的利益和其他公民的合法的自由和权利。宪法规定了公民的基本自由权利和义务，依法确保人民享有广泛的权利和自由，这是作为人之为人的基本要求。

自由是指在遵守宪法和法律的框架下，人拥有生存和发展的自由、人的意志自由、人身自由等权利。在社会主义核心价值观的系统中，自由对于平等、公正、法治具有支撑性的统领作用，因为马克思主义认为，自由问题势必涉及平等问题，争取自由往往与争取权利的平等联系在一起，也与公正问题相关，自由、平等、公正等问题的解决又必须依靠法治的力量，并以法治的形式固定下来，法治是自由的保障。在现代社会，自由、平等、公正、法治是民主政治体制必不可少的因素和内在要求，自由优于平等、公正、法治的实现，是基础和前提条件；平等、公正、法治是围绕自由衍生出来的价值因素，是工具性、手段性价值理念，它们的实现体现了自由的最高价值目标。"自由首先到来，是根据这个简单的认识：如果没有自由，人们甚至无法提出平等的要求"，"使平等失去自由'表达'的能力，它们就会变成鸦雀无声和荒谬无稽的平等"。① 自由是始源性价值追求，是目的性和终极性价值目标。自由、平等、公正、法治不是抽象的、空洞的概念，也不是先验的、超阶级的存在，而是社会普遍追求的价值理念，其实现必须以辩证唯物主义和历史唯物主义为根据，遵循人类社会发展的客观规律，历史的、具体的在中国特色社会主义的伟大实践中加以实现。人的自由全面发展是思想政治教育伦理精神的最高价值目标，与人类社会发展的价值追求目标是一致的。

---

① 宋惠昌：《政治哲学》，中共中央党校出版社 2003 年版，第 66 页。

第六章

当前思想政治教育伦理精神的
存在问题与分析

思想政治教育的伦理精神是思想政治教育的内核和基本要义，要求人们按照伦理精神的理念和实践要求开展思想政治教育，既要关切社会生活整体秩序的和谐，也要关切个体的身心和谐以及人的全面发展；既要从理论上对思想政治教育是否偏离了伦理精神进行审视，也要从实践上进行审视；既要关注思想政治教育宏观方面是否按照伦理精神的要求开展教育，也要从微观方面进行关注。把伦理生活、伦理精神追求作为社会和个体的生存生活方式和价值追求，以伦理道德原则和规范规整人们之间的关系和生产生活，提升人的精神境界，真正使思想政治教育做到以人为本，成为善的、公正的、合乎实践理性的、自由的教育活动。本章主要是把当前思想政治教育的缺位与原因分析作为审视的对象，进而对其进行研究。从当前思想政治教育的现状来看，主流是好的。但在思想政治教育的理论层面和实践层面仍然有不尽如人意的地方，如果没有按照伦理精神的要求开展工作，没有将伦理精神贯穿于思想政治教育的全过程，就会导致思想政治教育伦理精神的缺位。

第一节　当前思想政治教育伦理 精神的存在问题

　　思想政治教育在我国现阶段，发挥了它应有的作用。蕴含着伦理精神的思想政治教育，对于社会的发展和个人的成长成才起着不可替代的促进作用。如果思想政治教育伦理精神存在问题，势必会造成思想政治教育效率的低下，会阻碍社会的进步和个人的发展。

　　自从作为一门独立的学科实施 30 多年来，不论从理论研究还是实践层面，均取得了丰硕的成果，思想政治教育实现了跨越式发展，积累了宝贵经验。1984 年创立思想政治教育本科专业开始，思想政治教育形成了独立的学科体系和比较完整的专业人才培养体系，在理论研究和实践层面取得了一系列的理论成果和经验总结，标志着思想政治教育理论的形成和发展。一是学科体系不断完善。思想政治教育学科已经形成了原理、方法论、发展史等研究领域，产生了有一定影响力的研究成果，具有了自己的研究范式和话语体系。二是人才培养成效显著。30 多年来，思想政治教育人才培养的规格、层次、目标等在不断地完善和优化，人才培养质量得到了提升。专门人才的培养是思想政治教育全面协调可持续发展的关键要素，现已形成了从本科、硕士点、博士点到博士后流动站完整的人才培养体系。三是为巩固马克思主义在意识形态领域的指导地位提供了重要支撑。引导人们尤其是青年学生始终坚持马克思主义的指导思想，坚定正确的政治方向，积极践行社会主义核心价值观。四是牢牢把握思想政治教育的主渠道，不断拓展有效途径，大力落实加强和改进思想政治教育工作，增强思想政治教育的吸引力，不断提高教育教学的实效性。人们的爱国热情、民族凝聚力、社会责任感、整体素质得到进一步增强，得益于思想政治教育伦理精神的在场发挥。但不容否认，由于人们的认识问题和具体实践的原因，思想政治教育工作离国家制定的目标和个人成长的需求相比，仍有一定的差距。随着国际形势的深刻变化和国内出现的新问题、新挑战，更需思想政治教育伦理精神的审视和观照。

一、思想政治教育伦理精神的场域存在问题

樊浩教授通过调查，在其《中国伦理道德报告》中指出，家庭与民族仍然是我国现代社会的伦理实体，得到人们的高度认同，但家庭的稳定性与社会的实体性遭到了挑战甚至是危机。家庭伦理、职业伦理、公共伦理是人们生活的主要三大场域中所表现出来的伦理行为。家庭伦理最突出的问题是：独生子女缺乏责任感占 50.1%；婚姻关系不稳定，性过度开放的占 42.3%；代沟严重的占 36.2%。

家庭的不稳定会导致伦理链条的断裂。[1] 2017 年的调查数据为：独生子女难以承担养老责任，老无所养（占 28.8%）；代沟严重，父母与子女之间难以沟通（占 28.1%）；婚姻不稳定，年轻人缺乏守护婚姻的能力（占 24.3%）；子女尤其独生子女缺乏责任感，孝道意识薄弱（占 18.5%）。[2] 对于"无论父母对自己如何，都应当尽赡养义务"的调查发现，54.5%的人表示完全同意，37.5%的人比较同意，而完全不同意和不太同意者不到总人数的 10%。[3] 通过数据对比，大部分人们认为应当尽赡养老人的义务，有一定的孝道意识。独生子女缺乏责任感主要体现在承担养老责任问题与孝道意识薄弱方面；婚姻关系不稳定的原因除了性价值观开放之外，守护婚姻的能力比较缺乏；父母与子女存在代沟，在沟通方面仍然有一定的难度。

当今，我国家庭的幸福感相对较强，但由于上述问题的存在，一定程度上消解了家庭的不稳定以及家庭伦理功能的弱化。第七次全国人口普查结果

---

① 樊浩等：《中国伦理道德报告》，中国社会科学出版社 2012 年版，第 14 页。

② 樊浩：《中国社会大众伦理道德发展的文化共识——基于改革开放 40 年持续调查的数据》，《中国社会科学》2019 年第 8 期。

③ 牛俊美等：《改革开放以来我国伦理道德发展的职业共识与差异——基于三次全国大调查的追踪研究》，《山西师大学报》（社会科学版）2019 年第 5 期。

显示，人口老龄化程度进一步加深，60 岁及以上人口为 26402 万人，占 18.70%，与 2010 年相比上升 5.44 个百分点。① 2017 年依法办理离婚手续的，共 437.4 万对，比上年增长 5.2%。② 家庭是孩子的第一所学校，家庭教育是一切教育的基础。家庭婚姻关系不稳定，离婚率上升，家庭建设能力薄弱，对于家庭伦理造成了一定的冲击。老龄化严重，独生子女存在溺爱现象，家庭伦理生活面临巨大的道德困境。孩子的家庭教育受到一定程度的影响，监护责任弱化甚至缺失，给思想政治教育工作带来了消极影响。

职业伦理最突出的问题是：把职业当手段，缺乏责任感与奉献精神的占 62.0%；上下级构成利益链，共同对社会不负责任的占 36.4%。缺乏对社会的责任感，社会的伦理实体性被消解。③ 2017 年的调查数据显示，各职业群体普遍认为职业劳动主要只是个人和家庭谋生的手段，只有 25.3% 的人认为职业劳动是为社会创造财富，平均只有 12.5% 的人能够时常体验到对于单位的伦理归属感，只有 27.3% 认同职业劳动的社会伦理属性，21.3% 对单位有比较强烈的伦理认同倾向。④ 由此可见，大部分人们的职业伦理意识不强，停留在为自己和家庭谋生的层面上，对职业单位的认同度不高，缺乏归属感，职业伦理呈现出从个体出发的"原子式"游离特征。

随着经济利益格局的调整，人们的价值观念受到不同程度的影响，加之社会转型期新旧伦理规范和道德观念的冲突，导致少部分人们的职业伦理失范。第一，职业意识淡漠。不可否认，当今社会中少部分人过分看重物质利益和个人利益，缺乏集体观念，轻视集体利益，对职业缺乏主人翁精神，道德责任感淡化。强化职业意识，"无论什么样的行为方式，都唯有通过习惯

---

① 《第七次全国人口普查主要数据公布人口总量保持平稳增长》，《人民日报》2021 年 5 月 12 日。

② 《去年结婚登记数同比下降 7%》，《人民日报》2018 年 8 月 16 日。

③ 樊浩等：《中国伦理道德报告》，中国社会科学出版社 2012 年版，第 14 页。

④ 牛俊美等：《改革开放以来我国伦理道德发展的职业共识与差异——基于三次全国大调查的追踪研究》，《山西师大学报》（社会科学版）2019 年第 5 期。

和训练才能按部就班地起作用"①。

第二，职业素养有待于提高。职业素养是人类在职业活动中应该遵守的行为规范，是一个人的专业能力和道德素质在职场中的主要体现。职业伦理是职业素养中的主要组成部分，也是最为根基的内容，如果一个人缺乏职业伦理，就不会爱岗敬业，也就不会在自己的本职工作中有所创造创新，在工作中容易出现懈怠，也就不会严以律己，对工作认真负责并具有一定的担当。

第三，职业生活随着社会的发展越来越成为生活的主要内容，职业伦理的正向道德效应越来越发挥着重要的规范作用，同时影响着社会有机体的健康发展。职业划分更为精细，科技的发展推动着分工的深化，职业伦理的构建落后于职业分工的精细化以及职业的道德规范要求。因此，夯实职业伦理的道德根基，衔接职业伦理的法律规范，这将有利于职业伦理建设。

公共伦理最突出的问题是：人际关系冷漠占 61.5%；诚信缺失、社会信用度低，占 61.4%；干部腐败占 52.9%。缺乏关爱以及诚信，公权力的私用、滥用等这些问题吞噬着公共伦理的资源，公共伦理逐步被解构。②2017 年的全国社会大众伦理道德发展的调查中选择"严重"或"比较严重"两项总和的排序依次是：缺乏信任，社会安全度低（占 53.3%）；自私自利，损人利己（占 49.0%）；诚信缺乏，不讲信用（占 48.6%）；人际关系冷漠，见危不救（占 48.0%）；社会缺乏公正心和正义感（占 47.1%）；坑蒙拐骗（占 41.1%）。影响人际关系紧张的最重要因素是什么？"社会财富分配不公，贫富差距过大"（占 33.0%）居首位，其后两位分别是："社会资源缺乏，引发恶性竞争"（占 29.6%），人与人、人与社会之间缺乏信任（占 28.4%）。"与前几年相比，你认为目前我国官员腐败现象有什么变化？"65.1%的受访者认为"有较大改善"，12.8%的受访者认为"有很大

---

① ［法］爱弥尔·涂尔干：《职业伦理与公民道德》，渠敬东译，商务印书馆 2015 年版，第 13 页。

② 樊浩等：《中国伦理道德报告》，中国社会科学出版社 2012 年版，第 14 页。

改善"，二者总和 77.9%。① 两年的数据对比，说明了社会缺乏信任，占比由 61.4% 下降为 53.3%；人际关系冷漠，占比由 61.5% 下降为 48.0%；腐败问题得到了有效遏制，77.9% 的受访者认为惩治腐败工作成效显著。

从以上调查数据来看，我国在社会公德、职业道德、家庭美德、个人品德层面不同程度地都存在一些问题，问题的实质是原有伦理实体的作用被消解，作用无从发挥，新的伦理实体又没有建立，正好处于"换挡期"，新旧伦理实体不能有效地对社会生活和人们的个人生活正常发挥作用，从而表现为社会生活和个人生活的失序。我国当今社会存在的基本伦理冲突依次是：人与人的冲突，占 11.9%；人与自然的冲突，占 10.8%；人与自身的冲突，占 10.3%。人与人冲突的主要原因是：过度的个人主义占 65.7%；竞争激烈，利益冲突加剧，占 61.7%；分配不公占 59.9%。人与自然冲突的主要原因是：企业唯利是图的占 35.3%；政府政策失当的占 25.8%；个人缺乏环保意识的占 19.5%。人与自身冲突的主要原因是：竞争激烈，工作压力大的占 53.1%；欲望过多，不能知足常乐的占 50.5%；人际关系缺乏信任，难以排解烦恼的占 38.5%。②

由家庭伦理、职业伦理、公共伦理表现出来的最突出问题的有关数据分析，可以概括为：伦理实体面临着已被消解，家庭的稳定性和社会的实体性遭到了前所未有的挑战。从基本的伦理冲突的有关数据进行分析，可以得出：个体与实体之间的关系被解构为个体与个体之间的原子式的关系，这无疑对传统的伦理关系造成了一定程度的冲击，加之，个人主义、利益冲突、分配不公、责任意识缺乏、不正当的竞争等因素加剧了现实生活中伦理关系的恶化，伦理实体工具化。由于将个体与实体之间的关系降格为个体与个体之间的关系，伦理精神就会缺位。

思想政治教育是在一定社会的时空中进行的，家庭伦理、职业伦理、公

---

① 樊浩：《中国社会大众伦理道德发展的文化共识——基于改革开放 40 年持续调查的数据》，《中国社会科学》2019 年第 8 期。

② 樊浩等：《中国伦理道德报告》，中国社会科学出版社 2012 年版，第 15 页。

共伦理这三大主要场域，伦理精神的缺位，一定程度上会影响到思想政治教育伦理精神的缺位。家庭是开展思想政治教育工作的重要环境，对人的思想影响具有一定的特殊性，因为家庭成员最先接受的教育是从家庭教育开始的，而且家庭环境是一个人生活时间比较长的环境，尤其是父母的言行对子女的影响持续而深远。虽然家庭教育基本上是认知教育，比较直观、朴素，不够系统，但它自觉不自觉地成为了思想政治教育工作的基础，具有先入为主的特点。如果这个基础打得好，就有利于思想政治教育工作的继续开展；如果这个基础打得不好，就会增加开展思想政治教育工作的难度。家庭伦理强调夫妻关系的和睦、相互之间的关爱与责任，重视家庭、家教、家风的建设，规范和引导家庭成员良好行为习惯的养成和巩固，以形成基本的思想素质和道德品质。

职业生活是人们在社会分工的境遇中，用自己所学的专业知识和技能创造物质财富、精神财富，获取一定的报酬，以丰富社会物质生活和精神生活的实践活动。人们总是通过参与职业活动，改善自己的物质生活条件，在为社会创造价值的过程中实现自我价值，得到社会对自我价值的认同。职业活动是开展思想政治教育一个主要的场域，在具体的职业活动中开展形式多样的思想政治教育，加强职业伦理建设，培植职业意识，发扬职业精神，不断提升人们的职业认同感，在自己的职业岗位上干一行爱一行、干一行钻一行、干一行精一行，尽职尽责，精益求精，为人民服务，为社会奉献。职业道德是对某一职业的从业者个体的道德要求和规范，而职业伦理则是总体性的社会伦理要求和规范，扬弃了职业道德的个体性和主观性。职业伦理涵盖了职业与职业、职业与职工、从业人员与单位领导、从业人员与服务对象、从业人员相互之间的关系，是一种特殊的伦理立法，旨在解决职业领域内伦理失范和价值混乱问题。恪守职业领域中的伦理准则和行为规范，把外在的社会伦理内化为个体的道德认知、道德判断，通过道德情感和道德意志实施道德行为，这是职业伦理建设的首要任务。

人是处在社会关系中的人，总是与他人发生直接或者间接关系。公共生活具有开放性，比较公开透明，对社会的影响广泛而深刻。当今世界，公共生活的空间不断扩大，尤其是网络虚拟空间的出现。随着科技的深入发展，公共生活增加了一定的复杂性，呈现出人际交往信息不对称以及行为后果的不可预期等特征。公共生活需要公共伦理的调节和规范，通过公共伦理维系公共生活的有序与和谐，这是社会文明的重要体现。公共伦理涵盖了人与自然之间、人与人之间、人与社会之间的关系，是协调公共生活的道德原则和各方利益的价值准则，通过伦理规导，实现公共生活至善的目标。公共生活是开展思想政治教育工作的重要场域，在公共生活中遵守文明礼貌、助人为乐、爱护公物、保护环境的社会公德，为开展思想政治教育工作提供了达成伦理共识的现实基础和论证伦理合法性的物质前提。因此，公共伦理是社会普遍认同的正当选择，赋予优先于道德的合法地位，它是消解社会紧张、避免相互伤害，营造友善人文环境的内在要求。公共伦理立足于社会共同体建设，既强调个人利益与社会集体利益的一致性，又认可个人利益的合理性，力求避免它们利益之间不必要的冲突。坚持以公共利益为核心，实现个体与社会的有机融合、个人利益与社会整体利益的协调推进，最终实现公共利益的最大化。

二、思想政治教育伦理精神的实践存在问题

在一个祛魅的世界里，丧失了为人们建构一个意义世界。意义世界能够对眼前的利益与个体利益的有限性予以扬弃和超越，既能植根于现实的、具体的人的需要，为个体生命的安顿和生命意义提供追求的目标与方向，又能着眼于人类整体的利益与长远发展的需要。

人的生命在于有伦理道德的介入，以此提升人的生命意义。追求人的意义是思想政治教育题中应有之义，不能离开人活生生的内心世界进行"单向度"的教育，不能把思想政治教育变成压抑人性、漠视生命的"机器"，这样做的结果势必不利于受教育者的健康成长。思想政治教育本身蕴含着基

本精神,是一种客观的存在,不会因为外力的作用而自然消失。思想政治教育的基本精神是其灵魂,这种基本精神便是思想政治教育的伦理精神。但在现实的思想政治教育中,主要问题之一是伦理精神缺位。

(一) 从存在论视域审视思想政治教育伦理精神的存在问题

思想政治教育既是一种精神性的活动,又是一种实践性的活动,但不是从主观意识出发,而是必须从现实生活出发,其根基在现实生活世界。从存在论的视域审视思想政治教育,发现有些人开展的思想政治教育过于抽象,没有从人的现实境遇和人的需求出发,没有关切真实的、具体的、历史的人。每个时代都有属于这个时代自己的问题,所谓的问题就是时代的呼声。脱离受教育者所处的社会环境和个人的日常生活环境,思想政治教育就被异化为一种空洞的说教,无法使受教育者从感性认识上升到理性认识,很难产生认同,甚至产生本能地拒斥。"教育本身就意味着:一棵树摇动另一棵树,一朵云推动另一朵云,一个灵魂唤醒另一个灵魂。如果一种教育未能触及人的灵魂,未能引起人的灵魂深处的变革,它就不成其为教育。"[①] 思想政治教育更是应该从受教育者的实际需求出发,触及他们的灵魂深处,用教育者的灵魂唤醒他们的灵魂,才能取得一定的成效。

从当代大学生对社会主义核心价值观认同现状的调查数据来看,94.07%的学生对"我国离富强的国家还有一定的差距"的观点表示认同,说明大部分大学生对于我国仍然处在社会主义初级阶段的基本国情认识比较到位。98.15%的学生对于"富强是我国追求的奋斗目标,但从大国向强国迈进还需时日"的观点表示认同;98.33%学生对于"我会努力学习本领,以国家的繁荣和富强为己任"的观点表示认同,对"富强"现状的认同度得分为84.84分,这些数据表明大部分学生对于我国追求"富强"的价值取向认同度高。从调查数据来看,大学生对中国特色社会主义民主政治制度

---

① 杨东平:《教育:我们有话要说》,中国社会科学出版社 1999 年版,第 156 页。

认同度高，而且清醒地认识到西方的民主模式不适合我国，但对"民主"现状的认同度得分为82.6分。大学生对我国的"文明"现状认同度得分为77.72分，大多数大学生希望我国社会能够更加文明。大学生对我国"和谐"现状的认同度得分为70.04分，认为环境问题比较突出，对于人与自然之间关系的和谐充满期待。文明现状与和谐现状的认同度得分在80分以下，说明我国在"文明"价值维度与"和谐"价值维度仍然有很大的提升空间。91.34%的大学生对目前我国的"自由"程度表示认同，98.39%的大学生认为"社会应为每一个社会成员的自由全面发展创造良好环境"，97.92%的大学生对"世界上所有国家的自由都是相对的，没有绝对的自由"这种观点认同，对"自由"现状的认同度得分为76.48分。83.87%的大学生认为"我国目前的社会是平等的社会"，96.86%的大学生认为"国家应该缩小贫富差距，消除两极分化，努力实现社会平等"，对"平等"现状的认同度得分为71.54分。92.06%的大学生对"我国目前的社会制度是公正的"表示认同，大部分学生对社会上不公正的现象普遍表示深恶痛绝，对"公正"现状的认同度得分为78.42分。88.92%的大学生对"我国的法治环境非常好"表示认同，认为党的十八大以来我国法治建设取得了显著的成就，对"法治"现状的认同度得分为73.94分。大学生对社会层面"自由、平等、公正、法治"价值追求的现状认同度较低，得分都在80分以下，说明我国社会层面存在的问题较为突出，应该加大社会建设的力度，建立健全制度，不断完善法律，全面依法治国，大力改善民生，使人民群众共享改革开放所取得的成果。96%以上的大学生在"爱国"层面的认同度较高，绝大部分学生关于爱国的观点是正确的，对"爱国"现状的认同度得分为88.64分。97%以上的大学生在"敬业"层面的认同度较高，绝大部分学生认为每一位社会成员都应该对所从事的职业尽心尽力，在自己所从事的本职工作中实现人生价值，对"敬业"现状的认同度得分为89.98分。96%以上的大学生在"诚信"层面的认同度较高，认为诚信是做人之根本，诚信的缺失必然会导致社会的混乱，对"诚信"现状的认同度得分为91.5分。96%以上的大学生在"友善"层面的认同度较高，96.80%的学生对"我国目前社会上人与人之间是非常友善的"表示认同，对"友善"现状的认同度得分为82.7分。大学生对公民层面"爱国、敬业、诚信、法治"的现状认同度得分均在80分以上，总体上认同度良好，但仍然还需不断提升。①

从青少年的集体价值取向的有关调查数据来看，目前我国进行的集体主义价值观教育，还存在一些不足：缺乏对青少年个体的足够重视，没有从他们的实际出发，脱离他们的实际，比较重视正面典型，忽视反面事例的深刻分析，从中未能引以为戒。从社会公德价值取向和荣辱观的有关调查数据来看，青少年有一定的道德认知和道德判断，但道德实践能力比较差，不能落实在具体的行动上。从法纪价值取向的有关调查数据来看，法纪教育存在盲区，应该加大力度实施教育。从生命价值取向和金钱观的有关调查数据来看，一些青少年漠视生命，不尊重自己或他人的生命；一些青少年金钱观存在误区，衡量一个人是否成功主要是看经济实力，认为金钱是世界上最好的东西等错误的观点。② 因此，思想政治教育缺少伦理精神的关怀和审视，缺少价值合理性的追问。知识的工具性价值得到重视，人文和伦理道德层面的精神追问被忽视；思想政治教育缺少个体差异的关照，教育的针对性不强；未能从受教育者的生活实际出发，存在教育的盲区；重理论教学，轻具体实践。

（二）从认识论视域审视思想政治教育伦理精神的存在问题

从认识论的视域审视思想政治教育，发现有些人开展的思想政治教育是现成论的思维方式。哲学存在着现成论的思维方式和生成论的思维方式。现成论的思维方式把事物看成是不变的、已被设定的现成存在，进而追问"是什么"的思维方式。在这种思维方式的主导下，思想政治教育被认为是

---

① 吕开东等：《大学生社会主义核心价值观认同教育》，中国编译出版社2019年版，第53—96页。

② 樊浩等：《中国伦理道德报告》，中国社会科学出版社2012年版，第160—165页。

已经预设好的、现成不变的简单机械活动，并从社会大系统中人为割裂，思想政治教育成了"单向度"的知识传授和认知追问，被沦为工具性的存在。"知识被扩张为人性的全部，人性中的其他部分，如伦理道德、审美情操等等则都被虚无化。"[1] "知识人"的知识有特定的界限和意义，"知识人"的世界是一个缺失意义的世界。

没有对意义的追寻，不会构成人的真实生活，人的理想与生活目的则是虚无缥缈的。人正是在追寻意义的过程中不断超越现实的规定，不断完善人性和自我，使人趋于自由而全面的发展。"当科学和科学知识成为一种意识形态时，意义世界的坍塌也必然成了人类生存之痛和内在的生存危机。在科学这种意识形态的统治下，一切崇高理想、高尚人格、神圣信仰的追求都被看作是无意义、无价值的。"[2] 按照现成论的思维方式开展思想政治教育，只能"成物"，而不能"成人"，是统一模式下被规训的人，失去了人之为人最起码的人文关怀，难以触动人的精神世界和灵魂。

少部分人不重视思想政治教育，主要原因之一是思想政治教育伦理精神的缺位，既没有对人们现实的关切，也没有对意义世界的追寻。伦理精神作为一种实践精神的方式去把握世界，必须要有对现实利益的超越，没有这种超越，思想政治教育伦理精神是没有任何意义的。当今社会，受西方各种社会思潮的影响，人们的理想信念缺失，缺少对马克思主义的信仰；淡化意识形态教育，价值取向呈现多元化、实用化的趋势，价值判断标准模糊、混乱；告别崇高，行为方式的非理性、随意性凸显，导致精神追求、意义追寻、终极价值、永恒真理失了原有的神圣性，而被逐步消解为娱乐化、碎片化的无用之物。

（三）从价值论视域审视思想政治教育伦理精神的存在问题

从价值论的视域审视思想政治教育，发现有些人开展的思想政治教育是

---

[1] 鲁洁：《一个值得反思的教育信条：塑造知识人》，《教育研究》2004 年第 6 期。
[2] 鲁洁：《一个值得反思的教育信条：塑造知识人》，《教育研究》2004 年第 6 期。

偏重于工具性价值，忽视目的性价值，单向度的价值取向和功利化的思想政治教育难以发挥其作用。思想政治教育作为培养人们的政治素质和思想道德素质的一种社会实践活动，其价值主要体现为政治服务目标和意识形态调控功能，推动社会进步和发展必须体现民族的伦理精神，民族如何作为"整个的个体而行动"；其目的性价值主要体现为人的社会化，成为社会所能接纳的"政治人""社会人"，把促进人的全面发展作为出发点和归宿点，关注人的成长成才，满足人的精神需求，塑造健全的人格品质，不断提升人的精神境界。思想政治教育将工具性价值和目的性价值有机融合，才能实现具有最本质意义上的价值，即培养"什么样的人"的终极价值，尤其是要重视人的生命、尊严、人格、人性关怀等方面的教育，最终实现工具性价值和目的性价值合一。

思想政治教育只有实现工具性价值和目的性价值的有机统一，才能使思想政治教育伦理精神得以发挥。在现实生活中，思想政治教育往往会割裂两者之间的关系，比较看重工具性价值，轻视目的性价值的存在。在思想政治教育目标上，过分强调社会需求，忽视个体的内在需求；在思想政治教育价值追求上，人们自觉不自觉地追逐急功近利，提倡实用主义，缺少对更高层次意义世界的追寻，缺乏对远大理想追求和向往的引导；在思想政治教育方法和方式上，呆板单一，没有尊重受教育者的主体差异性。思想政治教育必须坚守马克思主义阵地，以马克思主义和马克思主义中国化的理论成果为指导，通过学习和深刻思考，在掌握客观规律的基础上身体力行，使思想政治教育的社会功能和个体功能均得以发挥，使受教育者在思想境界、政治觉悟、道德品质、心理素质、法纪观念、文化素养等方面得到提升，能够担当起社会主义现代化建设的历史重任。

（四）从思想政治理论课层面审视思想政治教育伦理精神的存在问题

思想政治理论课是思想政治教育的主渠道，是落实立德树人根本任务的关键课程，其作用不可替代。党的十八大以来，以习近平同志为核心的党中央高度重视思想政治理论课建设工作，取得了显著的成效。但是在现实实践中，面对新形势、新任务、新挑战，与新时代的要求还有一定的差距。

2019 年 8 月 14 日，中共中央办公厅、国务院办公厅印发了《关于深化新时代学校思想政治理论课改革创新的若干意见》。① 该意见指出以下九点：

一是有的地方和学校对思想政治理论课重要性认识还不够到位，没有认识到思想政治理论课是落实立德树人根本任务的关键课程。在这些人看来，思想政治理论课是可有可无的课程，占用了专业课程的学时，甚至被认为是完全没有必要开设的课程，浪费学生学习时间，是毫无用处的"多余"课程。其实，他们根本就不懂思想政治理论课是全面贯彻党的教育方针，解决培养什么人、怎样培养人、为谁培养人这个根本问题的重要课程，是名副其实真正有"大用"的必修课程。

二是课堂教学效果还需提升。由于受多重因素的影响，思想政治理论课课堂教学存在着这样那样的问题。比如，一少部分教师的"教"与学生的"学"存在"两张皮"现象；一少部分教师对授课内容不够熟悉，没有讲深讲透，不能以理服人；一少部分教师的教学方法不吸引学生，教学手段单一；一少部分学生受社会错误思潮、不良言行等的消极影响，思想上不重视，对这些课程本能地拒斥，误认为这些课程对自己"没用"；受经费、学生人数、安全、环境等因素的限制，有的地方、有的学校重视理论教学，忽视实践教学，学生不能身临其境地感知我国改革开放以来党和国家的各项事业所取得的全方位的、历史性的巨大成就。这些问题制约了课堂教学效果。

三是大、中、小学思想政治理论课一体化建设需要深化。应该遵循思想政治工作规律，遵循教书育人规律，遵循学生成长规律，按照大、中、小学学生的学习认知特点进行富有针对性的、富有一定层次的思想政治教育，注

---

① 中共中央办公厅、国务院办公厅：《关于深化新时代学校思想政治理论课改革创新的若干意见》，《人民日报》2019 年 8 月 15 日。

重循序渐进、螺旋上升地开设思想政治理论课，注重教材内容的政治性、时代性、科学性、可读性、鲜活性、衔接性，注重与学生年龄特点相适应的教学方法以及教学方法的灵活多样性，大力推进一体化建设的力度。

四是教师选配和培养工作存在短板。思想政治理论课建设只能加强，不能削弱，思想政治理论课建设的关键在教师，守正创新思想政治理论课教学的关键还是教师。高校要严格按照师生比不低于 1∶350 的比例核定专职思想政治理论课教师岗位，加强中小学专职思想政治理论课教师配备。要制定思想政治理论课教师队伍培养、培训规划，举办专题研修班、骨干教师研修班等，加强研修基地建设，开展理论研修、教学研修，骨干教师国外调研，完善培训体系和思想政治理论课后备人才培养规划。

五是体制机制有待完善，评价和支持体系有待健全。思想政治理论课建设是一个系统工程，涉及政府层面、学校层面、马克思主义学院层面、学校职能部门、各学院与马克思主义学院层面、教师层面、学生层面等方方面面，这些层面所涉的体制一定要理顺，并加以健全完善。建立思想政治理论课教师备课机制，建立横向跨学科的交流研修机制，建立思想政治理论课课题研究和成果交流机制等，切实加强思想政治理论课建设工作。改革思想政治理论课教师评价和支持体系，严格教师的政治关、师德关、业务关等准入制度，制定与思想政治理论课教师教学科研特点相匹配的评价标准和评价体系，通过考核实行思想政治理论课教师不合格退出机制。

六是民办学校、中外合作办学思想政治理论课建设相对薄弱。由于民办学校、中外合作办学的体制机制与公办学校的不同，在思想政治理论课建设方面相对薄弱，需要加强。这类学校的性质一般情况下是董事会领导下的校长（院长）负责制。作为出资方，本着节约成本的原则办学，思想政治理论课教师队伍建设等方面存在着一定的差距。为此，必须按照《民办教育促进法》（2017 年 9 月 1 日起施行）与教育主管部门的有关要求进行查漏补缺，限时整改。

七是各类课程同思想政治理论课建设的协同效应有待增强。思政课程与课程思政需要形成合力，产生协同效应。坚持思想政治理论课在课程体系中的政治引领和价值引领作用，同时，要深度挖掘高校所开设的专业课程、选修课程等以及中小学语文、数学、外语、历史、地理、物理、化学、生物、体育、艺术等所有课程所蕴含的思想政治教育资源，发挥所有课程的育人功能，构建全覆盖、多层次、递进式，内容丰富、相互支撑的课程育人体系，切实解决好课程思政和思政课程相得益彰、同向同行的问题。

八是学校、家庭、社会协同推动思想政治理论课建设的合力没有完全形成。相比较而言，学校比较重视思想政治理论课建设，家庭与社会在这方面的工作相对滞后，没有完全与学校思想政治理论课建设工作形成合力。由于学校、家庭、社会在此项工作中力的作用点、力的方向、力的大小不同，自然也就谈不上相得益彰、同向同行的问题，因而难以产生协同效应。

九是全党全社会关心支持思想政治理论课建设的氛围不够浓厚。必须从全面贯彻党的教育方针，坚持社会主义办学方向，落实立德树人根本任务，坚持教育为人民服务、为中国共产党治国理政服务、为巩固和发展中国特色社会主义制度服务、为改革开放和社会主义现代化建设服务的高度着眼于思想政治理论课建设；必须站在世界百年未有之大变局、以我国发展处于重要战略机遇期、党和国家事业发展全局的高度看待思想政治理论课建设；必须从坚持马克思主义指导地位、贯彻落实习近平新时代中国特色社会主义思想、坚持和发展中国特色社会主义、建设社会主义现代化强国、实现中华民族伟大复兴的高度来对待思想政治理论课建设，才能全面提升思想政治理论课建设质量和建设水平。

综上所述，思想政治理论课建设与新时代的要求还有一定的差距，存在着这样那样的问题。究其实质，主要是思想政治教育的主渠道—思想政治理论课建设层面缺少伦理精神的引导和审视，即从整体上弱化了立德树人的根本任务，没有解决好培养什么人、怎样培养人、为谁培养人这个根本问题。

第二节 思想政治教育伦理精神 存在问题的原因分析

不论是从存在论的视域、认识论的视域审视，还是价值论的视域审视，当下的思想政治教育不能缺乏思想政治教育伦理精神的审视和观照，在思想政治教育的过程中没有始终按照伦理精神的要求塑造人、培养人，它的理性思维和实践力量就不会发挥作用，自然会影响思想政治教育的效果。

一、思想政治教育伦理精神缺位消解伦理实体的认同

在现实生活中，思想政治教育如果以抽象的理论说教，就会消解对伦理实体的认同和信仰，诸如对家庭、民族、国家等伦理实体的认同度低，主要表现在家庭的稳定性低，离婚率高，子女以自我为中心；民族成员与民族实体缺少伦理互动，民族精神不能得到很好的弘扬，民族自尊心、自信心、责任感缺失；官员腐败、分配不公、两极分化现象严重等社会突出问题导致人们对国家实体认同度低，失去公信力，社会成员与国家实体都存在着"安伦尽分"欠缺的问题，相互之间融合度不高，伦理现实性遭到了瓦解甚至丧失。因此，思想政治教育必须坚守思想政治教育的伦理精神，以对伦理实体的认同和信仰为切入点和突破口，建立和谐的伦理关系，在重塑个体的伦理认同和信仰的同时，重建伦理实体的伦理认同和信仰，并培育具有批判意识的伦理认同、信仰精神，以建构思想政治教育的伦理精神。

伦理的本质是什么？伦理的本质是个别的人与整体性的"伦"之间的关系，不是一般意义上人与人之间的关系，伦理行为的内容必须是整个的，是整个的个体所涉及的行为。伦理与精神密不可分，精神是一个民族的伦理生活，是现实的、伦理的本质。家庭与民族是两个最基本的伦理实体，家庭

精神与民族精神是两种最基本的伦理精神。思想政治教育首先应该是从家庭教育开始的，父母是第一任教师，他们的一言一行在孩子的心目中至关重要，起着潜移默化的作用。身教重于言传，父母必须作出表率，言行举止对于孩子的成才成长影响深远。但在现实生活中，家庭婚姻关系不稳定，家庭责任感缺失，子女以自我为中心等问题导致家庭伦理关系异化，家庭的内聚力消解，家庭的功能退化，家庭成员享受不到"爱"的力量，使得思想政治教育无法建立在家庭的伦理实体上，家庭思想政治教育成了"无伦理"的空洞说教。"人之有道也，饱食、暖衣、逸居而无教，则近于禽兽。圣人有忧之，使契为司徒，教以人伦——父子有亲，君臣有义，夫妇有别，长幼有序，朋友有信。"① 父子、君臣、夫妇、长幼、朋友是我国传统社会基本的"五伦"，人和禽兽的区别是懂得人伦的道理。"亲、义、别、序、信"是五伦关系相对应的应该遵循的准则，人伦关系不同，伦理要求不同，不可错位，否则为"乱伦"。

对于家庭来说，人伦是伦理实体，伦理关系是单个的家庭成员和"人伦"伦理实体之间的关系，反映的是家庭成员单个人与整体性的"伦"之间的伦理行为，体现了伦理的本质。家庭以"爱"为其规定，通过"爱"使家庭中的一员成为真正的家庭成员。所谓爱，一般说来，就是意识到我和另一个人的依存，使我不是一个孤立的人；相反地，我只有抛弃我独立的存在，并且知道自己获得了他人的承认，意识到自己与他人的依存关系，成为家庭成员中必不可少的一员，才能获得爱，从而获得"我"的自我意识。但爱是感觉，是我对自身与他人关系的一种感觉。② 由此看出，爱的本质是不孤单、不独立，没有爱自己就会变得残缺不全。爱的获得是在与别人的互动中实现的，得到了别人的承认和欣赏，从而使自己在集体中不是一个独立的人，而是伦理性的统一。

---

① 《孟子·滕文公上》。

② ［德］黑格尔：《法哲学原理》，杨东柱等译，北京出版社 2007 年版，第 81 页。

精神对于一个人来说，具有重要的理论意义和现实意义。"伦理"与"精神"同一，一方面是由于理论上两个概念之间存在着深度的关联与契合，另一方面是现实社会的需要，现代社会最稀缺的精神价值资源是伦理精神，符合一个民族的时代精神特质，更具有理论与实践的合理性。樊浩教授在其《中国伦理道德报告》中指出，当前中国道德发展的主要问题是伦理问题，社会正遭遇一场空前的伦理危机：一是伦理存在的危机，伦理是否存在，是否存在真实的伦理普遍物；二是社会的伦理合法性的危机，我们的社会是否缺乏对伦理的合法性的审查；三是社会伦理能力的危机，我们的社会是否具有伦理建构的能力，是否具有回归伦理家园的能力。[①] 拥有精神是达到伦理阶段的必经之路。谈到伦理有两种可能，或者从实体出发，或者原子式的进行探讨，原子式的探讨是没有精神的，精神不是单一的东西，而是单一与普遍东西的统一。

"当今中国社会的基本伦理冲突有哪些？"人与人的冲突是居第一位；"人与人冲突的原因是什么？"选择"过度的个人主义"选项的占 65.7%。"对伦理关系和道德风尚产生最大负面影响的因素有哪些？"选择"市场经济导致的个人主义"选项的占 55.4%，位居第一。"公民道德素质中最突出的问题是什么？"选择"有道德知识，但不见诸行动"的占 80.7%。"影响人们的政治信念和生活信心的因素有哪些？"一半以上调查对象首选"干部腐败"，其次是"分配不公，两极分化"。[②] 这些数据说明了什么问题？

第一，当今中国社会基本的伦理冲突主要是人与人之间的冲突，人与人之间冲突的原因是由过度的个人主义引起的，个人主义是以单个的人为基础，而不是从实体出发，"只能做到集合机械拼凑"[③]，"集合并列"是基于个人的基础之上，不是单一物与普遍物的统一，没有"精神"可言。

第二，虽然有道德知识，却没有实际行动，只限于停留在道德知识的层

---

① 樊浩等：《中国伦理道德报告》，中国社会科学出版社 2012 年版，序第 2—3 页。
② 樊浩等：《中国伦理道德报告》，中国社会科学出版社 2012 年版，序第 4—5 页。
③ ［德］黑格尔：《法哲学原理》，杨东柱等译，北京出版社 2007 年版，第 79 页。

面，知与行脱节，没有将理性转化为道德践履，是"精神"退隐的直接体现。知行合一，才能体现"精神"的力量。

第三，影响人们的政治信念和生活信心的因素首先是干部腐败，其次是分配不公，两极分化。这两方面的因素也是思想政治教育难以开展甚至是人们对其本能拒斥的主要原因。国家权力和社会财富是伦理的现实表达，权力的公共性与财富的社会性是伦理合法性的基础和条件。干部腐败导致公权力的私人占有和滥用，丧失了公共性，消解了伦理基础。分配不公、两极分化导致社会的不公正，少部分的富人却占有了大多数的财富，颠覆了财富的社会性，是对现实伦理的严重挑战。这两大问题使人们对政府和社会失去了伦理信任和伦理信心，消解了伦理实体的内聚力。

二、思想政治教育伦理精神的个体与共体割裂

伦理之于现代文明的意义已被哲人论证。陈独秀指出，"伦理的觉悟，为吾人之最后觉悟之最后觉悟。"[1] 英国著名的哲学家罗素也指出，"在人类历史上，我们第一次到达这样一个时刻：人类种族的绵亘已经开始取决于人类能够学到的为伦理思考所支配的程度。"[2] 伦理精神的建构和呼唤，是人类历史上一次范式的转换。在走向后工业社会的进程中，新时代的伦理学任务是完成伦理的启蒙和伦理的发展，需要在伦理精神的引领下建构与社会治理模式相适应的伦理理论形态。因为，社会治理模式需要政府角色的彻底转变，即由管理者转变为服务者和引导者。

伦理学主要是解决人们之间的利益关系，对人与社会之间、人与人之间、人与自然之间的利益冲突予以规范和协调。在农业社会，伦理学主要是解决"国"与"家"之间的利益关系；在工业社会，伦理学主要是解决公

---

[1] 任建树等：《陈独秀文集》第 1 卷，上海人民出版社 1993 年版，第 179 页

[2] ［英］罗素：《伦理学和政治学中的人类社会》，肖巍译，中国社会科学出版社 1992 年版，第 159 页。

共利益与私人利益之间的关系，但对于公共利益与私人利益之间的关系协调没有进入实质性的解决阶段。在后工业社会，伦理学需要对公共利益与私人利益之间的关系协调进入实质性的解决阶段，一定要处理好共同体与个人之间的利益关系，以伦理精神的普照之光照耀后工业社会的角角落落，让它成为一种普遍精神，体现和贯穿于社会治理的所有实践活动中。

人的精神世界里，不仅存在着欲求的能力，满足人精神上的追求；还存在着求真的能力，对精神世界的认知和探求；而且还存在着求善的能力，求善是对自爱本能的一种超越，要求与他人和谐相处，以"善"作为为人处世的原则，至善是最高境界。追求至善进入了伦理世界，"德性逻辑是规范人的精神世界的重要力量……是在价值和历史进程之间寻求更具实践性的精神依托"①。德性是不断生成的，关注的是人性的丰富和人格的完善，不仅要向外寻求，更重要的是向内求善。

伦理是真实的现实精神，精神是一个民族的伦理生活。"民族是伦理的实体，伦理是民族的精神。"② 个体与民族实体相统一，形成民族精神，在民族精神中，个体的自我意识是民族公民。"民族""精神""伦理"概念存在着内在的一致性，体现了我国道德哲学的民族特色。思想政治教育需要从中华民族的实体出发，否则，人就失去了实体、家园，便成为没有"精神"的个体，个体与个体之间是原子式的存在，既没有生机和活力，也没有共体"精神"的内聚力和感召力。思想政治教育如果被视为一种手段和工具，以抽象的理论知识消解对民族伦理实体的认同和信仰，就没有对实体的整体认同，势必会形成个体主义和工具主义的抽象理性。

"你认为《公民道德建设纲要》实施效果如何？"54.0%认为"有效果但很小"，34.8%认为"没有实质性效果"。"现代中国社会公民道德素质中最突出的问题是什么？"80.7%选择"有道德知识，但不见诸道德行动"，

① 王海滨：《人的精神结构及其逻辑与原理》，《哲学动态》2015 年第 8 期。
② 樊浩：《伦理精神的价值生态》，中国社会科学出版社 2001 年版，"再版序言"第 8 页。

11.4%选择"既无知，也不行动"。"你认为当前中国社会的道德状况如何？""基本满意"占69.7%，"不满意"占19.4%；"你认为当前中国社会的人际关系如何？""不满意"占73.1%，"总体良好"占25.3%。① 第一组数据表明，道德教育实效性亟须提高。第二组数据表明，人们拥有道德知识，但不付诸行动，知行脱节。第三组数据表明，人们对我国社会的道德状况基本满意，但对伦理关系大不满意，形成了"伦理—道德"悖论。道德教育是思想政治教育的重点，道德教育的实效性不强，从另一个维度说明了思想政治教育效果亟须增强。道德教育如果缺少伦理精神的观照，注定了知行不一。思想政治教育如果是基于伦理精神的思想政治教育，就能够从"民族"的伦理实体出发，民族个体与民族共体达到了融合，对民族共体产生真正的认同，弘扬民族精神，培育时代精神，找寻共有的精神家园，才能获得伦理的合理性和伦理的现实性。

从调查数据来看，大学生对社会主义核心价值观整体认同度得分为87.46分，处于"良好"等次，说明我国自从提出社会主义核心价值观以来，高校的宣传工作和培育工作具有一定的成效，大学生对之认同度较高，但也暴露出一些问题需要加以重视和解决。一是对社会主义核心价值观的内涵以及各个层面各个具体内容的内涵缺乏准确的认知和理解，部分学生浅尝辄止，停留在认知的表面；二是部分学生对社会主义核心价值观没有真正地入脑、入心，没有真正形成情感认同；三是部分学生对社会主义核心价值观理论层面掌握得较好，但实际行动的践行层面"行"与"知"脱节，知行合一的工作任重而道远。② 存在以上问题的主要原因是：大学阶段是人生的关键时期，是树立正确的世界观、人生观、价值观的重要时期，虽然大学生主导价值观的培育和践行方面主流是好的，但少部分大学生对社会主义核心价值观的重要性和必要性缺乏充分的认识与深刻的理解。全球化、信息化背

---

① 樊浩等：《中国伦理道德报告》，中国社会科学出版社2012年版，第68—69页。
② 吕开东等：《大学生社会主义核心价值观认同教育》，中央编译出版社2019年版，第99页。

景下，东西方社会思潮的碰撞不可避免，价值观念上的多元化势必会对青年大学生造成一定的冲击和影响，加之网络中的不良信息对他们的身心健康影响不可低估，如果他们的意志力薄弱、是非判断能力不强、受认知不稳定进而盲目跟风等，势必就不利于正确价值观的培育和形成。由于我国目前处于转变发展方式、优化经济结构、转换增长动力的攻关期，又处于增长速度换挡期、结构调整阵痛期、前期刺激政策消化期"三期叠加"的发展时期，各种结构性矛盾显现，就业形势比较严峻，价值观念多元化，大学生容易产生精神迷茫。另外，思想政治教育工作在某些方面还存在一些亟待解决的问题，比如，教学方法和手段单一，教育教学的针对性不强，学生对思想政治理论课不够重视，教育教学效果不尽如人意等。

思想政治教育的价值：一是社会价值，即思想政治教育的工具性价值，维护统治服务，促进国家或民族实体的稳定、进步和发展；二是个人价值，即思想政治教育的目的性价值，按照人的全面发展的要求，尊重人，关心人，理解人，不断提升人的思想境界。思想政治教育是工具性价值和目的性价值的统一，与人的精神世界的价值旨归具有内在的一致性，不仅要求真，更重要的是求善，追求社会善和个人内在善的有机统一。思想政治教育伦理精神缺失的主要原因是伦理实体即共体与个体的割裂，共体的价值和个体的价值之间的内在紧张所致，内在的善与外在的善之间存在着难以逾越的"鸿沟"。思想政治教育如果过度的、机械地从个体出发，淡化和忽视共体的伦理实体建设，共体就会在个体的巨大漩涡中被吞噬，其结果是个体的人与共体的"伦"脱节，知与行脱节，势必会造成伦理精神缺位。

亚里士多德说："德性是关涉选择、存在于相对于我们而言的中道、由理性和具有实践智慧的人会决定它的方式所决定的一种品质状态。"[①] 麦金太尔说："德性是一种获得性人类品质，这种德性的拥有和践行，使我们能

_____

① 《亚里士多德全集》第 8 卷，苗力田译，中国人民大学出版社 1992 年版，第 36 页。

够获得实践的内在利益，缺乏这种德性，就无从获得这些利益。"① 德性的拥有和践行，既需要道德主体的自主选择、自觉践行，还需要个体的内化，内化为比较稳定的道德品质与道德行为。

三、思想政治教育伦理精神的观照缺位

思想政治教育概念随着环境的变化和时代的发展，其内涵随之发展和丰富。原始社会没有所谓的政治教育，但有原始意义上的思想道德教育，一代又一代传授生活经验，通过前辈对晚辈进行教育和启蒙，促使人类越来越远离野蛮和粗俗。原始社会的思想道德教育是一种无意识的、无目的教育，还不是完全意义上的思想政治教育，也就谈不上伦理精神的存在。

在阶级社会，思想政治教育是一种客观的存在，把国家、阶级、政党的主导意识形态转化为社会成员的价值追求和行动指南，维护意识形态的主导地位。"既然他们作为一个阶级进行统治，并且决定着某一历史时代的整个面貌，那么不言而喻，他们在这个历史时代的一切领域中也会这样做，就是说，他们还作为思维着的人，作为思想的生产者进行统治，他们调节着自己时代的思想的生产和分配；而这意味着他们的思想是一个时代的占统治地位的思想。"② 统治阶级的思想总是占据统治地位的思想，这是阶级社会思想发展的规律。

奴隶社会有了思想政治教育的雏形。封建社会的思想政治教育为封建专制统治服务。在资本主义社会，资产阶级为了掩盖自己剥削的实质，全方位渗透自己的统治思想，巧妙地利用思想政治教育为其服务，适时调整思想政治教育的策略和技巧，使思想政治教育更具有隐蔽性。总之，阶级社会统治阶级为了维护自己的统治，思想政治教育成了其统治的强制性工具，虽然蕴

---

① ［美］麦金太尔：《德性之后》，龚群等译，中国社会科学出版社 1995 年版，第241 页。

② 《马克思恩格斯选集》第 1 卷，人民出版社 2012 年版，第 179 页。

含了伦理精神，但这种伦理精神不具有现实性和真实性，是一种抽象性的存在，被统治阶级只能被动地接受教育和无条件地服从。思想政治教育一旦成了统治阶级维护其统治的手段，现实的人就被当成抽象的人，人的意义和价值就会被悬空，所实施的思想政治教育势必是一种"单向度"的消极活动。

我国是人民当家作主的社会主义国家，人民是国家的主人，依法享有广泛的权利和自由。我国思想政治教育的目标是全面贯彻党的教育方针，落实立德树人的根本任务，培养担当民族复兴大任的时代新人。思想政治教育旨在引导人们树立马克思主义信仰，坚定理想信念，培养高尚的思想道德素质，塑造健全的人格品质，最终促进人的自由而全面发展。因此，我国思想政治教育蕴含着一定的伦理精神，追求社会生活和个体生活的整体和谐，促进社会发展和个体发展的有机统一，无论是在理论上还是在实践上都具有一定的合理性和说服力。我国当今的思想政治教育主流是好的，但在实际操作过程中由于人为的因素，没有对思想政治教育进行伦理精神的观照，在实际行动中缺失伦理精神的指导。

第七章

思想政治教育伦理精神的理论观照

思想政治教育如果实施不当，伦理精神就会缺位，致使思想政治教育在理论层面和实践层面很难发挥作用，或者成为一种异己的力量。没有伦理精神的思想政治教育注定是没有灵魂的教育，不免会成为人们的负担和累赘，人们出于无奈的应付和本能的抗拒，难以取得一定的成效。为了使思想政治教育发挥其应有的作用，必须对思想政治教育进行形而上的追问和审视，让伦理精神更加凸显。

第一节　思想政治教育伦理精神
理论范式的观照

"范式"是科学哲学的重要范畴，随着学科的发展，由自然科学的领域扩展到人文社科领域，为人文社科领域的研究提供了新的理论视域。"取得了一个范式，取得了范式所容许的那类更深奥的研究，是任何一个科学领域在发展中达到成熟的标志。"① 将范式理论引进思想政治教育伦理精神的研

---

① ［美］托马斯·库恩：《科学革命的结构》，金吾伦等译，北京大学出版社 2003 年版，第 10 页。

究领域，既是运用范式理论对思想政治教育作出的伦理学层面形而上的追问和审视，也是有效促进思想政治教育发展的客观需要，更重要的是观照思想政治教育中活生生的、现实的、具体的人的伦理存在的方式。

"范式"（paradigm）一词来自希腊文，意思是"共同显示"，引申为"模式、模型、范例"等含义。美国科学哲学家托马斯·库恩在其著作《科学革命的结构》（*The Structure of Scientific Revolution*）中对"范式"进行了集中论述，虽然内涵的使用上前后并不一致，但他表达了这样一个基本的观点："一个范式就是一个科学共同体的成员所共有的东西"①，是共同体成员应该共同遵守的体例。库恩的"范式"概念主要是指一定时期内科学共同体内的共同理论学说，不同的理论学说是不同的理论范式。具有世界观和方法论的意义，是一种看问题的方式，是科学共同体提出的解决问题的工具、方法。不同的范式不可以相互比较，是不可通约的。在库恩之后，人们普遍认为范式是同一领域内共同的世界观、理论、规范，可以成为实践者实践的方法和前提。

从哲学的维度解读，"范式是一种世界观、一种普遍观念、一种分解真实世界复杂性的方法。因此，范式深藏于其追随者和实践者的社会化过程中；范式告诉他们什么是重要的、合法的、合理的。范式也具有标准化的特征，使实践者免于长时间思考和认知存在的问题。正是范式的这些方面构成了其优劣的特性，其优势体现在它有助于行动，其劣势体现在：行为的根本原因深藏于未被质疑的范式假设中。"②

范式既是一种世界观，是认识世界和实践的、被同一领域内共同认同的普遍观念、一套概念体系；又是方法论体系，是科学共同体所使用的模型、范例、分析方法，而不是具体的研究方法。范式由三个要素共同组成：处于

---

① ［美］托马斯·库恩：《科学革命的结构》，金吾伦等译，北京大学出版社 2003 年版，第 158 页。

② ［美］尤瓦娜·林肯：《自然主义研究——21 世纪社会科学研究范式》，杨晓波等译，科学技术文献出版社 2004 年版，第 2 页。

范式核心的价值要素、处于范式中间结构的规则要素以及联结科学共同体和外部世界的操作要素，三个要素构成一个有机统一体。① 范式为科学共同体提供根本的价值取向和操作规则，涵盖了自然科学和人文科学的思维方式，具有一定的超越性。"范式的超越性表现在科学革命过程中，表现为范式的转化与变更，是新范式对旧范式的替代，它使研究者转换思路、转移视角、另辟蹊径，不断地推进科学研究向前发展。"②

　　新范式取代旧范式的过程就是范式转换。库恩认为，范式不是静态的，而是需要不断拓展的，新的问题无法用旧的范式去解决时，需要用新的范式去思考问题、解决问题，这是一种科学的革命，称之为范式转换。范式转换是方法论意义上的转变，是新的方法论对旧的方法论的颠覆，是整个思维方式的彻底变革。不同的范式有不同的前提假设、概念体系、方法论，通过范式转换，价值要素、规则要素、操作要素以及相应的价值观、理论体系、方法论要发生根本性的变革，按照库恩的话语谓之为在视界上发生了"格式塔转换"，因此，新旧范式具有"不可通约性"。范式转换虽然是彻底的、颠覆性的变革，但不是对旧有范式的全盘否定，合理的部分会得到继承和发展，是对原有范式的超越。

一、思想政治教育的范式及范式转换

　　范式理论与范式转换理论揭示了事物发展的内在规律，对于人们清楚认识所从事领域事物的发展路径以及未来发展趋势具有重要的指导意义。思想政治教育是一种特殊的教育活动，是科学性和价值性的统一，价值导向性强。思想政治教育范式是在"思想政治教育共同体"内，思想政治教育理论研究者和实践工作者对该领域共同认同的普遍观念、概念体系、方法论体

---

　　① 洪波：《思想政治教育话语范式转换研究》，浙江大学出版社 2012 年版，第 190 页。
　　② 常运立：《教育范式及现代思想政治教育范式创新研究》，《湖北社会科学》2011 年第 2 期。

系的普遍遵循，使用共同的模型、范例、分析方法、思维方式。"范式不仅给科学家以地图，也给了他们绘图指南。"① 思想政治教育范式是对思想政治教育规律性的把握和认知，为思想政治教育理论研究和实践工作提供了理念、原则、规律、方法论等的理论基础，又提供了一定的思维方式、教育模式、典型范例等。思想政治教育范式的确立，体现了该学科逐步在成熟，形成了自身的理论体系和学科体系。

按照不同的分类标准，思想政治教育范式分为不同的类型。从研究的视角划分，可分为思想政治教育系统范式、思想政治教育生态范式、思想政治教育文化范式等。思想政治教育系统范式是指运用系统论的思想方法，对思想政治教育的过程进行分析和研究。思想政治教育生态范式是指运用生态学理论，把思想政治教育作为一个生态系统予以考察，维持思想政治教育和其他生态系统的平衡以及自身内部的生态和谐。思想政治教育文化范式是指运用文化学的理论对思想政治教育从理论上和实践上进行文化认知、阐释，针对存在的问题提出文化解决之道。

从思想政治教育的实践着眼点出发进行划分，可分为"社会哲学范式"和"人学范式"。"社会哲学范式"坚持思想政治教育的工具理性和工具价值，强调思想政治教育满足社会、政治的需要，重视理论知识的灌输，忽视人的发展需求。在这种范式下，只见"社会"不见"人"，坚持主客二分，把受教育者当成是知识的"容器"，是被动接受理论知识的客体，一味地迎合和满足社会的需求，使人们对思想政治教育产生了反感和抵触情绪。"社会哲学范式"的特征是受教育者被淹没于理论知识之中，理论脱离实际，人成为抽象的人，不从具体的人的实际和需求出发开展思想政治教育。

"人学范式"坚持思想政治教育的理性价值，现实的个人、活生生的、具体的人是出发点和落脚点，关切和满足人的需求，培养人、塑造人、尊重

---

① ［美］托马斯·库恩：《科学革命的结构》，金吾伦等译，北京大学出版社2003年版，第100页。

人、理解人是思想政治教育的根本遵循，发挥人的主体能动性，促进人格的不断完善，最终实现人的全面而自由的发展。这两种范式着眼点不同，"社会哲学范式"把社会看作是目的，思想政治教育培养人是一种手段，"培养人"这个手段是为"社会发展需要"这个目的服务的，显而易见是属于功利论者。思想政治教育"社会哲学范式"片面强调社会的需求，忽视人的需求和人的主体性，思想政治教育成了政治说教，成了宣传和巩固意识形态的工具。以社会为本位，人成为思想政治教育的"产品"，通过思想政治教育，促使人的思想、政治、道德素质必须服从和满足社会所要求的标准。思想政治教育"人学范式"片面地强调个人的需求，人是目的，人是作为目的的存在，为自身存在而存在，不能把人当成一种手段。转变人的思想观念，提升人的思想、政治、道德水准，完善人的品质，改变人的思维方式，优化人的整体素质，开发人的各种潜能，促进人的身心健康发展，最终的价值旨归是人的全面发展。这些都是思想政治教育的根本目的，看到了人类未来超越性的一面，但忽视了现实人的社会政治性的存在和社会的发展需求，以个人为本位，社会成为个人发展需求的工具。

总之，思想政治教育这两种范式都割裂了个人与社会之间的关系。"个人与社会的关系是一切社会问题的根源。"① 解决好个人与社会的关系问题，对于把握思想政治教育的本质具有重要的理论意义。在马克思主义哲学以前，对人的理解不外乎两种观点：一种观点认为，人是纯粹的精神实体，是超验生存的状态；另一种观点认为，人是自然主义的生存状态，没有了人的神圣和崇高。两种观点都把人当成是既定的存在物，没有从实践的维度审视人的存在，形成了个体原子主义和社会整体主义两种根本对立的观点：个体原子主义认为个体是真实的存在；社会整体主义认为社会是真实的存在，社会相对于个人具有优先性，个人是实现社会目的的手段。

---

① ［英］鲍桑葵：《关于国家的哲学理论》，汪淑钧译，商务印书馆 2009 年版，第79 页。

二、范式之于思想政治教育伦理精神

思想政治教育范式随着时代的发展发生了变化，即范式转换。每一种思想政治教育范式，不论是思想政治教育系统范式、思想政治教育生态范式、思想政治教育文化范式，还是思想政治教育"社会哲学范式"、思想政治教育"人学范式"，都具有自身特有的内在结构。这种特有的内在结构以自身特有的思想政治教育理念为核心，这种理念是主观见之于客观的东西，是对客观事物规律的把握和揭示，是在实践的过程中对客观事物发展的理性认识，并实现了理性认识向实践的第二次飞跃，具有相对的稳定性。

思想政治教育理念处于思想政治教育范式的内核层次，属于范式的价值要素。由内向外紧接着的层次是相应的理论层次，是在教育理念的基础上衍生出来的概念、模式、教育方法、研究方法等，理论层次包括思想政治教育基本理论和思想政治教育学科理论，受思想政治教育理念层次的指导和制约，属于范式的规则要素。同时，对理论层次的外层即实践层次又具有指导作用。范式的实践层次是对一定的教育模式、教育方法、研究方法的实际运用和具体操作，比如，教育手段、教育方法、教育载体、教育途径的实践操作以及思想政治教育话语的实践问题等，都属于操作要素。"思想政治教育共同体"是思想政治教育范式的载体和具体承担者。思想政治教育范式从内向外依次是思想政治教育的理念、理论、理论的实际操作三个层次，最内核的层次是教育理念，比较稳定，不容易发生变化，一旦发生变化，整个范式势必会发生"格式塔转换"。

思想政治教育的伦理精神属于思想政治教育范式中的教育理念层次，在范式中具有核心地位、起着引领和支配作用。思想政治教育主要是做人的思想工作，是精神性的活动，精神是其灵魂。人类生活中，精神是人之为人所特有的"美丽花朵"，是人的本质特性，是人性在意义世界中的体现，具有稳定性、崇高性、神圣性。精神有多种形态，黑格尔说："不仅是说一般的精神生活构成国家存在的一个基本环节，而是进一步说，人民与贵族阶级的联合，为独立，为自由，为消灭外来的无情的暴君统治的伟大斗争，其较高的开端是起于精神之内，精神上的道德力量发挥了它的潜能，举起了它的旗帜，于是我们的爱国热情和正义感在现实中均得施展其威力和作用。我们必须重视这种无价的热情，我们这一代人均生活于、行动于并发挥其作用于这种热情之中。而且一切正义的、道德的、宗教的情绪皆集中在这种热情之中。——在这种深邃广泛的作用里，精神提高了它的尊严，而生活的浮泛无根，兴趣的浅薄无聊，因而被彻底摧毁。"① 精神体现为人的精神上的道德力量。

思想政治教育的精神有多种形态，但主要的精神相对来说是比较稳定的，贯穿于思想政治教育的过程中，必将发挥其应有的主导作用，这就是思想政治教育的"根"和"魂"。思想政治教育本身就蕴含着主要的精神，两者在具体的教育活动中同一，如果缺少它，就说明思想政治教育产生了"异化"。思想政治教育坚持以人为本，是善的活动、合乎公正的活动、是合于实践理性的活动，这些范畴都体现在思想政治教育最为根本的精神之中，这种主要的精神就是思想政治教育的伦理精神。思想政治教育所追求的价值目标与伦理精神在道德哲学本性上是相通的甚至是同一的，都追求社会生活的整体和谐，追求共体与个体相统一的、现实而合理的精神，这种精神扬弃了整体和个体的抽象性，具有理论上和实践上的现实性和合理性。

三、思想政治教育伦理精神范式与其理论观照

思想政治教育的伦理精神在思想政治教育范式中处于内在结构的最内层，相对稳定，具有核心地位和统率作用。在范式中理念属于价值要素，不会轻易发生变化，一旦发生变化，范式的整个系统必然会发生"格式塔转换"。

---

① ［德］黑格尔：《小逻辑》，贺麟译，商务印书馆 1980 年版，第 32 页。

（一）思想政治教育伦理精神范式

社会实践在不断地深入发展，理论随之需要不断创新，实践基础上的理论创新是发展和变革的先导，范式必然要实现转换。思想政治教育的伦理精神是思想政治教育主要的精神，不仅是理论上的创新，而且是思想政治教育哲学的重构。"在一定意义上，哲学是世界观。但是，哲学的本意并不在于提供一幅世界图景，而是经由此种图景向人们展示一种思维方式，一个考察问题的角度和出发点，所谓的世界观其实是'观世界'或如何'观世界'。换言之，任何世界观本质上都是某种思维方式的体现。"① 生成性思维方式是现代哲学的主要思维方式，认为事物处于不断地发展变化之中，用辩证发展的眼光观察问题、分析问题、解决问题的方式，重视过程，"世界不是既成事物的集合体，而是过程的集合体，其中各个似乎稳定的事物同它们在我们头脑中的思想映像即概念一样都处在生成和灭亡的不断变化中"②。生成性思维方式重视"关系"，任何事物都不是孤立存在的，都是处在与他物"共在"的关系之中，人的本质是生成性的呈现，是社会关系的总和。人的发展是在不断的生成过程中，人性不断完善，关系不断丰富，内在力量不断增强，不断地否定自我和超越自我，由片面逐步走向全面。"做人就意味着在旅途中"③，人不是被动地、消极地生成，而是按照既定的目标、标准、规范人们的言行，塑造人的精神世界，不断地生成和完善，"整个历史也无非是人类本性的不断改变而已"④。

思想政治教育的价值就是对人的有用性，包括两层含义：一是对现实的、具体的个人的有用性，即它的个人价值；二是对每一个个体所构成的社会的有用性，即社会价值。思想政治教育价值分为工具性价值和目的性价

---

① 李文阁：《生成性思维：现代哲学的思维方式》，《中国社会科学》2000 年第 6 期。
② 《马克思恩格斯选集》第 4 卷，人民出版社 2012 年版，第 250 页。
③ ［美］A. J. 赫舍尔：《人是谁》，隗仁莲译，贵州人民出版社 1995 年版，第 38 页。
④ 《马克思恩格斯选集》第 1 卷，人民出版社 2012 年版，第 252 页。

值，两种价值形态同时存在于思想政治教育的过程之中。思想政治教育的工具性价值即思想政治教育的社会价值，是指思想政治教育为维护统治阶级的统治服务、促进社会和谐稳定、推动社会进步和发展的功用。思想政治教育的目的性价值即思想政治教育的个人价值，是指对于个人需求的满足，通过教育人、培养人，提升人的精神境界，促进人性的完善和丰富，最终达到人的自由而全面发展的功用。坚持思想政治教育工具性价值和目的性价值的统一，不可偏废任何一方的价值。工具性价值是目的性价值的手段，即思想政治教育社会价值是获得个体价值的过程和必要途径；没有目的性价值的指引，工具性价值便会偏离方向，在实现目的性价值的过程中才能体现工具性价值，即思想政治教育社会价值的落实取决于个体价值的发挥，没有个体价值就没有思想政治教育的社会价值。

思想政治教育伦理精神是对思想政治教育工具性价值和目的性价值的提升和超越，在提升和超越中达到融合。思想政治教育的工具性价值必须按照思想政治教育伦理精神的要求对其进行形而上的追问和伦理审视，维护统治阶级的统治服务、促进社会和谐稳定、推动社会进步和发展等都必须反映一个民族的伦理特质，体现民族的伦理精神，解决民族如何作为"整个的个体而行动"的问题，实现知行合一。思想政治教育的目的性价值是最本质意义上的价值，必须按照思想政治教育伦理精神所要求的尺度，把促进人的全面发展作为出发点和归宿点，不断满足人的精神需求，塑造健全的人格品质，提高人的思想、政治、道德素质，提升人的精神存在物的境界。同时，思想政治教育是推动个体思想、政治社会化的手段，人的自然本性通过思想政治教育促使其社会化，社会化的过程就是培养合格公民的过程，是由自然存在物向社会存在物、政治存在物转化的过程，为人的伦理生活方式提供强大的精神动力和价值导向。塑造健全的人格品质，培养良好的思想、政治、道德品质，在人道、公正的教育实践活动中追求内在的善，是思想政治教育伦理精神的基本要求。

（二）思想政治教育伦理精神范式的理论观照

思想政治教育伦理精神是对以往思想政治教育理念的扬弃和超越，是思想政治教育范式转换的重要标志。它既是一种理念，又是实践活动的价值导向和行为准则，具有理论和实践两种品格，且更能准确地体现民族的时代精神特质，以及体现了思想政治教育伦理精神理论层面和实践层面的合理性。

1. 思想政治教育理念的转换

理念是人们精神活动的产物，但源于对现实生活实践的概括和提炼，来源于现实却高于现实，是实践活动的理论指导，决定着实践活动的方向、原则、方式、方法和基本要求。理念解决的是"原点"问题，从哲学层面进行形而上的追溯和探求，获得事物自身存在和发展的最终内在根据和理论上的最高支点。在探求"原点"的过程中，思想政治教育能够对自身进行自我反思、自我发展、自我超越。

思想政治教育伦理精神就是在思想政治教育实践活动过程中，形成的关于思想政治教育基本问题的本质和规律的理性认识，对思想政治教育起着统领作用，是具有统摄意义的核心观念。思想政治教育伦理精神是思想政治教育范式转换最重要的内容，是理论层面的"原点"，具有本体论的价值；同时，为思想政治教育实践指明了方向，具有实践理性和价值论的意义。思想政治教育范式转换的灵魂是理念的转换，理念的转换要体现时代的特征和人的发展需求，按照科学性与价值性相统一、工具性价值与目的性价值相统一的原则，构建思想政治教育伦理精神要求下的新范式，把人置于活生生的现实生活世界和具有终极关怀的意义世界之中，促进人的全面发展。

2. 思想政治教育内容的转换

思想政治教育伦理精神是一种新的理念，在新的理念指导下，范式势必会发生"格式塔转换"。理念的转换注定思想政治教育内容的转换。思想政治教育内容结构状况不同，教育效果也就不同。为了提高思想政治教育的实效，顺利达成教育目标，发挥其最佳功能，需要不断优化思想政治教育内容结构。思想政治教育内容是一个有机系统，是按照一定的原则、一定的方式、一定的比例关系、一定的逻辑架构组合而成的整体。"每一门科学都是分析某一个别的运动形式或一系列相关联和相互转化的运动形式的。因此，科学分类就是这些运动形式本身依据其内部所固有的次序的分类和排列，而它的重要性也是在这里。"① 因此，思想政治教育内容既要有内含其本体性的内容，也要有外显的实体性内容，绝不是人们头脑的预先设定和主观臆造，也不是纯粹的理论推演和逻辑思辨，而是思想政治教育客观规律在教育教学内容安排上的反映和体现。思想政治教育的基本矛盾即一定社会的思想品德要求与受教育者的思想品德水平之间的矛盾，贯穿于思想政治教育过程始终，并规定着思想政治教育实践活动本身。

思想政治教育内容客观地存在着内在的结构，本质上是一种结构性的客观存在。"当人们一旦做到了某个知识领域归结为一个有自身调整性质的结构时，人们就感到已经掌握了这个体系的内在发动机了。"② 范式的转换需要将思想政治教育内容予以条理化和体系化，才能有助于思想政治教育科学化水平的提高。"哲学若没有体系，就不能称为科学。没有体系的哲学理论，只能表示个人主观的特殊心情，它的内容必定是带有偶然性的。哲学的内容，只有作为全体中的有机环节，才能得到正确的证明，否则便只能是无根据的假设或个人主观的确信而已。"③ 同样的道理，思想政治教育必须体系化，教育内容随之也必须体系化，才能称之为科学的理论。熊建生教授在《思想政治教育内容结构论》中指出，思想政治教育内容是由思想政治教育的基础性内容、思想政治教育的主导性内容、思想政治教育的拓展性内容所构成的结构体系。④

思想政治教育的基础性内容是思想政治教育内容最基本的层次和最基本

---

① 《马克思恩格斯全集》第20卷，人民出版社1971年版，第593页。
② ［瑞士］皮亚杰：《结构主义》，倪连生等译，商务印书馆1986年版，第2页。
③ ［德］黑格尔：《小逻辑》，贺麟译，商务印书馆1980年版，第56页。
④ 熊建生：《思想政治教育内容结构论》，中国社会科学出版社2012年版，第148页。

的要求，涉及社会生活的方方面面，是人们安身立命的根本和基础。思想政治教育的主导性内容是思想政治教育的核心，决定着思想政治教育的性质和发展方向，起着主导性作用。主导性教育内容集中体现为社会主义核心价值体系和社会主义核心价值观教育，引导人们系统学习和认知，准确把握和领会其精神实质，内化于心，外化于行，成为人们主动践行的自觉行动。坚持"主导"，是指坚定不移地坚持中国特色社会主义道路，发展面向现代化、面向世界、面向未来的，民族的科学的大众的社会主义先进文化，以社会和人的科学、全面、协调、可持续发展为主题，践行社会主义核心价值体系和社会主义核心价值观，树立中国特色社会主义共同理想，坚持和发展中国特色社会主义，实现中华民族的伟大复兴。思想政治教育内容之所以得到拓展，其中更为重要的原因是时代在发展变化，社会对人的全面发展提出了更高的要求，经济、政治、文化、生态文明建设的发展也需要拓展教育内容，教育内容体系始终要保持与时俱进的品质。

思想政治教育的基础性内容、思想政治教育的主导性内容、思想政治教育的拓展性内容都必须按照思想政治教育伦理精神新的范式要求进行审视，这些内容是否体现了伦理精神的基本要义，是否始终遵循一定的伦理道德标准。按照一定的伦理道德原则和思想政治教育伦理精神的基本范畴要求，创新教育内容，以与时俱进的内容塑造人、培养人，指导人们把伦理精神作为生存生活的一种方式，促进人性的完善和人的价值的提升，最终的旨归是人的全面发展。

3. 思想政治教育方法与方式的转换

思想政治教育伦理精神新的范式要求与之相对应的教育方法、教育方式的转换。教育方法的选择必须坚持马克思主义的指导地位，旗帜鲜明地坚持社会主义方向，必须体现思想政治教育的伦理精神。扬弃以往范式的教育方法，采取的教育方法要凸显人的存在，以人为本，在活生生的现实生活场域中创造性开展教育工作。

第一，坚持主导性与多样性相结合，在思想政治教育主导性教育方法的基础上，采取灵活多样的教育方法，从教育对象的不同类型、不同层次和个体差异出发，选择适合不同受教育者的教育方法进行教育，才富有教育的针对性。

第二，思想政治教育是科学性与价值性的有机统一，坚持正面引导和说服教育为主，发挥受教育者的主体作用，在事物之间的比较中启发人们的思考，从而得出正确的结论。引导受教育者深入社会、了解社会、服务社会，投身到社会实践中，在社会实践中感同身受，增长见识，锻炼自己的才干和能力。在平时的教育活动中始终要以情感人，以理服人，让受教育者积极主动地接受教育，有利于思想政治教育效果的转化和提升。而不是把受教育者作为知识的"容器"，对其进行硬塞和填充，人成了抽象的人，把人看成了对象性的存在，思想政治教育被异化为人的"对立面"。

第三，选择的教育方法一定要体现思想政治教育伦理精神的理念，理论联系实际的过程中一定要尊重人、理解人、关心人、和谐相处，把人当成目的，追求内在的善。教育与自我教育相结合，教育者要发挥主导作用，培养受教育者的自我教育能力，只有尊重他们的人格，进行平等的对话、沟通，才能产生思想上的交流和智慧的碰撞，引发内心的共鸣，积极主动地参与，对理论产生认同，进而在行动上得到践行。

思想政治教育伦理精神新范式要求教育方式的创新和转换。思想政治教育载体是开展思想政治教育主体与客体发生联系的一种物质存在教育方式，在扬弃传统载体的基础上，根据时代的变化和特点，创造性地运用新的教育方式开展思想政治教育。

一是通过社会治理载体创新教育方式。党的十八届三中全会提出"创新社会治理体制"，强调主体的多元参与，将管理转变成了服务与协调，从管理者转变为服务者，是社会治理理念的重大转变。在社会治理的过程中，把思想政治教育渗透到具体的服务和协调工作之中，善于利用思想政治教育工作转变人们的思想观念，增强民主意识。构建以法律规范、道德规范调节为手段的社会治理方式，强化依法治理与道德约束。网格化社会管理是社会治理体制的创新形式，和思想政治教育工作有机结合，建立协商对话机制，及时反映和协调人民群众各层面的利益诉求，倾听意见建议，化解利益冲突。通过政府的主导、凝聚、协调、组织作用调动其他主体治理的积极性，以实现治理的有效性。

二是创新文化载体、活动载体教育方式。以文化为载体，继承和发扬中华民族优秀文化传统，吸收、借鉴国外优秀文化成果，建设我们共有的精神家园。将思想政治教育渗透于文化事业和文化产业之中，加快转化为现实的文化力量，不断提高思想道德素质和科学文化素质，让其真正承担一定的思想政治教育功能。有计划、有目的地开展各种传播正能量的活动，将思想政治教育寓于有意义的活动之中，以丰富多彩的活动为载体，利用活动主题、活动内容、活动形式、活动效果对人们产生潜移默化的积极影响，在具体的活动中接受教育和自我教育，不断提高思想政治觉悟和道德素质。

三是加强大众传播媒介和自媒体管制，利用好它们创新思想政治教育方式。以大众传播媒介和自媒体为载体，通过报纸、杂志、书籍、广播、电视、电影、网络等媒介，尤其是现在新兴的微信、微博、论坛等自媒体载体，向人们传播思想政治教育内容，把思想政治教育融入这些媒介之中，让主导意识形态占领这些媒介的制高点，在传播思想观念、政治观点、道德规范等方面发挥积极作用。同时，也要看到一些国家或者有些人会利用网络等传播媒介进行文化渗透，毒害人们的思想，给思想政治教育带来了挑战。进入自媒体时代后，人们随时随地在发布信息、评论，参与互动，受众由原来的接受者转变成了信息的发布者和传播者，对人们的网络道德提出了更高、更严的要求，要具备一定的媒介素养，即正确地享有媒介资源，利用媒介资源加强思想政治教育，不断完善自我，促进社会进步。

第二节　思想政治教育要素的伦理精神观照

要深刻把握思想政治教育的伦理精神，不仅要从整体性上进行系统分析，而且要从思想政治教育的要素构成上分别进行剖析。"要素是构成特定系统与活动必不可少的因素、元素"①，整体伦理精神功能的发挥有赖于各要素伦理精神的积极效能的发挥。本书将思想政治教育的主体、思想政治教育的客体、思想政治教育的内容、思想政治教育的方法、思想政治教育的环境、思想政治教育的课程、思想政治教育的目标作为思想政治教育的要素，从各个要素中观照思想政治教育的伦理精神。

一、思想政治教育主体伦理精神的观照

人是自然的存在物，也是社会的存在物，具有自然属性，更重要的是具有社会属性，是自然属性和社会属性的统一。自然属性是社会属性存在的前提，而人的社会属性制约着自然属性，人的自然属性往往打上了社会属性的烙印，社会属性的形成依赖于以劳动为基础的人类实践活动和人与人交往所形成的社会关系。马克思说："人是最名副其实的政治动物，不仅是一种合群的动物，而且是只有在社会中才能独立的动物。"② 人的本质是人之为人的内在规定，和纯粹生物学意义的人不同，社会生活实践中的人是活生生的、现实的、具体的人。"人的本质并不是单个人所固有的抽象物。在其现实性上，它是一切社会关系的总和。"③ 这一科学论断从辩证唯物主义和历史唯物主义的立场、观点、方法揭示了人的本质，任何人都是处在社会关系中的人，并且是社会实践活动中的人。社会属性是人的本质属性，人与社会统一于社会实践，在实践的过程中人与人结成了各种社会关系。社会生活涉及方方面面，人的社会关系也是多维度、多层次的。随着社会的发展，人的社会关系越来越丰富，也越来越复杂。这些关系之网概括起来就是人与自然之间的关系、人与人之间的关系、人与自身之间的关系，构成了人类基本的

---

① 沈壮海：《思想政治教育有效性研究》，武汉大学出版社 2008 年版，第 60 页。
② 《马克思恩格斯选集》第 2 卷，人民出版社 2012 年版，第 684 页。
③ 《马克思恩格斯选集》第 1 卷，人民出版社 2012 年版，第 135 页。

社会关系。实践内含着上述三重关系，是社会关系形成的源泉。马克思指出："随着新生产力的获得，人们改变自己的生产方式，随着生产方式即谋生的方式的改变，人们也就会改变自己的一切社会关系。"①说明人的本质具有历史性，具体的、现实的人的本质在不同的历史条件下，性质、内容等方面有所不同。

思想政治教育的主体，即开展思想政治教育的实施者，需在伦理精神的指导下开展工作。在实施思想政治教育的过程中，按照思想政治教育伦理精神的要求，对思想政治教育目标、思想政治教育过程进行审视和观照，是否体现了伦理精神的基本要义，是否按照一定的伦理道德原则和要求开展具体工作，塑造人、培养人的过程中是否坚持了以人为本，旨在培养思想政治教育客体的理性思维和实践力量，促进他们人性的完善和人的自我价值的实现，最终价值追求是实现人的自由而全面的发展。

思想政治教育主体必须坚持正确的政治方向、政治立场、政治观点，以马克思主义为指导，坚持中国共产党的领导，坚持社会主义，这是中华各族人民所认同的政治伦理原则和必须遵守的政治伦理规范。开展思想政治教育工作，坚持集体主义原则，坚持全心全意为人民服务，这是社会主义社会伦理精神的基本要求，也是处理好个体与共体之间关系的内在要求。实现最广大人民群众的根本利益，体现了我国伦理精神的民族特性，具有理论上的说服力和实践上的合理性。思想政治教育主体通过开展思想政治教育工作，协调好人与自然之间、人与人之间、人与社会之间的关系，追求的是全社会领域的整体和谐。思想政治教育主体开展思想政治教育工作，注重社会公德、职业道德、家庭美德、个人品德的培养和践履，在知行合一中实现个体道德与社会公德的有机统一。

"一个民族、一个国家的核心价值观必须同这个民族、这个国家的历史文化相契合，同这个民族、这个国家的人民正在进行的奋斗相结合，同这个

① 《马克思恩格斯选集》第 1 卷，人民出版社 2012 年版，第 222 页。

民族、这个国家需要解决的时代问题相适应。"① 社会主义核心价值观不仅具有深厚的历史文化底蕴，而且具有坚实的实践根据和强大的道义力量。思想政治教育主体要模范践行社会主义核心价值观，引导教育客体在现实生活中践行并坚定价值观自信，因为社会主义核心价值观承载着中华民族的精神追求和全体人民的价值取向，是坚持和发展中国特色社会主义的基本价值遵循，能够形成团结一心、艰苦奋斗的强大精神力量，这个"最大公约数"关乎国家民族的前途命运和人民的幸福安康。培育和践行社会主义核心价值观，是对思想政治教育主体伦理精神的发扬，体现了思想政治教育主体对于人自身意义的思考和价值追求的深刻体认，主动把握这种精神力量，对于规范教育客体的行为具有深远的伦理价值。

二、思想政治教育客体伦理精神的观照

思想政治教育主体与客体是思想政治教育实践活动不可或缺的要素，他们之间相互依存，缺一不可。如果缺少思想政治教育的客体，思想政治教育就无法开展。现实的实践活动是对象性的活动，实践活动的类型不同，实践活动的对象也不同。思想政治教育是一种特殊的社会实践活动，它的客体是在开展思想政治教育实践活动中现实的人，而不是"物"。思想政治教育的客体是一切受教育者，也包括特定思想政治教育活动中的主体，因为教育者要先接受教育。在思想政治教育的过程中，主体是按照一定社会的要求，有目的、有计划、有组织地对客体施加系统的教育和影响，使客体成为社会所要求的人，主体是教育者的角色，处于支配地位，起着教育主导作用。而客体是受教育者的角色，处于接受主体教育和引导的地位，起着积极参与、主动配合、反馈检验等作用。主体的"教"与客体的"学"是统一的，统一于思想政治教育的实践活动之中。

---

① 《习近平谈治国理政》第 1 卷，外文出版社 2018 年版，第 171 页。

　　思想政治教育的客体是思想政治教育实践活动的出发点和落脚点，这是对思想政治教育客体伦理精神的观照。既然思想政治教育客体是实践活动的出发点，就不能从主体的主观认知出发，必须从客体的思想、道德、政治、心理状况出发，富有针对性地考虑地区环境差异、文化教育程度、家教家风情况、宗教信仰不同等具体实际，把思想政治教育客体看作有血有肉、有思想情感、有个体差异的人。所以，教育目标的制定、教育内容的设计、教育方法的运用、教学手段的创新、教育效果的达成、教育结果的反馈和评价等，都需要紧扣客体的实际，只有根据客体的思想政治道德现状与社会发展要求之间存在的差距，才能以切实可行的实施方案富有成效地开展思想政治教育。思想政治教育实践活动的落脚点与出发点是统一的，通过思想政治教育使客体内化于心，外化于行，树立马克思主义信仰，坚定理想信念，厚植爱国主义情怀，弘扬中华民族精神和时代精神，践行社会主义核心价值观，不断提高其思想政治素质和法纪道德水平。

　　思想政治教育客体在思想政治教育实践活动中的地位，决定了其具有自身的特点。除了自主性、能动性、创造性之外，还具有可塑性等特点。历史唯物主义原理告诉我们，人的思想观念不是一成不变的，它会随着社会环境的发展变化而产生变化。在思想政治教育的积极影响和正向导引下，客体能够提升自身的思想政治素质和法纪道德水平，不断缩小与社会发展要求存在的差距，从而实现人的社会价值和个体价值。客体在思想政治教育中所处的地位和所具有的特点，决定了他在思想政治教育中的作用。一是参与教育活动之中，整个过程和各个环节离不开客体的参与，但参与分为被动参与和主动参与，努力将被动参与转化为主动参与。二是反馈信息，思想政治教育实践活动基本上是由主体输出信息、客体接受教育信息和反馈信息组成。教育客体对教育信息的接受情况，反映了教育主体信息输出情况和教育过程情况。三是效果评价，教育效果是否达成，主要通过教育客体思想行为的改变来体现和评价。

　　为了体现思想政治教育客体的伦理精神，思想政治教育主体与客体应该建立平等和谐关系、主导主体关系、主体间性关系。教育主体和教育客体具有平等的社会地位，享有基本的权利和自由，在思想政治教育实践活动中要相互尊重、相互理解、相互包容、积极参与、主动配合。思想政治教育主体要自主地参与教育活动的全过程和各环节，发挥其主导作用，增强思想政治教育的实效性。教育客体不是消极被动的，而是要发挥其自觉能动性，满足其自身发展需求，与教育主体实现共同发展，达到教学相长的效果。教育主体与教育客体之间的关系应该是民主的、平等的、和谐的新型主体间性关系，他们之间相互作用、相互影响、相互促进。当处于良性互动时，他们吸取对方所长，补己之短，实现优势互补，从而不断提升自身能力和素质。所以，教育主体要富有针对性地开展思想政治教育，针对性是实效性的基础和前提。教育客体的思想和行为实情，是"有的放矢""对症下药"的依据，教育目标、内容、方法、载体等方面都要符合教育客体的实际，不仅有助于增强思想政治教育的思想性和针对性，而且能够提升思想政治教育的亲和力和实效性。

思想政治教育客体不是无目的、无需求的、被动的接受教育的人，而是"具有意识的、经过思虑或凭激情行动的、追求某种目的的人"①。因此，教育主体要以关爱的态度对待客体，重视他的地位和作用，正确认识他的自身特点，尊重他的人格，善于发现他的优点和长处，激发他参与思想政治教育的积极性、主动性和创造性。在思想政治教育的过程中，要关注教育客体的成长成才，积极创造良好环境和发展条件，客观公正地对待每一位教育客体，做到一视同仁，不带个人主观偏见，对其动之以情、晓之以理，引导其寻找差距，提出切实可行的提升路径。青少年是思想政治教育客体中的重点，是民族的希望和国家的未来，是中国特色社会主义伟大事业的生力军，要把青少年工作作为战略性工作抓紧抓好，帮助他们扣好人生的"第一粒扣子"。"青年兴则国家兴，青年强则国家强。青年一代有理想、有本领、

---

① 《马克思恩格斯文集》第 4 卷，人民出版社 2009 年版，第 302 页。

有担当，国家就有前途，民族就有希望。中国梦是历史的、现实的，也是未来的；是我们这一代的，更是青年一代的。"①

2013 年 5 月 4 日，习近平同志在同各界优秀青年代表座谈时鼓励广大青年要志存高远，脚踏实地，勇敢地肩负起时代赋予的重任，努力在实现中华民族伟大复兴的中国梦的生动实践中放飞青春梦想。广大青年一定要坚定理想信念，没有理想信念，就会导致精神上"缺钙"。广大青年一定要练就过硬本领，把学习作为首要任务，作为一种责任、一种精神追求、一种生活方式。广大青年一定要勇于创新创造，走在创新创造的前列。广大青年一定要矢志艰苦奋斗，用勤劳的双手成就精彩的人生。广大青年一定要锤炼高尚品格，始终保持积极的人生态度、良好的道德品质、健康的生活情趣。青少年要敢于有梦、勇于追梦、勤于圆梦，青春是用来奋斗的，青年兴则国家兴，青年强则国家强。②

2014 年 5 月 4 日，习近平同志在北京大学师生座谈会上讲话指出，广大青年树立和培育社会主义核心价值观，一是要勤学，下得苦功夫，求得真学问；二是要修德，加强道德修养，注重道德实践；三是要明辨，善于明辨是非，善于决断选择；四是要笃实，扎扎实实干事，踏踏实实做人。③ 2018 年 5 月 2 日，习近平同志在北京大学考察时强调，当代青年是同新时代共同前进的一代，广大青年既拥有广阔的发展空间，也承载着伟大的时代使命，一是要爱国，忠于祖国，忠于人民；二是要励志，立鸿鹄志，做奋斗者；三是要求真，求真学问，练真本领；四是要力行，知行合一，做实干家。④ 2019 年 4 月 30 日，习近平同志在纪念五四运动 100 周年大会上的讲话中指

① 习近平：《决胜全面建成小康社会 夺取新时代中国特色社会主义伟大胜利——在中国共产党第十九次全国代表大会上的报告》，人民出版社 2017 年版，第 70 页。

② 《习近平谈治国理政》第 1 卷，外文出版社 2018 年版，第 50—54 页。

③ 《习近平谈治国理政》第 1 卷，外文出版社 2018 年版，第 172—173 页。

④ 习近平：《在北京大学师生座谈会上的讲话》，《人民日报》2018 年 5 月 3 日。

出，新时代中国青年要继续发扬五四精神，一是要树立远大理想；二是要热爱伟大祖国；三是要担当时代责任；四是要勇于砥砺奋斗；五是要练就过硬本领；六是要锤炼品德修为。把青年一代培养造就成德智体美劳全面发展的社会主义建设者和接班人，是事关党和国家前途命运的重大战略任务，是全党的共同政治责任。要充分相信青年、热情关心青年、严格要求青年，做青年朋友的知心人、青年工作的热心人、青年群众的引路人。① 党和国家向来重视青少年的成长成才，国家的希望和民族的未来在于青年，他们是实现中华民族伟大复兴的先锋力量，他们的思想政治教育水平如何，直接影响到我国现在和未来的发展事业。

三、在思想政治教育过程中观照伦理精神

思想政治教育过程包括思想政治教育的内容、方法、环境、课程，在实施思想政治教育的过程中建构其伦理精神，不断提高思想政治教育的实效性。

（一）思想政治教育内容伦理精神的观照

思想政治教育内容比较丰富，是一种结构性存在的体系。思想教育、政治教育、道德教育、心理教育构成了思想政治教育内容体系，形成了一定的体系结构。思想政治教育内容既包括由政治教育、思想教育、道德教育、法纪教育和心理教育诸内容组成的结构形态，又包括由思想政治教育的基础性内容、思想政治教育的主导性内容和思想政治教育的拓展性内容组成的结构体系，这些内容具有内在的联系和一定的结合方式，形成了思想政治教育的内容结构。②

① 习近平：《在纪念五四运动 100 周年大会上的讲话》，《人民日报》2019 年 5 月 1 日。
② 熊建生：《思想政治教育内容结构论》，中国社会科学出版社 2012 年版，第 198 页。

思想教育一般来说包括日常性思想教育内容和系统性思想教育内容。[①]
日常性思想教育着眼于日常生活中的现实问题，针对受教育者的工作、学
习、生活中存在的问题进行个别性的思想教育，解决他们的心理、情感、思
想认识、人际关系等方面的问题。人是现实社会中的人，势必会在生产、工
作、学习、生活中要面对一些现实矛盾，这些矛盾广泛性地存在于人们的思
想、行为之中。通过多种方式的沟通、交流、教育，疏导他们的心理，化解
各种矛盾，启迪他们的思想，提高思想认识，养成良好的行为习惯。日常性
的思想教育针对性强，发现问题及时的话，就能及时解决，教育效果明显。
但日常性思想教育内容临时性较强，比较分散，不够系统。系统性思想教育
的内容是从宏观层面系统解决人们的世界观、人生观、价值观、理想信念、
爱国主义教育、集体主义教育、社会主义教育、科学精神与人文精神等思想
认识上和思想方法上的问题，通过接受系统性教育，尤其是马克思主义理论
教育，深刻把握其精髓，掌握科学的、辩证的思维方式，使人们的思想素质
得到全面的发展和提升。日常性思想教育内容和系统性思想教育内容相互补
充，相辅相成，相得益彰。将系统性与零散性、长远性与临时性、持久性与
应付性、宏观与微观有机结合起来，进行耐心的说服、教育、引导，帮助受
教育者提高思想认识，提升思想境界。思想教育是教育者和受教育者之间进
行的精神层面的交流，达到思想与思想的交融与碰撞，真正地触动心灵，从
行动上践行，做一个"有理想、有道德、有文化、有纪律"的"四有"新
人。这与思想教育所蕴含的伦理精神——使人成为思想上和行动上的"善"
人，价值取向是一致的。

政治教育是思想政治教育内容中最高层次的教育，对思想教育内容、道
德教育内容、法纪教育内容具有制约作用。主要是加强爱国主义、集体主
义、社会主义教育，增强人们对国家和对社会主义制度的政治认同，坚持正
确的政治方向，引导人们树立中国特色社会主义共同理想，坚定不移地走中

---

① 熊建生：《思想政治教育内容结构论》，中国社会科学出版社 2012 年版，第 217 页。

国特色社会主义道路的政治信念。① 思想政治教育的内容不是并列平行的，政治教育发挥着主导作用，其政治价值导向决定着思想政治教育其他内容的价值取向，其他内容归根结底是为一定的政治服务的。在思想政治教育中，始终不能削弱政治教育的主导作用，这样才能体现思想政治教育内容的层次结构，增强思想政治教育的实际效果。通过政治教育，按照政治认知—政治情感—政治意志—政治信念—政治行为这样的逻辑结构，促进人们的政治认同，并将一定的政治思想落实在具体的政治行为中。政治认同的生成逻辑运动中暗含着"精神"的运动，这种精神指导着人们对政治理想的追求，最终实现社会正义和公共善。这就是政治教育的伦理精神。

人类要把握自身的命运，必须对自己负责。道德教育是人类对自身追问的一种方式，追问人与自然、人与人、人与自我之间的关系是否和谐、如何处理好这些关系。彼德斯说："教育，在任何程度与水平上，基本上都是要引导人们过一种生活方式。"② 通过道德教育，让人们主动选择有意义的生活方式，在道德教育中学会爱、敬畏生命和承担责任，以对人的精神成长产生深刻影响为目的，而不是对人行为的约束和管制。道德教育不同于其他领域的教育，是关乎人的情感，在真实社会生活中实施的精神活动。因此，道德教育必须回归到现实生活中，在真实的生活中观照生命的意义和价值，关切人性的完善和完满。人和动物的区别是：人是有意识的存在，不仅仅具有自然属性，更重要的是人具有社会属性，在对人生意义的追寻中主动构建自己的精神家园，在生活过程中不断完善生命的意义，超越生命的有限性，赋予生命无限的可能性，人的自身价值因德性的获得使之不断得到提升，直至追求至善。道德教育追求的是可能生活的应然状态，但不是脱离现实生活的虚幻道德生活，是对人们道德生活的规范和引导，是为了使人们更好地生活，最

---

① 熊建生：《思想政治教育内容结构论》，中国社会科学出版社 2012 年版，第 218 页。

② W. R. Nibellett, *Moral Education in a Changing Society*, Faber and Faber Limited, London, 1970, p. 56.

终走向人们理想的精神生活世界。道德教育不是最终目的，只是完善伦理精神的一种手段，通过社会公德、职业道德、家庭美德、个人品德教育，养成自律的道德行为，提升人之为人的价值。杜威说："教育上合乎需要的一切目的和价值，它们自身就是合乎道德的。"① 道德教育是思想政治教育的主要内容之一，自然也要合于一定的目的和价值，这个目的和价值本身必须是道德的。否则，道德教育的伦理精神无从体现，只是为了完成道德教育而进行道德教育，道德教育变成了管制和束缚受教育者的工具，成了别人的累赘和负担。

法纪教育使受教育者学法、知法、懂法、用法，树立法律意识、法纪观念，遵纪守法，自觉履行公民的权利和义务，做一个合格的公民。作为一个"人"，心理要健康；懂得遵守纪律；要以积极的心态参与国家政治事务，具有民主法治的素养，敬畏法律，善于运用法律武器维护自己和他人的人格尊严和合法权益，行使法律赋予的应有权利，履行应尽的法定义务。法必须以理性为支撑，否则，法就成为没有生命力的"空壳"，便没有了法的基本精神内涵。因此，法是理性话语的表达，正是由于人的理性能力，法律才成为一个规范的体系。在法纪教育中体会法律和纪律的精神，挖掘其所蕴含的伦理精神，使"人"成为人，尊敬他人为人。

通过心理教育，使受教育者掌握心理学知识，不断地调适自己的心理，尽可能地适应社会、适应外部环境，协调身心关系，处理好人与人之间的关系，正确地认识自己和客观地评价自己，形成健康的心理和健全的人格。以积极健康的心态、良好的精神风貌应对社会、应对生活，排除心理障碍，调整心理失衡，不断提高心理素质。一个心理健康的人，身心才能和谐，才能为实现人生价值、全面发展奠定良好的基础。心理教育在思想政治教育中处于基础地位，心理教育取得了成效，就会为开展其他内容的思想政治教育打好了心理基础，也为实现思想政治教育的伦理精神铺平了"心理"道路。世界卫生组

---

① ［美］杜威：《新旧个人主义——杜威文选》，孙有中等译，上海社会科学院出版社1997年版，第113页。

织（WHO）指出，健康是身体上、精神上和社会适应上的完满状态，而不仅仅是没有疾病或者身体虚弱。身体层面健康只是其中的一个方面，能够在精神层面上得到提升，在社会上能够适应环境，与人和谐相处才算完整意义上的健康。

（二）思想政治教育方法伦理精神的观照

思想政治教育内在目标的实现需要通过一定的思想政治教育方法，通过一定的方法方式才能确保思想政治教育的实效。

1. 与教育内容相适应的教育方法伦理精神的观照

思想政治教育方法须与思想政治教育的内容相适应，要体现思想政治教育的内容。思想教育、政治教育、道德教育、法纪教育、心理教育虽然分别是思想政治教育的内容之一，但毕竟是不同的内容，有其自身的特殊性。因此，不同的教育内容需要与之相适应的思想政治教育方法，不同的教育内容决定了势必使用不同的教育方法。既然思想政治教育的内容通过建构蕴含着一定的伦理精神，那么体现思想政治教育内容的方法也需要建构伦理精神。否则，所采取的教育方法要么与教育内容不相适应，要么是不正确的教育方法，势必会影响教育效果。

通过思想教育使教育者和受教育者达到精神层面的沟通和交流，平等个体之间思想与思想的对话、交融，启迪受教育者使之得到灵魂的净化和洗礼，立志做一个有理想、有道德的人，使人成为人，成为思想上和行动上的"善"人。思想教育应该采取思想教育的方法，比如疏导教育法，通过循循善诱、说服开导，把不正确的思想、观点引向正确的轨道上来。"凡属于思想性质的问题，凡属于人民内部的争论问题，只能用民主的方法去解决，只能用讨论的方法、批评的方法、说服教育的方法去解决，而不能用强制的、压服的方法去解决"，"企图用行政命令的方法，用强制的方法解决思想问题、是非问题，不但没有效力，而且是有害的"。①

---

① 《毛泽东著作选读》下册，人民出版社1986年版，第762页。

通过政治教育，深刻懂得政治教育是思想政治教育的核心，以强制的方式将政治思想、观点、价值观、路线方针政策等政治主张转化为人们公共生活的共同规范，这个共同规范需要具有一定的合理性和合法性，追求公共生活的善。政治教育为思想教育的真理性把握正确的政治方向，政治的合理性是对政治思想和政治行为的道德价值评价，政治的合法性是对政治思想和政治行为的法律价值评价。政治教育应该采取政治教育的方法。政治教育是思想政治教育的核心，决定着思想政治教育的性质和方向，主导着思想政治教育的其他内容。政治教育的内容重在灌输和主导，所采取的教育方法必须与之相适应。比如理论教育法，对受教育者有目的、有计划地进行系统的马克思主义理论教育，不断提高思想认识。因为，人的正确的理论观点不是自发形成的，只能通过理论学习等方式才能获得。

按照美国著名的法学家富勒的观点，道德分为义务的道德和愿望的道德，义务的道德是法律，愿望的道德是道德。法律与道德有着内在的关联，法律与道德是处于不同层次的行为规范。因此，政治教育必然蕴含着一定的伦理精神——追求公共善。通过道德教育内容的学习是让受教育者在道德教育中学会尊重别人、学会关爱，懂得敬畏生命和承担道德责任，主动选择过有道德意义的生活和生活方式。在真实的道德生活中关乎人的情感的丰富，关切人性的完善，观照生命的意义和价值。道德教育追求的应然状态的可能生活，在不断超越实然状态的生活的过程中追求人生价值的实现，人的自身价值和社会价值因为德性的观照使之得到提升，最终达至至善。加强社会公德、职业道德、家庭美德、个人品德教育，对人们的道德生活加以规范和引导，养成自律的道德行为，让人们过上更好的生活，最终走向善的生活世界。道德教育是思想政治教育的主要内容之一，自然也要合于思想政治教育的目的和价值，这个目的和价值本身必须是道德的，要具有一定的伦理精神。没有伦理精神的道德教育只是为了道德教育而进行道德教育，道德教育就成了管制和束缚别人的工具，自然就失去了道德教育的理性价值。

道德教育应该采取道德教育的方法，比如我国古代的以身作则方法，儒家重视言传，更重视身教，身教重于言传。注重以身作则，率先垂范。"其身正，不令而行；其身不正，虽令不从。"① 道德之表率才能教化民众，开启民智，教育和感化受教育者。如西方运用较广的道德认知发展方法，是美国道德教育家柯尔伯格创立。认知发展是道德发展的基础，他总结出道德发展经历了"三种水平六个阶段"的理论，即前习俗水平、习俗水平和后习俗水平，惩罚和服从的定向阶段、朴素的利己主义的定向阶段、好孩子定向阶段、维护权威的定向阶段、墨守法规和契约的定向阶段、个人的良心和原则的定向阶段。他提出了道德讨论法和公正团体法两种主要教育方法。②

通过法纪教育，深刻懂得遵守纪律的重要性，尊重规则，敬畏法律，运用法律所赋予的权利和义务保护好自己的合法权益，维护自己和他人的人格尊严。法的精神就是明确权利的界限，对人的权利的保护，对人性向善的引导；"法"应该解释为"权利"，权利使人成为一个人，并尊敬他人为人。法以理性为支撑，没有理性便没有法的基本精神内涵，法是理性话语的表达，理性使法成为规范体系。当理性为精神所观照时，精神就达到了它的真理性即现实的、伦理的本质，法律所蕴含的伦理精神从中体现。法纪教育应该采取法纪教育的方法，比如知行统一的方法，提高纪律和法律的认知水平与现实生活的践行活动结合起来，既要学习理论，又要努力践行，不断提高认识世界的能力和改造世界的能力。

通过心理教育，使受教育者身心健康，主动适应社会、适应环境，处理好人际关系，协调好身心关系，能够客观地评价自己，拥有健康的心理和健全人格。心理教育是思想政治教育的基础，身心健康才能消除心理障碍，协调心理失衡，不断提高心理素质。心理素质的提高是人全面发展的基石，只有将身体健康与心理健康有机结合，才能达到精神的愉悦，才能为实现思想政治教育的伦理精神铺平"心理"道路。心理教育应该采取心理教育的方

---

① 《论语·子路》。
② 郑永廷：《思想政治教育方法论》，高等教育出版社 1999 年版，第 35 页。

法，比如心理咨询法，针对咨询对象的心理症结，帮助分析心理障碍形成的原因，教给受教育者自我认知、自我调控的能力，缓解和转化心理矛盾和心理负荷。"我们党 80 多年来的思想政治教育的成功经验，有力地证明了思想政治教育只有根据教育对象的心理特点和人的心理规律来开展思想政治教育，才能使先进的思想被人民群众所接受，才能使精神的力量转化为认识世界和改造世界的巨大的物质力量。"①

不同的教育内容，采取不同的教育方法。思想政治教育内容所建构的伦理精神必须体现在思想政治教育的方法上，具体方法的运用要体现伦理精神，即完善人性，实现和提升人的自身价值，追求至善的生活。

2. 与客体相适应的教育方法伦理精神的观照

思想政治教育方法须与思想政治教育的客体相适应。思想政治教育的客体是主体作用的对象，是思想政治教育的受动者，与主体相对应。说到底思想政治教育的客体是人，除了具有一般人的特点外，还具有四点特性。一是思想政治教育的客体是人，是生活在一定关系中的社会的人，不是抽象的生物学意义上的人。二是他们在思想、政治、道德等方面与社会的要求存在着一定的差距，提升的空间比较大。正是由于与社会要求有一定的差距，思想政治教育才得以有存在的可能性和必要性。三是思想政治教育的主体与客体是双向互动的，客体不是被动地接受者，而是具有主观能动性的、有自己的思想观点、有社会实践能力的活生生的人。四是思想政治教育对象按照不同的角度分类，可划分为不同的层次，不论处于何种层次的人都需要接受思想政治教育，只是需要接受教育的深浅程度不同而已。②

思想政治教育活动的对象是思想政治教育的客体，客体的基本特性是客体性，即与主体能动性相对应的受动性。然而，客体不是被动地接受教育，而是具有一定的主体性。因此，思想政治教育客体要从人的维度出发来理

---

① 王仕民：《思想政治教育心理学概论》，中山大学出版社 2015 年版，第 6 页。
② 徐志远：《现代思想政治教育学范畴研究》，人民出版社 2009 年版，第 182 页。

解，才能真正理解人之为人的基本规定。既是客体又是主体，是客体与主体的有机统一体。主体性与客体性同时存在，在形态上有时主体性强一些，有时客体性强一些，根本的特性应是主体性。只有当主体性与客体性都获得开发，特别是主体性得到开发时，思想政治教育对象才是合格的思想政治教育客体。有些人虽然进入了思想政治教育领域，但却是缺乏思想政治教育主体性的客体，这样的客体也不会真正成为思想政治教育的客体。思想政治教育客体是指具有思想政治教育意识，主动接受思想政治教育的人。① 主体间性理论的发展，能更好地解释现代社会人的主体性的发展要求，能更好地指导现代社会人与人交往的社会实践。主体间性意味着双方的共同了解，拥有相同的权利和义务，交往双方人格平等、机会平等，遵守共同认可的规范。② 在思想政治教育的实践活动中，主体双方共同存在于思想政治教育的场域之中，缺少任何一方，思想政治教育活动不可能开展和持续。现代社会的发展促使主体间性的特性得到充分张扬，思想政治教育主体和思想政治教育客体虽然都具有主体地位，但总体上来说主体处于主动、主导地位，客体处于被动、从属地位。

思想政治教育客体具有人的规定性，在思想政治教育的具体实践中，这种规定性的力量不但没有被减弱，反而得到了强化，而且还会发挥积极作用或者消极作用。不同的情境产生不同的效果，力争将消极作用转化为积极作用。第一，体现人的规定性，把人当人看，理解人、尊重人、关爱人、帮助人是思想政治教育客体和思想政治教育方法共同追求的价值旨归和价值目标。这也是伦理精神的体现和要求。第二，思想政治教育以马克思主义基本理论为指导，坚持辩证唯物主义和历史唯物主义的基本要求，始终相信人民群众是历史的创造者，真正做到以人为本是我党开展思想政治教育的出发点和落脚点。思想政治教育方法和思想政治教育客体要体现这些理论观点，并

① 孙其昂：《思想政治教育学前沿研究》，人民出版社 2013 年版，第 161 页。
② 王锐生：《社会哲学导论》，人民出版社 1994 年版，第 155 页。

在具体方法的运用中体现伦理精神。第三，人在思想政治教育的地位决定了思想政治教育的人学地位。张耀灿教授指出："思想政治教育研究应自觉推进人学范式转换。过去思想政治教育研究的社会哲学范式是历史形成的，向人学范式转换是时代的呼唤；人学范式不是对社会哲学范式的推倒重来，而是继承基础上的超越；研究范式的人学转换是集体奋斗、协作攻关的渐进过程。"① 思想政治教育方法也要推进和实现人学范式的转换，体现人的地位和价值。第四，人的自由而全面发展是思想政治教育的根本目标。"代替那存在着阶级和阶级对立的资产阶级旧社会的，将是这样一个联合体，在那里，每个人的自由发展是一切人的自由发展的条件。"② 实现人的自由而全面发展是共产主义社会的重要特征，是马克思主义追求的价值目标。把人的自由而全面发展作为思想政治教育的根本价值目标，在思想政治教育具体方法的运用中，要体现这一核心命题的思想，也是思想政治教育伦理精神的价值追求。

（三）思想政治教育环境伦理精神的观照

思想政治教育不是孤立存在的，总是处在一定的环境之中，绝不能无视环境的存在。雅斯贝尔斯说："如果人要成为人自身，他就需要一个被积极地实现的世界。如果人的世界已经没落，如果人的思想濒于死亡，那么，只要人不能主动地发现这个世界中适合于他的思想观念，人就始终遮蔽着人自身。"③ 这个被积极实现的世界就是环境，环境对思想政治教育具有直接的影响。因此，思想政治教育环境的建设和优化对于思想政治教育伦理精神的发挥具有重要的意义。

---

① 张耀灿：《推进思想政治教育研究范式的人学转换》，《思想教育研究》2010 年第 7 期。

② 《马克思恩格斯选集》第 1 卷，人民出版社 2012 年版，第 422 页。

③ ［德］雅斯贝尔斯：《时代的精神状况》，王德峰译，上海译文出版社 1997 年版，第 168 页。

1. 思想政治教育环境建设有利于伦理精神的观照

思想政治教育环境建设要以马克思主义思想政治教育环境论为指导，努力营造良好的教育教学环境。马克思主义认为，社会存在决定社会意识，环境决定人们的思想观念，起决定作用的是经济环境，它建立在一定的社会生产关系的基础之上，经济关系首先表现为利益。人对人的依赖、人对物的依赖、人的自由而全面发展是人与环境相联系的三个阶段，也是社会环境对人的思想观念形成影响的三个不同阶段。原始社会生产力极其低下，单个人的力量有限，人只有依赖他人才能共同应对自然界的挑战，人对人的依赖关系形成了人的社会本质。在私有制社会，人与环境的关系表现为人对物的依赖。只有到了共产主义社会，个人获得自由而全面的发展，人与环境的关系真正实现统一。马克思主义思想政治教育环境论的基本要点是：环境决定人的发展，决定人的思想状况，社会生产关系对人的发展起着决定作用，社会的政治环境、文化环境也影响和制约着人的思想状况。但接受环境的影响不是消极被动的，人并不是在环境面前无能为力，而是具有主观能动性，通过人的实践活动改变环境，进而改变人的思想。①

思想政治教育环境建设是一个系统工程。家庭、学校、社会要形成合力，只有齐抓共管、多管齐下，才能形成有利于受教育者身心健康发展的家庭环境、学校环境、社会环境。社会环境比较复杂，分为经济环境、政治环境、文化环境等。经济环境是基础性要素，起着决定性作用；政治环境是关键性要素，与思想政治教育的关系最直接；文化环境是保障性要素，是不可忽视的环境要素，是由科学技术、教育状况和思想道德构成的。思想政治教育环境分为宏观环境和微观环境。宏观环境主要包括经济环境、政治环境、文化环境等，对人的思想政治品德的形成和发展起着决定性的影响。微观环境主要是指家庭环境、学校环境、工作环境，对人的思想政治品德的形成和

---

① 张耀灿、郑永廷等：《现代思想政治教育学》，人民出版社 2001 年版，第 263 页。

发展也有着重要的影响作用。①

　　环境是一个动态的发展过程，它的开放性决定了思想政治教育环境的层次结构是宏观环境、中观环境、微观环境。宏观环境有市场经济环境、国际国内环境等，中观方面的环境有媒介环境、网络环境、社区环境等，微观环境有本社区、本单位、本学校的竞争环境等。这样的划分增加了"中观环境"的内容，相比较前面的划分更为细致。思想政治教育环境按照不同的标准，可划分为不同的类型。从系统论的观点来看，思想政治教育环境建设不仅要把握其部分内容，而且要把握部分与部分内容之间的关系。"对于结构构成要素的认识不同，对于结构关系的认识上的不同看法，必将影响人们对于教育活动的认识，以及对研究对象的建构。任何一个教育活动，它本身具有结构性的存在，包含了各种不同的因素，具有不同的内在联系。而且，这些因素及其他的联系实际上也体现了一定的价值选择和社会秩序。"② 思想政治教育环境建设应当着眼于环境本身，环境本身是一个系统，是多维层次的综合。因此，要注重每个层次的环境建设，而且每个层次的环境又是一个复杂的系统。不同层次的环境对思想政治教育的影响不是同步的，作用有主次之分，在建设的过程中不能平均使用力量。处于一定层次的环境距离思想政治教育系统越近，作用力就越大，影响就越直接。

　　思想政治教育环境建设要树立思想政治教育环境意识。思想政治教育环境不仅是思想政治教育系统的一部分内容，而且是环境系统的一部分内容。思想政治教育不能无视与环境之间的关系，环境本身是思想政治教育理论与实践的重要资源，因此，一定要重视思想政治教育环境建设。"孤岛效应"存在于我国的思想政治教育中，其在空间上与外部的环境割裂，将自己孤立起来，由于封闭的状态而出现的效应。为了避免"孤岛效应"，要协调好思想政治教育与环境的关系，优化和开发有利于思想政治教育发展的环境，尊

---

① 邱伟光、张耀灿等：《思想政治教育学原理》，高等教育出版社 1999 年版，第 144 页。
② 谢维和：《教育活动的社会学分析》，教育科学出版社 2000 年版，第 61 页。

重规律的前提下创造新的思想政治教育环境，使得思想政治教育取得更好的教育效果。帮助受教育者树立对环境的自主意识。受教育者对环境的自主意识即在环境面前的自律意识、独立意识，自己能够控制自己，自己能够自主地驾驭环境，而不是被动地受环境的奴役，内心不受外界环境的干扰。当然，思想政治教育主体要把环境作为自身生存发展的客观条件，在承认环境决定作用的基础上，要对环境进行自主辨别、自主选择、自主把握。如果主体缺乏对环境的自主性把握，就会在环境中迷失自我，成为环境的奴隶。当今社会，新媒体环境、网络环境、竞争环境既丰富了思想政治教育的载体、途径、方法，又给人们带来了挑战和诱惑。主动选择有利的环境进行思想政治教育，积极转化恶性环境为良性环境，这是对环境的优化。

2. 思想政治教育环境优化凸显伦理精神的观照

社会环境的优化是环境优化的关键。第一，加强执政党建设，提高社会综合治理的能力，形成良好的社会氛围。中国共产党是我国唯一的执政党，依法执政是党的建设新的伟大工程，依据宪法法律获取和执掌国家政权，巩固和维护执政地位、执政方式、领导方式。对于执政党而言，治理能力是一个国家的制度和制度执行能力的集中体现，治理能力的现代化就是科学执政、民主执政、依法执政，不断提高依法执政的水平。加强执政党自身建设，坚持党要管党，从严治党，严明政治纪律和政治规矩，重新塑造党组织的纪律性和制度性，净化党组织的政治生态环境。腐败问题之所以严重，原因之一就是有些党员领导干部不懂政治规矩、不守政治规矩，背离了群众路线，败坏了党在人民群众心目中的形象，带坏了社会风气，与革命战争年代和社会主义建设初期优良的党风形成了鲜明的对比。诸多的社会问题严重破坏了社会风气，侵害了社会有机体的健康发展，污染了社会风尚，不利于个体的健康成长。思想政治教育的核心内容是政治教育，党风状况直接影响教育效果。因此，优化思想政治教育环境的首要任务是加强执政党建设，以党风带政风，以政风带民风，净化社会风气，形成良好的社会氛围。

第二，制度建设是思想政治教育环境建设的切入点和支点。制度具有普遍的约束性、长效性，"制度是一个社会的游戏规则，更确切地说，它们是为了决定人们的相互关系而人为设定的一些制约。"① 制度环境是社会环境中的主导因素，是一个社会最基本的规范。制度一方面是人制定出来的，另一方面它规范着人的行为，无论社会的任意一个领域，制度总是发挥着一定的规范和调节作用。这些发挥作用的制度都有一个预设，那就必须是一个好的制度。"制度好可以使坏人无法任意横行，制度不好可以使好人无法充分做好事，甚至会走向反面。"② 人们都向往好的制度，好的制度能够真正发挥规范作用，规范着人们做一个好人，这是德性之善治。法学家拉德布鲁赫说："法律秩序关注的是，人类不必像哨兵那样两眼不停地四处巡视，而是能使他们经常无忧无虑地仰望星空和放眼繁茂的草木，举目所及乃实在的必然和美好，不间断的自我保存的呼救声至少有一段时间沉寂，以使良心的轻语终归能为人们所闻。"③ 法治作为制度文明闪烁着人性之光，在制度的规范下让每一个个体成为对自己负责，拥有人的自主和尊严。判断一种社会秩序的存续能力和生命力主要有两个基本标准：一是这种秩序应当符合作为其载体和基质的个体的人性需求；二是这种秩序应当实现为社会发展和文明进步提供基石作用的功能。④ 制度作为维护社会秩序的一种手段，最终目标是促进社会的稳定。在社会稳定的前提下，人才有可能实现对善的追求，引人向善。"制度中蕴涵着文化基因，是人的伦理关系、价值关系及其评判尺度的现实凝结物。"⑤ 制度中凝结着人与人之间的关系以及对关系的恰当处理，对于型塑社会和促进人际交流提供了价值评判和引导。社会将个体的善沉淀下来，固化为一定的制度，构成了代代相传的制度环境。所有的制度都有明

① ［美］道格拉斯·C. 诺思：《制度、制度变迁与经济绩效》，杭行译，上海三联书店1994年版，第3页。

② 《邓小平文选》第2卷，人民出版社1994年版，第333页。

③ ［德］拉德布鲁赫：《法学导论》，米健等译，中国大百科全书出版社1997年版，第11页。

④ 杨春福：《论法治秩序》，《法学评论》2011年第6期。

⑤ 鲁鹏：《制度与发展关系》，人民出版社2002年版，第192页。

确的指向目标，指向规范人们内心向善。目前，我国处于社会的转型期，内含道德正义原则的制度，它的强制性对于形成有序的社会环境和良好的个体行为具有十分重要的现实意义。

当代社会环境更为复杂，竞争更为激烈，交往已由熟人环境扩展为陌生人的环境，不同国度的人相互交往早已司空见惯，交往的广度和深度不断增强，全方位的竞争已成常态。为了确保交往和竞争的良性发展，最有效的方法就是形成良好的制度环境。通过制度建设，为思想政治教育创设良好的发展环境。实践表明一个法治健全的社会，是一个有序发展的社会，为思想政治教育环境提供了支持条件和基础性保障工作。思想政治教育的制度化、规范化是优化思想政治教育环境的有效途径。社会环境的制度化有利于推动思想政治教育的制度化，思想政治教育的制度化有力确保其在社会生活中的地位，不断提高思想政治教育在全社会尤其是各地政府管理部门和各学校的重视程度。形成制度化的规范之后，就可以起到约束和引导作用，约束那些不遵守制度的人或者行为，让他们受到相应的惩罚。与此同时，引导人们努力改善思想政治教育环境，使思想政治教育功能获得有效运转。

思想政治教育环境的优化是为了更好地促进人与环境的融合。一方面环境蕴含着丰富的教育资源，环境的复杂性增加了思想政治教育难度的同时，也为思想政治教育提供了丰富的可利用资源。各种各样的教育资源蕴含在政治环境、经济环境、文化环境等环境之中，有些资源已渗透于人们的日常生活里。挖掘环境中蕴含的教育资源，丰富和拓展思想政治教育内容。另一方面，环境是人成长成才的外部原因和条件，通过环境育人，是思想政治教育的题中应有之义，人要成为人自身，需要一个积极健康的"世界"，在这个世界里找寻适合于自己的思想观念，进而达到环境与思想的合二为一。恶性环境在现实生活中是普遍存在的，如何把恶性环境转化为良性环境，是思想政治教育要面对的课题。思想政治教育环境建设的目的是丰富思想政治教育的内容，创新思想政治教育方法，提高思想政治教育效果，提升人的精神意义和价值。

　　大众传媒环境的优化是思想政治教育环境建设的重要工作。加强大众传媒建设，重视舆论导向，弘扬社会正气，努力营造向善的社会氛围，积极为青少年的健康成长创造良好的思想政治教育环境。《公民道德建设实施纲要》对大众传媒提出了明确要求，"大众传媒、文学艺术以及体育活动，对公民道德建设有着特殊的渗透力和影响力。一切思想文化阵地、一切精神文化产品，都要宣传科学理论、传播先进文化、塑造美好心灵、弘扬社会正气、倡导科学精神，大力宣传体现时代精神的道德行为和高尚品质，激励人们积极向上，追求真善美；坚决批评各种不道德行为和错误观念，帮助人们辨别是非，抵制假恶丑，为推动公民道德建设创造良好的舆论文化氛围。"① 虽然对大众传媒提出的要求时隔十多年，但对于当今社会仍然没有过时并具有指导意义。

　　随着新媒体的迅速发展，大众传媒的特征呈现出一些新的变化，传播媒介的多元化，传播内容的多样化，开放性更强，形式更丰富，传统媒体是"主导受众"，新媒体是"受众主导"。思想政治教育面对的媒介环境越来越复杂。资本主义意识形态对我国社会主义意识形态的冲击越来越严重，渗透、引诱甚至是明目张胆的攻击，其实质是直指我国的意识形态领域。媒体的商业化运作和娱乐性导向对人们的人生观和价值观产生了一定的消极影响，其看重的是经济效益，走的是"世俗化"道路，消解了传播主导价值观的历史使命。以消费主义和娱乐化的消费文化直接冲击人们的思想观念，"商品的消费不是为了使用的需要，而是为了消费的需要。消费逻辑一旦渗透进入人类文化，就不能不导致人类文化从其实质内容中抽离出来，成为一种满足消费需要的、与所指无关的一种能指。"② 娱乐化、低俗化的文化成为一种消费品，批量生产、批量销售，文化产品在人类精神生活中的意义荡然无存，工具理性排挤了价值理性。因此，加强舆论导向至关重要，以增强

---

　　① 人民日报出版社编：《公民道德建设实施纲要》，人民日报出版社 2002 年版，第 14 页。

　　② 潘知常等：《大众传媒与大众文化》，上海人民出版社 2002 年版，第 371 页。

主导价值观的影响力度，力争避免不良信息对受众尤其是青少年的负面影响。

2014 年 8 月，中央全面深化改革领导小组第四次会议审议通过了《关于推动传统媒体和新兴媒体融合发展的指导意见》。该意见指出，推动传统媒体和新兴媒体融合发展，适应媒体格局深刻变化，提升主流媒体传播力、公信力、影响力、舆论引导能力。党的宣传思想工作始终要坚持巩固壮大主流思想舆论，弘扬主旋律，引导人们培育和践行社会主义核心价值观，把网上舆论工作作为宣传思想工作的重中之重来抓，充分运用新技术、新应用创新媒体传播方式，占领信息传播的制高点，牢牢掌握意识形态工作的主动权、话语权、领导权。重视对青少年的思想政治教育，加强媒介环境建设。当代社会的大众传媒没有分层次、没有分级分类，无差别地向全社会传播信息，结果是娱乐性与商业性的节目充斥于屏幕或者网络，教育性的节目反而几乎没有市场；传播的健康内容与不健康的内容混杂、正面的反映主导意识形态的内容与负面的消解社会主义意识形态的内容混杂，违背了青少年身心发展的规律，造成了不可估量的不良影响。

新媒体环境和网络环境由于其内容的丰富多彩和形式的直观形象，对于青少年颇有吸引力。为此，很有必要将大众传媒的商业职能与教育职能作以区分，借鉴国外好的做法，节目要分级，节目时段要控制，网络内容要监管，任何媒体都必须遵守。同时，家长也要做好引导和监督，履行好监护人的职责。利用新媒体环境与网络环境的资源和手段，丰富和拓展思想政治教育的内容和途径。大众传媒能够比较迅速地反映社会环境的变化，将这些信息进行理论的概括并与教育内容有机结合，丰富了思想政治教育内容。另外，慕课（massive open online course）是新近涌现出来的一种在线课程开发模式，是将学习管理系统与更多的开放网络资源综合起来的新的课程开发模式，利用"慕课"平台，实现更大范围的资源共享，以促进思想政治教育教学模式的改革和探索，有助于主体角色的转变，由知识的讲授者转换为学习的启迪者。

四、思想政治教育目标伦理精神的观照

中国特色社会主义已经进入了新时代。以习近平新时代中国特色社会主义思想为指导，全国人民团结一心，努力实现党在新时代的奋斗目标，即在中国共产党成立一百年时全面建成小康社会，在新中国成立一百年时建成富强民主文明和谐美丽的社会主义现代化强国。实现"两个一百年"奋斗目标是实现"中国梦"的基础，中华民族伟大复兴的中国梦最核心的内容是国家富强、民族振兴、人民幸福。中国梦是每一个中国人的梦，使人民的权利得到保障、利益得到实现、幸福感实足，人人共同拥有平等的机会、梦想成真的机会、共同发展的机会。发扬社会主义人道主义精神，尊重人民的主体地位，关心人民群众的根本利益，不断提高他们的物质和精神生活。思想政治教育工作就是要教育人们必须坚持中国道路，弘扬以爱国主义为核心的民族精神和以改革开放为核心的时代精神，团结一切可以团结的力量，万众一心，共同实现中华民族的伟大复兴。

"任何人类历史的第一个前提无疑是有生命的个人的存在"①，人的存在是一切活动的前提和目的。康德说："人，一般地说，每个有理性的东西，都自在地作为目的而实存着，他不单纯是这个或那个意志所随意使用的工具。在他的一切行动中，不论对于自己还是对于其他有理性的东西，任何时候都必须当作是目的。"② 人任何时候都是目的，人不是手段。"你的行动，要把你自己人身中的人性，和其他人身中的人性，在任何时候都同样看作是目的，永远不能只看作是手段。"③ 需要是人生存和发展的原动力，人生就是创造需要和满足需要的过程。人不仅要满足物质需求，更重要的是满足精

---

① 《马克思恩格斯选集》第 1 卷，人民出版社 2012 年版，第 146 页。
② ［德］康德：《道德形而上学原理》，苗力田译，上海人民出版社 1986 年版，第 80 页。
③ ［德］康德：《道德形而上学原理》，苗力田译，上海人民出版社 1986 年版，第 81 页。

神需求。思想政治教育要教育人们协调好物质需求与精神需求之间的关系，避免简单地割裂，造成人的主体性、能动性的丧失。

思想政治教育个体目标是从个体层面提出来的，即转变个体的思想观念，提升他们的政治素质和道德修养，促进其在德智体美劳等方面得到全面发展，把他们培养成为适应社会发展并对社会有用的人。现阶段思想政治教育个体目标就是要培养适应社会主义现代化要求的有理想、有道德、有文化、有纪律的公民。个体目标可分解为思想素质目标、政治素质目标、道德素质目标、心理素质目标、法纪素质目标。①

思想素质目标旨在使受教育者运用马克思主义的立场、观点、方法，分析问题、解决问题，树立正确的世界观、人生观、价值观，掌握科学的方法论，形成社会发展需要的思想素质。政治素质目标旨在培养建设中国特色社会主义伟大事业所需的政治理论知识，具有正确的政治方向、积极健康的政治心理，拥护党的领导和社会主义制度，树立中国特色社会主义共同理想和正确的政治价值观、利益观、权力观，提高受教育者的政治观念和政治觉悟，提高政治敏锐性和政治鉴别力，形成有利于社会和人民的政治行为。道德素质目标旨在让受教育者注重道德修养，按照社会公德、职业道德、家庭美德、个人品德的要求不断规范自己的行为，传承中华民族传统美德，实践新时代要求的道德规范，树立社会主义道德观，以正确的道德认知、自觉的道德养成积极践履道德行为，努力践行社会主义核心价值体系和社会主义核心价值观，自觉形成社会所需的以全心全意为人民服务为核心的、以集体主义为原则的社会主义道德品质。心理素质目标旨在提高受教育者的心理素质，培养积极向上、豁达乐观的心态，使他们能够正确地认识自我，具有健全的人格、丰富的情感、坚强的意志，增强心理调控、适应环境、承受挫折的能力，促进身心健康发展。法纪素质目标旨在对受教育者进行社会主义法治和纪律教育，通过法纪教育培养他们具有法治意识和纪律观念，遵纪守

---

① 徐志远：《现代思想政治教育学范畴研究》，人民出版社 2009 年版，第 159 页。

法，学会运用法律武器维护自己的合法权益。纪律与自由相辅相成，是维护生产秩序、工作秩序、生活秩序的保证，是为了维护共同利益，每个成员应该共同遵守的行为规则，最终形成知纪守纪的品质。

在思想政治教育个体目标中，思想素质目标是前提，主要解决人们的思想认知和思想方法问题，为人们认识世界和改造世界提供世界观和方法论，在目标体系结构中发挥着前提作用。政治素质目标是核心，集中体现思想政治教育性质的内容，决定着思想政治教育方向性的根本问题，在目标体系结构中发挥着核心作用。道德素质目标是重点，道德教育是规范性教育，人之为人应该具有一定的道德品质，是支撑个体精神生活的重点。心理素质目标是基础，良好的心理素质是促进身心和谐发展的基础性要求。① 法纪素质目标是保证，通过他律遵守共同的行为规范，在目标体系结构中发挥着保障性的作用。思想素质目标、政治素质目标、道德素质目标、心理素质目标、法纪素质目标等构成了个体目标的体系结构，从多层面多维度关心人的成长和发展，最终指向人的全面发展。

思想政治教育的国家目标是促进一个国家的发展与进步，比个体目标的层次更高。思想政治教育要达到的国家目标具有不同的层面，经济目标、政治目标、文化目标、社会目标、生态文明建设目标是其具体体现。

思想政治教育的经济目标是促进生产力的解放和发展。解放生产力，发展生产力是社会主义本质的主要内容，也是社会主义的根本任务。"社会主义的优越性，归根到底是要大幅度发展社会生产力，逐步改善、提高人民的物质生活和精神生活。"② 解放生产力，发展生产力除了物的因素就是人的因素，物的因素最终还是人的因素，因此，解放生产力和发展生产力最终要落实到提高劳动者的素质上来。劳动者素质的提高对于生产力的发展起着决定性的作用，通过思想政治教育，培养劳动者健全的人格和一定的法纪观

① 张耀灿、郑永廷等：《现代思想政治教育学》，人民出版社 2001 年版，第 171—172 页。

② 《邓小平文选》第 2 卷，人民出版社 1994 年版，第 251 页。

念，提高他们的思想政治素质和道德品质，充分调动劳动者劳动的积极性、主动性、创造性，直接促进生产力发展。生产关系、上层建筑必须与生产力的发展相适应，通过思想政治教育，间接推动生产关系和上层建筑的调整和变革，为生产力的发展开辟道路。现阶段，我国思想政治教育经济目标就是要促进生产力的发展，完善社会主义市场经济，推动经济持续健康发展，全面深化改革，全面建设社会主义现代化国家，不断满足人们日益增长的物质文化生活的需要。

思想政治教育的政治目标是促进巩固国家政权，维护社会主义制度，发展社会主义民主政治，建设社会主义政治文明，推进中国特色社会主义民主政治建设，深化政治体制改革，坚持党的领导、人民当家作主、依法治国有机统一，建设社会主义法治国家。通过政治理论学习和理想信念教育，深刻懂得坚持中国特色社会主义政治发展道路的必然性，树立正确的政治方向、政治立场、政治观点，坚定不移地建设中国特色社会主义政治，提高政治鉴别力和政治觉悟，全心全意为人民服务，促进共同政治目标的实现。党的十八届三中全会提出了建设"法治中国"的目标，强调"建设法治中国，必须坚持依法治国、依法执政、依法行政共同推进，坚持法治国家、法治政府、法治社会一体建设"①。

思想政治教育的文化目标是以马克思主义为指导，促进培养有理想、有道德、有文化、有纪律的公民，坚持中国特色社会主义文化发展道路，践行社会主义核心价值体系和社会主义核心价值观，提高中华民族的思想道德素质和科学文化素质，建设社会主义文化强国。加强和改进思想政治教育，注重人文关怀，建设良好的文化环境，培育文化自觉和文化自信。加强思想道德建设，提高公民道德素质，促进社会主义主导意识形态的巩固。通过思想政治教育，让人们深刻懂得教育是民族振兴和社会进步的基石，必须坚持优

①　转引自《毛泽东思想和中国特色社会主义理论体系概论》，高等教育出版社2014年版，第160页。

先发展教育，培养创新创业人才；科学技术日益成为经济社会发展的决定性因素，要大力推进科技进步和创新，提升全社会的科学文化素质。

思想政治教育的社会目标是促进提升人的素质，处理好人与自然、人与人、人与社会之间的关系，促进社会公平正义、社会和谐稳定发展，人民的物质文化水平普遍提高，社会保障全民覆盖，小康社会全面建成，最终走向共同富裕。通过爱国主义、集体主义、社会主义教育、世界观和方法论教育、创新创业教育等，树立正确的世界观、人生观、价值观、政治观，遵守社会公德、职业道德、家庭美德、个人品德所要求的道德规范，使人们的思想政治素质得到提高，全民的科学文化素质和道德水准得到提升，促进社会主义和谐社会的建设，确保社会充满活力、和谐有序。

思想政治教育的生态文明建设目标是促进"建设以资源环境承载力为基础、以自然规律为准则、以可持续发展为目标的资源节约型、环境友好型社会"①，通过思想政治教育拓展性内容的生态道德教育，树立尊重自然、顺应自然、保护自然的理念，处理好人与自然之间的关系，节约资源，积极推进绿色发展、循环发展、低碳发展，加大保护生态系统的力度，"牢固树立生态红线的观念，在生态环境保护问题上，就是要不能越雷池一步，否则就应该受到惩罚"②。建设良好的生态环境，把生态文明建设融入经济建设、政治建设、文化建设、社会建设之中，实现"五位一体"的和谐发展、全面发展、可持续发展，建设美丽中国。思想政治教育国家目标是一个有机系统。在思想政治教育国家目标中，经济目标是物质前提，其他目标都是在此基础上产生和形成的物质基础。政治目标居于核心和主导地位，是一定社会阶级、阶层经济利益的集中体现，是实现经济目标的根本保证，还决定着文化目标、社会目标的性质和内容。文化目标受经济目标、政治目标的制约，是实现经济目标、政治目标、社会目标、生态文明建设目标的必要条件和保

---

① 《十七大以来重要文献选编》上，中央文献出版社 2009 年版，第 109 页。
② 《习近平在中共中央政治局第六次集体学习时强调 坚持节约资源和保护环境基本国策 努力走向社会主义生态文明新时代》，《人民日报》2013 年 5 月 25 日。

证，为它们提供精神动力和思想保障，因为文化是民族凝聚力和创造力的重要源泉，具有超越时空的稳定性和强大的持久力。社会目标为实现经济目标、政治目标、文化目标、生态文明建设目标提供了有利的社会条件和实现环境。生态文明建设目标为其他目标提供和谐的生态环境，只有把生态文明建设目标融入其他建设目标之中，才能实现其他目标的可持续发展。不论是经济目标、政治目标、文化目标、社会目标、生态文明建设目标，都是围绕着"人"的活动而展开，出发点和落脚点都是"人"，最终的目的是关注人的发展，使人们过上幸福的生活，物质生活丰富，精神追求高远，人性越来越完善，人的发展越来越自由、越来越全面，体现了以人为本的伦理精神。

第八章

思想政治教育伦理精神的实践回应

思想政治教育伦理精神要体现以人为本的本质，"现实的个人"是实践的逻辑起点，在遵循"以人为本"的实践活动中实现思想政治教育的伦理精神，是提升思想政治教育伦理精神的现实路径。

第一节 "现实的个人"是实践的逻辑起点

思想政治教育是"人"的教育，不能脱离人的存在而实施。如果没有人的在场或者人被悬空，有血有肉的个体就被视为没有人性和灵魂的躯壳，思想政治教育目的理性便被割裂和遮蔽。终极目的和意义被抽象的理智驱逐，世俗的功利和算计为所欲为，满足眼前的利益和功利的需要成为行动的理由和准则，甚至成为有些人作恶的"遮羞布"和"挡箭牌"。从思想政治教育伦理精神的维度进行诠释，对人进行思想政治教育的过程就是对人进行自我约束和规范的过程，也是自我追求、自我提升、自我实现的过程，更重要的是凸显人的价值、人的尊严的过程。

一、"现实的个人"是实现思想政治教育伦理精神的前提

"人"始终是思想政治教育的前提和核心要素,思想政治教育必须在"人"的现实活动中开展,才能得到有效实施。思想政治教育是人的活动,也是"使人成为人"的活动。人不是天生或自然而然成为思想政治教育关系中的人,起初是外在于思想政治教育系统的,需要一个社会化的过程。"其实,人不是同自己的生产条件发生关系,而是人双重地存在着:主观上作为他自身而存在着,客观上又存在于自己生存的这些自然无机条件中。"①人由自然的存在向社会的存在转化,通过社会化获得应有的社会性,成为社会成员。对社会成员经过动员、组织、教育纳入思想政治教育的对象,按照思想政治教育目标施加影响,改变人的思想和行为,将其培养成为合格的"社会人"。但目前的思想政治教育存在着"人"的缺场现象。

思想政治教育是以人为核心的实践活动,其出发点和落脚点都是现实的、具体的人的存在。黄楠森教授把人的属性分为三个层次②:人的属性、人性和人的本质。人的属性是最基本的层次,是人的一切性质、特征的总和,包括人的自然属性、社会属性、精神属性。人性是人之为人所特有的那部分属性,必须与动物的那部分属性区别开来,和纯粹生物学意义的人也不同,比如人的社会属性和精神属性才属于人性内容,比人的属性范围小。人的本质是人性中最根本的、最核心的那部分内容,是人所独有的属性和内在规定,是规定人的唯一性,是与人和动物相区别最为根本的质。社会生活实践中的人是活生生的、现实的、具体的人,"人的本质并不是单个人所固有的抽象物。在其现实性上,它是一切社会关系的总和"③。人的属性、人性

① 《马克思恩格斯全集》第46卷上,人民出版社1979年版,第491页。
② 转引自雷骥:《现代思想政治教育的人性基础研究》,人民出版社2008年版,第42—43页。
③ 《马克思恩格斯选集》第1卷,人民出版社2012年版,第135页。

和人的本质属于不同的层次，关系密切。人的属性由人性决定，人性由人的本质决定；人的属性包含人性，人性包含人的本质。

现实的个人是思想政治教育的前提和基础。"这里所说的个人不是他们自己或别人想象中的那种个人，而是现实中的个人，也就是说，这些个人是从事活动的，进行物质生产的，因而是在一定的物质的、不受他们任意支配的界限、前提和条件下活动着的。"① 从共时性视角看，现实的个人首先是自然存在物，人是"自然的、肉体的、感性的、对象性的存在物"②，有血有肉、有真情实感、有生物性需求的、活生生的人。现实的个人其次是社会存在物，是一切社会关系的总和，"因为人的本质是人的真正的社会联系，所以人在积极实现自己本质的过程中创造、生产人的社会联系，社会本质"③。个体的人通过与他人发生交往的过程中确认自己，反观自身，不可能脱离社会孤立地存在，"人天生是社会动物"④，现实的个人构成了人类社会。现实的个人再次是精神存在物或有意识的存在物。意识是自然界长期发展的产物，是社会历史发展的产物，是人类所特有的属性。

马克思主义认为，现实的个人是"有意识的存在物"⑤。意识使人能够产生思想、观念等许多人之为人所独有的精神性东西，存在着不同层次的精神性需要，比如理想信念的需要、尊重与爱的需要、自我发展与自我实现的需要等。"思想、观念、意识的生产最初是直接与人们的物质活动，与人们的物质交往，与现实生活的语言交织在一起的。人们的想象、思维、精神交往在这里还是人们物质行动的直接产物……人们是自己的观念、思想等等的生产者，但这里所说的人们是现实的、从事活动的人们。"⑥ 总之，现实的个人是自然存在物、社会存在物、精神存在物的有机统一体。

---

① 《马克思恩格斯选集》第 1 卷，人民出版社 2012 年版，第 151 页。
② 《马克思恩格斯全集》第 42 卷，人民出版社 1979 年版，第 167 页。
③ 《马克思恩格斯全集》第 42 卷，人民出版社 1979 年版，第 24 页。
④ 《马克思恩格斯全集》第 23 卷，人民出版社 1972 年版，第 363 页。
⑤ 《马克思恩格斯全集》第 42 卷，人民出版社 1979 年版，第 96 页。
⑥ 《马克思恩格斯选集》第 1 卷，人民出版社 2012 年版，第 152 页。

从历时性视角看，一是现实的个人是具体的历史存在。"历史是这样创造的：最终的结果总是从许多单个的意志的相互冲突中产生出来的，而其中每一个意志，又是由于许多特殊的生活条件，才成为它所成为的那样。这样就有无数相互交错的力量，有无数个力的平行四边形，由此就产生出一个合力，即历史结果。"① 人类社会的历史是现实的个人实践活动合力的结果，每一个现实的个人对合力都有所贡献。二是现实的个人要从"现实的、有生命的个人本身出发"②，从实际活动出发，是现实的、真实的存在物。三是现实的个人是实践存在物，实践是人的存在方式，是人的自觉能动性的体现和根源，是人所独有的活动和本质特性，全部社会生活本质上是实践的，在实践的基础上人类的本质才能得到充分的体现和确证。实践是人类社会发展的基础，蕴含着人与自然的关系、人与人的关系、人与自我的三重关系，形成了社会关系的同时也形成了社会生活的基本领域，推动着社会向前进步和发展。"凡是把理论引向神秘主义的神秘东西，都能在人的实践中以及对这个实践的理解中得到合理的解决。"③ 实践把人的自然存在物、社会存在物、精神存在物有机统一起来，其具有主体性、主动性、创造性，不断地进行物质生产和精神生产，满足人的不同层次需要。

思想政治教育如果迷失于工具理性，受功利动机的驱使，漠视现实的个人的存在，思想政治教育就变成了一种手段，自然会忽视健全人格的塑造、良好公民的培养、人的全面发展的目的价值，造成的结果是思想政治教育实效性不强。"现实的个人"的缺场，致使思想政治教育偏离了本真状态走向了异化。具体表现在以下几个方面：

第一，我国的思想政治教育应该服务于政治、意识形态教育和社会稳定，加强高校思想政治工作必须"坚持四个服务"，即为人民服务、为中国共产党治国理政服务、为巩固和发展中国特色社会主义制度服务、为改革开

---

① 《马克思恩格斯选集》第 4 卷，人民出版社 2012 年版，第 605 页。
② 《马克思恩格斯选集》第 1 卷，人民出版社 2012 年版，第 153 页。
③ 《马克思恩格斯选集》第 1 卷，人民出版社 2012 年版，第 135—136 页。

放和社会主义现代化建设服务。但部分教育者在教育方法上比较单一，教育者采取灌输的方法，受教育者被动地接受，不利于思想政治教育工作的开展。

第二，思想政治教育中的人是现实的个人，现实的个人是自然存在物、社会存在物、精神存在物的有机统一。但在具体工作中常常强调人的精神存在，忽视人的自然存在，重精神轻物质，重视社会利益轻视个人利益，思想政治教育成了规范教育、约束教育、压抑教育，与"人的自由而全面发展"的最终价值目标渐行渐远甚至南辕北辙。

第三，人具有可塑性，人的精神层面的追求、人生意义等不是先天就有的，需要后天的社会性教育和塑造。通过思想政治教育，培养和塑造受教育者正确的价值观念、高尚的人格、良好的思想政治素质和道德品质，这无疑是正确的选择。但在具体的教育活动中过于强调人的可塑性，把教育对象当成教育者随意"塑造"的"泥巴"，淹没了受教育者的主体性。主体性是"人在活动中处于主体地位所表现出来的一种主体作用或动态的功能特性，是对受动性的扬弃、超越"①。人的主体性即自主性、能动性、创造性，是思想政治教育应该培养的能力，一定要坚持"现实的个人"的可塑性与主体性的辩证统一。

第四，强调思想政治教育的社会价值无疑是正确的，但必须树立正确的教育教学理念，采取科学的教育教学方法，才能取得一定的成效。思想政治教育如果一旦脱离人的目的性价值，目的理性被遮蔽，人必将沦为手段性存在，思想政治教育就失去其本真的意义和终极的价值目标，导致其简单化和最终的失败。思想政治教育本应是社会价值即手段性价值与个体价值即目的性价值的统一，但在实际工作中，如果割裂它们之间的统一，尤其是轻视个体价值，忽视人的感情、思想、意志、感受、体验，就缺失了对思想政治教育伦理精神的追寻和观照，就失去了对生命意义的追求和自身价值的关切。

---

① 陈志尚：《人学理论与历史·人学原理卷》，北京出版社 2004 年版，第 144 页。

不能错误地认为思想政治教育与人的利益、人的需要、人的发展毫不相关甚至是背道而驰的，也不能误认为思想政治教育是思想、政治、道德知识的教育，这样就窄化了思想政治教育功能，没有真正看到思想政治教育不同于科学知识的掌握和技能的培养，没有充分认识到思想政治教育是要把有血有肉的个体培养成为自由而全面发展的人。

二、思想政治教育伦理精神凸显人性与人的需要

"现实的个人"是思想政治教育的逻辑起点，也是思想政治教育最基本的范畴。思想政治教育的主体、客体、教育过程都离不开"人的在场"，离不开"现实的个人"的现实生活。思想政治教育中的人是现实生活世界中的人，生活是人最生动、最直接、最完整的存在方式，人与人的生活是融为一体的。"个人怎样表现自己的生活，他们自己就是怎样。"① 生活世界是人的物质生活和精神生活的家园，是人的生命之根和意义的寄托。思想政治教育不能无视人的在场，不能无视人的现实生活世界是思想政治教育的逻辑起点，不能把思想政治教育与人的丰富多彩的生活世界隔离开来，而纳入到一个由概念、逻辑和原理组成的冷冰冰的、抽象的理论世界中。由于远离生活世界，思想政治教育从根本上消解了自身存在的合理性，遮蔽了思想政治教育对于人的意义和价值，导致思想政治教育只有知识的"灌输"，缺乏情感的投入；只有冰冷的说教，缺乏真正的认同与信仰；只有停留在理论层面的夸夸其谈，缺乏实践层面的具体行为；只有空洞的形式主义，缺乏实质上的内容创新；只有从理论世界出发观照人的日常生活世界，缺乏从日常生活世界出发提升人的意义和价值。思想政治教育如果很难入脑、入心，就必然导致教育效果的虚化和低效。

思想政治教育必须建立在人性的基础之上，教育活动合乎人性以及人的

---

① 《马克思恩格斯选集》第 1 卷，人民出版社 2012 年版，第 147 页。

需要，才会有真正的生命力，才能达到预期的教育目的。合乎人性，才能更好地丰富人性、发展人性、完善人性，才能获得发展自我和完善自我的必要性、合理性、现实性。人的需要是有层次的，思想政治教育如果能够满足"现实的个人"不同层次的需求，就能够走进人的内心，产生一定的化学反应，真正发挥其功能。在发展社会主义市场经济和对外开放的条件下，当今社会主流是好的，但由于社会分配不公、两极分化现象严重、官员腐败、物欲横流，人们出现了不同程度的理想信念模糊不清、价值观念扭曲、为了达到自己私利目的而不择手段、诚信意识缺失、不分是非荣辱不辨善恶美丑等社会问题，加之，人的灵魂无法安顿、人们倍感生活压力加大、社会不公现象所引起的心理失衡等心理问题困扰着人们的思想，人们更需要思想政治教育合乎人性，能够满足人的需求，在人们的日常生活中实现思想政治教育的伦理精神。

思想政治教育的伦理精神就是要丰富人性、发展人性、完善人性，与"现实的个人"需要不断提升的需求是契合的。人的提升需要从自然属性、社会属性、精神属性层面不断丰富、发展，需要物质生活条件和水平的提高、社会关系的更加丰富、精神生活的丰富和精神境界的提高。在自然属性和社会属性提升的过程中，总是伴随着精神境界的提升。在思想政治教育的过程中始终要贯穿思想政治教育的伦理精神，以"现实的个人"为教育的逻辑起点，他们是具体的、历史的、实践的存在物，随着生产力的发展、社会的进步、环境的改变，人的提升没有完成时，只有进行时，永远处于提升的过程之中。"人创造环境，同样，环境也创造人。"① "环境的改变和人的活动或自我改变的一致，只能被看作是并合理地理解为革命的实践。"② 随着环境的改变，社会实践不断地深入，为思想政治教育的自身存在和充分发展提供了现实性。"现实的个人"的需要是思想政治教育价值生成的基础，

---

① 《马克思恩格斯选集》第 1 卷，人民出版社 2012 年版，第 172 页。
② 《马克思恩格斯选集》第 1 卷，人民出版社 2012 年版，第 134 页。

思想政治教育满足人们需要的程度越高，其价值就越大。

思想政治教育的价值一方面是社会价值，通过教育施加影响和加以引导，为国家、社会培养合格的人才。思想政治教育的伦理精神有助于教育者通过形而上的追问和审视，真正掌握思想政治教育规律、原则、方法，并能正确运用这些规律、原则、方法有针对性地开展思想政治教育，提高其教育效果。另一方面是思想政治教育的个体价值，为"现实的个人"提供思想保障、精神动力，有利于尊重人、关心人、发展人、完善人，提升的过程就是思想政治教育伦理精神发挥作用的过程。思想政治教育的社会价值和个体价值是一个有机统一体，一起构成了思想政治教育的价值体系，这两方面共同作用，更有力地促进思想政治教育的伦理精神的实现。

马克思主义的基本理念是为了"人"，而不是"物"，是让现实中的"每一个人"都能自由而全面发展。马克思主义关于人的发展理论与思想政治教育的伦理精神是一致的，即要体现人文关怀，树立"以人为本"的根本理念，从"现实的个人"出发，关心每一个人的自由而全面的发展。"现实的个人"是不可或缺的，最大限度地创造有利于"每个人的自由发展"的条件，追求"现实的个人"的自由而全面的发展，实现"一切人自由而全面的发展"的终极价值目标。"代替那存在着阶级和阶级对立的资产阶级旧社会的，将是这样一个联合体，在那里，每个人的自由发展是一切人的自由发展的条件。"① 人摆脱了对"人的依赖关系"和"物的依赖性"之后，才能实现人的"自由个性"的发展。人的全面发展不仅使品德、智力、体力得到发展，使人的社会交往得到发展，而且要使人的其他方面的才能也得到发展，实现社会发展与个人发展真正的统一。

三、思想政治教育伦理精神凸显人的发展规律与发展目的

思想政治教育有其自身的规律，有一般的规律也有特殊的规律。思想政

---

① 《马克思恩格斯选集》第 1 卷，人民出版社 2012 年版，第 422 页。

治教育规律揭示思想政治教育在运动发展过程中内在的、本质的、必然的联系，是准确把握思想政治教育本质的关键。思想政治教育规律是不以人的意志为转移的客观存在。教育主体、客体、中介、环境是思想政治教育的构成要素。教育主体需从教育客体的思想实际出发，尽管教育主体和教育客体都有自己的思想，但这些主观的内容来自于社会实践活动，却是客观的实在。因此，要遵循一定的客观规律才能得到发展。教育中介主要是指教育目标、教育内容、教育方法等。教育主体和教育客体实施的思想政治教育，要遵照教育目标、教育原则，选择与教育内容相适合的教育方法，不断提高思想、政治、道德水平。在这个过程中，思想政治教育的各个要素都要指向同一个目标共同发挥作用，共同解决一定的社会发展要求与人的思想实际水平之间的矛盾，思想政治教育必须围绕解决这一矛盾而展开，违背之就会失去教育的意义。同时，思想政治教育作为一个独立的系统，势必受政治、经济、社会、文化等客观条件的影响和制约，而且还要服务和超越于一定社会的政治建设、经济建设、文化建设、社会建设、生态文明建设。思想政治教育既要促进人的发展，也要促进社会的发展，这是思想政治教育的一般规律。思想政治教育的特殊规律揭示的是其某一部分、某一环节、某一具体内容的本质联系，须以一般规律为指导，体现一般规律，两者共同构成思想政治教育的规律。

"在社会历史领域内进行活动的，是具有意识的、经过思虑或凭激情行动的、追求某种目的的人；任何事情的发生都不是没有自觉的意图，没有预期的目的的。"① 人是有意识、有思想的，受一定思想和目的的支配，但主观思想是见之于客观的实践。人的自觉能动性决定了人对思想、精神的需要，决定了人们对人生目标和理想信念的追求，这是思想政治教育产生的基础和发展的前提。"人的类特性恰恰就是自由的自觉的活动。"② "一切事情

① 《马克思恩格斯选集》第4卷，人民出版社2012年版，第253页。
② 《马克思恩格斯全集》第42卷，人民出版社1979年版，第96页。

是要人做的……做就必须先有人根据客观事实，引出思想、道理、意见，提出计划、方针、政策、战略、战术，方能做得好。思想等等是主观的东西，做或行动是主观见之于客观的东西，都是人类特殊的能动性。这种能动性，我们名之曰'自觉的能动性'，是人之所以区别与物的特点。"① 任何一种思想的产生、发展只能在社会存在中找到答案，离开社会存在探讨人的思想，只会陷入抽象的思辨。正确的思想认识有其自身的规律，"人的正确思想，只能从社会实践中来"，"一个正确的认识，往往需要经过由物质到精神，由精神到物质，即由实践到认识，由认识到实践这样多次的反复，才能够完成。"② 通过学习、教育和实践，掌握正确理论，以正确理论指导实践。思想政治教育一定要遵循正确思想形成和发展的规律，还要遵从和服务于社会发展的规律，适应政治建设、经济建设、文化建设、社会建设、生态文明建设的发展需要，这是由思想政治教育的上层建筑性质所决定的。

思想政治教育的目的性就是其价值取向性，必须为实现一定社会的发展目标和促进人的发展而服务，反映社会发展和人的发展的本质要求。在阶级社会表现为党性，必须体现统治阶级的根本利益和意志，为巩固统治阶级的利益服务，这是思想政治教育区别于社会环境影响的根本区别。社会环境对人们思想和行为的影响往往是自发的、盲目的、不确定的，而思想政治教育却是有组织地、有计划地、系统地、自觉地培养和提高人们的思想观念、政治素养、道德素质，促进人的全面发展，从而推动社会的发展。思想政治教育在促进人的发展方面，主要是通过培养以及教育，主观因素和客观因素相互作用的结果，是外部社会环境影响和自我内在转化辩证运动的产物。思想政治教育的外部社会环境影响是取得实效的客观外在条件，社会环境通过交往等实践形式，以规范约束社会成员，将思想政治教育目标、教育内容等渗透到人们的思想和行为之中，使思想政治教育个体化，把这种积极影响转化

① 《毛泽东选集》第2卷，人民出版社1991年版，第477页。
② 《毛泽东著作选读》下册，人民出版社1986年版，第839—840页。

为个体的认知、认同和践行。同时，个体获得的思想政治教育通过实践对社会产生影响，反作用于社会环境，能动地改造社会环境。社会成员在接受外部社会环境的影响时，不是消极、被动地接受，而是有选择性地筛选、吸收、内化，主体因素在思想政治教育过程中发挥着能动作用，同一个影响对不同个体产生的效果不尽相同。思想政治教育的内在转化是思想政治教育取得实效的内在根据，按照"不知—知—情—意—信—行"这样的内在逻辑运行，思想政治教育的基本问题是由不知转化为知，再由知转化为行的问题。

首先，对思想政治教育有了一定的理解和认知后，在不断的实践中产生一定的情感体验，"在人和低等动物之间的种种差别之中，最为重要而且其重要程度又远远超出其他重要差别之上的一个差别，就是道德感或良心。"① 有了情感的推动，在思想政治教育的过程中坚持不懈、持之以恒，锤炼意志品质，逐步内化为人们的内心信念，进而升华为内心信仰。其次，在一定的认知、情感、意志和信念的支配下，人们沿着既定的目标把规范落实在具体行动上，并形成一定的行为习惯。"一个人做了这样或那样一件合乎伦理的事，还不能说他是有道德的，只有当这种行为方式成为他性格中的固定要素时，他才可以说是有德的。"② 把良好的行为习惯进一步地巩固和强化，最终将外在的思想政治教育转化为人们的内在需要，不断完善自我，促进自身的进步和发展。

培养人的社会性是思想政治教育的本质要求，使一个人成为社会的人，大写的"人"。既要看到思想政治教育的工具性价值，更重要的是要看到它的目的性价值，工具性价值和目的性价值是统一的。不仅仅是知识性的教育，而是通过思想政治教育，把最终目的投向对人的终极关怀，不断丰富人性，提升人的精神境界，促使人的进步和发展，增强人的社会性

① [英]达尔文：《人类的由来》，潘光旦等译，商务印书馆1983年版，第148页。
② [德]黑格尔：《法哲学原理》，杨东柱等译，北京出版社2007年版，第77页。

本质。因此，思想政治教育的目的是促进人的发展，人的发展最终是为了更好地服务于社会，促进社会的发展。思想政治教育是根据一定社会的生产力发展水平以及政治、经济、文化、社会的发展需要开展的，维护统治阶级的主导意识形态，体现社会的发展方向，为实现社会发展目标而服务。

中国特色社会主义已进入了新时代。我国发展的国内外环境、目标任务、时代条件等发生了深刻的变革，适应新时代必须有新理念和新举措，尤其是需要能够最大限度引领和凝聚不同社会阶层、不同利益群体的理论体系和精神力量。这就需要思想政治教育发挥作用，通过思想政治教育，使人们对新时代中国特色社会主义思想有一个深刻的理解。新时代中国特色社会主义思想把社会主义发展和实现中华民族伟大复兴的历史任务紧密联系了起来，把实现"两个一百年"奋斗目标与人民共同富裕紧密联系了起来，把国家富强、民主、文明、和谐、美丽的价值追求与个人的自我价值实现紧密联系了起来，是团结和激励全国各族人民的共同思想基础和强大精神力量。

通过思想政治教育，让人们自觉主动地践行社会主义核心价值体系和社会主义核心价值观。社会主义核心价值体系和社会主义核心价值观是社会主义社会的主导意识形态，体现了社会主义制度的内在价值取向，能够更好地整合社会各种价值追求和思想观念，最大限度地团结和凝聚社会成员有力推动"四个全面"的有效实施，为促进经济建设、政治建设、文化建设、社会建设、生态文明建设、党的建设提供精神力量和思想保证。

马克思主义理论重视人的精神的作用，"历史是这样创造的：最终的结果总是从许多单个的意志的相互冲突中产生出来的，而其中每一个意志，又是由于许多特殊的生活条件，才成为它所成为的那样。这样就有无数相互交错的力量，有无数个力的平行四边形，由此就产生出一个合力，即历史结果，而这个结果又可以看作一个作为整体的、不自觉地和不自主地起着作用的力量的产物。"① 人的意志就是人的精神力量，如果这些力是同一个方向，共同发挥作用就可以融合为一个合力，每个人的精神力量都会对合力有所贡献。社会主义核心价值观是凝心聚力的"最大公约数"，是固本培元的灵魂工程，也是每个人的价值观念通过相互冲突和激荡所形成的"合力"，是坚持和发展中国特色社会主义的"导航仪"，是维系社会和谐稳定的"稳压器"，是涵养人心、守望道德的"灵魂栖息地"。

思想政治教育是合目的的实践活动，为社会发展提供精神动力源泉，转变人的思想观念，以情化人，以理育人，使它的影响像空气一样无处不在、无时不有，达到"润物细无声"的效果。因此，在思想政治教育的过程中，要在落细和落实上下功夫，坚持不懈地抓好实践养成，引导人们在实践中深化对思想政治教育理论体系的理解，不断增强认同感，成为指导社会成员自觉行动的"方向盘"。习近平同志在全国高校思想政治工作会议上强调，高校思想政治工作关系高校培养什么样的人、如何培养人以及为谁培养人这个根本问题。要坚持把立德树人作为中心环节，把思想政治工作贯穿教育教学全过程，实现全程育人、全方位育人。

四、思想政治教育伦理精神凸显人文关怀

思想政治教育伦理精神的实现，要求"现实的个人"必须在场。思想政治教育的主体即教育者是"现实的个人"，客体即受教育者也是"现实的个人"。思想政治教育的主体分为两类：一是个体性主体，主要是指动员、宣传、组织、具体实施思想政治教育活动的"现实的个人"，比如思想政治教育工作者、领导等；二是群体性主体，主要是指动员、宣传、组织、具体实施思想政治教育活动的社会组织，比如教育主管部门、政党等。群体性主体也是由"现实的个人"组成的。能否真正成为思想政治

① 《马克思恩格斯选集》第 4 卷，人民出版社 2012 年版，第 605 页。

教育的主体，关键在于是否具有主体性。"思想政治教育主体的主体性，表现为思想政治教育主体的主动性、主导性、创造性、前瞻性等属性，即主体能动性。"① 具有主体性的主体在思想政治教育的过程中，始终能够积极主动、创造性开展教育活动，发挥主导作用，达成既定的教育目标。

思想政治教育也是对象性活动，但客体不是"物"，而是"人"，是按照人与人之间的关系划分的。思想政治教育的客体是思想政治教育的接受者和受动者，与思想政治教育的主体相对应，是主体的作用对象。"思想政治教育的客体具有客体性，表现为思想政治教育客体的受动性、受控性和可塑性。"② 客体要接受教育主体施加的影响和教育，在教育者的主导下自觉改造自己的思想和行为。但思想政治教育的客体与一般的客体不同，是有思想、有情感的"现实的个人"，不是完全被动地接受，具有接受教育的主动性，却不会因此而改变自己的客体地位。思想政治教育的主体与客体是相对的，在一定的条件下可以转化。比如，客体主体化的情形，对于提高教育效果意义重大。

思想政治教育主体与客体的关系是思想政治教育最基本的关系，"现实的个人"构成了主体与客体之间最基本的矛盾，贯穿于思想政治教育的整个过程之中，决定着思想政治教育的方向和性质，决定着思想政治教育其他关系、其他矛盾的产生、变化和发展。在新的历史条件下，为了体现和实现思想政治教育的伦理精神，需要构建思想政治教育主体与客体之间新的关系模式。主体间性思想政治教育超越和发展了思想政治教育主客二分以及主体性思想政治教育的理论，为思想政治教育提供了新的哲学范式和方法论。主体间性也叫交互主体性，是主体与主体之间的关系互动，除了关注"现实的个人"的主动性、主导性、创造性，还要关注"现实的个人"之间、"现

---

① 骆郁廷：《论思想政治教育主体、客体及其相互关系》，《思想理论教育导刊》2002 年第 4 期。

② 骆郁廷：《论思想政治教育主体、客体及其相互关系》，《思想理论教育导刊》2002 年第 4 期。

实的个人"与群体之间的互动关系和它们之间的相互作用、相互影响。

"现实的个人"具有主体性,是"单一物"的存在。每一个主体组成群体主体,是"普遍物"的存在。个体主体是群体主体的有机组成部分,不可分离。群体主体作用的发挥不是个体主体作用的简单相加,而是个体与个体之间、个体与群体之间相互作用的结果。既强调个体与群体公共本质的同一性,又融摄个体,并敬重群体,是个体与群体的辩证统一,才有伦理精神蕴含其中。主体间性思想政治教育不是教育者与受教育者之间简单的对象化关系的构建,个体主体是主体交往互动之网上的一个网结,尽管具有主体性,但一定要重视主体间形成的整体性,这种平等、交互、和谐的整体性远远大于个体主体的影响力和作用力。

"认同归于相互理解、共享知识、彼此信任、两相符合的主观际相互依存。认同以对可领会性、真实性、真诚性、正确性这些相应的有效性要求的认可为基础。……理解……最狭窄的意义是表示两个主体以同样方式理解一个语言学表达;而最宽泛的意义则是表示在与彼此认可的规范性背景相关的话语的正确性上,两个主体之间存在着某种协调。"① 主体之间要协调取决于相互交往,在交往的过程中相互正确理解、相互真诚信任,进而达到彼此认同。

胡塞尔认为,"事物显现的过程在两个主体中具有协调,这种协调使得相互同感成为可能"。② 主体间的协调是通过交往而产生,在交往中运用"同感"与"移情"予以协调。"同感"是在相互理解的基础上引起共鸣,产生共同的体验和感受。"移情"产生于具有自我意识的主体之间,通过"推己及人"的推理进行有意义的建构。主体间性思想政治教育旨在通过交往、理解、"同感"、"移情",主体间相互协调、认同,建立平等关系,相互尊重人格和人的尊严,充分考虑他者主体的内在需求与体验感受、情感意

---

① [德]哈贝马斯:《交往与社会进化》,张博树译,重庆出版社1989年版,第3页。

② 转引自王炜:《中国现象学与哲学评论》第1辑,上海译文出版社1995年版,第88页。

志等，能够站在对方的角度思考问题，悦纳对方的缺点与不足，通过"同感"与"移情"寻求更多的共通点，凸显伦理精神和人文关怀。主体间性思想政治教育通过主体间的交往沟通予以实现，这种和谐共在的主体间场域使得思想政治教育的场域得到拓展和延伸，包括生活场域、虚拟场域等，为提高思想政治教育效果提供了可能性和现实性。

主体间性思想政治教育强调主体之间平等地交往对话，关系的共在、相互尊重，建立在符合人性的基础之上，充分体现人文关怀，使思想政治教育实践活动建立在相互尊重、平等交互的平台之上，而不是对思想政治教育对象性活动的全盘否定，是对以往教育主体与教育客体之间关系的扬弃，充分肯定教育客体的主体地位，是思想政治教育范式的转换。范式的转换不会改变思想政治教育的本质和功能，更应该发挥巨大的作用。

第一，当今我国社会处于深刻的变革和转型时期，政治多极化、经济全球化、文化多元化、科技日新月异、各种社会思潮风起云涌，这些无疑对人们的思想观念和价值取向产生着重大的影响，我们要清醒地看到意识形态工作的复杂性、艰巨性，确实需要不断地加强和改进。思想政治教育的社会价值要旗帜鲜明地巩固和强化，千万不能削弱，毫不动摇地倡导和践行主导意识形态是发挥思想政治教育的社会价值的应有之义。

第二，主体间性思想政治教育要求发挥思想政治教育的个人价值，尊重受教育者的主体地位，把他们当成是"现实的个人"，是具体的、活生生的人，是自然存在物、社会存在物、精神存在物的统一体。在思想政治教育的过程中，尊重人的思想、政治、道德形成、变化、发展的规律，充分考虑教育对象的原有认知基础、理解能力、内在需求等，发挥和激发教育对象的主体地位作用，从教育对象的需求和发展基础的实际出发，有针对性地开展思想政治教育工作。

为了使教育者和受教育者双方平等沟通、顺畅交流，教育者需要不断地学习，提高自身素质，对思想政治教育规律能够很好地把握。主体间性思想政治教育的理论要求在实施思想政治教育的过程中，教育者能够很好地驾驭教育活动，由原来的控制者、权威者、"导演"者的身份转向合作者、引导者、参与者，与受教育者进行平等的对话，创造民主沟通的良好氛围，鼓励他们发表自己的观点、见解，不同的观点相互碰撞，产生智慧的火花，提高思想政治教育的实效性成为一种必然。

第二节　思想政治教育伦理精神的实践路径

思想政治教育伦理精神的核心是以人为本。树立以人为本的理念，尊重人、理解人、关爱人，尊重人的理性、尊严，承认人性的不完美，体现人的真实存在，从而表达对人的关爱。在"以人为本"的实践中，在日常生活和社会实践中实现思想政治教育伦理精神。

一、在日常生活中实现思想政治教育伦理精神

思想政治教育是"现实的个人"的实践活动。"现实的个人"和人的生活是融为一体的，生活是人的存在方式，是滋养我们生命的"根"。生活世界是我们最本真的自然存在物与社会存在物的世界，在生活世界中才能追求意义世界，体现精神存在物的价值。

思想政治教育不能疏离生活世界，如果疏离了作为提升人的价值和意义之源的日常生活世界，就会背离思想政治教育的伦理精神，内在蕴含的伦理精神就会被剥离，成为无用之物，只会使教育者产生拒斥。人总是在丰富多彩的社会生活中成为现实的人，"发展着自己的物质生产和物质交往的人们，在改变自己的这个现实的同时也改变着自己的思维和思维的产物。不是意识决定生活，而是生活决定意识"①。思想政治教育作为精神性的活动，

———————————

① 《马克思恩格斯文集》第 1 卷，人民出版社 2009 年版，第 525 页。

需要从日常生活中汲取营养，在生活中实现人生的意义。人和动物最大的质的区别是人除了满足物质生活的需要之外，还有精神生活方面的需求，伦理道德是精神生活中最高尚的追求。把伦理道德作为一个内在的尺度追求，体现了人对生活世界的伦理期盼和高度的道德自觉，希望皈依伦理精神的家园。

有"根"的伦理生活有两个特点：一是伦理生活主体有充实感或意义感；二是伦理生活主体的行为是发乎自然的。所谓充实感或意义感是指伦理生活的主体体验到了有限生活中的无限，世俗生活中的永恒。① 伦理生活本身是一种现实的社会实践活动，是遵从自己的内心，合乎正确的理性而行动，并在有限的生活中追求无限和永恒。在我国的文化语境中，人们在"立德、立功、立言"中不断提升人自身，在"内圣外王"中实现人生价值，最终达至最高的人生境界。

习惯和品质来自于相应的现实生活。亚里士多德说："我们做公正的事情，才能成为公正的人；进行节制，才能成为节制的人；表现勇敢，才能成为勇敢的人。"② 因此，思想政治教育培养人的良好习惯和崇高品质，离不开人的现实生活，与现实生活联系十分紧密，在现实生活中认知"公正""节制""勇敢"的内涵，再按照它们的要求在现实生活中做"公正""节制""勇敢"的事情，通过内化于心、外化于行，成为"公正""节制""勇敢"的人。

现实生活实践是思想政治教育的动力源泉，离开现实生活实践，思想政治教育就成了无源之水、无本之木。当下，思想政治教育如果离开现实生活实践进行机械记忆的知识教育，缺少生活的本真和乐趣，没有生活意义的追寻，其结果是思想政治教育就成了冷冰冰的、抽象的、空洞的理论说教，缺少行动的感召力和说服力，践行成为一句空话。与现实生活的隔

---

① 檀传宝：《信仰教育与道德教育》，教育科学出版社 1999 年版，第 23—24 页。

② ［古希腊］亚里士多德：《尼各马科伦理学》，苗力田译，中国人民大学出版社 2003 年版，第 26 页。

离，失去了生活中丰富多彩的内容，遮蔽了对生活意义的追寻，思想政治教育从源头上消解了自身存在的合理性及其意义，严重影响了思想政治教育价值的实现。

思想政治教育如果局限于在自己的领域"自说自话"，与现实生活脱节，难免就会造成以自己的理论体系建构起来的"主观理想"世界，在这个"世界"中主观设计的教育目标、教育内容、教育过程、教育方法等相对完美，从理论到理论貌似理想，自认为思想政治教育应该达到而且能够达到理想的教育目标，但在实践过程中发现与现实生活有一定的差距，形成了较大的反差。要么是把思想政治教育沦为对社会意识形态强制性服务的教育工具，很大程度上不是人们的自主选择和理性判断，而是诉诸权威的压制和教条式的理解，没有生活意义的思想政治教育，结果成了人们的负担和累赘，越来越引发人们的反感和本能的排斥。

如果没有伦理精神的思想政治教育，就是没有灵魂的教育，既没有一定的导向性，也没有把基本精神贯穿其中，人和人的生活异化，势必会阻碍思想政治教育基本价值的实现，直接冲击着思想政治教育合目的性和合规律性的存在，教育效果理所当然不尽如人意。以常青的生活之树弥补灰色理论的不足，思想政治教育只有回归现实生活，把人置于人的生活世界中，从人的生活世界中挖掘思想政治教育的伦理精神，才能揭示思想政治教育的本质，才能富有成效地开展思想政治教育工作，让人们形成正确的世界观、人生观、价值观，最终成为对社会有用的人，并且人自身能够得到不断提升和发展。在现实的生活实践中实现思想政治教育的伦理精神，并不等于说在现实生活中进行思想政治教育，就会自动拥有伦理精神，而是在进行思想政治教育的过程中一定要贴近现实、贴近生活、贴近受教育者的生活实际，有目的、有计划、有组织地施加教育和影响，发挥受教育者的主观能动性，主动接受教育，既能实现思想政治教育的工具性价值，也能实现思想政治教育的目的性价值，在实现价值的过程中培育和践行思想政治教育的伦理精神。

二、在社会实践活动中实现思想政治教育伦理精神

思想政治教育主要是通过思想政治教育实践活动来实现，在思想政治教育体系中具有基础性的地位。思想政治教育分为思想政治教育理论活动和思想政治教育实践活动，理论部分通过理论传授来完成，对理论知识有了一定的认知和理解后，内化于心，最终还是要通过社会活动、社会参与、社会服务、社会调查、学习参观、生产劳动、义务劳动、人际交往和互动影响、榜样的示范引领等外化为行。思想政治教育不同于理论知识教育或技能教育，不仅仅是一门理论科学，更是一门实践科学，是一种特殊的社会实践活动，需要个体自主自觉地建构、吸收、内化、体悟、养成和践行。思想政治教育是人的活动，出发点和落脚点都不能离开人而存在，只能从现实的人、具体的人出发，关注人的现实存在、人的价值和意义。

（一）合乎人的实践理性

思想政治教育要合乎人的实践理性。思想政治教育是一种实践的理性活动，理性不是先验的，是从实践中获得的实践智慧。实践是社会历史性的物质活动，决定了理性不是永恒不变的，而是随着实践的发展而发展的。思想政治教育是合乎理性的实践活动，是主体在理性的指导下有效开展的实践，并注重实践活动的实际效果。因此，实践主体开展思想政治教育时，要充分运用实践智慧，对思想政治教育要有科学的认知，准确把握其本质，尊重其运行规律。同时，要从受教育者的具体实际出发，研究受教育者的不同需求和个体差异，坚持理论联系实际，坚持学以致用。通过思想政治教育实践活动，引导人们关照自己主观世界的改造，关照人的社会价值和个体价值的实现，是一种主观见之于客观的实践活动，但这些主观的内容源自于社会实践，是一种客观性的实在。思想政治教育实践活动是有目的的、有计划的、有具体内容的实践活动，具有一定的主观能动性，但它是在理论理性和

实践理性指导下"改造"人思想的活动，合于思想政治教育目标和思想政治教育规律，最终要把主观性的东西改造为客观性的内容。

理论理性探寻事物的"真"，探求"是什么"的问题，揭示事物的本真状态。通过理论理性的指导，对认识对象科学认知，把握其内在本质，使主体的"探求"与客体内容相一致，但它仍停留在理论层面，是否符合真理需要实践的检验。实践理性的指向性非常明确，直接指向实践，探求"应该是什么"的问题，回答了人们在具体实践活动中"应该做什么"与"应该怎么做"。人们在实践理性的指导下，主体对事物的探求内容进行否定主观性之后，使之回归实践并在实践中加以检验，需达到实践内在要求的真实状态和理想状态。所以，实践理性高于理论理性。人们在处理各种关系的实践中，要高扬实践理性，不仅要按照外在的尺度，将符合实践理性的思想观念作用于客体，而且要按照内在的尺度，把客体"改造"成为既符合客观真理又符合主观意图的现实客体。

实践理性具有直接现实性，首先体现为正当性原则。合于相关原则或者规范，达到预期目标，具有积极价值，得到社会认可，实践就是正当的。"统治阶级的思想在每一时代都是占统治地位的思想。这就是说，一个阶级是社会上占统治地位的物质力量，同时也是社会上占统治地位的精神力量。支配着物质生产资料的阶级，同时也支配着精神生产资料……占统治地位的思想不过是占统治地位的物质关系在观念上的表现"。① 我国思想政治教育是以马克思主义为指导，继承和发展了中华民族优秀传统文化以及党的思想政治工作优良传统，充分体现了民族精神和时代精神的精华，代表了最广大人民群众的根本利益，符合社会发展的要求和时代进步的趋势。思想政治教育坚持育人为本，所遵循的原则和规范源于实践却高于实践，具有行动的合理性和普遍性，凝结了中国共产党人的实践智慧，为群体和个体提供了行动指南和根本遵循。培养德智体美劳全面发展的社会主义建设者和接班人，

---

① 《马克思恩格斯选集》第 1 卷，人民出版社 2012 年版，第 178 页。

培养立大志、明大德、成大才、担大任的时代新人，充分体现了思想政治教育既要满足社会发展的需要，又要满足个体成长成才发展的需求，是科学性与价值性的统一。因此，当群体或者个体符合思想政治教育的原则和规范时，原则和规范就会发挥其行动的社会性作用，思想政治教育合乎人的实践理性。实践活动符合实践理性的正当性原则，实践理性便是正当的，能有效地促进思想政治教育伦理精神的实现。

实践行为结果合乎人的合理需求，体现了积极向善的价值取向，实践理性遵循向善原则。"合理需求"是一个历史性范畴，不同的社会历史形态、不同的社会条件，具有不同的内涵。如果能够促进社会和人的发展，"需求"就是合理的。"向善"，一个人的行为、品质有利于社会、他人，而且能够得到社会、他人的积极肯定，就具有善的性质，富有一定的层次性。"向善"最基本的层次是维持生命的存在，没有生命的存在，人之为人就没有了存在的意义，实践活动也就无法实施。"向善"最高层次是实现人的自由而全面发展，自由是人追求的存在状态，全面发展是人发展的内在要求。实践理性遵循向善原则，体现了人之为人的价值追求，又与社会历史发展的前进方向相一致。"你的行动，要把你自己人身中的人性，和其他人身中的人性，在任何时候都同样看作是目的，永远不能只看作是手段"。① 康德提出了"人是目的"的命题，意味着人不是被人利用的手段，人具有内在的价值，要把人自身永远当作自己的目的。关注人自身的内在价值，是对"善"的追求，人的自由而全面发展是最高的善。

我国思想政治教育在不同的历史时期都具有重要的地位，发挥着独特的功能。"掌握思想教育，是团结全党进行伟大政治斗争的中心环节。如果这个任务不解决，党的一切政治任务是不能完成的"。② 思想政治教育关系党的前途命运，关系其他一切工作能否顺利开展，关系国家的长治久安。

---

① ［德］康德：《道德形而上学原理》，苗力田译，上海人民出版社 1986 年版，第 81 页。
② 《毛泽东选集》第 3 卷，人民出版社 1991 年版，第 1094 页。

"要着力统一思想认识，把思想政治工作贯穿改革全过程"。① 通过思想政治教育，提高中华民族的思想政治素质和道德素质，提升人们认识世界和改造世界的能力，促进社会的发展和人的发展。社会发展为人的全面发展创造了条件，人的全面发展要求人的体力、智力、才能、个性等多方面都得到充分发展，与思想政治教育的目标是一致的。思想政治教育促进个体社会化，使人们的社会关系得到进一步发展，为人的全面发展提供价值导向和精神支撑，是"真"和"善"的有机统一，与思想政治教育伦理精神的本质要求是相符合的。

行为符合一定的原则和规范，实践理性是正当的。行为选择符合"合理需求"，实践理性是善的。行为既符合一定的原则和规范，又符合"合理需求"，实践理性体现为有效原则。有效原则的实现涉及一定的手段和程序，需要合规律性；涉及具体价值目标的达成，需要合目的性，是合目的性和合规律性的统一。遵循实践理性的有效原则，实践活动需从客观事实和具体实际出发，体现它的实然状态；又需对其进行一定的超越，体现它的应然状态，是实然和应然的统一。所以，实践活动在正当性原则的指导下，要符合一定的原则和规范；在向善原则的引导下，要达成实质善，基于这两方面的共同努力，实践活动实现了预期目标，实践理性体现为有效原则。

善用"大思政课"，不断推动思想政治教育守正创新。"大思政课"要围绕落实立德树人的根本任务，在教育教学的全过程体现"全员育人、全程育人、全方位育人"的基本要求。"大思政课"是一种育人理念，是思想政治教育的工作方法，遵循思想政治工作规律、教书育人规律、学生成长规律，旨在形成组织育人、管理育人、教书育人、科研育人、实践育人、服务育人、文化育人的育人格局。充分发挥我们党开展思想政治教育的政治优势，以理想信念教育为核心，深入进行世界观、人生观、价值观教育；以爱

---

① 《习近平谈治国理政》第 2 卷，外文出版社 2017 年版，第 410 页。

国主义教育为主题，厚植爱国主义情怀；以社会主义核心价值观为引领，强基固本，培根铸魂。利用好日常思想政治教育，办好思想政治理论课，挖掘课程思政的育人元素，融入社会实践教育的各个环节，使思想政治教育贯通管理体系、学科体系、教材体系、教学体系之中，实现这些元素的深度融合，最终形成育人合力。

人是思想政治教育的出发点和落脚点，关心人、关爱人、关注人、尊重人，坚持以人为本，坚持科学性与思想性相结合，坚持理论与实践相结合，坚持知行合一，坚持教育与自我教育相结合，不断提升思想政治教育的实效性。在思想政治教育的过程中，既要确保思想政治教育的真实性、客观性，以科学的理论武装人们的思想，切实做到以理服人；又要承担价值引领和铸魂育人的重要任务，用马克思主义的立场观点方法分析和解决社会现实问题。思想政治教育注重发挥教育者的主导作用，又注重发挥受教育者的积极能动作用，促进主体间性的思想政治教育取得成效，体现了实践理性的有效原则。总而言之，思想政治教育的主体、客体、介体、环体等要素，要紧扣教育目标进行设计，遵循教育原则，确定和优化教育内容，创新教育方法，使实践理性符合有效原则，以促进思想政治教育伦理精神的实现。

（二）在社会实践活动中实现

人并非是纯粹的自然存在物，更重要的是社会存在物，人的生存和发展离不开社会，离不开社会实践活动。马克思主义认为，实践是人类能动地改造客观世界和主观世界的客观物质性活动，是主观见之于客观、理论联系实际、在实践中检验真理的过程。"全部社会生活在本质上是实践的。"① 实践是人的存在方式，是人所独有的活动，创造了人之为人的所有特征，集中体现了人的社会性存在的本质。人类的实践活动形式多样，丰富多彩，"人的

---

① 《马克思恩格斯文集》第 1 卷，人民出版社 2009 年版，第 501 页。

社会实践，不限于生产活动一种形式，还有多种其他的形式，阶级斗争，政治生活，科学和艺术的活动。"①

随着实践活动的不断深入，活动形式愈来愈多样化。物质生产实践是最基本的实践活动，社会政治实践是关于社会交往和政治活动的实践，科学文化实践是关于精神文化产品创造的实践活动。实践活动的范围不断拓展，伴随着信息化和网络化的发展产生了虚拟实践，为人的发展提供了新的实践平台和自由的实践空间，对人的生活内容、生活方式、思维方式等方面产生了重大影响，加以合理引导对于提升人的实践活动的自主性、创造性具有非同小可的意义和价值。

实践活动在思想政治教育中起着基础性的作用，是人们的思想观念、政治观点、道德品质形成和发展的基础和源泉，能够有效地影响人们的思想和行为，对于提升人们的思想、政治、道德素质以及促进人的健康成长和全面发展具有十分重要的桥梁、纽带作用。"无论何人要认识什么事物，除了同那个事物接触，即生活于（实践于）那个事物的环境中，是没有法子解决的。"② 思想政治教育必须在社会实践中进行，受教育者要积极参与社会实践活动，教育者通过社会实践活动施加教育和影响，才能准确把握思想政治教育的本质和思想政治教育的伦理精神。"实践高于（理论的）认识，因为它不仅具有普遍性的品格，而且还具有直接现实性的品格。"③ 主体和客体只能在实践中达到统一，实践普遍性和直接现实性的品格决定了实践活动对于思想政治教育的意义和价值，在改造客观世界的同时改造着人们的主观世界，促进人们的思想、政治、道德素质得到进步、发展和提升。

思想政治教育与生产劳动相结合是培养什么样的人的根本途径，是马克思主义的根本方法。未来教育"就是生产劳动同智育和体育相结合，它不

① 《毛泽东选集》第 1 卷，人民出版社 1991 年版，第 283 页。
② 《毛泽东选集》第 1 卷，人民出版社 1991 年版，第 286 页。
③ 《列宁全集》第 55 卷，人民出版社 1990 年版，第 183 页。

仅是提高社会生产的一种方法，而且是造就全面发展的人的唯一方法。"①
思想政治教育一定要利用好生产劳动这一根本的方法，因为它是造就人的新
的品质的基础。"生产的行为本身中，不但客观条件改变着……而且生产者
也改变着，他炼出新的品质，通过生产而发展和改造着自身，造成新的力量
和新的观念，造成新的交往方式，新的需要和新的语言。"② 在生产劳动的
同时，能够"生产"出新的品质，思想政治教育与生产劳动相结合这一方
法，无疑在培养人的思想、政治、道德素质方面起着关键性的作用。因此，
要坚持思想政治教育与生产劳动相结合，"没有年轻一代的教育和生产劳动
的结合，未来社会的理想是不能想象的：无论是脱离生产劳动的教学和教
育，或是没有同时进行教学和教育的生产劳动，都不能达到现代科学技术水
平和科学知识现状所要求的高度"③。列宁的观点对于当今思想政治教育培
养新人指明了出路，必须大力弘扬科学精神与人文精神。按照客观事物的真
实面目认知，崇尚理性，以实事求是的科学精神从事理论创新，以理论创新
带动实践创新。既要崇尚理性，又要调动非理性因素和精神力量追求人生意
义，实现人的本质，把人的发展作为终极价值目标，力求科学精神与人文精
神之间的统一，全面提高人的素质，为社会培养有用之才。

　　思想政治教育与生产劳动相结合，是一条基本原则，"教育与生产劳动
相结合的原则是不可移易的"④。"一般学校要给学生参加劳动的机会。劳动
也是教学，是政治思想课。学生参加劳动，一是必须，二要适当，三看思想
可能。普通中学可以根据现有的条件搞一些小农场、小作坊，学生轮流参加
生产，或者到农村参加义务劳动。学校要把劳动定到课程中，每周规定半
天，主要是使娃娃们养成劳动习惯，加强集体观念。"⑤ 在生产劳动的实践

① 《马克思恩格斯文集》第 9 卷，人民出版社 2009 年版，第 340 页。
② 《马克思恩格斯文集》第 8 卷，人民出版社 2009 年版，第 145 页。
③ 《列宁专题文集·论无产阶级政党》，人民出版社 2009 年版，第 292 页。
④ 《毛泽东文集》第 7 卷，人民出版社 1999 年版，第 399 页。
⑤ 《邓小平文选》第 1 卷，人民出版社 1994 年版，第 281 页。

中，更重要的是让受教育者增强学习动力，更好地了解社会，为将来融入社会打下良好基础，培养他们的集体观念、劳动光荣观念、实践观点，深刻懂得尊重劳动、尊重人民群众、尊重创造创新、尊重知识，虚心向人民群众学习，自觉接受教育，使他们的社会责任感、实践能力不断增强，促进他们的思想、政治、道德等方面的综合素质得到全面发展。

人的社会实践除了生产劳动之外，还有其他的实践形式，比如政治生活、文化生活等领域的实践活动。"人的正确思想是从哪里来的？是从天上掉下来的吗？不是。是自己头脑里固有的吗？不是。人的正确思想，只能从社会实践中来，只能从社会的生产斗争、阶级斗争和科学实验这三项实践中来。"① 生产劳动实践是其他社会实践的基础，对于培养社会新人起着决定性作用，其他社会实践的作用也不容忽视，但只有与生产劳动实践相互结合、共同作用，才能凝聚力量，才能深刻影响人们的思想和行为，促进人的进步和全面发展，更好地为社会发展贡献力量。"坚持理论与实践相结合，坚持与工农群众相结合，把个人的前途同祖国的前途与命运紧密联系起来。实践证明，这是知识分子在祖国的建设和发展中，贡献自己的聪明才智，实现自己的理想和抱负，担负起历史使命的唯一正确道路。"②

21 世纪的今天，思想政治教育仍然要坚持这一观点、坚持这一正确道路，教育和引导受教育者既要向书本学习，读"有字之书"；也要向实践学习，读"无字之书"。只有深入社会实践、深入到人民群众中去，向实践和人民群众学习，增进与人民群众的血肉联系和深厚感情，吸取丰富的思想养分，学会运用人民群众的立场、观点、方法分析问题、解决问题，才能在维护和实现人民群众利益的过程中促进自身的成长、进步、发展。"古往今来凡成大事者，无不经过社会实践的历练和艰苦环境的考验。五四运动昭示的青年运动正确方向，就是在党的领导下，走与工农群众相结合、与中国革命

---

① 《毛泽东著作专题摘编》，中央文献出版社 2003 年版，第 41 页。
② 《毛泽东 邓小平 江泽民论教育》，中央文献出版社 2002 年版，第 227 页。

实践相结合的道路。当代青年学生要健康成长、茁壮成才，仍然必须坚持这个正确方向、这条正确道路。对青年学生来说，基层一线是了解国情、增长本领的最好课堂，是磨炼意志、汲取力量的火热熔炉，是施展才华、开拓创业的广阔天地。只有深入到基层中去，深入到群众中去，才能加深对社会的认识，增进同人民群众的感情，提高解决实际问题的能力。"① 人的正确思想、意志品格、各种能力的形成和发展需要在艰苦的社会实践中加以解决，在社会实践中准确理解和把握思想政治教育的伦理精神，由感性认识上升到理性认识，再由理性认识回到实践中去指导思想政治教育实践活动，不断丰富和发展思想政治教育伦理精神的理论。

三、在"以人为本"的教育中实现思想政治教育伦理精神

思想政治教育坚持以人为本的理念，在思想政治教育内容、方法等方面要体现以人为本。思想政治教育的内容、方法是开展思想政治教育的主要载体和抓手，在"以人为本"的具体教育实践活动中实现思想政治教育伦理精神。

（一）思想政治教育内容体现以人为本

思想政治教育内容主要包括思想教育、政治教育、道德教育、法纪教育、心理教育等。将这些内容进行分类整合，可分为思想政治教育的基础性内容、主导性内容、拓展性内容。基础性内容主要包括传统美德教育、公民道德教育、爱国主义教育等。②

1. 实施基础性内容的实践中体现以人为本

思想政治教育的基础性内容是人的发展的基础性工程，通过传统美德教

---

① 胡锦涛：《在同中国农业大学师生代表座谈时的讲话》，人民出版社 2009 年版，第6页。

② 熊建生：《思想政治教育内容结构论》，中国社会科学出版社 2012 年版，第 148—149 页。

育，继承和弘扬几千年来形成的传统美德和道德精华，增强民族自豪感和凝聚力，提高民族道德素质。通过社会公德教育，引导受教育者做一个文明礼貌、助人为乐、爱护公物、保护环境、遵纪守法的社会公民。通过职业道德教育，引导人们做一个爱岗敬业、诚实守信、办事公道、服务群众、奉献社会的社会主义建设者。通过家庭美德教育，引导人们做一个尊老爱幼、夫妻和睦、勤俭持家、邻里团结的家庭成员。通过个人品德教育，引导人们做一个自尊自强、积极进取、严于律己、奋发有为的好人。通过爱国主义教育，引导人们担当起实现中国梦的历史使命，为国家和民族作出自己应有的贡献，做一个忠诚的爱国者。通过思想政治教育的基础性内容的教育，有助于使人成为真正的人，成为顶天立地的社会主义公民，与以人为本是契合的。

第一，传统美德教育。中华民族的传统美德是古代思想家和人民群众对中国历史上不同时代人们的行为方式、价值观念、风俗习惯、文化心理、道德实践的总结、提炼和概括，是对高尚的道德和优良的品质的积淀和传承，是中华民族精神的体现，是优秀文化传统中最富有生命力的、历久弥新的精神财富。所谓传统美德教育就是以中华民族传统美德为教育内容，对受教育者系统施加影响的活动。进行传统美德教育，有利于中华民族身份认同，有利于共有精神家园的构建，有利于丰富人们的精神世界和完善道德品格。由教育部组织编写、人民教育出版社 2003 年出版的《中华传统美德格言》，把传统美德分为爱国、明志、持节、自强、诚信、知耻、改过、厚仁、贵和、敦亲、重义、尚勇、好学、审势、求新、勤俭、奉公、务实等内容。[1]这些道德德目体现着仁爱、礼让、诚信等伦理精神，反映了中华民族重视道德践履，推崇道德修养，倡导追求道德理想人格，闪烁着人性的光芒，凝聚着全民族共同的美好意愿和情怀。在当今社会实施传统美德教育，必须赋予传统美德以时代精神和当代的现实内容，古为今用，推陈出新，才能使之发

---

[1]　转引自熊建生：《思想政治教育内容结构论》，中国社会科学出版社 2012 年版，第 150—151 页。

扬光大。

第二，公民道德教育。2001年中共中央印发了《公民道德建设实施纲要》，第一次系统提出了公民基本道德规范，即"爱国守法、明礼诚信、团结友善、勤俭自强、敬业奉献"。公民道德围绕公民的权利义务关系而展开，反映公民与国家、公民与社会、公民与公民之间的道德观念、道德规范、道德价值取向。社会公德、职业道德、家庭美德、个人品德是公民道德建设的主要内容，是提升社会整体道德素质和促进人的全面发展的基础性工程。公民道德教育分别从社会、职业、家庭、公民个人四个维度实施教育活动，引导人们遵守社会公德、遵从和恪守职业道德、传承和弘扬家庭美德、砥砺和践行个人品德，加强公民道德建设，自觉自为增强道德修养，使公民的整体道德素质得到提高。

社会公德涵盖人与社会、人与人、人与自然之间的道德规范，是最基本的行为准则，是维护社会公共生活正常有序运转的基本条件，是培养公民道德品质的起点，直接影响着社会秩序和社会风气。随着公共生活领域的扩大、人们交往的日益频繁，社会公德的作用日益凸显。职业道德是伴随着社会分工出现的，是从业人员在职业活动中应该遵循的道德规范，"实际上，每一个阶级，甚至每一个行业，都各有各的道德"①。职业道德的核心是爱岗敬业，热爱自己的本职工作，以兢兢业业的工作态度对待自己所从事的职业，体现从业人员的事业心和责任感。家庭是社会的基本单位，家庭美德是公民在家庭生活中应该遵守的道德规范，孝敬父母、传承孝心、弘扬孝道是家庭美德教育的重要内容。通过家庭美德教育，使夫妻恩爱互敬、长幼相互关爱、邻里和睦友善。个人品德是公民个人在社会生活中表现出来的比较稳定的道德行为倾向，是一个人的道德观、道德修养等方面在个体行为上的综合反映。

---

① 《马克思恩格斯选集》第4卷，人民出版社2012年版，第247页。

梁启超说："人人独善其身者谓之私德，人人相善其群者谓之公德。"①私德对应个人品德，公德对应社会公德、职业道德、家庭美德，个人品德是社会公德、职业道德、家庭美德的内在德性和基石，社会公德、职业道德、家庭美德是个人品德的外在表现。个人品德教育必须与社会公德、职业道德、家庭美德教育有机结合，才能取得实效。

第三，爱国主义教育。爱国主义是人们对自己祖国的一种深厚感情，是爱国情感、心理、行为的理性升华，是人们对自己国土、民族、文化等的归属、认同。它是调节个人与祖国之间关系的道德要求、政治原则和法律规范，是民族精神的核心。②爱国主义是凝聚中华各族人民的旗帜和共同的精神支柱，这个精神灵魂已成为文化软实力的重要组成部分，是增强综合国力的力量源泉。爱国主义在不同的文化背景和不同的历史时期，具有不同的内涵。因此，爱国主义是历史的、具体的，随着人类社会的发展和进步会融入新的内容、提出新的要求。在新的历史发展阶段，"必须发扬爱国主义精神，提高民族自尊心和民族自信心。否则我们就不可能建设社会主义，就会被种种资本主义势力所侵蚀腐化"③。

爱国主义教育是思想政治教育工作的基础性内容，通过教育使受教育者深刻懂得爱国情感是基础、爱国思想是灵魂、爱国行为是关键，要自觉维护国家利益，促进民族团结，维护祖国统一。爱国主义、集体主义、社会主义密不可分，统一于中国特色社会主义的伟大实践之中。爱国主义与热爱社会主义、热爱中国共产党具有内在的一致性，三者相互促进。我国历来重视爱国主义教育，新时期爱国主义教育必须立足民族性，突出时代性，把弘扬民族精神和培育时代精神有机结合起来，做忠诚的爱国者。

2. 实施主导性内容的实践中体现以人为本

思想政治教育主导性内容是指在思想政治教育中处于核心地位，起着主

---

① 梁启超：《饮冰室合集》（四），中华书局1989年版，第12页。
② 《思想道德修养与法律基础》，高等教育出版社2015年版，第44页。
③ 《邓小平文选》第2卷，人民出版社1994年版，第369页。

导作用，决定着思想政治教育方向的内容。"坚持思想政治教育的主导性，就是坚持市场体制和经济全球化发展的国家政治主导；对外开放和多元文化激荡中的民族文化主导；科技发展和社会信息化条件下的人本主导；社会多样化和个体特色化发展的社会主义核心价值主导。只有在多样性发展中才能凸显主导价值观的作用与意义。思想政治教育既要吸取过去只讲主导性、排斥多样性的教训，也要防止只讲多样性、忽视主导性的倾向，要在坚持社会主义一元主导的前提下发展多样性，在发展多样性的基础上坚持主导性。"①主导性内容主要包括马克思主义理论教育、理想信念教育、民族精神与时代精神教育、社会主义荣辱观教育、社会主义核心价值观教育等。主导性内容集中体现为社会主义核心价值体系教育和社会主义核心价值观教育，它们是社会主义文化的精髓，是文化软实力的核心，是中华民族的安身立命之本，决定了我们国家社会主义的性质和方向。社会主义核心价值体系和社会主义核心价值观是社会主义意识形态的本质体现，是社会主义制度在价值层面的内在规定，在所有价值目标中居于统摄和主导地位，是文化软实力的精神之魂。

第一，马克思主义理论教育。马克思主义是我党我国的指导思想，是社会主义主导价值观的精髓。马克思主义深刻揭示了人类社会的发展规律，是科学的世界观和方法论，具有强大生命力最根本的原因在于马克思主义是真理。"马克思学说具有无限力量，就是因为它正确。它完备而严密，它给人们提供了决不同任何迷信、任何反动势力、任何为资产阶级压迫所作的辩护相妥协的完整的世界观。马克思学说是人类在 19 世纪所创造的优秀成果——德国的哲学、英国的政治经济学和法国的社会主义的当然继承者。"②马克思主义作为一个与时俱进的理论体系，不断吸收、借鉴、融合优秀思想成果，在继承和创新中发展。法国思想家德里达说："不能没有马克思，没

---

① 郑永廷等：《思想政治教育学科的创立与发展》，《学校党建与思想教育》2009 年第 1 期。

② 《列宁选集》第 2 卷，人民出版社 1995 年版，第 309—310 页。

有马克思，没有对马克思的记忆，没有马克思的遗产，也就没有将来。"①
马克思主义中国化的理论成果——毛泽东思想和中国特色社会主义理论体系
是把马克思主义的基本原理和中国的具体实践相结合形成的，用这些理论成
果武装头脑，指导中国特色社会主义实践，在实践中坚持和发展马克思主
义。马克思主义理论教育要让受教育者掌握马克思主义的基本原理，并运用
马克思主义的立场、观点、方法，认识问题、分析问题、解决问题，始终贯
彻马克思主义与时俱进的理论品质，使其保持蓬勃的生命力。

第二，理想信念教育。理想是人们的世界观、人生观、价值观在目标层
面上的体现，来源于现实又高于现实，是对社会和个人未来发展的向往和追
求，是推动人们去创造美好生活的强大力量，它立足现实，着眼于奋斗中的
未来。信念是人们对某种思想或现实坚信不疑并身体力行的心理态度和精神
状态，是人们追求理想目标的强大动力源泉。② 信念有不同的层次，高层次
的信念具有一定的统摄力，表现为一个人的信仰，是信念的最高形式。信仰
是精神领域的最高层次，是人在对事物发展规律正确认识基础上的信服和践
行。"信仰的根本问题或本质是一种生活价值导向问题。对社会而言，它通
常表现为某一社会、民族和社群所选择并确立的一以贯之的价值理想和终极
目标，有着鲜明的社会意识形态特性；对个体而言，它总是呈现为某一特殊
的成熟个体在其生活实践中所选择并坚信不疑的主导价值观，对其言行有着
支配性和决定性的影响。"③

理想和信念总是如影随形，相互依存。理想信念指引着人们朝着既定的
奋斗目标前行，不断提升人的精神境界，是确立人生价值取向的最高准则。
理想信念既是教育的内容，又是教育的结果。理想信念教育就是引导人们树

---

① ［法］雅克·德里达：《马克思的幽灵》，何一译，中国人民大学出版社 1999 年版，
第 21 页。

② 《思想道德修养与法律基础》，高等教育出版社 2015 年版，第 18 页。

③ 万俊人：《信仰危机的"现代性"根源及其文化解释》，《清华大学学报》（哲学社会
科学版）2001 年第 1 期。

立远大的理想，对理想不懈追求；坚定崇高的信念，对信念忠贞不渝；确立马克思主义的科学信仰，对信仰终生信奉。理想信念教育是思想政治教育的主导性内容，旨在树立中国特色社会主义共同理想，这个共同理想把国家的发展、民族的振兴、社会的和谐、个人的幸福联系了起来，有着广泛的共识，集中体现了人们的共同诉求，坚定不移地走中国特色社会主义道路，走向富强民主文明和谐，实现中华民族的伟大复兴。共同理想需要社会成员共同为之奋斗，应该自觉把个人理想融入中国特色社会主义共同理想之中，在为共同理想努力奋斗的过程中实现个人的价值追求，做共产主义远大理想和共同理想的坚定信仰者。

第三，民族精神与时代精神教育。民族精神是民族文化中固有的、能够延绵不断的民族意识、民族品格、民族气质、文化传统、生活方式等的总和，是一个民族生命力、凝聚力的精神支柱和强大精神动力。在长期的社会实践中，中华民族形成了以爱国主义为核心的团结统一、爱好和平、勤劳勇敢、自强不息的伟大民族精神。弘扬和培育民族精神是一项极其重要的历史任务，把生生不息、薪火相传的精神血脉一代一代传承下去，激励人们奋发进取，始终保持昂扬向上的精神状态。民族精神不是自发形成的，是民族共同体弘扬和培育的结果，弘扬和培育民族精神的过程就是民族精神教育的过程。民族精神教育就是在社会主义现代化建设的过程中培养受教育者的民族意识、民族情感，增强人们对中华民族的认同，铸就民族魂魄，使之内化为一定的民族品质。

时代精神是民族精神在一定时代的历史延续，能够被社会成员普遍认同和接受的价值观念和行为方式，体现了新时期中华民族的精神风貌。进入新时代，中国人民培育和形成了以改革创新为核心的与时俱进、开拓进取、求真务实、奋勇争先的时代精神。时代精神教育就是要发扬光大这些精神，在中国特色社会主义的伟大实践中努力践行，最终形成实现中国梦的强大精神力量。时代精神和民族精神相互交融，深深地融入中华民族的血液之中，共同构成自立自强的民族品格。民族精神是时代精神的源头，没有民族精神的支撑，时代精神就成了无源之水、无本之木；时代精神是民族精神的传承，没有时代精神的激发，民族精神就失去了活力，只有反映时代精神，民族精神才能焕发勃勃生机。

第四，社会主义荣辱观教育。社会主义荣辱观是关于人们行为规范的范畴，让人们分清是非荣辱，明辨善恶美丑，形成正确的价值判断，养成良好的道德风尚和社会风气。当今社会，现实生活中确实存在着与社会主义道德相悖的现象，为了改变这种不和谐现状，必须遵守普遍奉行的道德规范和价值准则，在社会主义市场经济条件下，旗帜鲜明地提出应当坚持和提倡什么、反对和抵制什么，为全体社会成员能够作出正确的道德选择和规范人们的行为树立明确的判断标准。荣和辱是对立的两极，我国历来重视荣辱观念，"不知荣辱乃不能成人"。不同时代、不同阶级拥有自己的荣辱观，"每个社会集团都有它自己的荣辱观。"①

社会主义荣辱观不仅涵盖了"爱祖国、爱人民、爱劳动、爱科学"，这"四爱"是关乎国家、民族、社会、个人最基本的问题，而且还涉及义利观、法纪观、人生观等内容。社会主义荣辱观反映了坚持和发展中国特色社会主义的客观要求，体现了爱国主义、集体主义、社会主义的思想，是民族精神和传统美德的时代表达，标志着思想道德建设在理论层面上的深化与发展。社会主义荣辱观教育的过程，是观念落实在行动上、知行统一、养成道德习惯的过程，是他律转化为自律的过程。通过社会主义荣辱观教育，引导人们明辨荣辱，践行"荣"、摈弃"耻"，形成一定的道德判断力，在日常工作和生活中见贤思齐，"择其善者而从之，其不善者而改之"②，从而在全社会形成践行社会主义荣辱观的良好道德风尚和社会风气。

第五，社会主义核心价值观教育。社会主义核心价值观是社会主义核心价值体系的内核，反映了社会主义的本质要求，继承和发展了中华民族的优

---

① 《马克思恩格斯全集》第 39 卷，人民出版社 1965 年版，第 251 页。

② 《论语·述而》。

秀传统文化，也吸取了世界文明积极成果，体现着全社会共同认同的精神追求和价值标准，是全国各族人民价值观的"最大公约数"，深层次地回答了要建设什么样的国家和什么样的社会、培育什么样的公民的重大现实问题。富强、民主、文明、和谐是国家层面的价值要求；自由、平等、公正、法治是社会层面的价值要求；爱国、敬业、诚信、友善是公民层面的价值要求。国家层面的价值观揭示了当代中国在经济、政治、文化、社会、生态文明建设方面的价值目标；社会层面的价值观反映了人们对美好社会的憧憬和期望，与实现社会治理现代化价值取向契合；公民层面的价值观涵盖了社会公德、职业道德、家庭美德、个人品德等方面的道德规范和价值准则。

习近平同志指出："核心价值观，其实就是一种德，既是个人的德，也是一种大德，就是国家的德、社会的德。国无德不兴，人无德不立。如果一个民族、一个国家没有共同的核心价值观，莫衷一是，行无依归，那这个民族、这个国家就无法前进。"① 社会主义核心价值观教育作为凝魂聚气、强基固本的基础性工程，就是要弘扬和践行社会主义核心价值观，让人们深刻懂得社会主义核心价值观是实现中华民族伟大复兴的中国梦的价值追求，是协调推进全面建设社会主义现代化国家、全面深化改革、全面依法治国、全面从严治党的思想保证和精神动力。当前，"四个全面"的战略布局正在大力推进和协调发展，弘扬和践行社会主义核心价值观能够起到整合社会思想观念和凝聚价值共识的作用，需要在全社会更好地宣传和教育，这是一项铸就灵魂的工程，首先应该准确把握其内涵和精神实质，深化理性认知，增强理论认同；在此基础上，注重在行动上践履，从平时的工作、学习、生活中做起，真正使社会主义核心价值观内化于心、外化于行。尤其是青年，"青年的价值取向决定了未来整个社会的价值取向，而青年又处在价值观形成和确立的时期，抓好这一时期的价值观养成十分重要。这就像穿衣服扣扣子一样，如果第一粒扣子扣错了，剩余的扣子都会扣错。人生的扣子从一开始就

① 《习近平谈治国理政》第 1 卷，外文出版社 2018 年版，第 168 页。

要扣好"。① 社会主义核心价值观教育是高校思想政治教育工作的重点。青年一代是中国特色社会主义伟大事业的新生力量，是引导全社会践行社会主义核心价值观的主力军，关系到国家的前途和民族的未来，关系到中华民族伟大复兴的中国梦能否顺利实现。因此，要从现在做起，从自我做起，使社会主义核心价值观成为青年一代一言一行的根本遵循，在现实生活中努力践行。青年一代一定要发挥模范带头作用，并身体力行推广到全社会。

第六，党史教育。"中国近现代史纲要"是思想政治理论课的一门主干课程，是本科学生的必修课程。以"中国近现代史纲要"课程为载体，学习1840年鸦片战争到1949年中华人民共和国成立的近代史，学习新中国成立以来的现代史。近代史是一部中国人民救亡图存、英勇奋斗、艰难探索的历史，是争取民族独立、人民解放的历史，更重要的是在中国共产党的领导下，推翻帝国主义、封建主义、官僚资本主义这三座大山，经过新民主主义革命创建新中国的历史。现代史是一部经过社会主义革命、建设、改革开放的历史，是中华民族和中国人民从站起来到富起来，再到强起来的伟大历史。通过学习，深刻地懂得中华民族和中国人民选择中国共产党作为领导力量的历史必然性；深刻地懂得只有社会主义才能救中国、中国选择社会主义的正确性；深刻地懂得只有中国特色社会主义才能发展中国的科学性。

"我们党的历史，就是一部不断推进马克思主义中国化的历史，就是一部不断推进理论创新、进行理论创造的历史。我们党的百年历史，就是一部践行党的初心使命的历史，就是一部党与人民心连心、同呼吸、共命运的历史。"② 我们共产党人把马克思主义的基本原理与中国的具体实际相结合，与中华优秀传统文化相结合，不断推进马克思主义中国化时代化，形成了中国化时代化的马克思主义理论成果，为党和人民的伟大事业提供了科学指导思想，开辟了马克思主义新境界。中国共产党从成立之日起，就是最广大人

---

① 《习近平谈治国理政》第1卷，外文出版社2018年版，第172页。
② 《习近平在党史学习教育动员大会上强调 学党史悟思想办实事开新局 以优异成绩迎接建党一百周年》，《人民日报》2021年2月21日。

民群众根本利益的忠实代表者，肩负着实现中华民族伟大复兴的历史使命。百年来党始终与人民心连心、同呼吸、共命运，"历史充分证明，江山就是人民，人民就是江山，人心向背关系党的生死存亡"①。共产党人是在与人民群众密切联系中成长、发展起来的，发展依靠人民，发展为了人民，与人民风雨同舟、生死与共，这是共产党人的胜利之本和力量之源。"人民立场是党的根本政治立场，人民群众是党的力量源泉。我们党来自人民，失去人民拥护和支持，党就会失去根基。"② 我们党来自于人民群众，代表的是人民群众的根本利益，树立人民群众是历史创造者的历史唯物主义观点，践行全心全意为人民服务的根本宗旨，立党为公、执政为民。

在学习党史中明理，明白中国共产党为什么"能"、马克思主义为什么"行"、中国特色社会主义为什么"好"这些基本道理，这是党史学习教育的基础。"只要我们深入了解中国近代史、中国现代史、中国革命史，就不难发现，如果没有中国共产党领导，我们的国家、我们的民族不可能取得今天这样的成就，也不可能具有今天这样的国际地位。"③ 中国共产党的领导地位无可替代，自身具有先进性，以先进的科学理论作为指导思想，带领中华民族和中国人民始终走在时代发展的前列。中国共产党没有自己的特殊利益，是为人民群众谋利益的政党，而且具有自我革命的能力。开展批评与自我批评，这是我们共产党人鲜明的政治品格，也是我们党的最大优势。

马克思主义是科学的理论，正确揭示了自然、人类社会、人的思维发展规律，具有真理性和科学性。"时代在变化，社会在发展，但马克思主义基本原理依然是科学真理。尽管我们所处的时代同马克思所处的时代相比发生了巨大而深刻的变化，但从世界社会主义 500 年的大视野来看，我们依然处在马克思主义所指明的历史时代。这是我们对马克思主义保持坚定信心、对

---

① 《习近平在党史学习教育动员大会上强调　学党史悟思想办实事开新局　以优异成绩迎接建党一百周年》，《人民日报》2021 年 2 月 21 日。

② 《关于新形势下党内政治生活的若干准则》，人民出版社 2016 年版，第 19 页。

③ 《习近平关于社会主义政治建设论述摘编》，中央文献出版社 2017 年版，第 32 页。

社会主义保持必胜信念的科学根据。马克思主义就是我们党和人民不断奋进的万里长河之泉源。背离或放弃马克思主义，我们党就会失去灵魂、迷失方向。在坚持以马克思主义为指导这一根本问题上，我们必须坚定不移，任何时候任何情况下都不能动摇。"①马克思主义具有人民性、实践性，站在人民的立场谋求人类的解放，最高价值追求是人的自由而全面发展。马克思主义具有鲜明的实践特征，"不仅致力于科学'解释世界'，而且致力于积极'改变世界'"②，实践观点是马克思主义首要的、基本的观点。坚定不移地坚持和发展马克思主义，马克思主义具有与时俱进的理论品质，不断吸收人类最新文明成果充实和发展自己，以中国化的马克思主义指导新的实践、回应新的课题。

"中国特色社会主义不是从天上掉下来的，是党和人民历尽千辛万苦、付出巨大代价取得的根本成就。"③ 中国特色社会主义之所以"好"，在于它是历史和人民的共同选择，既坚持了科学社会主义，又从中国的实际出发，具有鲜明的中国特色，历史渊源深厚，现实基础广泛；在于它是由中国特色社会主义道路、理论体系、制度、文化构成的有机整体，中国特色社会主义道路是实现路径，中国特色社会主义理论体系是实践指南，中国特色社会主义制度是根本保障，中国特色社会主义文化是精神动力，共同统一于中国特色社会主义伟大实践之中；在于它是实现中华民族伟大复兴的正确选择，我们国家所取得的伟大成就充分证明，只有中国特色社会主义是发展中国的历史逻辑、理论逻辑和现实逻辑。

在学习党史中增信，增强信仰、信念、信心。信仰、信念、信心是最好的防腐剂，也是我们战胜困难并取得胜利的强大精神力量。通过党史学习教育，增强对马克思主义、共产主义的信仰。马克思主义是我们立党、立国的

---

① 《习近平谈治国理政》第 2 卷，外文出版社 2017 年版，第 66 页。
② 习近平：《在哲学社会科学工作座谈会上的讲话》，人民出版社 2016 年版，第 9 页。
③ 习近平：《在纪念毛泽东同志诞辰 120 周年座谈会上的讲话》，人民出版社 2013 年版，第 14 页。

指导思想，这是根本原则性问题，任何时候、任何情况下都不能有丝毫动摇。共产主义是人类社会历史发展的必然结果，是人类最伟大的事业，"代替那存在着阶级和阶级对立的资产阶级旧社会的，将是这样一个联合体，在那里，每个人的自由发展是一切人的自由发展的条件"①。

通过党史学习教育，增强对中国特色社会主义的信念。对中国特色社会主义的信念，是中华民族和中国人民一种理性的选择，坚信不疑中国特色社会主义是全面建设社会主义现代化强国的必由之路，也是创造人民群众美好生活的必由之路。"信仰信念任何时候都至关重要。对共产主义的信仰，对中国特色社会主义的信念，是共产党人的政治灵魂，是共产党人经受住任何考验的精神支柱。在新时代，坚定信仰信念，最重要的就是要坚定中国特色社会主义道路自信、理论自信、制度自信、文化自信。党的百年奋斗历程和伟大成就是我们增强'四个自信'最坚实的基础。"②

通过党史学习教育，增强对实现中华民族伟大复兴的信心。实现中华民族的伟大复兴是从中华民族的维度，把国家利益、民族利益和个体利益有机统一了起来，体现了中华民族的家国情怀。实现中华民族伟大复兴的源泉在于人民群众，根本落脚点也在于人民群众。我们要在中国共产党的领导下，凝心聚力，激发中华各族人民为实现中华民族伟大复兴而奋斗的信心。"要增强对实现中华民族伟大复兴的信心，教育引导广大党员、干部牢记初心使命、增强必胜信心，坚信我们党一定能够团结带领人民在中国特色社会主义道路上实现中华民族伟大复兴，努力创造属于我们这一代人、无愧新时代的历史功绩。"③

在学习党史中崇德，重在立德铸魂。共产党人在百年历史中培育和构筑了红船精神、井冈山精神、长征精神、延安精神、西柏坡精神、抗美援朝精

---

① 《马克思恩格斯文集》第 2 卷，人民出版社 2009 年版，第 53 页。
② 习近平：《在党史学习教育动员大会上的讲话》，人民出版社 2021 年版，第 8 页。
③ 《习近平在广西考察时强调　解放思想深化改革凝心聚力担当实干　建设新时代中国特色社会主义壮美广西》，《人民日报》2021 年 4 月 28 日。

神、"两弹一星"精神、特区精神、抗洪精神、抗震救灾精神、抗疫精神等一系列伟大精神谱系，这些精神谱系是共产党人优秀道德品质的生动体现。"这些宝贵精神财富跨越时空、历久弥新，集中体现了党的坚定信念、根本宗旨、优良作风，凝聚着中国共产党人艰苦奋斗、牺牲奉献、开拓进取的伟大品格，深深融入我们党、国家、民族、人民的血脉之中，为我们立党兴党强党提供了丰厚滋养。"① 发扬红色革命道德传统，传承革命道德基因，赓续革命道德血脉，从共产党人的伟大精神谱系和革命道德传统中，立德铸魂，并汲取前行的精神力量。我们要学习革命先辈、英雄人物、先进模范、时代楷模身上所体现出来的对党忠诚、坚定理想信念、始终把人民利益放在首位、践行党的宗旨、艰苦奋斗、清正廉洁、修身自律等优秀道德品德，从而不断提升道德认知，丰富道德情感，砥砺道德意志，强化道德行为。在学习党史中，我们要明辨是非、善恶、荣辱，加强道德修养，注重道德践履，提高道德境界，做社会主义核心价值观的积极传播者和模范实践者。

在学习党史中力行，学以致用，知行合一。学习教育要学深、学透，通过学习教育，结合学习和工作实际，不断加强党性修养，强化思想之基，补足精神之钙。在学习的过程中，向革命前辈看齐，把蕴含在党史中的光荣传统和优良作风转化为砥砺政治品格的自觉行动。"纸上得来终觉浅，绝知此事要躬行。"（陆游：《冬夜读书示子聿》）学习党史教育要与提高思想境界、观照现实问题、提升学习、工作能力结合起来，以理论学习促进现实实践，以现实实践促进学习成效，在为人民群众办实事、办好事中增长才干，在中国特色社会主义的伟大实践中检验自己的学习效果，将学习所获转化为实际行动的实践智慧，不断增强学习和工作能力。

我国发展进入了新的历史方位，但我国仍然处于社会主义初级阶段的基本国情没有改变，我国是发展中国家的国际地位没有改变，把我国建成富

---

① 习近平：《在党史学习教育动员大会上的讲话》，人民出版社 2021 年版，第 19—20 页。

强、民主、文明、和谐、美丽的社会主义现代化强国之路还需新的长征。"每一代人有每一代人的长征路，每一代人都要走好自己的长征路。今天，我们这代人的长征，就是要实现'两个一百年'奋斗目标、实现中华民族伟大复兴的中国梦。"① 因此，我们当今还有许多新的"雪山""草地""娄山关""腊子口"等需要攻克，新的长征仍然在路上，需要中华各族人民学好党史必修课，从党史学习中滋养初心、引领使命，汲取前行的力量，成为人们埋头苦干、埋头实干、锐意进取的内生动力源泉，在全面建设社会主义现代化国家新征程中敢于担当、善于作为，不断提高政治站位，把握新形势要求，增强思想自觉和行动自觉，践履知行合一。

3. 实施拓展性内容的实践中体现以人为本

思想政治教育内容体系相对稳定，但仍需不断发展。在新的历史条件下社会对人的发展提出了新的要求，思想政治教育内容在相对稳定的基础上也要坚持与时俱进的品质，需要对内容进一步拓展。思想政治教育的拓展性内容主要包括心理健康教育、诚实守信教育、公民意识教育、创新创业教育、生命伦理教育、生态道德教育等。心理健康教育是人的本质的内在要求，人的本质揭示了心理健康教育的生理基础、社会基础和实践基础，而人的全面自由发展理论为心理健康教育指明了价值目标。通过心理健康教育，使人的本质得到升华，使人的社会性和实践性得到增强，走进人的现实生活，走进人的内心世界，关心人的心理活动，尊重人的个性差异，弘扬人的主体性，强调人的自主性，维护人的尊严。诚实守信是做人做事的准则，是一种基本的道德品质，是公民、社会、国家的道德责任和要求。对于公民来说是一种人格力量和无形财富；是社会和谐的基石；是国家的形象和声誉，是国格的重要体现。加强诚实守信教育，把人之为人的本性发挥出来，因为诚实守信是人之为人的本分，是安身立命的根本。"民无信不立。"②

---

① 习近平：《在纪念红军长征胜利 80 周年大会上的讲话》，人民出版社 2016 年版，第10 页。

② 《论语·颜渊》。

公民意识是人的现代化的基本要素，需要培养和教育，通过教育使公民树立权利义务意识、社会责任意识，培植一种人文情怀、一种公共精神，塑造当代公民人格，提升公民主人翁意识，追求民主法治、自由平等、公平正义的价值目标。创新是马克思主义的本质特征，确认了人的创造性是人所特有的活动方式和能力，是人的本性的延伸，是人的一种生存状态，是人的主体性的集中反映。

现代社会创造、创新、创业是时代的潮流，不仅是一种智力特征，而且是个体的一种品质，是开拓进取的精神状态和综合素质的体现，是人的全面而自由发展的动力和结果。① "激发人的创造力、促进人的全面发展是社会充满发展活力的重要前提。"② 通过创新创业教育，激发人们的首创精神，倡导大众创业万众创新，使人们的创新才能得到充分发挥、创新成果不断涌现、创业活动蓬勃开展。生命伦理关注人的生命，维护生命的尊严。通过生命伦理教育，树立尊重生命、热爱生命、敬畏生命、善待生命的价值理念，使人们深刻懂得生命的宝贵，只有实现对生命的超越与创造性的规划和经营，才能高扬生命的意义和价值，在不断提升生命品质的过程中追求幸福的人生。开展生态道德教育，正确处理好人与自然之间的关系，把道德关怀延伸到人与自然之间的关系之中，树立生态文明的理念，倡导发展绿色经济、循环经济、低碳经济，建设资源节约型、环境友好型社会，自觉承担生态道德责任。人与自然不和谐往往会影响人与人的和谐、人与社会的和谐，以人与自然之间的和谐构建人与人之间、人与社会之间的和谐。这些拓展性的思想政治教育内容都是从关注人出发，关注人的生命、关注人的心理是否健康、关注人的安身立命之本、关注人的权利义务、关注人与自然之间的关系是否和谐、关注人的发展、关注人的幸福，最终落脚点是人的全面而自由的发展。

---

① 熊建生：《思想政治教育内容结构论》，中国社会科学出版社 2012 年版，第 187 页。
② 胡锦涛：《在中国科学院第十五次院士大会、中国工程院第十次院士大会上的讲话》，《人民日报》2010 年 6 月 8 日。

第一，心理健康教育。一个健康的人，不仅要有健康的身体，还要有健康的心理，身心健康的人才是真正健康的人。受当今社会竞争激烈、生活节奏加快、各方面的压力增大、价值观念多元化、人际关系复杂等因素的影响，人们的心理失衡，出现心理障碍。如果不及时疏导调适，就会造成心理压抑甚至心理疾病。自觉地调适心理，协调身心关系以及身心与外部环境之间的关系，实施心理健康教育是保持身心健康的关键。加强青少年的心理健康教育是实施素质教育的重要举措，是促进学生全面发展的途径之一。心理健康教育是指运用教育学、心理学原理等理论对人们施加一定的影响，帮助他们舒缓心理压力、减少心理冲突、化解心理矛盾，培养良好心理素质，形成健康心理的过程。在心理健康教育的过程中，要遵循人的心理发展规律，坚持教育与自我教育相结合、解决心理问题与解决现实生活中的实际问题相结合，在积极进取中锻炼意志品质，获得悦纳自我的能力以及耐挫、适应环境的能力，促进人们在各方面得到协调、健康发展。

第二，诚实守信教育。诚实守信是中华民族的传统美德和优秀品质，时至今日却成为了社会的稀缺资源，甚至在某些领域出现了诚信危机，加强诚实守信教育富有现实意义。诚实即真实无欺，对人真诚，既不欺骗自己，也不欺骗别人，心口一致谓之诚，说老实话、办老实事、做老实人，包括心诚、言诚、行诚三个层面和诚己、诚人、诚群三个维度。[1] 守信即一定要兑现诺言，讲求信誉和信用，以诚信待人，言行一致谓之信。诚实和守信是内在统一的，诚实是守信的思想基础，没有诚实谈不上守信；守信是诚实的外在表现，是检验是否诚实的标尺。

诚实守信不仅是做人、做事的准则，是一个人安身立命、为人处世的根本之道，"人而无信，不知其可也"[2]，而且更是社会主义市场经济条件下正确处理人与社会、人与人之间关系的基本道德规范。市场经济越发达，经济

---

[1] 熊建生：《思想政治教育内容结构论》，中国社会科学出版社 2012 年版，第 177 页。

[2] 《论语·为政》。

运行对诚实守信的道德要求就越高，就越要充分发挥诚实守信道德规范对于促进社会主义市场经济健康发展的巨大作用。诚实守信也是职业道德的基本要求，是各行各业的从业人员的道德底线和道德责任。把诚实守信教育纳入思想政治教育内容之列，通过诚实守信教育，旨在培养人们讲求诚实守信，言必信、行必果的优良品质，使诚实守信成为人们日常工作、学习、生活中的基本方式和常态，树立诚信为本、诚实守信为荣的道德观念，坚持外在约束和内在修养相结合，加强政府诚信、社会诚信、公民诚信建设，努力营造诚实守信良好氛围，不断夯实立足当代社会的诚信基石。

第三，公民意识教育。"公民意识是指公民对自己在国家中的地位和作用的认识，是公民以宪法和法律规定的基本权利和义务为依据，以自身作为国家经济生活、政治生活、文化生活和社会生活等活动主体的一种心理感受与理性认识。"① 公民意识是现代法治环境条件下形成的，公民作为国家的主人，对自己的社会地位、权利、义务的理性认知。其主要包括以下几方面的内容：一是公民的国家意识、民族意识、主体意识，公民是国家的主人，时刻要以国家和民族的利益为重。二是公民的权利与义务意识，这是公民意识内容的核心。公民的权利和义务是对等的，宪法和法律赋予公民的权利必须予以保护和尊重，宪法和法律规定公民的义务必须履行，这是义不容辞的责任。三是公民的法纪意识，自觉遵守宪法和法律，严明纪律，法纪面前人人平等，坚决同各种违法乱纪的现象作斗争。四是公民的道德意识，公民在经济建设、政治建设、文化建设、社会建设、生态文明建设领域必须具有的道德规范意识，在社会公德、职业道德、家庭美德、个人品德层面必须遵守的，并能正确处理好个人与国家、个人与集体、个人与社会、人与自然之间、人与人之间的关系的意识。五是公民还需具有社会主义民主法治、自由平等、公平正义等意识，这是现代公民应该具有的理性价值意识。民主法治是社会主义政治制度的价值目标。民主意识要求人们理解当家作主的含义，

① 许耀桐：《大力加强公民意识教育》，《求是》2009 年第 5 期。

积极参与国家政治事务和活动，增强民主管理意识，使基层民主得到切实发展，人民享有真正的民主权利。把法治精神渗透到国家和社会的方方面面，使公民的法治观念不断增强，法治作为一种信仰，要求全社会的公民对法治敬仰、推崇和遵从。自由平等意识表达了人们崇尚平等、自由的愿望，体现为公民的权利主体地位，依法享有广泛的自由。公平正义体现了社会主义的内在本质，是社会主义国家制度的首要价值，推进公平正义是对政府良心的考虑，要求公民树立公平正义意识。

党的十七大报告指出，"加强公民意识教育，树立社会主义民主法治、自由平等、公平正义理念"[①]。公民意识教育是指有效参与公民生活必备的知识、态度、情感和技能，依法享有权利，履行法定义务，培养公民具有社会责任、人文情怀、公共精神的实践活动。人的现代化是社会主义现代化的核心，公民意识及其教育是实现人的现代化的基础和途径。通过公民意识教育，强化公民的主体性和参与社会公共事务管理的责任感，在扩大有序的政治参与的广度和深度的过程中塑造公民人格，增强公民的权利和义务意识，不断提高公民整体素质，有利于提升综合国力。

第四，创新创业教育。为了加快培养富有创新精神和勇于投身实践的创新创业人才队伍，2015 年 5 月国务院办公厅印发《关于深化高等学校创新创业教育改革的实施意见》，全面部署深化高校创新创业教育改革工作。实施意见指出，要重点抓好九方面的工作任务：一是完善人才培养质量标准，分层次制定教学质量标准，明确创新创业教育目标要求。二是创新人才培养机制，建立创业就业导向的人才培养类型结构调整新机制，建立协同育人新机制和跨院系、跨学科、跨专业交叉培养创新创业人才的新机制。三是根据创新创业教育目标要求调整专业课程设置，开设创新创业教育课程。四是改革教学方法，采取适合培养创新人才的教学方法。改革考核方式，注重考核

---

① 胡锦涛：《高举中国特色社会主义伟大旗帜　为夺取全面建设小康社会新胜利而奋斗——在中国共产党第十七次全国代表大会上的报告》，人民出版社 2007 年版，第 30 页。

学生分析、解决问题的能力。五是强化创新创业实践，利用各种资源建设大学科技园、大学生创业园、创业孵化基地和小微企业创业基地，同时建好一批大学生校外创新创业实践基地。深入实施大学生创新创业训练计划，举办全国大学生创新创业大赛，办好全国职业院校技能大赛，支持举办各类科技创新、创意设计、创业计划等专题竞赛。支持高校学生成立相关社团，开展创新创业实践。六是设置合理的创新创业学分，实施弹性学制，允许保留学籍休学创新创业。七是加强教师创新创业教育教学能力建设，建设一支创新创业教育的优秀教师队伍，明确创新创业教育责任。八是改进学生创业指导服务，建立健全学生创业指导服务专门机构。九是完善创新创业资金支持和政策保障体系，支持高校学生创新创业活动。为了贯彻落实《关于深化高等学校创新创业教育改革的实施意见》，教育部要求把创新创业教育贯穿人才培养全过程，对重点工作进行了具体部署。2015 年 9 月，国务院印发《关于加快构建大众创业万众创新支撑平台的指导意见》，这是对大力推进大众创业万众创新和推动实施"互联网+"行动的具体部署。

第五，生命伦理教育。生命伦理是以"生命"为核心内容的伦理体系，涉及人与自己生命、人与他人生命、人与他类生命之间的道德关系。现实生活中的自杀、暴力、吸毒、虐待等行为，表现出对生命的冷漠和蔑视。自杀即自我毁灭，这种极端漠视生命的行为令人痛心，是生命伦理缺失和扭曲所致，不得不引起人们的反思和关注。为了让人们深刻懂得人的生命只有一次，死而不能复得、人活着的意义、怎样活着才能体现人生的价值，引导人们树立正确的生命观、生存观、生活观，开展生命伦理教育具有重要意义。生命伦理教育是指根据个体生命特征及其发展规律，使人们领悟生命的本质、价值、意义，懂得尊重生命、热爱生命、捍卫生命，从而提升生命的品质，实现生命的价值。①

广义的生命伦理教育包括生命教育、生存教育和生活教育，生命是基

---

① 熊建生：《思想政治教育内容结构论》，中国社会科学出版社 2012 年版，第 189 页。

础，生存是生命的延续，生活是生存的提升。狭义的生命伦理教育的主要内容有：一是敬畏生命教育。生命只有一次，不可替代，也不可逆转，生命的有限性凸显生命的珍贵。敬畏生命，体会生命的宝贵和平等，养成健康的生活方式，善待自己，善待他人，善待大自然，尊重生物生命的多样性和独特性。在敬畏中热爱生命，在平等中尊重生命，在感恩中关怀生命，在创造中涵养生命。① 二是生命意义的教育。人的生命不仅仅是生物学意义上的存在，更为重要的是人的生命是社会性的存在、精神性的存在、无限性的存在。具有一定意义存在的人的生命，具有一定的超越性，是生命的无限性对有限性的超越、社会性对生物性的超越、精神性对物质性的超越。通过生命意义的教育，使人们肯定和高扬生命的意义和价值，以积极乐观的人生态度面对生活，在超越中实现生命的意义价值。三是生命能力的教育。生命能力是指规划好和经营好自己生命的能力，树立远大的理想，确立人生价值目标，选择正确的人生道路和健康的生活方式，塑造健全的人格，经营好自己的人生，开发生命价值，优化生命质量，在创造幸福的过程中享受人生幸福。通过生命伦理教育，引导人们热爱生命、尊重生命、善待生命，在超越生命的过程中追求生命的价值和意义，促进人的生命的和谐发展。

第六，生态道德教育。如今，生态环境与经济发展的矛盾日益突出，资源短缺、生态破坏、污染严重，人与自然的关系紧张。生态道德是调节人与自然之间关系的行为准则，树立生态文明的理念。人是自然界的一员，要以自然共同体平等的参与，人没有特权，在自然界面前不能高高在上，在尊重自然规律的基础上倡导保护优先、合理开发，通过人与自然之间的和谐促进人与人、人与社会之间的和谐。要改善人类生态环境，必须倡导新的文化精神、新的伦理道德，生态道德是生态文明的理论基础。加强生态道德教育，核心在于引导人们正确处理好人与自然之间的关系，处理好经济建设、人口增长与资源利用、生态环境保护之间的关系，改变传统不可持续发展的思维

---

① 熊建生：《思想政治教育内容结构论》，中国社会科学出版社 2012 年版，第 191 页。

方式、生产方式、消费方式，形成节约资源和保护环境的生产、生活方式。超越人类中心主义的羁绊，树立生态危机意识和生态红线观念，尊重自然、顺应自然、保护自然，维护生态平衡，着力推进绿色发展、循环发展、低碳发展。建立系统的生态文明制度体系，以制度保护生态环境，建设美丽中国。培育生态伦理精神，"天人合一"是伦理精神的最高境界和价值取向，这种精神也是当今社会应该倡导的自然环境与人类社会和谐发展的道德规范和价值追求。

思想政治教育的内容随着社会的发展和时代的进步，也会得到与时俱进的发展。心理健康教育、诚实守信教育、公民意识教育、创新创业教育、生命伦理教育、生态道德教育等这些拓展性的思想政治教育内容对人的成长和全面发展具有十分重要的意义和不可估量的作用。

（二）思想政治教育方法体现以人为本

思想政治教育方法是在实施思想政治教育的过程中，为了实现预期的教育目标和达到预期的教育效果所采取的具体方式和途径。思想政治教育方法必须符合以人为本的思想，才能取得预期的教育效果。以理论和实践相结合、教育和自我教育相结合、现实教育和理想教育相结合的教育方法为例进行论述。

1. 理论和实践相结合的教育方法体现以人为本

理论联系实际体现了矛盾的普遍性与矛盾的特殊性的辩证关系，揭示了认识必须与实践相统一的马克思主义认识论，这一原则与形形色色的主观主义和形而上学思想是对立的。理论联系实际是马克思主义党风、政风、学风的根本要求，坚持这种党风、政风、学风是我们国家一条重要的原则和宝贵经验。理论之所以是理论，是因为它把握了事物发展的规律和本质，把握了贯穿于马克思主义中的立场、观点、方法。实践是具体的、生动的，理论必须回到实践中去，才能形成符合现实实际的路线、方针、政策、措施、方法，真正使理论发挥指导实践的作用，并随着实践的发展使理论得到不断的升华和发展。毛泽东同志一贯重视理论联系实际，"只有善于应用马克思列宁主义的立场、观点、方法，进一步地从中国的历史实际和革命实际的认真研究中，在各方面作出合乎中国需要的理论性的创造，才叫做理论和实际相联系"①。理论联系实际，既要重视理论指导实践的作用，也要重视实践对理论的提升、发展作用。

在思想政治教育的过程中，采取理论与联系实际相结合的教育方法符合马克思主义的认识论和唯物辩证法思想，是切实可行的教育教学方法。但在具体的教育教学中，会把两者割裂，造成要么轻理论重实践要么轻实践重理论的错误做法。受工具理性的宰制，思想政治教育教学简化为生硬的灌输和冷冰冰的说教，成了限制教育、压抑教育，人在理论的被驯服中异化为对理论的漠视和憎恨，人成了理论的玩偶和接受容器，导致思想政治教育的价值理性和目的理性的遮蔽或缺失、教育主体的缺场和实效性低下，思想政治教育失去了其价值旨归和本真的意义，走向了以人为本的反面。思想政治教育本应促进生命的完善和人性的丰富，不仅有理论知识的传授，更重要的是对理论的认同、内化、践行，需要以认知、感染等方式进行潜移默化的自主建构、内化和实践。而轻理论重实践的做法是从狭隘的经验出发，轻视正确理论的指导作用，片面地把狭隘的经验看作是认识、理论的唯一来源，强调它的重要性，而忽视正确理论的重要性，满足于一得之功和一孔之见的经验主义，不能使从实践中获得的感性认识上升到理性认识，必然就不会实现认识过程中的第一次飞跃，没有第一次飞跃自然就不会完成第二次飞跃，从实践到认识再到实践的链条在感性认识阶段已经断裂。轻理论、重实践和轻实践、重理论的表现，都是理论与实际相脱节的主观主义。

为了克服理论与实际相脱节的主观主义，思想政治教育要采取理论与实际相结合的方法，培养受教育者正确地分析社会现象和社会问题。实践教学是理论知识教学的延伸，两者相辅相成，相得益彰。贴近实际、贴近生活，

---

① 《毛泽东选集》第3卷，人民出版社1991年版，第820页。

心系国家和民族，关心人民群众所关注的社会热点、难点问题，在具体的社会实践中领悟理论的魅力，在眼见为实的客观事实面前信服理论的指导作用。运用马克思主义理论尤其是马克思主义中国化的理论成果解决实际问题，能更好地接触社会、了解社会，在社会实践的过程中检验自己所学的理论知识，并能在现实生活中找到答案，使受教育者更深刻、更全面地掌握理论和方法。"学然后知不足"，"知不足然后能自反也"，不仅能学到课本以外的知识，还能掌握科学的思维方法，而且能锻炼和提高分析问题、解决问题的实践能力。同时，使受教育者的交往能力、表达能力、适应社会的能力得到提升，强化爱国主义情怀，增强社会责任感。理论与实际相结合的教育方法坚持了人的理性与实践性的结合，把受教育者看作目的，体现了思想政治教育的价值理性。

2. 教育和自我教育相结合的教育方法体现以人为本

"确立思想政治教育方法的依据和原则，是由思想政治教育的目的和任务，以及人们思想形成发展规律和思想政治教育规律所决定的。"① 教育和自我教育相结合的教育方法符合人们思想形成的发展规律，也符合思想政治教育的规律，是有效的教育方法。教育的产生和发展，是社会经济、政治、文化发展的必然结果。另外，人性需要完善和发展，通过教育把人的潜能发掘出来，实现人性从自发性向自觉性的转变。人的自发性是指人在自己所从事的活动中表现出来的潜意识或下意识的特性。人的自觉性是指人在自己的活动中表现出来的积极的主体特性，即"显意识性"。人的自发性与自觉性统一于现实的个人身上，从而构成了现代思想政治教育所采取的教育与自我教育相结合方法的人性基础。②

人的自发性决定了思想政治教育需要对受教育者进行教育，"工人本来也不可能也有社会民主主义的意识。这种意识只能从外面灌输进去"③。列

---

① 王玄武等：《思想政治教育方法论》，高等教育出版社 1992 年版，第 6 页。
② 雷骥：《现代思想政治教育的人性基础研究》，人民出版社 2008 年版，第 269 页。
③ 《列宁选集》第 1 卷，人民出版社 1995 年版，第 317 页。

宁的"灌输论"对于当今的思想政治教育仍具有指导意义，就是我们现在所说的正面教育。虽然人有自发性，但这种自发性需要马克思主义理论去启发和引导，通过教育转变思想观念，树立正确的世界观、人生观、价值观，逐步提高政治理论水平和思想道德素质，形成合乎主导意识形态所倡导的思想和行为。人的自发性有消极的自发性和积极的自发性。"消极的自发性要靠积极的自发性，特别是要靠发挥自觉性加以限制、控制、调适；积极的自发性要通过发挥自觉性加以肯定、扶植、利用、完善和强化，并加以升华。"① 正是由于人具有自觉性，思想政治教育施教主体要积极引导受教育者发挥人的自觉能动性进行自我教育、自我修养、自我提升，在自我教育中提高思想政治水平和道德素质。教育与自我教育相结合，有利于增强思想政治教育的针对性和实效性。

3. 现实教育和理想教育相结合的教育方法体现以人为本

人的存在方式具有二重性，人既生活在现实中又生活在理想中，既生活在现实世界中又生活在意义世界、价值世界中。② 人是现实性与理想性统一的存在物。现实性是指人在实然的自然环境和社会环境中生存和发展的真实状态，是人的本真性生活的反映。理想性是指立足于现实又高于现实，对未来社会和自身发展的向往和追求，憧憬美好未来和幸福生活是人存在的应然状态。现实性是理想性的基础和发展条件，理想性是对现实性的超越和展望，现实性和理想性统一于伟大的实践之中，这是马克思主义关于人的现实性与理想性之间的辩证关系。

思想政治教育的现实教育主要是通过思想教育、政治教育、道德教育、法纪教育、心理教育等，对受教育者进行教育和引导，树立正确的世界观、人生观、价值观，以科学的理论、正确的思想观点、思想方法武装人们的头脑，改变人们的思维方式。按照一定的政治思想、政治观点、政治规范等对

---

① 陶富源：《人性的一般与特殊》，《探索》2004 年第 2 期。
② 陈志尚：《人学理论与历史·人学原理卷》，北京出版社 2004 年版，第 478 页。

社会成员施加一定的教育和影响，促进受教育者认同和接受政治理论，并身体力行政治规范。道德教育是按照一定的伦理要求和道德规范对受教育者进行教育，追求道德理想，加强道德修养，锤炼道德品质，重视道德践履，不断提升道德境界。法纪教育是对人们进行法治教育和纪律教育，通过法治教育，使受教育者知法、懂法、守法，领会社会主义法律精神，从整体上把握中国特色社会主义法律体系，引导他们自觉遵守法律，依照法律规定行使权力、权利和履行职责、义务，增强维护法律权威的自觉性和责任感。通过纪律教育，培养受教育者的纪律观念，提高执行纪律的自觉性，养成遵守纪律的良好习惯。对受教育者进行心理健康教育是指教育者运用心理科学的方法，对他们进行心理健康方面的教育、疏导并施加影响，优化心理素质，适应和应对复杂的心理环境，促进身心和谐与健康发展的教育实践活动。

思想政治教育的理想教育主要是理想信念教育。理想信念是人的精神世界的灵魂，没有理想信念，如同精神上"缺钙"，就会患"软骨病"。理想信念指引人生方向，是远航的灯塔，激励着人们向着既定的目标前行，不断追求更高的精神境界，塑造理想的道德人格。通过教育树立科学的理想信念，认识到肩负的历史使命和重担，认同中国特色社会主义共同理想，并为实现共同理想积极投身于中国特色社会主义伟大实践之中。深刻懂得共同理想的实现途径是中国特色社会主义道路，行动指南是中国特色社会主义理论体系，根本保障是中国特色社会主义制度，以增强实现中华民族伟大复兴的自信心和自豪感。中国梦是中华民族的振兴之梦，也是每一个中国人幸福之梦，更是青少年的成长成才之梦。因此，人生要融入国家的伟大事业中，在实现中国梦的实践中实现自己的人生价值。

（三）思想政治理论课改革创新体现以人为本

思想政治理论课是思想政治教育的主渠道，改革创新一定要体现以人为本。习近平同志在主持召开学校思想政治理论课教师座谈会上的重要讲话中强调，推动思想政治理论课改革创新，要不断增强思想政治理论课的思想性、理论性和亲和力、针对性，要坚持做到"八个相统一"。①

第一，要坚持政治性和学理性相统一。思想政治理论课始终要发挥政治引领和价值引领作用，通过学术讲政治，学理是表达政治的学理，以深刻透彻的学理分析并回应现实生活中的热点、难点、疑点问题，以彻底的理论解决学生的思想困惑，以强大的真理力量引导学生树立正确的世界观、人生观、价值观。尊重思想政治教育规律，善于从政治上看问题，政治立场坚定，但必须遵循学理，在大是大非面前始终保持政治清醒，做到以理服人。以深厚的历史逻辑把握政治，"只有在整个人类发展的历史长河中，才能透视出历史运动的本质和时代发展的方向"②，以宽广的历史视野讲清政治，把道理讲明白、讲透彻。以丰富的实践逻辑印证政治，通过梳理丰富的现实实践来印证政治的真理性和价值性，让学生心服口服，深信不疑，避免空洞的政治说教。

第二，要坚持价值性和知识性相统一。思想政治理论课的价值性是指具有塑造学生价值观的功能，回答了思想政治理论课有没有用、有什么用的问题。其价值性重在价值引导，以人性的养成、人格的塑造、正确价值标准、价值评价等的树立为基础，属于价值论教育的范畴。思想政治理论课的知识性是指传授知识、培育科学精神、开发智力、追求真理等为基础，属于认识论的范畴。坚持价值性和知识性相统一，知识传授是手段，价值引导是目的。要求以传授知识为载体，在传授知识的基础上融入价值引领，价值引领是核心和精髓。以知识传授支撑、涵养价值引导，价值引导才会恒久长远、富有成效。以价值引导寓于知识传授之中并引领知识传授，如果没有科学知识奠基，价值引导就会成为空洞的价值说教。因此，要以思想政治理论课为龙头，将思政课程与课程思政的价值引导有机结合，形成合力，思想政治教

---

① 《习近平主持召开学校思想政治理论课教师座谈会强调用新时代中国特色社会主义思想铸魂育人 贯彻党的教育方针落实立德树人根本任务》，《人民日报》2019 年 3 月 19 日。

② 习近平：《在纪念马克思诞辰 200 周年大会上的讲话》，《人民日报》2018 年 5 月 5 日。

育工作才能富有成效。

第三，要坚持建设性和批判性相统一。思想政治理论课坚持建设性是指正面宣传主导意识形态，倡导自觉践行社会主义核心价值观，积极传播社会正能量，凝聚全社会人心和力量。建设性重在"立"，正面引导，积极肯定。思想政治理论课坚持批判性是指批判各种错误观点和错误思潮，引导学生坚持正确观点，正确看待社会问题。批判性重在"破"，聚焦社会问题，明辨是非曲直。学会辩证唯物主义和历史唯物主义的思维方法，培养学生建设性和批判性的思维能力。思想政治理论课属于意识形态范畴，具有鲜明的政治立场和价值导向，坚持思想政治理论课建设性和批判性相统一，在教学实践中建设什么、批判什么，都要从客观事物发展规律出发，以全面的、发展的、辩证的观点认识事物，触及事物的本质。有利于引导学生树立正确的国家观、民族观、历史观、文化观等，有利于引导学生热爱国家、热爱中国共产党、热爱社会主义，有利于让学生明确自己所肩负的历史使命和新时代重任，有利于应对各种错误观点和错误思潮，增强中国特色社会主义道路自信、理论自信、制度自信和文化自信。

第四，要坚持理论性和实践性相统一。思想政治理论课的基本属性决定了其内在要求必须彰显一定的理论深度，这些理论是对现实实践的深度概括和高度抽象，具有很强的理论性和科学性。以马克思主义理论培养人、武装人、塑造人，掌握马克思主义的立场、观点和方法，用以指导解决现实生活中学生关切的热点问题和疑难问题，实现思想政治理论课由教材体系向教学体系转化、由教学体系向理论知识体系转化、由理论知识体系向信仰体系转化，由信仰体系向行为体系转化。注重理论联系实际，注重课内实践教学和课外实践教学。课内实践教学通过案例分析、课堂讨论、播放视频、读书报告、举办辩论赛等活动的形式，将理论与实践相结合，达到学以致用的效果。课外实践教学强调理论与实践的有机统一，将思想政治理论课小课堂与社会大课堂相结合，走出校门，深入社会和基层，以学到的理论知识指导实践，并在实践中加以检验其是否正确，在中国特色社会主义的伟大实践中观察问题、分析问题、解决问题，比较全面地了解改革开放所取得的巨大成就，既提升了学生的思想理论水平，锤炼了意志品质，又培养了各种能力，增进了对人民群众的感情以及对社会的责任。坚持理论性和实践性相统一，在深化理论育人的基础上注重实践育人，促进实践育人的体系化并取得实效。

第五，要坚持统一性和多样性相统一。思想政治理论课坚持统一性是指其有着统一的育人目标，即用习近平新时代中国特色社会主义思想铸魂育人，培育和践行社会主义核心价值观，引导学生增强"四个自信"，培养德智体美劳全面发展的社会主义建设者和接班人。与其他课程相比，更要在课程设置、教材使用、教学管理等方面有统一的要求，才能更好地贯彻党中央的决策部署，才能确保思想政治理论课建设的质量，促进内涵式发展，真正完成立德树人的根本任务。思想政治理论课坚持多样性是指在统一性的要求下，具体选择的路径上要实事求是，从各个学校的实际出发，因地制宜，因校制宜，因时制宜，因材施教。在教学方法、教学手段等方面要进行多样化的有益探索，充分发挥每一个学校、每一位教师的积极性、主动性、创造性，才能不断提高教育教学的针对性。坚持思想政治理论课建设统一性和多样性的辩证统一，既能确保建设的质量，又能让学生获得精准的教育供给，满足个性化的需求，为学生的成长成才"保驾护航"。

第六，要坚持主导性和主体性相统一。思想政治理论课教育教学的关键在于教师，知识的传授、能力的培养、价值的引导都离不开教师的主导作用，切实需要发挥教师的积极主动性和创新创造性。作为思想政治理论课教师，要真正做一名马克思主义教育教学工作者，真学、真信、真懂、真用马克思主义，"有信仰的人才能讲信仰"，才能做到思想引领、价值主导，启发学生的心智，点拨学生的心灵，塑造学生的灵魂。为此，教师的教育教学能力至关重要。加大教学科研能力的培养，通过集体备课集思广益，"教什么、怎么教"要围绕"主导"作用充分设计，大力推进教学方法、教学手段、考核方式等方面的改革，打造"金课"，淘汰"水课"，增强教学的感染力和吸引力。办好思想政治理论课的主体是教师，学好思想政治理论课的主体是学生。在教学过程中，承认和尊重学生的主体地位，采取多种教学方式和教学手段激发学生学习的兴趣，"兴趣是最好的老师"，在兴趣的感召下能够主动地学习，教学效果就会得到提升。"学什么、怎么学"在备课中要认真思考和仔细研究，学生不是被动接受知识的客体，也不是任由教师"摆布"的对象，一定要解决好教师的"教"与学生"学"的关系。遵循学生认知规律和接受知识的特点，激发学习的潜力，努力实现由"要我学"到"我要学"的转变，使思想政治理论课真正成为学生真心喜欢、终身受益的课程。

第七，要坚持灌输性和启发性相统一。对于学生而言，思想政治教育的理论知识、正确的世界观、人生观、价值观不可能自发生成，需要教师的理论灌输、理论传授、启迪点拨、教育引导，这是教育教学必不可少的重要途径，也是不可替代的教育教学方式。但理论灌输不是"满堂灌"，不是教师"一言堂"，不是学生被动地学习，而是要发挥教师的主导作用、学生的主体作用，激发学生学习的积极性和主动性。灌输不仅是马克思主义理论教育的基本方法，而且也是思想政治教育的有效途径。但灌输不是给学生提供解决问题的现成答案，而更重要的是掌握科学的世界观和方法论，养成正确思考问题的思维方法。因此，要坚持灌输的同时，注重启发性教育，通过平等沟通交流、民主讨论等形式，开展以问题为导向的专题式教学或者研讨式教学，引导学生发现问题、分析问题、解决问题，让学生在自然而然中得出正确的结论，真正将课堂上所学的理论知识内化于心、外化于行。

第八，要坚持显性教育和隐性教育相统一。思想政治理论课是思想政治教育的主渠道，是落实立德树人根本任务的关键课程，是一种显性教育。理直气壮地开好思想政治理论课，旗帜鲜明地进行马克思主义理论教育，以马克思主义中国化的理论成果铸魂育人，以习近平新时代中国特色社会主义思想武装学生头脑，对于培养社会主义合格建设者和可靠接班人至关重要。所有课程都有育人功能和育人任务，充分挖掘其他课程所蕴含的思想政治教育资源，发挥隐形教育"润物细无声"的育人作用，守好每门课程自己的一段渠、种好自己的责任田，与思想政治理论课育人同向同行，产生协同效应。思政课程与课程思政两者的育人目标是一致的，但由于育人的着力点不同，不可替代，必不可少，需要共同作用，各负其责，形成合力。学校育人是一项系统工程，尽力做到管理育人、教书育人、科研育人、实践育人、网络育人、服务育人等，拓宽育人途径，实现全员、全程、全方位育人，发挥学校育人效果的最大化。目前，课程思政的开发和设计还需加强，与思想政治理论课的协同效应还未充分发挥，这些问题值得深化研究并加以解决。隐形教育除了学校课程思政的育人渠道外，还体现在家庭、学校、社会的育人体系之中，只有齐抓共管，三者综合施加积极影响，才能全面提升育人实效。

思想政治理论课改革创新坚持"八个相统一"，落脚点在于立德树人这一根本任务。为此，必须在改革创新的过程中坚持以人为本，教师的"教"与学生的"学"始终如一地围绕"以人为本"的理念和实践而展开，在以人为本的具体实践中不断增强思想政治理论课的思想性、理论性和亲和力、针对性，真正实现思想政治教育的伦理精神。

| 结　语 |

　　思想政治教育既是实践性的存在，也是一种精神性的存在，主要精神之一是思想政治教育的伦理精神。思想政治教育本身蕴含着思想政治教育的伦理精神，与思想政治教育的本质是统一的。如果没有伦理精神的思想政治教育，就是没有灵魂的教育，没有灵魂的思想政治教育注定会走向异化。

一、树立思想政治教育伦理精神的理念

　　思想政治教育伦理精神是一种理念，思想政治教育伦理精神的这种理念始终要贯穿于思想政治教育的理论层面和实践层面之中，在思想政治教育的过程中应该发挥主要作用。因此，树立思想政治教育伦理精神理念，审视和观照思想政治教育工作，符合这种理念的理论和行为一定要发扬光大，与理念不相符合的思想政治教育理论和行为要予以纠偏。以人为本是思想政治教育伦理精神的核心。思想政治教育所追求的价值目标与伦理精神在道德哲学本性上是相通的，都追求社会生活的整体和谐与人的自由而全面的发展，具有理论上和实践上的现实性和合理性。

　　思想政治教育伦理精神需要一种与之相适应的范式，需实现思想政治教育范式的转换。思想政治教育伦理精神是对以往范式的扬弃和超越，思想政治教育必然会发生"格式塔转换"，教育目标、教育内容、教育方法、教育

方式等方面需随之转换。思想政治教育伦理精神要求当前的思想政治教育把"人"当人看，教育者和受教育者互为主体，由单一主体性转化为主体间性，相互之间有交流和互动，主动地认同，主动地建构教育内容和把握教育过程，而不是被动地接受，不是强制性地施加影响。思想政治教育不是简单地学习思想政治教育知识，更重要的是情感的投入和意志的锤炼，由情感认同到内心的真正认同和信服，最终落实到实际行动上，使人们的知、情、意、信、行均得到提升。在认同的过程中，思想政治教育的伦理精神从思想政治教育伦理精神的抽象性转变成思想政治教育伦理精神的现实性，开阔了思想政治教育伦理精神的新境界。

思想政治教育的伦理精神有其深刻的内涵，对于发挥思想政治教育的价值具有重要的理论意义和现实意义。只有树立思想政治教育伦理精神理念，转换思维方式，从思想政治教育理论高度深刻把握思想政治教育的本质、规律、价值目标等方面所蕴含的伦理精神，才能要求人们按照伦理精神的理念和实践要求开展思想政治教育。思想政治教育的伦理精神是思想政治教育的内核和基本要义，既要关切社会生活整体秩序的和谐，实现思想政治教育的工具性价值；也要关切个体的身心和谐以及人的全面发展，实现思想政治教育的目的性价值。既要从理论上对思想政治教育是否偏离了伦理精神进行审视，审视价值目标的设定、教育规律的遵循、教育内容的安排、教育过程的设计、教育方法以及手段的运用、教育效果的评价等方面是否符合思想政治教育伦理精神的要求；也要从实践上进行审视，审视在思想政治教育的实践活动中是否始终能够按照思想政治教育伦理精神的要求予以贯彻和落实。既要关注思想政治教育宏观方面是否按照伦理精神的要求开展教育，逐项审查，对于不符合伦理精神要求的方面，一定要不折不扣地加以改正；也要从微观方面进行关注，从细微处着手，按照思想政治教育伦理精神的要求逐一审视和排查，使之不断地丰富和完善。

当前，思想政治教育工作呈现出不断加强改进的良好发展态势，但也要意识到挑战更加严峻、任务更加艰巨、存在一些问题亟须解决。因此，思想政治教育应该按照伦理精神的要求开展工作，将伦理精神贯穿于思想政治教育的全过程，才不会导致思想政治教育伦理精神的缺位。为了使思想政治教育发挥其应有的作用，必须对思想政治教育进行形而上的追问和审视。随着思想政治教育伦理精神的研究不断深入，其学术层面的价值和实践层面的价值将会日益凸显，是当代社会发展的必然产物。"在这个历史时刻，一切人与历史的结构和要素相关的事物突然以崭新的面目展现在我们眼前，此时，我们应当凭自己的科学思维而成为局势的主宰，因为，并非不可想象的是，正像以往的历史常有的情形一样，我们还来不及猜想，机会就可能稍纵即逝，世界又重新呈现出静态的、单一的、固定的面貌。"① 所以，我们必须把握新生思想，加强和改进新形势下思想政治教育工作，不断增强思想政治教育工作的针对性、实效性，不断地深入研究思想政治教育伦理精神的理论，把伦理生活、伦理精神追求作为社会和个体的生存生活方式和价值追求，以伦理道德原则和规范规整人们之间的关系和生产生活，提升人的精神境界，真正使思想政治教育的伦理精神得以实现。

二、思想政治教育伦理精神是一种实践力量

中华民族伦理精神是中华民族在长期的实践过程中，通过不断积淀进而形成的伦理原则、伦理观念、伦理标准、伦理规范等，以此指导中华各族人民的实践活动，被大多数民族成员所认同和践行的理性思维和实践力量。中华民族伦理精神具有中华民族的理论特质和实践特征，解决了伦理的民族性，是一种积极向善、向上的精神力量，是处理个体与共体之间关系和谐的根本遵循和价值规范。

我国社会主义道德建设是以集体主义为原则，集体主义强调国家利益、

---

① ［德］卡尔·曼海姆：《意识形态与乌托邦》，黎鸣译，商务印书馆 2000 年版，第87页。

民族利益与个人利益的辩证统一，国家利益、民族利益高于个人利益，但集体主义保障个人的正当利益。"一方面，个人离不开集体，集体把每个劳动者的智慧和力量凝聚在一起，形成巨大的创造力。另一方面，集体是由若干个人组成的，不调动个人的积极性，也就不会有集体的创造力。集体与个人，即'统'与'分'，是相互作用、相互依赖、互为前提的辩证统一关系。只有使二者有机地结合起来，才能使生产力保持旺盛的发展势头，偏废任何一方，都会造成大损失。"①

为什么人服务，是道德建设的核心问题，决定着道德建设的性质和价值取向，规定着与之相适应的道德现象。我国社会主义道德建设以为人民服务为核心，遵循了辩证唯物主义和历史唯物主义的内在规律，符合中国共产党人的根本宗旨，集中体现了社会主义道德观，是中华各族人民共同遵守的道德要求。我国以公有制为主体，奠定了为人民服务的基础，形成了平等互助、团结友爱的人际关系，是社会主义道德区别于其他社会形态道德的标志，体现了先进性伦理要求。"每个人的力量是有限的，但只要我们万众一心、众志成城，就没有克服不了的困难；每个人的工作时间是有限的，但全心全意为人民服务是无限的。"②

中华民族伦理精神与社会主义道德建设具有内在的一致性，核心是以人为本，为人民服务，以实现中华民族的根本利益为评判标准，都强调人与社会之间的协调发展，注重个体与共体相统一、主观与客观相统一、理性与实践相统一，主张义利的协调一致性。因此，伦理精神具有理论层面的涵盖性和实践层面的合理性。思想政治教育伦理精神倡导在开展思想政治教育工作的过程中，尊重人、理解人、关心人，既要观照个体的成长成才，又要观照中华民族整体利益的维护以及社会生活整体秩序的和谐有序，追求的是个体与共体相统一的伦理精神培育和实践。

---

① 习近平：《摆脱贫困》，福建人民出版社1992年版，第144页。
② 《习近平谈治国理政》第1卷，外文出版社2018年版，第5页。

　　思想政治教育伦理精神既是一种理念，又是一种实践力量，是理性思维和实践力量的有机统一体。思想政治教育主体要意识到思想政治教育伦理精神是一种实践力量，这种实践力量不是通过自发的行动就可以实现的，需要将思想政治教育伦理精神由自在状态向自为状态转变，并通过一定的培养转化为主体自觉的行动。思想政治教育主体要树立思想政治教育伦理精神理念，以此理念指导思想政治教育工作实践，在工作实践中唤醒实践力量、凝聚实践力量、发挥实践力量，促使思想政治教育伦理精神由理念作用的发挥转化为理念作用与现实作用共同发挥的合力。

　　思想政治教育伦理精神要求在思想政治教育的过程中，从教育客体成长成才的需求出发，教育主体始终按照伦理精神的要求塑造人、培养人，关注他们人性的完善、人格的健全，帮助树立正确的世界观、人生观、价值观，提高他们的思想、政治、道德素质，不断提升自我价值与社会价值的实现，追求的最高价值旨归是促进人的自由而全面发展。为此，思想政治教育主体要对思想政治教育教学目标、教育教学过程、教育教学手段、教育教学评价等维度进行形而上的伦理精神审视和追问，体现的是主体对思想政治教育的伦理观照，观照人们的实际行动是否树立思想政治教育伦理精神理念，是否按照蕴含的伦理精神要求开展工作，是否达到了伦理精神所倡导的实际效果。

　　思想政治教育工作是做人的工作，以先进思想武装人们的头脑，逐步被人们所认可、接受、认同和掌握，不断提高人的思想觉悟、理论水平、政治素质、道德境界等，不仅实现人们对于自身意义和价值的追求，体现了对于生命、人性的深刻体认和深度考量，而且实现立德树人这一根本任务的达成，体现了对于社会发展和民族进步的关切。"历史的活动和思想就是'群众'的思想和活动。"① 以马克思主义和马克思主义中国化的理论成果武装人们的头脑，被人民群众所理解和掌握，形成和凝聚成强大的实践力量，实

---

　　① 《马克思恩格斯文集》第 1 卷，人民出版社 2009 年版，第 286 页。

现人民群众成为思想政治教育的"物质武器"与思想政治教育成为人民群众的"精神武器"两者之间的有机统一。思想政治教育伦理精神蕴含在思想政治教育工作之中，发挥思想政治教育伦理精神实践力量的作用，致力于立德铸魂，系统回答培养什么人、怎样培养人、为谁培养人这一根本问题。

三、培育和践行思想政治教育伦理精神

建设中国特色社会主义是一项前无古人的开创性事业，是当代世界上最为伟大的社会实践，把科学社会主义基本原理与中国具体实际相结合，是马克思主义的理论逻辑、中国社会发展的历史逻辑、实现中华民族伟大复兴的实践逻辑三者之间的辩证统一，植根于中国大地，集中体现了中华民族和中国人民的共同意愿，是适合于我国时代发展要求的科学社会主义。改革开放以来，我们党始终高举中国特色社会主义理论旗帜，坚持走中国特色社会主义道路，坚持和发展中国特色社会主义经济、政治、文化、社会、生态文明建设，坚持以人民为中心的发展思想，取得了举世瞩目的物质成果和精神成果，人民群众的获得感、幸福感、安全感日益增强，促进了人的全面发展。实践充分证明，中国特色社会主义是逐步实现共同富裕、不断促进人的自由而全面发展的伟大事业。在中国特色社会主义的伟大实践中，培育和践行思想政治教育伦理精神，具有深远的理论意义和现实价值。

中国特色社会主义的伟大实践，是开展思想政治教育工作的特大平台和具体场域。我们始终坚持毛泽东思想和中国特色社会主义理论体系的正确指导，不断推进中国特色社会主义伟大实践向纵深发展，思想政治教育的视野随之得到拓宽，并且注重从思想政治教育客体的实际出发，尤其是从青少年的成长成才需求出发，聚焦于思想政治教育发展不平衡、不充分问题中的补短板、强弱项建设，推动思想政治教育工作守正创新。发掘思想政治教育蕴含的伦理精神，自觉培育和践行思想政治教育伦理精神，有效指导思想政治教育工作创新开展，这是思想政治教育工作创新发展的动力源泉。

中国特色社会主义伟大实践为培育和践行思想政治教育伦理精神，提供了广阔的舞台和发展空间。思想政治教育工作与国内外发展大势、经济社会发展形势关联紧密，事关国家发展和民族未来，事关中国特色社会主义的前途命运。思想政治教育学科创立至今已有 30 多年，通过努力形成了自己的研究领域、研究范式和话语体系，规范化和科学化发展有了一定的提升，学科自信和研究自信不断增强，为坚持和发展中国特色社会主义发挥了重要的作用和功能，作出了自己应有的学科贡献。思想政治教育的根本在于立德树人，关乎是否坚持了正确的政治方向，但由于人为因素，思想政治教育效果与教育客体的需求和期待仍然有一定的差距。这就需要思想政治教育主体因事而化、因时而进、因势而新，培育和践行思想政治教育伦理精神，为他们解疑答惑，以中国特色社会主义道路自信、理论自信、制度自信、文化自信的理论勇气和客观事实，直面回应社会发展中的热点和难点问题，让他们对中国特色社会主义伟大实践充满信心。

党的十八大以来，我国经济由高速增长阶段转向了高质量发展阶段，顺应了人民群众对美好生活的向往和追求，社会各项事业得到了充分发展，综合国力不断增强，国际地位日益提高，各个领域的建设发展为思想政治教育提供了丰富的素材和强有力的育人支撑。同时，国际局势发生了新的深刻变化，新冠肺炎疫情重挫了世界经济，加剧了世界经济、政治、安全等形势中的不确定因素，世界多极化和经济全球化的趋势仍然在曲折中发展，综合国力竞争日趋激烈，各种思潮与不同文化之间相互激荡，意识形态领域与各种矛盾错综复杂，敌对势力对我国实施西化、分化的战略图谋并没有改变，世界与我国的关系更加复杂，挑战更加严峻。受国际国内环境的影响，人们的思想和行为呈现出向多样化、个性化方向发展的特点，尤其是青少年群体呈现出价值观念、价值选择多元化、个性化等特点，如何引导他们选择正确的价值观并能够积极防范各种错误思潮和敌对势力的渗透尤为重要。思想政治教育要围绕学生、观照学生、服务学生，敢于直面多元思想文化与各种矛盾的冲击，善于回应各种错误思潮的严峻挑战，以高度的理论自觉和自信，讲好中国故事，在新的历史起点上进行新的伟大斗争，提高新时代思想政治教育的实效性和说服力。

"经过全党全国各族人民共同努力，在迎来中国共产党成立一百周年的重要时刻，我国脱贫攻坚战取得了全面胜利，现行标准下 9899 万农村贫困人口全部脱贫，832 个贫困县全部摘帽，12.8 万个贫困村全部出列，区域性整体贫困得到解决，完成了消除绝对贫困的艰巨任务，创造了又一个彪炳史册的人间奇迹！这是中国人民的伟大光荣，是中国共产党的伟大光荣，是中华民族的伟大光荣！"①

脱贫攻坚是全面建成小康社会的底线任务，脱贫攻坚取得了重大胜利，全面建成小康社会取得历史性成就，为思想政治教育工作提供了新的素材内容，更重要的是极大地增强了思想政治教育工作的底气。

思想政治教育伦理精神蕴含着丰富的文化底蕴，体现了真理性、价值性、政治性的有机统一，与思想政治教育存在着耦合关系，价值旨归内在的一致。所以，在思想政治教育的理论层面和实践层面，需要审视和观照是否蕴含着伦理精神，伦理精神既是思想政治教育的核心要素，一以贯之地需要发挥导向作用，又是思想政治教育最深层次的精神力量，直接或间接地影响着思想政治教育作用和功能的发挥，最终决定着思想政治教育的成效。思想政治教育应该从"现实的人"出发，从中华优秀传统文化、红色革命文化、社会主义先进文化中汲取伦理精神的营养，以文化人，以文育人，重视日常养成。以主导价值观引领，践行社会主义核心价值观，内化于心，外化于行。挖掘思想政治教育的伦理精神，以伦理精神的要求培养人、塑造人，帮助青少年扣好人生第一粒扣子，形成正确的世界观、人生观、价值观，促进人的全面发展，对于加强和创新新时代条件下思想政治教育工作具有重要的意义。

思想政治教育伦理精神不仅关注个体的成长成才，而且关注共体的发

---

① 习近平：《在全国脱贫攻坚总结表彰大会上的讲话》，《人民日报》2021 年 2 月 26 日。

展，维护和保障社会和谐发展，为个体发展提供良好的社会秩序，促使个体与共体相统一，现代社会最稀缺的精神资源是个体与共体相统一的伦理精神。新时代思想政治教育要聚焦社会的和谐发展，为中国特色社会主义伟大实践培养合格的社会主义建设者，致力于推动各个领域高质量发展。思想政治教育作为维系社会和谐发展、满足个体社会化发展需求的社会实践活动，一方面要以伦理精神的要求引导个体的进步和发展，形成正确的思想观念、价值选择，更好地在德、智、体、美、劳各个方面得到提升，成为德才兼备、全面发展的有用人才。另一方面要结合新时代发展要求，以伦理精神规范人们的行为，最大限度地彰显思想政治教育伦理精神的作用和功能，促使个体理性上升为共体理性，扬弃伦理精神的抽象性，从而获得伦理精神的具体性，个体与共体融为一体，体现了知行合一的实践要求。

思想政治教育主体必须明确"为谁培养人"，通过"如何培养人"，关注教育客体"成为什么样的人"，这是思想政治教育的根本问题。思想政治教育伦理精神的逻辑起点是现实生活中活生生的、具体的人，核心是以人为本，落脚点是将有血有肉的个体培养成为有理想、有本领、有担当的人，能够承担起社会的历史使命和时代责任，成为走在时代前列的建设者、奋进者、开拓者、奉献者。所以，思想政治教育的个体目标、社会目标与思想政治教育伦理精神的价值追求是高度一致的。这就要求我们如何引导教育客体既要仰望星空，又要脚踏实地；既要树立远大的理想信念，又要将个人的奋斗志向与国家和民族的前途命运紧密联系在一起；既要看到理想的美好，又要看到实现理想的长期性、艰巨性、复杂性和曲折性；既要重视个体自我价值的实现，又要重视人生的社会价值，为社会创造更大的价值，因为社会价值的实现是个体自我完善、全面发展的保障。

党的十九届五中全会擘画了全面建设社会主义现代化国家的宏伟蓝图，2021 年开启了全面建设社会主义现代化国家新征程的重大历史性任务，实现社会主义现代化是中华各族人民的共同理想和奋斗目标，也是共产党人肩负的重大历史使命。我国处于新发展阶段，经济由高速度发展转向高质量发展阶段，由中等收入国家转向中等发达国家历史阶段，中华各族人民的共同富裕取得实质性进展。政治领域法治国家基本建成，中国特色社会主义制度不断发展和完善。我国文化软实力切实提高，由文化大国转向文化强国发展。从"富起来"走向"强起来"，人民的物质生活水平和精神生活生活水平日益提高，我国的国际地位大幅度提升。思想政治教育要坚持"为人民服务，为中国共产党治国理政服务，为巩固和发展中国特色社会主义制度服务，为改革开放和社会主义现代化建设服务"①，强化四个服务意识，解决好为谁服务的根本性问题。全面建设社会主义现代化国家，是当今中国的主旋律，为了扎实做好新发展阶段的服务工作，思想政治教育主体要清醒地把握新时代青年学生成长成才需求与思想政治教育发展不平衡、不充分之间的主要矛盾，结合各地、各校的实际，作出整体性研判，既要肯定我们所取得的成绩，也要意识到思想政治教育工作中仍然存在着一些弱项和短板。

思想政治教育工作中的弱项和短板主要体现在以下三个方面：一是思想政治教育队伍建设有待于提高，教师队伍建设是一个系统工程。由于个别领导未能充分认识到思想政治教育工作的重要性，认知有偏差，对思想政治教育工作重视程度不高。思想政治理论课教师与日常思想政治教育工作中没有形成育人合力，"各吹各的号，各唱各的调"，理论研究、课堂教学、开展活动相互分离，没有交集，导致协同育人不够。由于少部分工作者所学专业与思想政治教育工作不符，专业知识欠缺，理论水平和实践经验不高，思想政治教育队伍总体专业能力参差不齐。如果没有一定的专业培训，工作能力相对不足，就为开展思想政治教育工作带来一定的难度。加之，职业倦怠以及创新能力不足，一定程度上制约了思想政治教育工作的开展。做好思想政治教育工作的关键是教师，教师队伍建设是思想政治教育工作的根本保证。

二是思政课程与课程思政没有形成协同效应，育人合力的体制机制有待

---

① 《习近平在全国高校思想政治工作会议上强调　把思想政治工作贯穿教育教学全过程开创我国高等教育事业发展新局面》，《人民日报》2016 年 12 月 9 日。

于进一步完善。课程思政是新时代加强思想政治教育工作的新要求，它在育人体系中具有重要的地位，要求在知识传授中强化思想引领和价值引导，把育人渗透于教育教学的各个环节之中，使课程思政和思政课程同向同行，形成一定的协同效应。思想政治理论课是思想政治教育的主渠道，体现了社会主义学校的鲜明底色，是帮助教育客体树立正确世界观、人生观、价值观的重要途径。因此，思政课程与课程思政是思想政治教育工作的重要组成部分，两者都承担着育人任务。"要用好课堂教学这个主渠道，思想政治理论课要坚持在改进中加强，提升思想政治教育亲和力和针对性，满足学生成长发展需求和期待，其他各门课都要守好一段渠、种好责任田，使各类课程与思想政治理论课同向同行，形成协同效应。"[1] 在现实教育实践中，一部分人片面地认为思想政治教育是思想政治理论课承担的任务，其他课程主要是知识传授，忽视了课程中所蕴含的育人资源，结果造成了思想政治理论课与专业课育人任务的脱节，思想政治教育成为了"孤岛"。为此，我们一定要发挥思政课程的主渠道作用，也要发挥好课程思政的"同向同行"作用，显性教育与隐形教育相结合，充分利用各自的育人优势，增强育人实效。另外，大、中、小学思想政治教育一体化建设统筹推进缓慢，有待于进一步加强顶层设计和有效行动。我们一定要遵照青少年身心成长规律、思想政治教育规律，科学构建大、中、小学思想政治教育一体化体系，从教材、课程设置、教育教学体系、教师队伍建设、体制机制保障等要素入手，科学统筹一体化构建，这是深化思想政治教育教学改革，创新新时代育人模式，提升思想政治教育教学效果，落实立德树人根本任务的重要途径。

三是家庭、学校、社会之间的协同发展不够，未能形成相互衔接、相互交融、共同发挥作用的育人格局。家庭是社会的细胞，是每一个人的第一所学校，父母是第一任老师，家庭教育至关重要。任何时候我们都要重视家庭

---

[1] 《习近平在全国高校思想政治工作会议上强调　把思想政治工作贯穿教育教学全过程开创我国高等教育事业发展新局面》，《人民日报》2016 年 12 月 9 日。

教育，重视家教、家风建设，家庭文明程度的高低，与社会文明程度成正比。历史和现实充分证明，家庭的前途命运与国家、民族的前途命运紧密相连。父母作为第一任老师，要主动承担起品德教育的责任，教会孩子如何做人，有意识地培养孩子的道德认知、道德情感、道德意志、道德行为，从小养成做人的骨气和气节。家风对于家庭成员的个人修养有着重要影响，继承和弘扬优良家风，促进家庭幸福和谐，促使孩子健康成长。

学校是教育教学活动的专门场所，是青少年思想政治教育的关键，对于他们的成长成才发挥着举足轻重的作用。学校教育与家庭教育、社会教育相比，对一个人的教育是有目的、有计划、有组织的，在教育内容、教育过程、教育方式方法等方面比较系统、比较全面，而且具有内在的连续性和一致性。教育教学主体接受过系统的专业培养，在开展思想政治教育的过程中，能够遵循思想政治工作规律、教书育人规律、学生成长规律，富有针对性地实施教育教学工作，教育教学形态比较稳定、持续，育人效果良好，对于青少年的健康发展影响深远。

社会教育与家庭教育、学校教育相比，具有开放性和多样性，随时随地都可以接受教育，教育内容多元，教育形式灵活多样。社会教育在现代社会教育体系中，具有不可替代的作用。育人是家庭教育、学校教育、社会教育的共同使命，只有形成强大的育人合力，才能促进一个人的健康成长和全面发展。但在现实实践中，家庭教育、学校教育、社会教育存在着教育不平衡、不充分、不协调的问题，没有产生无缝对接、协同发展、共同作用的效应，其实质是没有处理好教育客体需求与教育供给之间的矛盾。所以，我们要关照教育客体健康成长、全面发展的需求，围绕他们的需求，设计教育教学过程、教育教学方法与手段，坚持立德树人，完善与立德树人相关的制度安排、体制机制运行、质量评价保障等，凝心聚力，构建家庭教育、学校教育、社会教育一体化、系统化的教育格局，提升教育主体在思想政治教育工作中的主导地位，全方位、系统性地满足教育客体发展的需求和期待。

"当今世界百年未有之大变局加速演进，国际环境错综复杂，世界经济陷入低迷期，全球产业链供应链面临重塑，不稳定性不确定性明显增加。新冠肺炎疫情影响广泛深远，逆全球化、单边主义、保护主义思潮暗流涌动。科技创新成为国际战略博弈的主要战场，围绕科技制高点的竞争空前激烈。我们必须保持强烈的忧患意识，做好充分的思想准备和工作准备。"① 思想政治教育的作用和功能发挥，是通过不同历史时期、不同历史条件下的时代使命予以彰显。对于思想政治教育来说，时代使命就是培养符合时代发展要求的建设者。所以，思想政治教育主体要自觉承担起自己的历史使命，保持强烈的忧患意识，这是一种责任，更是一种情怀和担当。为此，我们要做好充分的思想准备、工作准备，通过正面引导，发挥思想政治教育育人优势和育人开发功能，善于把握形势下思想政治教育工作的特点和规律，以思想政治教育伦理精神审视和观照教育教学实践，并富有针对性地开展工作，不断提高思想政治教育"为人民服务，为中国共产党治国理政服务，为巩固和发展中国特色社会主义制度服务，为改革开放和社会主义现代化建设服务"② 的能力和水平，使新时代中国特色社会主义伟大事业行稳致远。

---

① 习近平：《在中国科学院第二十次院士大会、中国工程院第十五次院士大会、中国科协第十次全国代表大会上的讲话》，《人民日报》2021 年 5 月 29 日。

② 《习近平在全国高校思想政治工作会议上强调　把思想政治工作贯穿教育教学全过程　开创我国高等教育事业发展新局面》，《人民日报》2016 年 12 月 9 日。

参考文献

一、著作类

1. 《马克思恩格斯选集》第1—4卷，人民出版社2012年版。

2. 《马克思恩格斯全集》第20卷，人民出版社1971年版。

3. 《马克思恩格斯全集》第23卷，人民出版社1972年版。

4. 《马克思恩格斯全集》第39卷，人民出版社1965年版。

5. 《马克思恩格斯全集》第42卷，人民出版社1979年版。

6. 《马克思恩格斯全集》第46卷，人民出版社1979年版。

7. 《马克思恩格斯文集》第1卷，人民出版社2009年版。

8. 《马克思恩格斯文集》第8卷，人民出版社2009年版。

9. 《马克思恩格斯文集》第9卷，人民出版社2009年版。

10. 马克思：《资本论》第1卷，人民出版社2004年版。

11. 马克思：《1844年经济学哲学手稿》，人民出版社1979年版。

12. 《列宁选集》第1—2卷，人民出版社1995年版。

13. 《列宁选集》第4卷，人民出版社1995年版。

14. 《列宁全集》第40卷，人民出版社1986年版。

15. 《列宁全集》第55卷，人民出版社1990年版。

16. 《列宁专题文集·论马克思主义》，人民出版社2009年版。

17. 《列宁专题文集·论无产阶级政党》，人民出版社2009年版。

18. 《斯大林选集》下卷，人民出版社1979年版。

19. 《毛泽东选集》第1—3卷，人民出版社1991年版。

20. 《毛泽东文集》第7—8卷，人民出版社1999年版。

21. 《毛泽东著作选读》（上、下册），人民出版社1986年版。

22. 《毛泽东著作专题摘编》，中央文献出版社2003年版。

23. 《毛泽东 邓小平 江泽民论教育》，中央文献出版社2002年版。

24.《邓小平文选》第 1—2 卷，人民出版社 1994 年版。

25.《邓小平文选》第 3 卷，人民出版社 1993 年版。

26.胡锦涛：《高举中国特色社会主义伟大旗帜　为夺取全面建设小康社会新胜利而奋斗——在中国共产党第十七次全国代表大会上的报告》，人民出版社 2007 年版。

27.胡锦涛：《在同中国农业大学师生代表座谈时的讲话》，人民出版社 2009 年版。

28.《习近平谈治国理政》第 1 卷，外文出版社 2018 年版。

29.《习近平谈治国理政》第 2 卷，外文出版社 2017 年版。

30.《习近平谈治国理政》第 3 卷，外文出版社 2020 年版。

31.习近平：《决胜全面建成小康社会　夺取新时代中国特色社会主义伟大胜利——在中国共产党第十九次全国代表大会上的报告》，人民出版社 2017 年版。

32.习近平：《摆脱贫困》，福建人民出版社 1992 年版。

33.习近平：《在纪念毛泽东同志诞辰 120 周年座谈会上的讲话》，人民出版社 2013 年版。

34.习近平：《在哲学社会科学工作座谈会上的讲话》，人民出版社 2016 年版。

35.习近平：《在纪念红军长征胜利 80 周年大会上的讲话》，人民出版社 2016 年版。

36.习近平：《思政课是落实立德树人根本任务的关键课程》，人民出版社 2020 年版。

37.习近平：《在党史学习教育动员大会上的讲话》，人民出版社 2021 年版。

38.《习近平总书记系列重要讲话读本》，学习出版社、人民出版社 2016 年版。

39.《习近平关于党风廉政建设和反腐败斗争论述摘编》，中央文献出版社、中国方正出版社 2015 年版。

40.《习近平关于科技创新论述摘编》，中央文献出版社 2016 年版。

41.《关于新形势下党内政治生活的若干准则》，人民出版社 2016 年版。

42.《中共中央文件选编（1932—1933）》，中共中央党校出版社 1985 年版。

43.《公民道德建设实施纲要》，人民日报出版社 2002 年版。

44.《军队政治工作历史资料》（2），中国人民解放军战士出版社 1982 年版。

45.《十七大以来重要文献选编》（上），中央文献出版社 2009 年版。

46.教育部社会科学司：《普通高校思想政治理论课文献选编（1949—2008）》，中国人民大学出版社 2008 年版。

47．任建树等：《陈独秀文集》第 1 卷，上海人民出版社 1993 年版。

48．《论语》。

49．《孟子》。

50．《荀子》。

51．《王文成公全书》卷二十六。

52．梁启超：《饮冰室合集》（四），中华书局 1989 年版。

53．梁启超：《中国历史研究法》，上海古籍出版社 1998 年版。

54．许慎撰，段玉裁注：《说文解字注》，上海古籍出版社 1988 年版。

55．《新英汉词典》，上海译文出版社 1991 年版。

56．《中国大百科全书（哲学）》，中国大百科全书出版社 1987 年版。

57．张耀灿、郑永廷等：《现代思想政治教育学》，人民出版社 2001 年版。

58．郑永廷：《现代思想道德教育理论与方法》，广东高等教育出版社 2000 年版。

59．郑永廷：《思想政治教育方法论》，高等教育出版社 1999 年版。

60．张耀灿、陈万柏：《思想政治教育学原理》，高等教育出版社 2001 年版。

61．邱伟光、张耀灿等：《思想政治教育学原理》，高等教育出版社 1999 年版。

62．王玄武、骆郁廷：《思想教育政治教育道德教育比较研究》，武汉大学出版社
    2002 年版。

63．邱伟光：《思想政治教育学概论》，天津人民出版社 1988 年版。

64．陈秉公：《思想政治教育学》，吉林大学出版社 1992 年版。

65．陈秉公：《21 世纪思想政治教育工作创新理论体系》，吉林教育出版社 2000
    年版。

66．陈秉公：《思想政治教育学原理》，辽宁人民出版社 2000 年版。

67．刘书林：《青年思想政治教育学原理》，中国青年出版社 1999 年版。

68．李辉：《现代思想政治教育环境研究》，广东人民出版社 2005 年版。

69．王仕民：《思想政治教育心理学概论》，中山大学出版社 2015 年版。

70．孙其昂：《思想政治教育学前沿研究》，人民出版社 2013 年版。

71．孙其昂：《思想政治教育学基本原理》，河海大学出版社 2004 年版。

72．沈壮海：《思想政治教育有效性研究》，武汉大学出版社 2008 年版。

73．徐志远：《现代思想政治教育学范畴研究》，人民出版社 2009 年版。

74．熊建生：《思想政治教育内容结构论》，中国社会科学出版社 2012 年版。

75．王玄武等：《思想政治教育方法论》，高等教育出版社 1992 年版。

76．陆庆壬：《思想政治教育学原理》，高等教育出版社 1991 年版。

77．王礼湛：《思想政治教育学》，浙江大学出版社 1989 年版。

78．洪波：《思想政治教育话语范式转换研究》，浙江大学出版社 2012 年版。

79．雷骥：《现代思想政治教育的人性基础研究》，人民出版社 2008 年版。

80．荆兆勋：《思想政治教育的学科定位及建设思路研究》，山东人民出版社 2011
年版。

81．王勤：《思想政治教育学新论》，浙江大学出版社 2004 年版。

82．秦在东：《思想政治教育管理论》，湖北人民出版社 2003 年版。

83．仓道来：《思想政治教育学》，北京大学出版社 2004 年版。

84．《马克思主义与当代中国论丛》（第 1 辑），中央文献出版社 2013 年版。

85．罗国杰：《人道主义思想论库》，华夏出版社 1993 年版。

86．罗国杰：《伦理学》，人民出版社 2006 年版。

87．朱贻庭：《伦理学大辞典》，上海辞书出版社 2002 年版。

88．万俊人：《现代西方伦理学史》（下卷），北京大学出版社 1997 年版。

89．万俊人：《义利之间——现代经济伦理十一讲》，团结出版社 2003 年版。

90．樊浩：《伦理精神的价值生态》，中国社会科学出版社 2001 年版。

91．樊浩：《道德形而上学体系的精神哲学基础》，中国社会科学出版社 2006 年版。

92．樊浩等：《中国伦理道德报告》，中国社会科学出版社 2012 年版。

93．王海明：《新伦理学》，商务印书馆 2001 年版。

94．王海明：《伦理学原理》，北京大学出版社 2001 年版。

95．程立显：《伦理学与社会公正》，北京大学出版社 2002 年版。

96．江畅：《理论伦理学》，湖北人民出版社 2000 年版。

97．周中之：《伦理学》，人民出版社 2004 年版。

98．张康之：《论伦理精神》，江苏人民出版社 2010 年版。

99．田海平：《西方伦理精神——从古希腊到康德时代》，东南大学出版社 1998
年版。

100．段伟文：《网络空间的伦理反思》，江苏人民出版社 2002 年版。

101．袁桂林：《当代西方道德教育理论》，福建教育出版社 1995 年版。

102．檀传宝：《信仰教育与道德教育》，教育科学出版社 1999 年版。

103．孙彩平：《教育的伦理精神》，山西教育出版社 2004 年版。

104．金生鈜：《规训与教化》，教育科学出版社 2004 年版。

105．王啸：《教育人学：当代教育学的人学路向》，江苏出版社 2003 年版。

106．项贤明：《泛教育论》，山西教育出版社 2002 年版。

107．张焕庭：《西方资产阶级教育论著选》，人民教育出版社 1979 年版。

108．赵祥麟、王承绪编译：《杜威教育论著选》，华东师范大学出版社 1981 年版。

109．王锐生：《社会哲学导论》，人民出版社 1994 年版。

110．鲁杰：《教育社会学》，人民出版社 1990 年版。

111．袁军：《新闻媒介通论》，北京广播学院出版社 2000 年版。

112．詹万生：《整体建构德育体系总论》，教育科学出版社 2001 年版。

113．谢维和：《教育活动的社会学分析》，教育科学出版社 2000 年版。

114．鲁鹏：《制度与发展关系》，人民出版社 2002 年版。

115．潘知常等：《大众传媒与大众文化》，上海人民出版社 2002 年版。

116．沈恒炎等：《国外学者论人和人道主义》（第一辑），社会科学文献出版社 1991 年版。

117．沈恒炎等：《国外学者论人和人道主义》（第三辑），社会科学文献出版社 1991 年版。

118．陈志尚：《人学理论与历史·人学原理卷》，北京出版社 2004 年版。

119．夏甄陶：《关于目的的哲学》，上海人民出版社 1982 年版。

120．万斌等：《现代哲学教程》，浙江大学出版社 1993 年版。

121．冯林：《中国公民人权读本》，经济日报出版社 1998 年版。

122．胡海波：《正义的追寻——人类发展的理想境界》，东北师范大学出版社 1997 年版。

123．景天魁等：《社会公正理论与政策》，社会科学文献出版社 2004 年版。

124．王炜：《中国现象学与哲学评论》（第 1 辑），上海译文出版社 1995 年版。

125．《毛泽东思想和中国特色社会主义理论体系概论》（2013 年修订版），高等教育出版社 2014 年版。

126．《思想道德修养与法律基础》（2015 年修订版），高等教育出版社 2015 年版。

127．［古希腊］亚里士多德著：《政治学》，吴寿彭译，商务印书馆 1965 年版。

128．［古希腊］亚里士多德著：《尼各马科伦理学》，苗力田译，中国人民大学出版社 2003 年版。

129．［古希腊］亚里士多德著：《亚里士多德全集》第 8 卷，苗力田译，中国人民大学出版社 1997 年版。

130. ［德］康德著：《道德形而上学原理》，苗力田译，上海人民出版社 1986 年版。

131. ［德］康德著：《康德论教育》，瞿菊农译，商务印书馆 1926 年版。

132. ［德］康德著：《判断力批判》，邓晓芒译，人民出版社 2002 年版。

133. ［德］黑格尔著：《精神现象学》（上、下卷），贺麟等译，商务印书馆 2009 年版。

134. ［德］黑格尔著：《法哲学原理》，杨东柱等译，北京出版社 2007 年版。

135. ［德］黑格尔著：《历史哲学》（英译者序言），王造时译，上海书店出版社 1999 年版。

136. ［德］黑格尔著：《小逻辑》，贺麟译，商务印书馆 1980 年版。

137. ［英］休谟著：《人性论》，关文运译，商务印书馆 1980 年版。

138. ［英］休谟著：《道德原理探究》，王淑芹译，中国社会科学出版社 1999 年版。

139. ［荷兰］斯宾诺莎著：《伦理学》，贺麟译，商务印书馆 1983 年版。

140. ［英］亚当·斯密著：《道德情操论》，蒋自强等译，商务印书馆 1998 年版。

141.《费尔巴哈哲学著作选集》（下卷），生活·读书·新知三联书店 1962 年版。

142. ［英］达尔文著：《人类的由来》，潘光旦等译，商务印书馆 1983 年版。

143. ［英］摩尔著：《伦理学原理》，长河译，商务印书馆 1983 年版。

144. ［法］福柯著：《规训与处罚》，刘北成译，生活·读书·新知三联书店 2003 年版。

145. ［德］伽达默尔著：《真理与方法》（上），洪汉鼎译，上海译文出版社 1992 年版。

146. ［美］杜威著：《新旧个人主义——杜威文选》，孙有中等译，上海社会科学院出版社 1997 年版。

147. ［美］杜威著：《民主主义与教育》，王承绪译，人民教育出版社 2001 年版。

148. ［美］朗·L. 富勒著：《法律的道德性》，郑戈译，商务印书馆 2005 年版。

149. ［英］吉登斯著：《现代性与自我认同》，赵序东等译，生活·读书·新知三联书店 1998 年版。

150. ［德］马克斯·舍勒著：《知识社会学问题》，艾彦译，华夏出版社 2000 年版。

151. ［法］雅克·德里达著：《马克思的幽灵》，何一译，中国人民大学出版社 1999 年版。

152. ［美］珍妮·H. 巴兰坦著：《教育社会学：一种系统分析法》，朱志勇等译，江苏教育出版社 2005 年版。

153.[德] 雅斯贝尔斯著：《时代的精神状况》，王德峰译，上海译文出版社 1997 年版。

154.[法] 施韦泽著：《敬畏生命》，陈泽环译，上海社会科学院出版社 2003 年版。

155.[英] W. D. 罗斯著：《亚里士多德》，王路译，商务印书馆 1997 年版。

156.[美] 罗尔斯著：《正义论》，何怀宏等译，中国社会科学出版社 1988 年版。

157.[美] 道格拉斯·C. 诺思著：《制度、制度变迁与经济绩效》，杭行译，上海三联书店 1994 年版。

158.[德] 拉德布鲁赫著：《法学导论》，米健等译，中国大百科全书出版社 1997 年版。

159.[美] 大卫·戈伊科奇等编：《人道主义问题》，杜丽燕等译，东方出版社 1997 年版。

160.[美] 保罗·库尔茨著：《保卫世俗人道主义》，余灵灵等译，东方出版社 1996 年版。

161.[英] 阿伦·布洛克著：《西方人文主义传统》，董乐山译，生活·读书·新知三联书店 1997 年版。

162.[英] 米尔恩著：《人的权利与人的多样性——人权哲学》，夏勇等译，中国大百科全书出版社 1995 年版。

163.[美] 阿瑟·奥肯著：《平等与效率》，王奔洲等译，华夏出版社 1987 年版。

164.[美] 托马斯·库恩著：《科学革命的结构》，金吾伦等译，北京大学出版社 2003 年版。

165.[美] 尤瓦娜·林肯著：《自然主义研究——21 世纪社会科学研究范式》，杨晓波等译，科学技术文献出版社 2004 年版。

166.[英] 鲍桑葵著：《关于国家的哲学理论》，汪淑钧译，商务印书馆 2009 年版。

167.[美] A. J. 赫舍尔著：《人是谁》，隗仁莲译，贵州人民出版社 1995 年版。

168.[瑞士] 皮亚杰著：《结构主义》，倪连生等译，商务印书馆 1986 年版。

169.[英] 罗素著：《伦理学和政治学中的人类社会》，肖巍译，中国社会科学出版社 1992 年版。

170.[美] 麦金太尔著：《德性之后》，龚群等译，中国社会科学出版社 1995 年版。

171.[德] 哈贝马斯著：《交往与社会进化》，张博树译，重庆出版社 1989 年版。

172.[美] 阿拉斯戴尔·麦金太尔著：《谁之正义？何种合理性？》，万俊人等译，当代中国出版社 1996 年版。

173．[日] 西田几多郎著：《善的研究》，何倩译，商务印书馆 1965 年版。

二、论文类

1．张耀灿、徐志远：《思想政治教育及其相关重要范畴的概念辨析》，《思想理论教育》2003 年第 7 期。

2．张耀灿：《推进思想政治教育研究范式的人学转换》，《思想教育研究》2010 年第 7 期。

3．郑永廷等：《思想政治教育学科的创立与发展》，《学校党建与思想教育》2009 年第 1 期。

4．万俊人：《信仰危机的"现代性"根源及其文化解释》，《清华大学学报》（哲学社会科学版）2001 年第 1 期。

5．杨国荣：《实践理性：基于广义视域的考察》，《学术月刊》2012 年第 3 期。

6．陈秉公：《思想政治教育本质研究现状及建议》，《思想教育研究》2014 年第 6 期。

7．骆郁廷：《论思想政治教育主体、客体及其相互关系》，《思想理论教育导刊》2002 年第 4 期。

8．孙其昂：《关于思想政治教育本质的探讨》，《南京师范大学学报》（哲学社会科学版）2002 年第 5 期。

9．石书臣：《思想政治教育本质规定及把握》，《马克思主义与现实》2009 年第 1 期。

10．章海山：《企业竞争伦理机制的探析》，《中山大学学报》（社会科学版）2001 年第 2 期。

11．杨生平：《关于思想政治教育概念的理解问题》，《首都师范大学学报》1998 年第 6 期。

12．侯玉基：《论人的本质与思想政治教育》，《山东社会科学》2003 年第 3 期。

13．冯刚：《交叉学科视野下思想政治教育的创新发展》，《思想理论教育导刊》2011 年第 11 期。

14．杨宇：《正确理解和把握思想政治教育学科的本质特征》，《思想政治教育研究》2007 年第 2 期。

15．陈志华：《坚持思想政治教育的本质属性——政治性与科学性的有机统一》，《理论与改革》2006 年第 5 期。

16．刘基、汪玉峰：《"人性"还是"党性"——分层视域下对思想政治教育本质的追问》，《理论与改革》2011 年第 6 期。

17．王健：《论思想政治教育的本质》，《思想教育研究》2007 年第 7 期。

18．李辽宁、闻燕华：《公共管理视域中思想政治教育的伦理意蕴——兼谈对思想政治教育本质的再思考》，《思想理论教育》2008 年第 5 期。

19．李辽宁：《思想政治教育功能研究综述》，《求实》2005 年第 1 期。

20．周琴：《市场经济条件下思想政治教育功能的若干思考》，《江西社会科学》2000 年第 4 期。

21．蓝蔚：《和谐社会视角下思想政治教育功能的新思考》，《福建省社会主义学院学报》2009 年第 3 期。

22．褚凤英：《思想政治教育功能分析的新视点》，《探索》2005 年第 2 期。

23．檀传宝：《德育功能简论》，《中国教育学刊》1999 年第 5 期。

24．陈建涛：《论主体间性》，《人文杂志》1993 年第 4 期。

25．杨彩娟：《改革开放以来我国高校思想政治理论课程设置的历史沿革》，《教育与职业》2012 年第 18 期。

26．宇文利：《思想政治教育课程论：现状、问题与发展》，《思想理论教育》2014 年第 4 期。

27．汤啸天：《信息控制权初论》，《政治与法律》2000 年第 4 期。

28．王晓伟：《虚拟环境及其应用》，《计算机工程与设计》1995 年第 4 期。

29．冯必扬：《简论竞争的成因》，《唯实》1998 年第 2 期。

30．杨春福：《论法治秩序》，《法学评论》2011 年第 6 期。

31．［苏联］布耶娃：《论马克思主义人道主义》，《哲学译丛》1991 年第 6 期。

32．王海明：《人道新探》，《玉溪师范学院学报》2007 年第 2 期。

33．时光：《"人文主义""人本主义"及"人道主义"辨正——兼谈中国传统文化的基本精神》，《求索》1986 年第 6 期。

34．马捷莎：《马克思主义与人道主义究竟是一种什么关系》，《河北学刊》2004 年第 3 期。

35．许耀桐：《大力加强公民意识教育》，《求是》2009 年第 5 期。

36．陶富源：《人性的一般与特殊》，《探索》2004 年第 2 期。

37．李醒民：《"善"究竟是什么》，《社会科学论坛》2011 年第 8 期。

38．洋龙：《平等与公平、正义、公正之比较》，《文史哲》2004 年第 4 期。

39．吴忠民：《关于公正、公平、平等的差异之辨析》，《中共中央党校学报》2003 年第 4 期。

40．邹绍清：《论大数据嵌入青年社会主义核心价值观培育的战略契合及思维变革》，《马克思主义研究》2015 年第 6 期。

41．常运立：《教育范式及现代思想政治教育范式创新研究》，《湖北社会科学》2011 年第 2 期。

42．李文阁：《生成性思维：现代哲学的思维方式》，《中国社会科学》2000 年第 6 期。

43．王海滨：《人的精神结构及其逻辑与原理》，《哲学动态》2015 年第 8 期。

44．鲁洁：《一个值得反思的教育信条：塑造知识人》，《教育研究》2004 年第 6 期。

45．樊浩：《中国社会大众伦理道德发展的文化共识——基于改革开放 40 年持续调查的数据》，《中国社会科学》2019 年第 8 期。

三、报纸类

1．胡锦涛：《在中国科学院第十五次院士大会、中国工程院第十次院士大会上的讲话》，《人民日报》2010 年 6 月 8 日。

2．胡锦涛：《坚持发扬艰苦奋斗的优良作风，努力实现全面建设小康社会的宏伟目标》，《人民日报》2003 年 1 月 3 日。

3．《习近平在中共中央政治局第六次集体学习时强调　坚持节约资源和保护环境基本国策　努力走向社会主义生态文明新时代》，《人民日报》2013 年 5 月 25 日。

4．《关于进一步加强和改进新形势下高校宣传思想工作的意见》，《人民日报》2015 年 1 月 20 日。

5．《习近平在全国高校思想政治工作会议上强调　把思想政治工作贯穿教育教学全过程　开创我国高等教育事业发展新局面》，《人民日报》2016 年 12 月 9 日。

6．《关于加强和改进新形势下高校思想政治工作的意见》，《人民日报》2017 年 2 月 28 日。

7．习近平：《在北京大学师生座谈会上的讲话》，《人民日报》2018 年 5 月 3 日。

8．习近平：《在纪念马克思诞辰 200 周年大会上的讲话》，《人民日报》2018 年 5 月 5 日。

9．《习近平在全国教育大会上强调　坚持中国特色社会主义教育发展道路　培养德智体美劳全面发展的社会主义建设者和接班人》，《人民日报》2018 年 9 月 11 日。

10. 《习近平主持召开学校思想政治理论课教师座谈会强调　用新时代中国特色社会主义思想铸魂育人　贯彻党的教育方针落实立德树人根本任务》，《人民日报》2019 年 3 月 19 日。

11. 《关于深化新时代学校思想政治理论课改革创新的若干意见》，《人民日报》2019 年 8 月 15 日。

12. 习近平：《在纪念五四运动 100 周年大会上的讲话》，《人民日报》2019 年 5 月 1 日。

13. 《习近平在党史学习教育动员大会上强调　学党史悟思想办实事开新局　以优异成绩迎接建党一百周年》，《人民日报》2021 年 2 月 21 日。

14. 习近平：《在全国脱贫攻坚总结表彰大会上的讲话》，《人民日报》2021 年 2 月 26 日。

15. 《习近平在清华大学考察时强调　坚持中国特色世界一流大学建设目标方向　为服务国家富强民族复兴人民幸福贡献力量》，《人民日报》2021 年 4 月 20 日。

16. 《习近平在广西考察时强调　解放思想深化改革凝心聚力担当实干　建设新时代中国特色社会主义壮美广西》，《人民日报》2021 年 4 月 28 日。

17. 习近平：《在中国科学院第二十次院士大会、中国工程院第十五次院士大会、中国科协第十次全国代表大会上的讲话》，《人民日报》2021 年 5 月 29 日。

18. 《第七次全国人口普查主要数据公布人口总量保持平稳增长》，《人民日报》2021 年 5 月 12 日。

19. 杨怡：《大数据在人文社科领域有广泛应用前景》，《中国社会科学报》2013 年 11 月 6 日。

四、英文文献

1. W. R. Nibellett, *Moral Education in a Changing Society*, Faber and Faber limited, London, 1970.

2. Merriam-Webster, *Merriam-Webster's Collegiate Dictionary* (Tenth Edition), Incorporated, Springfield, Massachusetts, U. S. A., 1999.

3. Kant, *Critique of Practical Reason*, Cambridge University Press, Cambridge, 1997.

4. J. D. Hunter, *The Death of Character：Moral Education in an age without Good or*

Evil, Published by Basic Books, a Memder of the Perseus Books Group, 2000.

5. John K. Roth, *International Encyclopedia of Ethics*, Printed by Braun-Brumfield Inc U. C., 1995.

6. Nel Noddings, *Educating Moral People: A Caring Alternative to Character Education*, New York: Teachers College Press, 2002.

7. Nel Noddings, *The Challenge to Care in School—An Alternative Approach to Education*, Teachers College Press, Columbia University, 1992.

8. Michael Slote, *From Morality to Virtue*, Oxford University Press New York Oxford, 1992.

9. R. S. Peters, "Reason and Habit: The Paradox of Moral Education", *Moral Education in a Changing Society*, Edited by W. R. Niblett, London, Fabar and Faber Limited, 1970.

10. Gilbert C., *Meilaender: The Theory and Practice of Virtue*, University of Notre Dame Press, 1984.

责任编辑：江小夏
封面设计：林芝玉
版式设计：王欢欢

图书在版编目(CIP)数据

思想政治教育的伦理精神研究/权麟春 著. —北京:人民出版社,2021.6
(高校思想政治工作研究文库)
ISBN 978－7－01－023521－9

Ⅰ.①思… Ⅱ.①权… Ⅲ.①高等学校-思想政治教育-研究-中国
Ⅳ.①G641

中国版本图书馆 CIP 数据核字(2021)第 122773 号

思想政治教育的伦理精神研究

SIXIANG ZHENGZHI JIAOYU DE LUNLI JINGSHEN YANJIU

权麟春 著

人民出版社 出版发行
(100706 北京市东城区隆福寺街 99 号)

中煤(北京)印务有限公司印刷 新华书店经销

2021 年 6 月第 1 版 2023 年 6 月北京第 2 次印刷
开本:710 毫米×1000 毫米 1/16 印张:25.75
字数:380 千字 印数:0,001-1,000 册

ISBN 978－7－01－023521－9 定价:88.00 元

邮购地址 100706 北京市东城区隆福寺街 99 号
人民东方图书销售中心 电话 (010)65250042 65289539